Dianxing Renwu Gongzuodan

典型任务工作单

（学生）

人民交通出版社股份有限公司

北 京

目　　录

"明挖基础施工"工作任务设计

课程名称	桥梁构造识图与施工		项目名称		明挖基础施工
项目描述	明挖基础施工是常见的基础施工之一,它涉及识图、测量、钢筋施工、混凝土施工等基本作业。同时需要让学生了解根据不同的地质条件选择不同开挖方法,进行施工,并掌握常见地质条件下明挖基础施工要点、质量控制和安全控制要求			学时	4
项目实施地点	(1)多媒体教室; (2)校内实训基地; (3)施工现场				
项目学习目标	(1)知识目标:掌握有水时和无水时明挖基础的施工要点、施工工序、质量控制等。 (2)能力目标:能够根据现场情况,进行明挖基础施工方案比选;能够进行明挖基础施工质量、进度、安全控制;能够进行明挖基础施工质量检查;能够进行明挖基础施工计量。 (3)素质目标:通过本项目的学习和工作,使学生锻炼自主学习能力和团队协作精神、逐步形成科学严谨的工作态度,并感受施工单位的企业文化和企业精神				
学习内容	(1)桥梁基础的构造与分类。 (2)基坑开挖的一般规定。 (3)旱地桥基坑开挖方法。 (4)围堰施工。 (5)水中挖基及基坑排水。 (6)基底处理检验及基础圬工或混凝土施工				
构思	(1)教师提出项目目标,布置学习任务。 (2)以学生为主体,教学互动,利用课件、录像、动画等多种资源完成学习。在教学过程中,让学生不断查阅教材和相关施工工艺手册,学习不同地质条件下明挖基础施工要点、质量控制和安全控制要求;通过查阅《公路桥涵施工技术规范》、《公路工程质量检验评定标准》,掌握明挖基础施工质量控制目标。 (3)按照施工流程,依次讲解				
设计	参考已有技术资料,在专职教师的指导下,编写明挖基础施工方案				
实施	在施工现场,学生指定不同的岗位;在专兼职教师的指导下,学生分组完成相应岗位职责。 在施工现场,根据施工进展,学生与兼职教师共同完成施工过程中所有的工作:施工测量、下技术交底、施工资料的编制与管理、工程计价和试验检测以及质量控制等				
评价	成果评定	施工方案的设计方案,占30%;在施工现场岗位中施工资料的整理,占30%			
	学生自评	学生根据学习任务,对项目实施的效果进行自评,给出相应的成绩,占15%			
	学生互评	根据小组成员之间分工的完成情况,学生间互相交流,互相评价,占10%			
	教师评价	对学生的学习态度、工作态度、协作精神、出勤率、敬业爱岗和职业道德等,并结合项目实施过程的各个环节进行评价。专职教师占5%,兼职教师占10%			
参考资料			学生提交资料		
桥梁明挖基础施工图纸、《公路工程质量检验评定标准》、《公路桥涵施工技术规范》、《公路桥涵设计通用规范》、《公路桥涵地基与基础设计规范》等			(1)明挖基础施工方案; (2)明挖基础施工相关表格; (3)学习日志		

"明挖基础施工"学生工作页

工作任务	明挖基础施工		学时	4
工作任务描述	明挖基础施工是常见的基础施工之一,它涉及识图、测量、钢筋施工、混凝土施工等基本作业;同时需要让学生了解根据不同的地质条件选择不同开挖方法,进行施工,并掌握常见地质条件下明挖基础施工要点、质量控制和安全控制要求			
工作内容	(1)学习明挖基础的构造与分类,并识读明挖基础施工图、计算工程数量。 (2)学习明挖基础施工流程,认识明挖基础施工中常见设备,学习明挖基础作业前的施工准备工作内容、施工流程和质量检验标准及检验方法。 (3)编写明挖基础施工方案。 (4)在施工现场完成一定岗位职责			
工作流程	(1)在教师的引导下,分组学习明挖基础的结构与分类。 (2)明挖基础的图纸识读。 (3)学习明挖基础施工工艺。 (4)在教师的引导下,学习明挖基础施工方案设计。 (5)明挖基础施工方案设计。 (6)明挖基础施工总结交流			
工作任务实施	(1)明挖基础的构造与分类 学生应填写的内容:记录学生所在组所应讲述的内容,学习其他组讲述的内容			
	(2)明挖基础图纸识图 学生应填写的内容:记录施工图纸识读要点并计算工程数量			
	(3)明挖基础施工工艺 重点学习并记录,明挖基础施工流程,明挖基础施工中常见设备;明挖基础施工作业前的施工准备工作、施工流程和质量检验标准及检验方法			
	(4)明挖基础施工方案设计 明挖基础施工方案单独提交			
	(5)明挖基础施工现场教学 填写现场教学日志,填写各自工作岗位上与施工相关的表格			
学习心得	记录学习过程中遇到的问题以及解决过程和结果			
考核	成果评定	根据资料查阅能力、项目参与能力、方案参与工作量、作业完成状况等进行评定。学生互评,教师综合评价		
	教师评价			

"桩基础施工"工作任务设计

课程名称	桥梁构造识图与施工		项目名称	桩基础施工	
项目描述	桩基础施工是目前桥梁工程中最常见的基础施工类型,它涉及识图、钢筋施工、混凝土施工等基本作业;需要让学生了解根据不同的地质条件选择不同条件下成孔方法,进行施工,并掌握常见地质条件下桩基础施工要点、质量控制和安全控制要求			学时	10
项目实施地点	(1)多媒体教室; (2)校内实训基地				
项目学习目标	(1)知识目标:了解桩基础常见分类及特点;能够识读桩基础图纸;了解桩基础施工中常见设备;掌握桩基础施工作业前的施工准备工作、施工工艺流程和质量检验标准及检验方法。 (2)能力目标:能够进行桩基础施工方案比选;能够进行桩基础施工质量、进度、安全控制;能够进行桩基础施工质量检查;能够进行桩基础施工计量。 (3)素质目标:通过本项目的学习和工作,使学生锻炼自主学习能力和团队协作精神、逐步形成科学严谨的工作态度,并感受施工单位的企业文化和企业精神				
学习内容	(1)桩基础的分类及特点。 (2)桩基础施工图的识读。 (3)钻孔桩施工的主要工序:场地准备、埋设护筒、制备泥浆、制作钢筋骨架、钻孔、清孔、钢筋骨架入孔、下导管和灌注水下混凝土等				
构思	(1)教师提出项目目标,布置学习任务。 (2)以学生为主体,教学互动,利用课件、录像、动画等多种资源完成学习。在教学过程中,让学生不断查阅教材和相关施工工艺手册,学习不同地质条件下钻孔灌注桩的施工要点、质量控制和安全控制要求;通过查阅《公路桥涵施工技术规范》、《公路工程质量检验评定标准》,掌握桩基础施工质量控制目标。 (3)按照施工流程,依次讲解				
设计	参考已有技术资料,在教师的指导下,完成钻孔灌注桩基础方案设计				
实施	模拟施工现场,学生指定不同岗位;在教师的指导下,学生分组完成相应岗位职责				
评价	成果评定	施工方案的设计方案,占30%;在施工现场岗位中施工资料的整理,占30%			
	学生自评	学生根据学习任务,对项目实施的效果进行自评,给出相应的成绩,占15%			
	学生互评	根据小组成员之间的分工的完成情况,学生间互相交流,互相评价,占10%			
	教师评价	对学生的学习态度、工作态度、协作精神、出勤率、敬业爱岗和职业道德等,并结合项目实施过程的各个环节进行评价。专职教师占5%,兼职教师占10%			
学习参考资料			学生提交资料		
桥梁桩基础施工图纸,《公路工程质量检验评定标准》、《公路桥涵施工技术规范》、《公路桥涵设计通用规范》、《公路桥涵地基与基础设计规范》等			(1)钻孔灌注桩基础施工方案; (2)桩基础相关施工表格; (3)学习日志		

"桩基础施工"学生工作页

工作任务	桩基础施工	学时	10
工作任务描述	桩基础施工是目前桥梁工程中最常见的基础施工类型,它涉及识图、测量、钢筋施工、混凝土施工等基本作业;需要让学生了解根据不同的地质条件选择不同成孔方法,进行施工,并掌握常见地质条件下桩基础施工要点、质量控制和安全控制要求		
工作内容	(1)学习桩基础的构造与分类,并识读桩基础施工图、计算工程数量。 (2)学习桩基础施工流程,认识桩基础施工中常见设备;学习桩基础施工作业前的施工准备工工作内容作、施工流程和质量检验标准及检验方法。 (3)编写桩基础施工方案。 (4)在施工现场完成一定岗位职责		
工作流程	(1)在教师的引导下,分组学习桩基础的构造与分类。 (2)桩基础图纸识图。 (3)学习钻孔灌注桩施工工艺。 (4)在教师的引导下,桩基础施工方案设计。 (5)桩基础施工方案设计。 (6)桩基础施工总结交流		
工作任务实施	(1)桩基础的结构与分类 学生应填写的内容:记录学生所在组所应讲述的内容,学习其他组讲述的内容		
	(2)桩基础图纸识图 学生应填写的内容:记录施工图纸识读要点并计算工程数量		
	(3)钻孔灌注桩施工工艺 重点学习并记录,桩基础施工流程,柱基础施工中常见设备;桩基础施工作业前的施工准备工作、施工流程和质量检验标准及检验方法		
	(4)桩基础施工方案设计 桩基础施工方案单独提交		
	(5)桩基础施工现场教学 填写现场教学日志,填写各自工作岗位上与施工相关的表格		
学习心得	记录学习过程中遇到的问题以及解决过程和结果		
考核	成果评定	根据资料查阅能力、项目参与能力、方案参与工作量、作业完成状况等进行评定。学生互评,教师综合评价	
	教师评价		

"墩台施工"工作任务设计

课程名称	桥梁构造识图与施工		项目名称		墩台施工
项目描述	墩台施工是桥梁施工的重要步骤,它涉及识图、测量、钢筋施工、混凝土施工、模板、支架工程等基本作业,需要学生了解不同形式桥梁墩台的构造要点、施工工艺,并掌握常见混凝土墩台的现浇施工要点、质量控制和安全控制要求			学时	8
项目实施地点	(1)多媒体教室; (2)校内实训基地				
项目学习目标	(1)知识目标:掌握钢筋混凝土墩台的施工要点、施工工序、质量控制方法等。 (2)能力目标:能够根据墩台的尺寸配置相应的模板;能够完成墩台施工测量;能够进行墩台施工质量、进度、安全控制;能够进行墩台施工质量检查。 (3)素质目标:通过本项目的学习和工作,使学生锻炼自主学习能力和团队协作精神、逐步形成科学严谨的工作态度,并感受施工单位的企业文化和企业精神				
学习内容	(1)桥梁墩台的类型与构造。 (2)混凝土墩台施工模板的类型和构造。 (3)墩台施工工艺:混凝土施工和质量检测。 (4)工程施工要点:模板工程、组装				
构思	(1)教师提出项目目标,布置学习任务。 (2)以学生为主体,教学互动,利用课件、录像、动画等多种资源完成学习。在教学过程中,让学生不断查阅教材和相关施工工艺手册,学习桥梁墩台的类型与构造、混凝土和砌筑墩台施工工艺;通过查阅《公路工程质量检验评定标准》、《公路桥涵施工技术规范》,掌握常规墩台施工质量控制目标。 (3)按照施工流程,依次讲解				
设计	参考已有技术资料,在教师的指导下,完成普通混凝土墩台的施工方案设计				
实施	模拟施工现场,学生指定不同岗位:在教师的指导下,学生分组完成相应岗位职责。 在施工现场,根据施工进展,学生与兼职教师共同完成施工过程中所有的工作:施工测量、下技术交底、施工资料的编制与管理、工程计价和试验检测以及质量控制等				
评价	在教师的引导下,学生对本项目的内容进行归纳、交流和总结,相互考核评价,查漏补缺,相互学习					
	成果评定	施工方案的设计方案,占30%;在施工现场岗位中施工资料的整理,占30%			
	学生自评	学生根据学习任务,对项目实施的效果进行自评,给出相应的成绩,占15%			
	学生互评	根据小组成员之间的分工的完成情况,学生间互相交流,互相评价,占10%			
	教师评价	对学生的学习态度、工作态度、协作精神、出勤率、敬业爱岗和职业道德等,并结合项目实施过程的各个环节进行评价。专职教师占5%,兼职教师占10%			
参考资料			学生提交资料		
桥梁混凝土桥墩、桥台施工图纸;《公路工程质量检验评定标准》、《公路桥涵施工技术规范》、《公路桥涵设计通用规范》、《公路钢筋混凝土及预应力混凝土桥涵设计规范》等			(1)一般混凝土墩台施工方案; (2)桥梁墩台相关施工表格; (3)学习日志		

"墩台施工"学生工作页

工作任务	墩台施工	学时	8
工作任务描述	墩台施工是桥梁施工的重要步骤,它涉及识图、测量、钢筋施工、混凝土施工、模板、支架工程等基本作业,需要学生了解不同形式桥梁墩台的构造要点、施工工艺,并掌握常见混凝土墩台的现浇施工要点、质量控制和安全控制要求		
工作内容	(1)学习桥梁墩台的构造与分类,并识读桥梁墩台施工图、计算工程数量。 (2)学习桥梁墩台施工流程,认识桥梁墩台施工中常见设备,学习桥梁墩台施工作业前的施工准备工作、施工流程和质量检验标准及检验方法。 (3)编写桥梁墩台施工方案。 (4)在施工现场完成一定岗位职责		
工作流程	(1)在教师的引导下,分组学习桥梁墩台的构造与分类。 (2)桥梁墩台图纸识图。 (3)学习桥梁墩台施工工艺。 (4)在教师的引导下,学习桥梁墩台施工方案设计。 (5)桥梁墩台施工方案设计。 (6)总结交流		
工作任务实施	(1)桥梁墩台的构造与分类 学生应填写的内容:记录学生所在组所应讲述的内容,学习其他组讲述的内容		
	(2)桥梁墩台图纸识图 学生应填写的内容:记录施工图纸识读要点并计算工程数量		
	(3)桥梁墩台施工工艺 重点学习并记录:桥梁墩台施工流程,桥梁墩台施工中常见设备;桥梁墩台施工作业前的施工准备工作、施工流程和质量检验标准及检验方法		
	(4)桥梁墩台施工方案设计 桩基础施工方案单独提交		
	(5)桥梁墩台施工现场教学 填写现场教学日志,填写各自工作岗位上与施工相关的表格		
学习心得	记录学习过程中遇到的问题以及解决过程和结果		
考核	成果评定	根据资料查阅能力,项目参与能力,方案参与工作量,作业完成状况等进行评定。学生互评,教师综合评价	
	教师评价		

"梁式桥施工"工作任务设计

课程名称	桥梁构造识图与施工		项目名称		梁式桥施工
项目描述	梁式桥是桥梁施工中常见桥型之一，主要施工方法有预制、悬臂现浇、悬臂拼装、顶推法、支架现浇等；需要让学生了解不同施工方法的主要特点和每种施工方法的工艺要点、质量控制和安全控制需求			学时	40
项目实施地点	(1)多媒体教室； (2)校内实训基地； (3)施工现场				
项目学习目标	知识目标：掌握就地浇筑法、先张法、后张法等施工工艺要点；掌握简支梁预制的施工程序，预制场设备种类及性能，各工序要求；能够进行连续梁桥施工过程中的初步检测；掌握桥梁架设的施工流程和质量检验标准及检验方法。 (2)能力目标：能够进行简支梁预制施工技术交底；能够进行简支梁预制施工质量、进度、安全控制；能够进行简支梁预制施工质量检查；能够进行连续梁桥施工方案比选；能够进行连续梁桥施工质量检查。 (3)素质目标：通过本项目的学习和工作，使学生锻炼自主学习能力和团队协作精神、逐步形成科学严谨的工作态度，并感受施工单位的企业文化和企业精神				
学习内容	(1)施工准备：施工方案设计、平整场地、布设预制场、测量放线、材料的准备、机械设备的就位。 (2)施工设备：龙门起重机、混凝土拌和机、振动器、装载机、输送泵、切断机、弯曲机、千斤顶、压浆机、油泵、千斤顶、塔吊、手动葫芦、挂篮、汽车吊、卷扬机、移动模架、砂筒、架桥机。 (3)预应力混凝土先张法、后张法施工，就地浇筑施工，悬臂施工等				
构思	(1)教师提出项目目标，布置学习任务。 (2)以学生为主体，教学互动，利用课件、录像、动画等多种资源完成学习。在教学过程中，让学生不断查阅教材和相关施工工艺手册，学习梁式桥施工工艺；通过查阅《公路工程质量检验评定标准》、《公路桥涵施工技术规范》，掌握梁式桥施工质量控制目标。 (3)按照施工流程，依次讲解				
设计	参考已有技术资料，在教师的指导下，完成梁式桥施工方案设计				
实施	模拟施工现场，学生指定不同岗位；在教师的指导下，学生分组完成相应岗位职责。 在施工现场，根据施工进展，学生与兼职教师共同完成施工过程中所有的工作：施工测量、下技术交底、施工资料的编制与管理、工程计价和试验检测以及质量控制等				
评价	在教师的引导下，学生对本项目的内容进行归纳、交流和总结，相互考核评价，查漏补缺，相互学习				
	成果评定	施工方案的设计方案，占30%；在施工现场岗位中施工资料的整理，占30%			
	学生自评	学生根据学习任务，对项目实施的效果进行自评，给出相应的成绩，占15%			
	学生互评	根据小组成员之间的分工的完成情况，学生间互相交流，互相评价，占10%			
	教师评价	对学生的学习态度、工作态度、协作精神、出勤率、敬业爱岗和职业道德等，并结合项目实施过程的各个环节进行评价。专职教师占5%，兼职教师占10%			
参考资料			学生提交资料		
××公路连续梁桥施工图纸；《公路工程质量检验评定标准》、《公路桥涵施工技术规范》、《公路桥涵设计通用规范》、《公路钢筋混凝土及预应力混凝6土桥涵设计规范》等			(1)梁式桥施工方案； (2)梁式桥施工相关表格； (3)学习日志		

"梁式桥施工"学生工作页

工作任务	梁式桥施工		学时	40
工作任务描述	梁式桥是桥梁施工中常见桥型之一,主要施工方法有就地浇筑法、悬臂现浇、悬臂拼装、移动模架、顶推法、支架现浇等;需要让学生了解不同施工方法的主要特点和每种施工方法的工作要点、质量控制和安全控制要求			
工作内容	(1)学习梁式桥的结构特点,并识读简支梁桥和连续梁桥施工图、计算工程数量。 (2)学习梁式桥就地浇筑法、先张法与后张法、悬臂现浇法、悬臂拼装法、移动模架法、顶推法、支架现浇法等施工方法,了解每种施工工艺的施工要点、质量控制和安全控制要求。 (3)编写连续梁桥施工方案。 (4)在施工现场完成一定岗位职责			
工作流程	(1)在教师的引导下,分组学习简支梁桥和连续梁桥的构造与分类。 (2)梁式桥图纸识图。 (3)梁式桥施工工艺。 (4)在教师的引导下,学习梁式桥施工方案设计。 (5)梁式桥施工方案设计。 (6)梁式桥施工现场教学。 (7)梁式桥架设方法。 (8)梁式桥施工总结交流			
工作任务实施	(1)梁式桥施工总结交流(桥的结构与分类) 学生应填写的内容:记录学生所在组所应讲述的内容,学习其他组讲述的内容			
	(2)梁式桥施工总结交流(桥图纸识图) 学生应填写的内容:记录施工图纸识读要点并计算工程数量			
	(3)连续梁桥施工工艺 重点学习记录,连续梁桥每种施工方法的工艺流程,施工中常见设备;施工作业前的施工准备工作、要点和质量检验标准及检验方法			
	(4)梁式桥施工方案设计 提交梁式桥施工方案			
	(5)梁式桥施工现场教学 填写现场教学日志,填写各自工作岗位上施工相关表格			
学习心得	记录学习过程中遇到的问题以及解决过程和结果			
考核	成果评定	根据资料查阅能力,项目参与能力,方案参与工作量,作业完成状况等进行评定。学生互评,教师综合评价		
	教师评价			

"拱桥施工"工作任务设计

课程名称	桥梁构造识图与施工		项目名称		拱桥施工
项目描述	拱桥施工的施工方法包括支架现浇施工、缆索吊装施工、转体施工、悬臂施工、劲性骨架施工等,需要让学生了解每种施工工艺的施工要点、质量控制和安全控制要求,并根据设计和施工图纸的施工方案进行具体的施工技术指导			学时	12
项目实施地点	(1) 多媒体教室; (2) 校内实训基地; (3) 施工现场				
项目学习目标	(1) 知识目标:了解拱桥的构造及分类;理解拱桥的受力特点;掌握拱桥就地浇筑施工、钢管混凝土拱桥施工、转体施工等施工工艺要点;能够进行拱桥施工过程中的初步检测;能够进行施工过程中的现场管理。 (2) 能力目标:能够正确分析判断拱桥的结构类型;能够进行拱桥施工方案比选;能够进行拱桥施工质量、进度、安全控制;能够进行拱桥施工质量检查;能够进行拱桥施工计量。 (3) 素质目标:通过本项目的学习和工作,使学生锻炼自主学习能力和团队协作精神、逐步形成科学严谨的工作态度,并感受施工单位的企业文化和企业精神				
学习内容	(1) 施工准备:施工方案设计、平整场地、布设预制场、测量放线、材料的准备、机械设备的就位。 (2) 施工设备:钢筋调直机、钢筋截断机、焊机、钢筋弯曲机、钢管、扣件、模学习内容板、运输车、起重机、模板、插入式振动器等。 (3) 施工工艺和施工要点:拱架安装→主拱圈施工→拱上建筑浇筑落架、卸架。 (4) 钢筋混凝土拱桥检测的方法和内容:混凝土强度、轴线偏位、断面尺寸、拱宽、拱肋间距等				
构思	(1) 教师提出项目目标,布置学习任务。 (2) 以学生为主体,教学互动,利用课件、录像、动画等多种资源完成学习。在教学过程中,让学生不断查阅教材和相关施工工艺手册,学习各类拱桥的施工工艺;通过查阅《公路工程质量检验评定标准》、《公路桥涵施工技术规范》,掌握各类型拱桥施工质量控制目标。 (3) 按照施工流程,依次讲解				
设计	参考已有技术,在教师的指导下,完成混凝土拱桥施工方案设计				
实施	模拟施工现场,学生指定不同岗位;在教师的指导下,学生分组完成相应岗位职责				
评价	在教师的引导下,学生对本项目的内容进行归纳、交流和总结,相互考核评价,查漏补缺,相互学习				
	成果评定	施工方案的设计方案,占30%;在施工现场岗位中施工资料的整理,占30%			
	学生自评	学生根据学习任务,对项目实施的效果进行自评,给出相应的成绩,占15%			
	学生互评	根据小组成员之间的分工的完成情况,学生间互相交流,互相评价,占10%			
	教师评价	对学生的学习态度、工作态度、协作精神、出勤率、敬业爱岗和职业道德等,并结合项目实施过程的各个环节进行评价。专职教师占5%,兼职教师占10%			
	参考资料			学生提交资料	
	××公路混凝土拱桥施工图纸;《公路工程质量检验评定标准》、《公路桥涵施工技术规范》、《公路桥涵设计通用规范》、《公路钢筋混凝土及预应力混凝土桥涵设计规范》等			(1) 混凝土拱桥施工方案; (2) 拱桥施工相关表格; (3) 学习日志	

"拱桥施工"学生工作页

工作任务	拱桥施工	学时	12
工作任务描述	拱桥施工的施工方法包括支架现浇施工、缆索吊装施工、转体施工、悬臂施工、劲性骨架施工等,需要让学生了解每种施工工艺的施工要点、质量控制和安全控制要求,并根据设计和施工图纸进行具体的施工技术指导		
工作内容	(1)学习拱桥的构造与分类,并识读拱桥施工图、计算工程数量。 (2)学习拱桥支架现浇施工、缆索吊装施工、转体施工、悬臂施工、劲性骨架施工等,了解每种施工工艺的施工要点、质量控制和安全控制要求。 (3)编写拱桥施工方案。 (4)在施工现场完成一定岗位职责		
工作流程	(1)在教师的引导下,分组学习拱桥的构造与分类。 (2)拱桥施工工艺。 (3)在教师的引导下,学习施工方案设计。 (4)拱桥施工方案设计。 (5)拱桥施工总结交流		
工作任务实施	(1)拱桥的结构与分类 学生应填写的内容:记录学生所在组所应讲述的内容,学习其他组讲述的内容		
	(2)拱桥图纸识图 学生应填写的内容:记录施工图纸识读要点并计算工程数量		
	(3)拱桥施工工艺 重点学习记录,拱桥每种施工方法的施工流程,施工中常见设备;施工作业前的施工准备工作、施工工艺和质量检验标准及检验方法		
	(4)拱桥施工方案设计 拱桥施工方案单独提交		
	(5)拱桥施工现场教学 填写现场教学日志,填写各自工作岗位上施工相关表格		
学习心得	记录学习过程中遇到的问题以及解决过程和结果		
考核	成果评定	根据资料查阅能力,项目参与能力,方案参与工作量,作业完成状况等进行评定。学生互评,教师综合评价	
	教师评价		

"斜拉桥施工"工作任务设计

课程名称	桥梁构造识图与施工		项目名称		斜拉桥施工
项目描述	斜拉桥的构造及施工方法			学时	4
项目实施 地点	(1)多媒体教室； (2)校内模型室				
项目学习 目标	(1)知识目标：掌握斜拉桥构造组成；了解其施工工艺。 (2)能力目标：能够描述斜拉桥构造组成，叙述其施工过程。 (3)素质目标：通过本项目的学习和工作，使学生锻炼自主学习能力和团队协作精神、逐步形成科学严谨的工作态度，并感受施工单位的企业文化和企业精神				
学习内容	(1)斜拉桥的构造。 (2)斜拉桥的施工方法				
构思	(1)教师提出项目目标，布置学习任务。 (2)以学生为主体，教学互动，利用课件、录像、动画等多种资源完成学习。在教学过程中，让学生不断查阅教材和相关施工工艺手册，学习各类拱桥的施工工艺；通过查阅《公路工程质量检验评定标准》、《公路桥涵施工技术规范》，掌握各类型拱桥施工质量控制目标。 (3)按照施工流程，依次讲解				
设计	参考已有技术，在教师的指导下，完成斜拉桥桥施工方案设计				
实施	模拟施工现场，学生指定不同岗位；在教师的指导下，学生分组完成相应岗位职责				
评价	在教师的引导下，学生对本项目的内容进行归纳、交流和总结，相互考核评价，查漏补缺，相互学习				
	成果评定	施工方案的设计方案，占30%；在施工现场岗位中施工资料的整理，占30%			
	学生自评	学生根据学习任务，对项目实施的效果进行自评，给出相应的成绩，占15%			
	学生互评	根据小组成员之间的分工的完成情况，学生间互相交流，互相评价，占10%			
	教师评价	对学生的学习态度、工作态度、协作精神、出勤率、敬业爱岗和职业道德等，并结合项目实施过程的各个环节进行评价。专职教师占5%，兼职教师占10%			
参考资料			学生提交资料		
《公路工程质量检验评定标准》、《公路桥涵施工技术规范》、《公路桥涵设计通用规范》、《公路钢筋混凝土及预应力混凝土桥涵设计规范》等			(1)斜拉桥施工方案； (2)斜拉桥施工相关表格； (3)学习日志		

"斜拉桥施工"学生工作页

工作任务	斜拉桥施工子项目		学时	4
工作任务描述	斜拉桥的构造及施工方法			
工作内容	(1)学习斜拉桥的构造。 (2)学习斜拉桥的施工要点。 (3)编写斜拉桥施工方案			
工作流程	(1)在教师的引导下,分组学习斜拉桥的结构与分类。 (2)斜拉桥施工工艺。 (3)在教师的引导下,学习施工方案设计。 (4)斜拉桥施工总结交流			
工作任务实施	(1)斜拉桥的结构与分类 学生应填写的内容:记录学生所在组所应讲述的内容,学习其他组讲述的内容			
	(2)斜拉桥施工工艺 重点学习记录,斜拉桥施工方法的施工流程,施工中常见设备;施工作业前的施工准备工作、施工工艺和质量检验标准及检验方法			
	(4)斜拉桥施工方案设计 斜拉桥施工方案单独提交			
	(5)斜拉桥施工现场教学 填写现场教学日志,填写各自工作岗位上施工相关表格			
学习心得	记录学习过程中遇到的问题以及解决过程和结果			
考核	成果评定	根据资料查阅能力,项目参与能力,方案参与工作量,作业完成状况等进行评定。学生互评,教师综合评价		
	教师评价			

"悬索桥施工"工作任务设计

课程名称	桥梁构造识图与施工	项目名称		悬索桥施工子项目
项目描述	悬索桥的构造及施工方法		学时	4
项目实施地点	(1)多媒体教室； (2)校内模型室			
项目学习目标	(1)知识目标：掌握悬索桥构造组成；了解其施工工艺。 (2)能力目标：能够描述悬索桥构造组成，叙述其施工过程。 (3)素质目标：通过本项目的学习和工作，使学生锻炼自主学习能力和团队协作精神、逐步形成科学严谨的工作态度，并感受施工单位的企业文化和企业精神			
学习内容	(1)悬索桥的构造。 (2)悬索桥的施工方法			
构思	(1)教师提出项目目标，布置学习任务。 (2)以学生为主体，教学互动，利用课件、录像、动画等多种资源完成学习。在教学过程中，让学生不断查阅教材和相关施工工艺手册，学习各类拱桥的施工工艺；通过查阅《公路工程质量检验评定标准》《公路桥涵施工技术规范》，掌握各类型拱桥施工质量控制目标。 (3)按照施工流程，依次讲解			
设计	参考已有技术，在教师的指导下，完成斜拉桥桥施工方案设计			
实施	模拟施工现场，学生指定不同岗位；在教师的指导下，学生分组完成相应岗位职责			
评价	在教师的引导下，学生对本项目的内容进行归纳、交流和总结，相互考核评价，查漏补缺，相互学习			
	成果评定	施工方案的设计方案，占30%；在施工现场岗位中施工资料的整理，占30%		
	学生自评	学生根据学习任务，对项目实施的效果进行自评，给出相应的成绩，占15%		
	学生互评	根据小组成员之间的分工的完成情况，学生间互相交流，互相评价，占10%		
	教师评价	对学生的学习态度、工作态度、协作精神、出勤率、敬业爱岗和职业道德等，并结合项目实施过程的各个环节进行评价。专职教师占5%，兼职教师占10%		
	参考资料		学生提交资料	
	《公路工程质量检验评定标准》、《公路桥涵施工技术规范》、《公路桥涵设计通用规范》、《公路钢筋混凝土及预应力混凝土桥涵设计规范》等		(1)悬索桥施工方案； (2)悬索桥施工相关表格； (3)学习日志	

"悬索桥施工"学生工作页

工作任务	悬索桥施工子项目	学时	4
工作任务描述	斜拉桥的构造及施工方法		
工作内容	(1)学习悬索桥的构造。 (2)学习悬索桥的施工要点。 (3)编写悬索桥施工方案		
工作流程	(1)在教师的引导下,分组学习悬索桥的结构与分类。 (2)悬索桥施工工艺。 (3)在教师的引导下,学习施工方案设计。 (4)斜拉桥施工总结交流		
工作任务实施	(1)悬索桥的结构与分类 学生应填写的内容:记录学生所在组所应讲述的内容,学习其他组讲述的内容		
	(2)悬索桥施工工艺 重点学习记录,悬索桥施工方法的施工流程,施工中常见设备;施工作业前的施工准备工作、施工工艺和质量检验标准及检验方法		
	(3)悬索桥施工方案设计 悬索桥施工方案单独提交		
	(4)悬索桥施工现场教学 填写现场教学日志,填写各自工作岗位上施工相关表格		
学习心得	记录学习过程中遇到的问题以及解决过程和结果		
考核	成果评定	根据资料查阅能力,项目参与能力,方案参与工作量,作业完成状况等进行评定。学生互评,教师综合评价	
	教师评价		

Mokao Shijuan

模 考 试 卷

人民交通出版社股份有限公司

北 京

模 考 试 卷

（总分100分）

一、单项选择题（每题1分,共24分;每题只有一个答案是正确的）

1. 桥面与低水位之间的高差,或者桥面与桥下线路路面之间的距离称为(　　)。

    A. 桥梁高度   B. 桥下净空高度   C. 桥梁建筑高度   D. 净矢高

2. 对于简支梁桥所属的梁式桥体系,梁作为承重结构是以它的(　　)来承受荷载的。

    A. 抗压能力   B. 抗拉能力   C. 抗折能力   D. 抗弯能力

3. 桥梁浅挖基坑施工中,当土质较差且有较严重流沙现象时,宜采用(　　)排水。

    A. 井点   B. 集水坑   C. 板桩法   D. 帷幕法

4. 桥梁桩基钻孔时,钻渣从钻杆下口吸进,通过钻杆中心排出至沉淀池内,这种钻孔方法称为(　　)。

    A. 冲击钻孔法   B. 正循环回转钻孔法

    C. 反循环回转钻孔法   D. 旋挖钻机钻孔法

5. 钻孔灌注桩施工中,埋设护筒的作用是(　　)

    A. 固定钻机   B. 保护孔口

    C. 截断地下水   D. 保证孔的垂直度

6. 关于挖孔桩施工的技术要求,正确的是(　　)。

    A. 挖孔施工时相邻两桩孔宜同时开挖

    B. 桩孔必须挖一节,浇筑一节护壁

    C. 孔深大于15m时,必须采取机械强制通风措施

    D. 桩孔每挖一节后,应进行孔底处理

7. 石砌墩台施工中,墩台身须分段分层砌筑,分段位置宜设在(　　)处。

    A. 沉降缝或伸缩缝   B. 施工缝   C. 构造缝   D. 连接缝

8. 桥梁结构模板支架设计应考虑的荷载包括:①模板、支架和拱架自重;②新浇筑混凝土、钢筋混凝土或其他圬工结构物的重力;③施工人员和施工材料、机具等行走、运输或堆放的荷载;④振捣混凝土时产生的荷载;⑤新浇筑混凝土对侧面模板的压力;⑥倾倒混凝土时产生的水平荷载;⑦其他可能产生的荷载。其中现浇钢筋混凝土连续梁支架设计强度计算的荷载组合是(　　)。

    A. ①＋②＋⑤＋⑥＋⑦   B. ①＋②＋③＋⑥＋⑦

    C. ①＋②＋③＋④＋⑦   D. ②＋③＋④＋⑥＋⑦

9. 混凝土拌和物的坍落度及其损失,宜在搅拌地点和浇筑地点分别取样检测,评定时应以(　　)的测值为准。

    A. 搅拌地点   B. 浇筑地点   C. 任意地点

10. 下列模板安装的技术要求错误的是(　　)。

    A. 模板应与脚手架连接,避免引起模板变形

B. 安装侧模板时,应防止模板移位和凸出

C. 模板在安装过程中,必须设置防倾覆设施

D. 模板安装完毕后,应对其平面位置、顶部高程、节点联系及纵横向稳定性进行检查

11. 非承重侧模板应在混凝土强度能保证其表面及棱角不致因拆模而受损坏时方可拆除,一般应在混凝土抗压强度达到( )MPa 时方可拆除侧模板。

  A. 1   B. 1. 5   C. 2. 5   D. 5

12. 右图为某钢筋详图,下列判断错误的是( )。

  A. 该钢筋编号为④

  B. 该钢筋为闭口箍筋

  C. 该钢筋为直径 8mm 热轧带肋钢筋

  D. 该钢筋间距为 200mm

④φ8@200

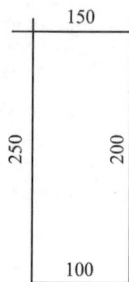

13. 以下有关模板设计原则的说法,错误的是( )。

  A. 宜优先使用木模板

  B. 模板应保证具有足够的强度、刚度及稳定性

  C. 模板板面之间应平整、接缝严密,不漏浆,保证结构物外露面美观,线条流畅,可设倒角

  D. 结构要尽量简单,制作、装拆方便

14. 围堰顶面高程应高出施工期间可能出现的最高水位(包括浪高)( )m。

  A. 0. 5 ~ 0. 7   B. 1 ~ 2   C. 0. 1 ~ 0. 2   D. 3 ~ 4

15. 关于大体积混凝土施工的说法,正确的是( )。

  A. 大体积混凝土的温度控制宜按照"内保外降"的原则

  B. 粗集料宜采用连续级配,细集料宜采用细砂

  C. 宜采取改善粗集料级配、提高掺合料和粗集料的含量、提高水胶比等措施

  D. 宜选用低水化热和凝结时间长的水泥品种

16. 对于混凝土梁,必须经过以下基本施工工艺流程,才能成型。①浇筑及振捣混凝土;②支立模板;③养护及拆除;④模板钢筋骨架成型。以下施工顺序正确的是( )。

  A. ②④①③   B. ②④③①   C. ③②④①   D. ②③④①

17. 低松弛预应力筋张拉时,达到张拉控制应力后一般需要持荷( )min。

  A. 1   B. 1. 5   C. 3. 0   D. 5

18. 关于先张法预应力钢筋张拉施工的说法,错误的是( )。

  A. 多根钢筋张拉时,其初应力要保持一致

  B. 预应力筋张拉完毕后,与设计位置的偏差不得大于 5mm

  C. 张拉力方向与预应力钢材在一条直线上

  D. 同一构件内断筋数量不得超过 1%

19. 关于后张法预制梁,说法错误的是( )。

  A. 先浇筑混凝土后张拉预应力筋

  B. 预应力筋可以在浇筑混凝土之前或者之后穿入孔道

  C. 梁体混凝土必须达到 100% 强度后方可以张拉预应力筋

D.后张法适合大型构件预制

20.当气温低于5℃时,( )向混凝土表面洒水,( )覆盖保温,以加快混凝土中水泥水化凝结速度。下列选项正确的是( )。

    A.不得 应当   B.应当 不得   C.不得 不得   D.应当 应当

21.斜筋与梁轴所成的斜角宜采用( )。

    A.45°   B.30°   C.60°   D.90°

22.关于圆管涵施工要求的说法,正确的是( )。

    A.管涵不得现场就地制造

    B.当管壁厚度不一致时,应调整高度使内壁齐平

    C.对插口管接口处不得使用沥青填塞

    D.每节涵管出现反坡的坡度应小于3°

23.桥梁上部结构悬臂浇筑法施工中,为减少因温度变化而使对合龙段混凝土产生拉应力,合龙段混凝土浇筑时间应安排在一天中的( )时段浇筑。

    A.平均气温   B.最高气温   C.最低气温   D.任意

24.关于悬臂施工说法错误的是( )。

    A.悬臂施工不需满设支架   B.梁桥采用悬臂施工存在体系转换

    C.悬臂施工所用吊篮可重复使用   D.多孔桥跨不能同时施工

二、多项选择题(每题2分,共20分;每题至少有两个正确答案,多选、错选均不得分)

1.桥梁的下部结构包括( )。

    A.桥跨结构   B.桥墩   C.桥台

    D.基础   E.桥面结构

2.按跨越障碍的性质,公路桥梁可划分为( )。

    A.跨河桥   B.跨线桥   C.高架桥

    D.栈桥   E.人行桥

3.桥梁桩基础按施工方法可分为( )。

    A.沉桩   B.钻孔灌注桩   C.挖孔桩

    D.管柱   E.沉井

4.在桥梁工程施工中,可以适用于各种土质的基底,尤其在深水、岩面不平、无覆盖层的自然条件下,不宜修建其他类型基础时,可以采用的处理方法包括( )。

    A.管柱   B.沉井   C.地下连续墙

    D.沉桩   E.钻孔灌注桩

5.关于明挖扩大基础基坑开挖的说法,正确的有( )。

    A.当坑壁不稳定时,应设挡板支撑,稳定坑壁

    B.土质较差且有严重流沙现象时,可设集水坑排水

    C.在基坑顶缘四周适当距离处设置截水沟

    D.坑壁边缘的挖掘机作业距坑边缘不少于0.5m

    E.基坑应尽量在少雨季节开挖

6.施工单位在进行墩台砌筑施工时,其应注意的施工要点有( )。

A.在砌筑前应按设计图放出实样,挂线砌筑

B.砌筑基础的第一层砌块时,如基底为土质,应将其表面清洗润湿后,再坐浆砌石

C.砌筑斜面墩台时,斜面应逐层放坡,以保证规定的坡度

D.对于形状复杂的工程,应先做出配料设计图,注明块石尺寸

E.砌块间用砂浆黏结并保持一定的缝厚,所有砌缝要求砂浆饱满

7.后张法预制梁板施工中,张拉时预应力损失过大的原因有(　　)。

A.锚具硬度过高

B.钢绞线松弛率超限

C.锚具下混凝土强度偏大

D.钢绞线与孔道摩擦阻力过大

E.量测偏差导致实际张拉力偏小

8.预制拼装连续箱梁桥的预应力钢绞线下料长度,应根据张拉千斤顶长度、张拉伸长值、弹性回缩值以及(　　)计算确定。

A.台座长度

B.预制梁节段长度

C.结构的预应力孔道长度

D.锚夹具厚度

E.钢绞线外露长度

9.关于钢筋焊接施工的说法,正确的有(　　)。

A.钢筋的纵向焊接不得采用电弧焊

B.钢筋焊接前应先进行试焊,合格后方可正式施焊

C.受力钢筋焊接接头应设置在内力较小处

D.受力钢筋焊接接头应错开布置

10.支架现浇箱梁的模板组成有(　　)。

A.底模　　　　　　　　　B.面模　　　　　　　　　C.侧模

D.内模　　　　　　　　　E.滑模

三、阅读理解(共56分)

1.背景资料:

某施工单位承接了一座中型桥梁施工任务。该桥由上部结构、下部结构、支座系统和附属设施四个基本部分组成。施工单位编制了施工组织设计,其中桥梁基础采用明挖基础施工,并在施工组织设计文件中列出了各项资源需求计划。施工中有如下事件发生:

事件1:设计单位提供的图纸主要包括桥跨结构、桥墩、桥台、基础、桥面系、伸缩缝、桥头搭板和锥形护坡等内容。

事件2:根据地质报告,由于基坑壁坡不易稳定并有地下水,所以决定该桥基础开挖时需采取坑壁加固的措施。

事件3:基坑施工过程中有如下几点要求:①坑壁边缘应留有护道,动荷载距坑边缘不小于0.5m;②基坑施工不可延续时间过长,自开挖至基础完成,应抓紧时间连续施工;③如用机械开挖基坑,应一次性挖至基底高程。

【问题】(共10分)

(1)针对事件1,指出桥梁附属设施包含的内容,以及写出桥面系包含的主要内容。(4分)

(2)针对事件2,基础开挖时还有哪些情况需采取坑壁加固的措施?主要有哪些加固措施?(4分)

(3)针对事件3,逐条判断正误,并改正错误的做法。(2分)

2. 某施工单位承接了高速公路施工,K8+126处有一座主跨为9×30m预应力混凝土简支空心板梁桥,该桥为旱桥,中间桥墩位于低洼地带,地下水较低,地质条件为硬土。基础采用人工挖孔桩施工工艺,上部结构采用预制吊装,梁体采用后张法施工。在人工挖孔桩施工中发生如下事件:

事件1:依据导线总水准点测量控制网资料和施工设计图上的桩位平面布置图,测定桩位方格控制网和高程基准点,确定好桩位中心,以桩位中心为圆心,以桩身半径画出上部圆周,并撒石灰线作为桩孔开挖尺寸线,桩位线定好后,做好护桩,监理复查认定不合格。

事件2:开挖桩孔应从上到下逐层开挖,先挖中间部分的土方,然后向周边扩挖,有效控制桩孔的截面尺寸,当挖到第一节完毕时,模板预留0.3m以上高出原地面,每节的开挖高度应根据土质和设计而定,一般以0.9~1.2m为宜。第一节开挖完毕后,支护壁模板,护壁模板支好后应立即浇筑护壁混凝土,护壁材料采用C20混凝土,护壁厚度为10cm,人工浇筑,人工捣实,护壁混凝土应根据气候条件,一般情况下浇灌完毕须经24h后可拆模。挖孔桩示意图如下图所示。

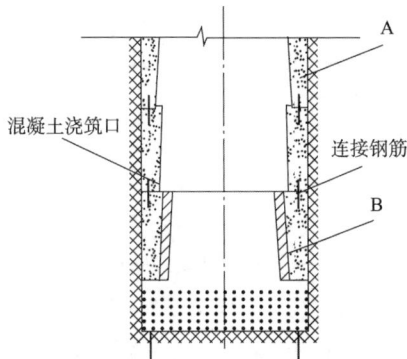

挖孔桩示意图

事件3:预应力张拉。将钢绞线穿入波纹管道内(钢绞线下料长度考虑张拉工作长度)进行张拉作业。张拉使用的张拉机及油泵、锚、夹具必须符合设计要求并配套使用,配套定期校验,以准确标定张拉力与压力表读数间的关系曲线。按设计要求在两端同时对称张拉,张拉时千斤顶的作用线必须与预应力轴线重合,两端各项张拉操作必须一致。预应力张拉采用"双控"。

事件4:施工单位在第2片梁的张拉过程中,出现钢绞线的断丝现象,据检测,断丝数量超过设计规定的允许数量。

【问题】(10分)

(1)指出事件1中的错误并改正。

(2)事件2中模板预留0.3m以上高出原地面的原因是什么?

(3)写出挖孔桩示意图中A和B的名称。

(4)事件3中双控指的是什么?

(5)事件4中施工单位应该如何处理?

3. 某大桥跨越深沟。桥梁中心点桩号为K66+468,起讫点桩号为K66+177.0~K66+757.5。桥梁跨径组成为[5×40+(65+120+65)+3×40]m连续刚构、预应力混凝土结构连续T梁,桥梁全长580.5m。主桥上部采用预应力混凝土连续刚构,主墩采用双薄壁,过渡墩采用薄壁空心墩,基础为桩基础;引桥上部采用预应力混凝土结构连续T梁,引桥桥墩采用薄壁空心墩和圆柱式桥墩。桥台为扩大基础U台和肋板台,肋板台基础为桩基础。其中主墩承台平面尺寸为22.75m(横桥向)×16.5m(顺桥向),高4.5m,单个承台C30混凝土方量1689.2m³(混凝土结构物实体最小几何尺寸不小于1m的大体量混凝土为大体积混凝土),一次性浇筑完成。

主墩承台施工工艺流程:测量放样→基坑开挖→工序A→绑扎钢筋、骨架→安装冷却管→架设模板→混凝土拌和浇筑→混凝土养护→工序B→基坑回填。

为预防主墩承台钢筋混凝土结构构造裂缝,施工单位采取了以下措施:

(1)选用中、低热硅酸盐水泥或低热矿渣硅酸盐水泥。

(2)避免混凝土搅拌很长时间后才使用。

(3)加强模板的施工质量,避免出现模板移动、鼓出等问题。

(4)基础应有较好的强度、刚度、稳定性;避免模板的不均匀沉降和脱模过早。

(5)混凝土浇筑时要振捣充分,混凝土浇筑后要加强养护工作,及时养护。

(6)采用遮阳凉棚的降温措施以降低混凝土水化热、推迟水化热峰值出现。

【问题】(6分)

(1)写出工序A、工序B的名称。

(2)该主墩承台的混凝土是否属于大体积混凝土?并说明理由。

(3)补充主墩承台钢筋混凝土结构构造裂缝防治措施。

4. 某施工单位承接了高速公路施工,K5+840处有一座高架桥,高架桥位于三面环山的山间谷地,起点桩号为K5+596.46,终点里程为K5+083.54,全长487.08m。起点接隧道。本桥共30条系梁,尺寸为7.78m×1.0m×1.2m。承台共6个,均位于0号台,承台尺寸为5.4m×2.2m×2.0m。承台的施工工艺如下图所示。

承台施工前,项目部准备了混凝土试模、钢卷尺、水准仪、全站仪等现场试验仪器。承台混凝土采用C25混凝土,搅拌机集中拌和,自动计量,罐车运输,溜槽入模,插入式振捣器振捣,分层施工的方法施工。混凝土搅拌车到达施工现场后,先高速旋转20~30s,并对混凝土坍落度进行测试,坍落度测试合格后进行混凝土浇筑。浇筑时采用分层进行,分层厚度为1m。在新浇筑完成的下层混凝土上浇筑新混凝土,在下层混凝土初凝或能重塑后浇筑完上层混凝土。混凝土下落高差大于2.0m时,设立溜槽。整个浇筑工程均需监理工程师和技术人员进行旁站监督,不定时地检查混凝土拌和物的坍落度,按规定制试件,并做好施工记录。

【问题】(6分)

(1)写出工序A的名称。

```
                          ┌──────────┐
                          │ 施工准备 │
                          └────┬─────┘
  ┌──────────┐    ┌──────────┐    ┌──────────┐
  │集水井法抽水│───│ 基坑开挖 │───│ 基坑防护 │
  └──────────┘    └────┬─────┘    └──────────┘
                          ┌────┴─────┐
                          │ 凿除桩头 │
                          └────┬─────┘
                          ┌────┴─────┐
                          │ 检测桩基 │
                          └────┬─────┘
                          ┌────┴─────┐
                          │ 基底处理 │
                          └────┬─────┘
                          ┌────┴─────┐
                          │ 工序A    │
                          └────┬─────┘
                          ┌────┴─────┐
                          │ 安装模板 │
                          └────┬─────┘
┌──────────────┐    ┌──────────┐    ┌──────────────┐
│混凝土拌制、输送│───│ 浇筑混凝土│───│ 制作混凝土试件│
└──────────────┘    └────┬─────┘    └──────────────┘
                          ┌────┴─────┐
                          │ 拆模养护 │
                          └──────────┘
```

承台的施工工艺

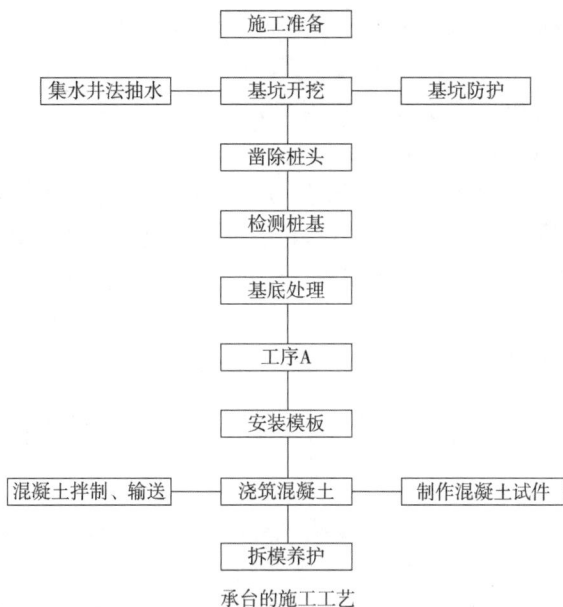

(2)补充项目部还应准备的现场试验仪器。

(3)指出混凝土浇筑中的错误做法并改正。

5.某沿海大桥是一座跨径为 28.5m + 3 × 40.5m + 28.5m 的变截面预应力混凝土连续箱梁桥,分上下两幅,每幅单箱顶宽 14.50m,底板宽 7m,梁高由支点的 2.75m 渐变到跨中的 1.80m。根据桥位处的地质情况和大桥本身的特点,采用逐段现浇,每段有一超过墩身 8.5m 的长度,末端浇筑长度为 20m。

支架纵梁采用六四军用梁,为减小纵梁在混凝土重量作用下的过大变形,在每个边跨设一排临时支墩,3 个主跨各设置两排支墩,支墩均为摩擦桩,卸落设备采用砂箱。在安装模板时,全面计算并设置了预拱度值。为减小支架变形,混凝土分两次浇筑,第一次浇筑底板和腹板,第二次浇筑顶板和翼缘板。为防止桥墩与支架发生沉降差而导致墩顶处梁体混凝土开裂,采用自两边墩台向跨中分段浇筑的方法。因管道较多、钢筋密,决定采用大直径振捣器直接运送混凝土并振捣,以确保有预应力管道下的混凝土密实。混凝土达到设计强度后,张拉预应力筋,并按要求和规定进行压浆。

【问题】(8分)

(1)混凝土浇筑顺序是否合理?请说明理由。

(2)混凝土振捣是否合理?为什么?

6.西湖中桥是一座 15m 的钢筋混凝土整体式简支梁桥,桥宽 9.5m,重力式桥台。桥位处地质覆盖层为厚 2m 的强风化泥岩,桥台持力层为中风化泥岩。桥梁顶面距自然地面线的平均高度为 8m。在距桥位 3km 处有一个大型水泥厂,混凝土所需用的砂石级配良好。施工单位采用满堂式钢管支架直接支撑在地面,为防止支架变形,整个钢管支架设置了多道斜撑和横撑。此外,为确保梁体的外观质量,选用了优质钢模,采取多种固定模板的措施。由于浇筑混凝土时正值高温,采用了水胶比大的混凝土,以延缓混凝土的初凝时间。混凝土浇筑完成后,采用多时段直接洒水养护。拆模后发现梁体外观光整,但在梁底和桥面出现了许多不规则的裂缝,梁底有横向裂缝。

【问题】(4分)

(1)产生混凝土裂缝的可能原因是什么?

(2)背景资料所述施工缺少哪两项重要工序?

7.某施工单位承接了一座桥梁施工任务,桥梁上部结构采用先张法预制梁板。项目部在施工现场布置了临时预制场。并采用"自行式吊机架设法"架设预制梁。施工中的主要材料均由施工单位自行采购。在预制和架设中,有如下事件发生:

事件1:进场钢筋必须进行分批验收,分别堆存,不得混杂,且应设立识别标志。钢筋在运输过程中,应避免锈蚀和污染。钢筋宜堆置在仓库(棚)内,露天堆置时,应垫高并加遮盖。

事件2:预应力筋的下料长度应通过计算确定,计算时应考虑结构的孔道长度或台座长度、锚夹具厚度、千斤顶长度等因素。

【问题】(6分)

(1)针对事件1,进场钢筋应按照哪些要求或指标进行分批验收、分别堆存?

(2)补充事件2中计算预应力筋的下料长度还应考虑的因素。

8.某大桥主跨为20×40m预应力混凝土简支T梁桥,合同总价为18700万元,合同工期2年。大桥桥址处地质条件如下:原地面往下依次为黏土、砂砾石、泥岩,主墩基础为直径2.0m的钻孔灌注桩,设计深度为40m,采用回转钻进施工法钻孔,导管法灌注水下混凝土。T梁施工采用预制吊装,预应力采用后张法施工。

【问题】(6分)

(1)请写出至少四条钻孔桩常见质量控制关键点。

(2)采用导管法浇筑水下混凝土时,导管使用前应进行哪些试验?

(3)后张法预应力张拉过程中如出现断丝、滑丝,应如何处理?

ISBN 978-7-114-14655-8

定价:48.00 元

"十四五"职业教育国家规划教材

桥梁构造识图与施工
（第2版）

主编／张维丽

副主编／陈永华 梁淑影

主审／侯 俊

人民交通出版社股份有限公司

北 京

内 容 提 要

本书已入选"十四五"职业教育国家规划教材公示名单。本书从"桥梁施工员"的岗位知识和技能要求出发,结合学生创新能力、职业道德培养要求,基于桥梁施工过程,提出教学目标并组织教学内容,融入最新技术标准、施工规范以及桥梁科技进步等内容编写而成。

本书可作为职业院校道路与桥梁工程技术专业教学用书,亦可供继续教育或职业培训使用,或作为公路工程技术人员的学习参考书。

图书在版编目(CIP)数据

桥梁构造识图与施工 / 张维丽主编. —2 版. —北京：人民交通出版社股份有限公司,2019.2(2025.5 重印)
ISBN 978-7-114-14655-8

Ⅰ. ①桥… Ⅱ. ①张… Ⅲ. ①桥梁结构—识图 ②桥梁施工 Ⅳ. ①U443 ②U445

中国版本图书馆 CIP 数据核字(2019)第 030363 号

Qiaoliang Gouzao Shitu yu Shigong
书　　名：**桥梁构造识图与施工(第2版)**
著 作 者：张维丽
责任编辑：刘彩云
责任印制：张　凯
出版发行：人民交通出版社股份有限公司
地　　址：(100011)北京市朝阳区安定门外外馆斜街 3 号
网　　址：http://www.ccpcl.com.cn
销售电话：(010)85285911
总 经 销：人民交通出版社股份有限公司发行部
经　　销：各地新华书店
印　　刷：北京印匠彩色印刷有限公司
开　　本：787×1092　1/16
印　　张：22.5
字　　数：580 千
版　　次：2014 年 3 月　第 1 版
　　　　　2019 年 2 月　第 2 版
印　　次：2025 年 5 月　第 2 版　第 8 次印刷　累计第 11 次印刷
书　　号：ISBN 978-7-114-14655-8
定　　价：48.00 元
(有印刷、装订质量问题的图书,由本公司负责调换)

再版说明

　　《桥梁构造识图与施工》一书自 2014 年出版以来,得到了很多职业院校老师的好评和选用,历经多次重印。同时,也收到了读者发来的很多好的建议。为此,我们综合多方面的意见和建议,对全书进行了修订再版。

　　关于本书的具体修订工作,特做以下几点说明:

　　1. 本书再版坚持原书的指导思想,保持原书的体系、结构不变。

　　2. 修改了一些错误和不够准确、严谨的地方,根据《公路桥涵设计通用规范》(JTG D60—2015)、《公路钢筋混凝土及预应力混凝土桥涵设计规范》(JTG D62—2018)对所涉及的相关内容做了更新。

　　3. 根据近两年桥梁技术的新发展,修改了部分内容。

　　由于编者水平有限,书中疏漏和不当之处在所难免,敬请读者批评指正,以便再版时修订。同时借此机会,向使用本书的广大师生,向给予我们关心、鼓励和帮助的同行、专家学者,致以由衷的感谢。

　　对本书的相关意见和建议请发至邮箱 qlgzstysg@ sina. com。

主　编

2018 年 10 月

前 言

21 世纪以来，我国桥梁建设取得了突飞猛进的发展，桥梁建造技术达到了世界先进水平，我国也进入了世界桥梁强国之列。党的十八大以来，以习近平同志为核心的党中央高度重视基础设施建设工作，作出一系列决策部署，推动我国交通基础设施建设事业取得了历史性成就，发生了历史性变革。我国建成了举世瞩目的港珠澳大桥等一批世界级工程，十年来，我国新增 30 多万座桥梁，创下多项世界第一。加快建设交通强国是着力推动国家高质量发展上重要的一环，而建设交通强国离不开职业教育，职业教育的根本任务就是立德树人，培养社会主义现代化建设需要的高素质劳动者和技能型人才。为满足新形势下职业教育道路与桥梁工程技术专业技能型人才对桥梁基本知识、基本结构和施工方法的需求，特编写了本书。

本书的编写融入了示范校建设的教学改革成果，并结合了最新的技术标准、施工规范以及桥梁科技进步等内容，主要介绍常见桥涵的构造、施工图识读和施工方法，对技能型人才培养具有较强的针对性。本书从"桥梁施工员"的岗位知识和技能要求出发，结合学生创新能力、职业道德培养要求，基于桥梁施工过程，提出教学目标并组织教学内容，在教材的理论体系、组织结构、内容描述上与传统教材有明显的区别。

此外，本版教材新增典型任务工作单、模考试卷以及视频、动画等学习资源，读者可扫描书中二维码查看。并配套有教学用 PPT 课件、教案、课程标准、案例分析等，有需要的老师可扫描封面二维码下载。

本书由黑龙江交通职业技术学院张维丽担任主编，黑龙江交通职业技术学院陈永华、梁淑影担任副主编，中铁二十三局集团第二工程有限公司高级工程师侯俊担任主审。编写分工如下：张维丽编写单元 1，单元 5 学习项目 1，单元 6 以及配套小册子；陈永华编写单元 2，单元 4 学习项目 3；梁淑影编写单元 3 学习项目 3，单元 4 学习项目 1、学习项目 2，单元 7 学习项目 1、学习项目 2；黑龙江交通职业技术学院张玉龙编写单元 5 学习项目 3，单元 3 学习项目 2；黑龙江交通职业技术学院张晴宇编写单元 8；黑龙江省正旭公路工程监理有限公司高级工程师张凤臣编写单元 3 学习项目 1，单元 5 学习项目 2；中铁建大桥工程局集团第四工程有限公司工程师贾永涛编写单元 7 学习项目 3。

本书在编写过程中，得到了黑龙江交通职业技术学院有关部门领导和同仁们的大力帮助和支持，在此致以诚挚的谢意！

由于编者水平有限，本书难免会有错误和遗漏，敬请各位读者批评指正。

主 编
2022 年 11 月

目　　录

单元1 桥梁总论

摘要:本单元重点介绍公路桥梁的组成、分类,使学生具备正确分析判断桥梁类型及组成的能力。

素质目标:通过介绍我国在桥梁建设领域取得的辉煌成就,弘扬我国铸就超级工程的大国工匠精神,提升学生的民族自豪感和认同感,激发学生投身桥梁建设领域的家国情怀和使命担当,树立正确的人生观、价值观。

学习项目1 桥梁的发展、组成与分类

学习目标:了解中外桥梁发展史;掌握桥梁的组成、有关名称、尺寸术语及桥梁的分类。

能力目标:能够正确分析桥梁的组成,解释相关的名词术语。

学习指导:本学习项目是对桥梁工程课程做一个总体的介绍。由于初学者对本课程还很生疏,因此要求学生努力领会学习内容,特别是一些基本概念,以便于今后深入学习桥梁专业知识。

⬤ 引言

- - - - - - - - -

桥梁是一种具有承载能力的架空构筑物,它的主要作用是供铁路、公路等跨越江河、山谷或其他障碍。桥梁是交通线的重要组成部分,由于造价较高、修建任务艰巨,往往是铁路、公路工程中的关键工程。

桥梁不仅是一个国家文化的象征,更是生产发展和科学进步的写照。目前,我国已建设了一大批结构新颖、技术复杂、设计和施工难度大、科技含量高的大跨径桥梁,我国桥梁的建设水平已跻身于国际先进行列。

学习情境1.1 国内外桥梁的发展概况

1.1.1 我国桥梁发展及建设成就

1)古代桥梁

我国历史悠久,在古代,不但桥梁数量惊人,而且类型也丰富多彩,几乎包含了所有近代桥梁的主要形式。

根据史料和考察,在原始社会,我国就有了独木桥和数根圆木排拼而成的木梁桥。

而在距今约 3000 年的周文王时,我国就已在宽阔的渭河上架设过大型浮桥。鉴于浮桥的架设具有简便快捷的特点,常被用于军事。

在秦汉时期我国就已广泛修建石梁桥。现在世界上尚保存着的最长、工程最艰巨的石梁桥,是我国于1053—1059年在福建泉州建造的万安桥,也称洛阳桥(见图1-1-1)。此桥长达800多米,共47孔,是中国第一座海港桥,造桥工匠们创造了一种直到近代才被人们认识的新型桥梁基础——筏型基础,即沿着桥墩中轴线抛置大量石块,形成一条连接江底的矮石墩,然后在上面建造船形墩,同时采用"激浪涨舟,浮运架梁"的巧妙方法,把一条条重达数吨的大石板架在桥面上。他们又在桥下养殖大量牡蛎,把桥基石和桥墩石胶合凝结成牢固的整体。这是世界上第一个把生物学应用于桥梁工程的创举。

一直保存至今的福建漳州虎渡桥(见图1-1-2),于1240年建造,总长约335m,某些石梁长达23.7m,沿宽度用3根石梁组成,每根宽1.7m,高1.9m,重达200多吨。据历史记载,这些巨大的石梁桥是利用潮水涨落浮运架设的。

图1-1-1　洛阳桥

图1-1-2　虎渡桥

举世闻名的河北省赵县的赵州桥(又称安济桥,见图1-1-3),是我国古代石拱桥的杰出代表。该桥在隋大业初年(公元605年左右)为李春所修建,是世界上最早的空腹式(又称敞肩式)圆弧形石拱桥,净跨37.02m,宽9m,拱矢高度7.23m。在拱圈两肩各设有两个跨度不等的腹拱,这样既能减轻桥身自重、节省材料、美观,又便于排洪。

除赵州桥外,还有其他著名的石拱桥,如北京永定河上的卢沟桥、颐和园内的玉带桥和十七孔桥、苏州的枫桥(见图1-1-4)等。

图1-1-3　赵州桥

图1-1-4　苏州枫桥

近代的大跨度悬索桥和斜拉桥也是由古代的藤、竹吊桥发展而来的。吊桥首创于我国,吊索由藤索、竹索发展到铁链。在唐朝中期,就有了铁链吊桥,比西方早800多年。至今尚保留下来的古代吊桥有四川泸定县的大渡河铁索桥(1706 年)、灌县的安澜竹索桥(1803 年)等。大渡河铁索桥桥跨长约 100m,宽约 2.8m,由 13 条锚固于两岸的铁链组成(见图 1-1-5);安澜竹索桥是世界上最著名的竹索桥(见图 1-1-6),全长约 340m,分 8 孔,最大跨径约 61m,全桥由细竹篾编成粗 5 寸❶的 24 根竹索组成,其中桥面索和扶栏索各半。

图 1-1-5　大渡河铁索桥

图 1-1-6　安澜竹索桥

2) 近现代桥梁

钱塘江大桥,是新中国成立前第一座由中国人自行设计和监造的现代化双层公铁两用桥,为我国的桥梁事业竖立了一座光辉的里程碑。

茅以升是著名的桥梁专家,是中国桥梁事业的先驱。他一生最重要的作品——杭州钱塘江大桥,既是我国桥梁建筑史上的一座里程碑,又是我国桥梁工程师的摇篮。茅以升先生把工地办成学校,吸收大批土木工程专业的学生参加工程实践,为国家培养了一批桥梁工程人才。我国一些重要桥梁工程,如武汉长江大桥、南京长江大桥的一些负责人都曾经历过钱塘江大桥建设的洗礼。

钱塘江大桥于 1934 年 8 月 8 日开始动工兴建,1937 年 9 月 26 日建成,同年 12 月 23 日侵华日军攻陷杭州,我国军队西撤后将桥炸毁。抗日战争胜利后于 1947 年 3 月 1 日修复(见图 1-1-7)。以茅以升先生为首的我国桥梁工程界的先驱在钱塘江大桥建设中所显示出的伟大的爱国主义精神,敢为人先的科技创新精神,排除一切艰难险阻、勇往直前的奋斗精神,永远是鼓舞我们为祖国的繁荣富强不懈奋斗的宝贵精神财富。图 1-1-7 为 1947 年修复后的钱塘江大桥。

1957 年,第一座长江大桥——武汉长江大桥(见图 1-1-8)的胜利建成,结束了我国万里长江无桥的历史。大桥的正桥为 3 联 3×128m 的连续钢桁梁,双线铁路,上层公路桥面宽 18m,两侧各设 2.25m 人行道,包括引桥在内全桥总长 1 670.4m。大型钢梁的制造和架设、深水管柱基础的施工等,为发展我国现代桥梁技术开创了新路。

1969 年我国又胜利建成了举世瞩目的南京长江大桥(见图 1-1-9)。这是我国自行设计、制造、施工,并使用国产高强度钢材的现代化大型桥梁。正桥除北岸第一孔为 128m 简支钢桁

---

❶　1 寸≈3.333 3cm。

梁外,其余为9孔3联、每联为3×160m的连续钢桁梁。上层是公路桥面,下层为双线铁路。包括引桥在内,铁路部分全长6 772m,公路部分为4 589m。桥址处水深流急,河床地质极为复杂,大桥桥墩基础的施工非常困难。南京长江大桥的建成,标志着我国的建桥技术已达到了世界先进水平,也是我国桥梁史上又一个重要里程碑。

图1-1-7 钱塘江大桥

图1-1-8 武汉长江大桥

图1-1-9 南京长江大桥

3)我国桥梁发展之最

杭州湾跨海大桥(见图1-1-10)于2003年11月开工,2007年6月贯通,全长36 km,是一座横跨中国杭州湾海域的跨海大桥,是当时世界上最长的跨海大桥。

杭州湾跨海大桥工程

青岛海湾大桥,又称胶州湾跨海大桥(见图1-1-11),全长41.58 km,历时4年建成,于2011年6月30日全线通车,是当时世界上最长的跨海大桥,也是我国建桥者自行设计、施工、建造,具有独立知识产权的特大跨海大桥。中国与世界建桥史又翻开了崭新的一页。

苏通长江公路大桥(见图1-1-12)于2008年6月30日正式通车,线路全长32.4 km,主跨1 088m,是目前世界最大跨径斜拉桥,创造了最深桥梁桩基础、最高索塔、最大跨径、最长斜拉索等4项斜拉桥世界纪录,其雄伟的身姿成为横跨在长江之上的一道亮丽风景,它是中国由"桥梁建设大国"向"桥梁建设强国"转变的标志性建筑。

我国香港青马大桥(见图1-1-13)于1992年5月开始兴建,1997年开放通车,全长2.16 km,主跨1 377m,是目前世界上最长的公铁两用悬索桥,于1999年荣获美国建筑界"20世纪十大建筑成就奖",是香港21世纪标志性建筑。青马大桥将传统的造桥技术升华至极高的水平,宏伟的结构令世人赞叹。

图 1-1-10　杭州湾跨海大桥

图 1-1-11　青岛海湾大桥

图 1-1-12　苏通长江公路大桥

图 1-1-13　香港青马大桥

西堠门大桥(见图 1-1-14)是连接舟山本岛与宁波的舟山连岛工程 5 座跨海大桥中技术要求最高的特大型跨海桥梁,主桥为两跨连续钢箱梁悬索桥,主跨 1 650m,位居目前悬索桥世界第二、国内第一,其中钢箱梁全长位居世界第一。

重庆万州长江大桥原名万县长江大桥(见图 1-1-15),是长江上第一座单孔跨江公路大桥,主桥于 1994 年 5 月开工建设,1997 年 5 月竣工通车。该桥为劲性骨架钢管混凝土上承式拱桥,主跨 420m,也是当时世界上同类型跨度最大的拱桥。大桥在中国土木工程学会 2004 年第 16 届年会上入选首届"全国十佳桥梁",名列拱桥首位。

图 1-1-14　西堠门大桥

图 1-1-15　重庆万州长江大桥

1.1.2　国外桥梁发展及建设成就

世界桥梁建筑发展的历史,与社会生产力的发展,工业水平的提高,施工技术的进步,数学、力学理论的进展,计算技术的改革等方面都有关系,其中与建筑材料的发展最为密切。

据记载,目前世界上最古老的石拱桥是位于伊拉克境内的 Nimrod 桥,大约建于公元前 1800 年。在欧洲古罗马时代,修建了不少渡槽,其中最著名的是法国加德(Gard)水道桥,见图 1-1-16。加德水道桥横跨加德河,是古罗马时期为引犹莱山水进城而修建长约 50 km 的高架渠的一部分,桥高 49m,由巨石砌成,共分三层:最上层是水道,有 35 个小拱,长 275m,高 7m,宽 3m;中间层为 11 孔,长 242m,高 20m,宽 4m;最下层是 16~24m 跨度的石拱 6 孔,长 142m,高 22m,宽 6m。该桥景色非常壮观,是技术和艺术的杰作,已列入世界文化遗产名录。这个时期修建的石拱桥,拱圈呈半圆形,拱石经过细凿,砌缝不用砂浆。因当时不能修建深水基础,桥墩过宽(阻水面积过大),所修建的跨河桥多已冲毁。图 1-1-17 为在罗马跨越台伯河的天使桥,始建于公元 134 年,共 5 孔(中间 3 孔为原桥),跨度 18m;1688 年,在栏杆柱上增加了 10 尊天使雕像,使其成为罗马最优雅美观的桥。

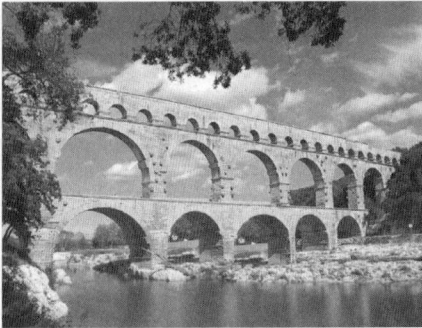

图 1-1-16　法国加德水道桥

图 1-1-17　罗马天使桥

随着冶炼业的发展,18 世纪中期开始采用铸铁建造拱桥。第一座铸铁拱桥是英国在 1779 年建造的科尔布鲁克代尔桥,见图 1-1-18,桥跨 30.5m,矢高 13.7m,有 5 片半圆形铸铁拱肋。该桥开创了工业化造桥(工厂制造、工地安装)的先河,曾使用 170 年,现作为文物保存。

19 世纪初,开始使用锻铁建造悬索桥和梁桥。英国 1820—1826 年在梅奈(Menai)海峡建造的跨度达 177m 的锻铁链杆柔式悬索桥,历经风霜而保存至今,见图 1-1-19。

图 1-1-18　英国科尔布鲁克代尔桥

图 1-1-19　英国梅奈锻铁悬索桥

19世纪中期,钢材的出现使钢结构得到了蓬勃发展,从而开始了土木工程的第一次飞跃。1869—1883年,罗伯林父子设计并建成了至今仍在使用的布鲁克林桥(见图1-1-20),该桥为城市悬索桥,主跨487m。该桥抗风性能好,为悬索桥向更大跨度发展开创了先例。1991年日本修建的Ikitsuki ohashi钢悬臂桁架梁桥的主跨达400m,见图1-1-21。

图1-1-20　美国布鲁克林桥

图1-1-21　日本Ikitsuki ohashi桥

20世纪初,钢筋混凝土的广泛应用,以及随后预应力混凝土的诞生,实现了土木工程的第二次飞跃。1999年建成的日本多多罗桥(见图1-1-22),跨度达到890m,是当时世界上最大跨度的斜拉桥。20世纪90年代引人注目的大跨度悬索桥是丹麦大贝尔特东桥,见图1-1-23。目前世界上最大跨度的悬索桥是日本明石海峡大桥,主跨达到1 990m(见图1-1-24)。

图1-1-22　日本多多罗桥

图1-1-23　丹麦大贝尔特东桥

图1-1-24　日本明石海峡大桥

1.1.3　桥梁发展方向

综观大跨度桥梁的发展趋势,可以看到,世界桥梁建设必将迎来更大规模的建设高潮,同时也对桥梁技术的发展方向提出了新的要求:

(1)桥跨结构继续向大跨度发展。在具有一定承载能力条件下,跨越能力仍然是反映桥梁技术水平的主要指标。

(2)建桥材料向高强、轻质、多功能发展。

（3）在设计阶段采用高度发展的计算机辅助手段，进行有效的快速优化和仿真分析，运用智能化制造系统在工厂生产部件；利用 GPS 和遥控技术控制桥梁施工。

（4）应用于大型深水基础工程。

（5）信息技术在桥梁工程中的应用更趋广泛。

（6）对桥梁造型的艺术要求越来越高，重视桥梁美学和环境保护，达到人文景观与环境景观的完美结合。

（7）对桥梁施工方法的要求是快速简便，工业化制造，采用大型架设、起吊机具（起吊能力从几百吨到几千吨）。

随着科技的发展，桥梁建设技术将有更大、更新的发展。

学习情境 1.2　桥梁的组成与分类

桥梁的组成

1.2.1　桥梁的组成

桥梁一般由上部结构、下部结构和附属结构三个部分组成（见表 1-1-1）。

桥 梁 组 成 部 分 表 1-1-1

上部结构	桥跨结构、支座系统
下部结构	桥墩、桥台、墩台基础
附属结构	桥面系、伸缩缝、桥头搭板、锥坡、护岸和导流结构物等

梁桥和拱桥是桥梁最常用的结构形式，如图 1-1-25 和图 1-1-26 所示。

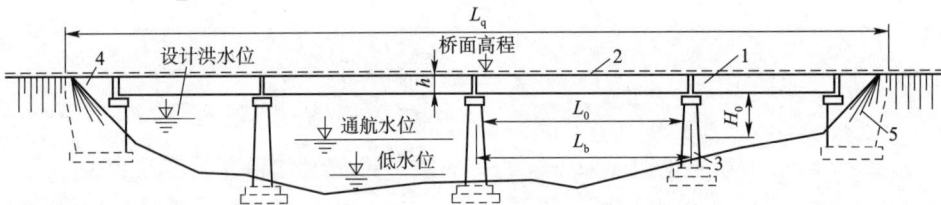

图 1-1-25　梁桥基本组成

1-主梁;2-桥面;3-桥墩;4-桥台;5-锥坡

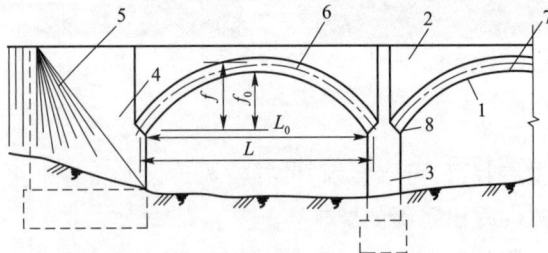

图 1-1-26　拱桥基本组成

1-拱圈;2-拱上建筑;3-桥墩;4-桥台;5-锥坡;6-拱轴线;7-拱顶;8-拱脚

1）上部结构

上部结构是指位于支座以上的部分,又称桥跨结构,指桥梁中直接承受车辆荷载作用并传递给墩台的架空的主体结构部分。

桥跨结构的形式多样。对梁桥而言,其主体结构是梁;对拱桥而言,其主体结构是拱;对悬索桥而言,其主体结构是缆。

2）下部结构

下部结构是指位于支座以下的部分,也称支承结构。它包括桥墩、桥台以及墩台的基础,是支承上部结构、向下传递荷载的结构物。桥梁墩台的布置是与桥跨结构相对应的。桥台设在桥跨结构的两端,桥墩则分设在两桥台之间。桥台除起到支承和传力作用外,还起到与路堤衔接、防止路堤滑塌的作用。为此,通常需在桥台周围设置锥坡。墩台基础是承受由上至下的全部荷载(包括车辆荷载和结构重力)并将其传递给地基的结构物,它通常埋入土层之中或建筑在基岩之上,时常需要在水中施工。

3）附属结构

桥梁的附属结构,包括桥面系、伸缩缝、桥头搭板和锥坡等。桥面系包括桥面铺装、排水设施、护栏、中央分隔带、人行道、栏杆、灯柱、标志标线等;伸缩缝是保证桥跨结构在温度变化时能自由伸缩并使车辆平稳通过的桥梁断开装置,一般设置在两岸桥台和某几个墩顶的桥面部位,横向贯通;桥头搭板设置于路基与桥台连接处,其作用是防止路与桥产生不均匀沉降而导致桥头跳车;锥坡设置在桥台两侧,使路基和桥梁顺接,诱导水流顺畅通过桥孔,防止洪水冲刷桥台和路基。

除此以外,有些桥梁根据需要还要修筑护岸、导流结构物和景观灯饰等附属结构。

河流中的水位是变动的,在枯水季节的最低水位称为低水位;洪峰季节河流中的最高水位称为高水位。桥梁设计中按规定的设计洪水频率计算所得的高水位,称为设计洪水位。对于通航河道,尚需确定通航水位(设计通航水位)。通航水位,包括设计最高通航水位和设计最低通航水位,是各级航道代表性船舶对正常运行的航道维护管理和有关工程建筑物的水位设计的依据。

1.2.2　桥梁的有关术语

结合图 1-1-25 和图 1-1-26,下面介绍一些与桥梁布置和结构有关的主要尺寸和术语名称。

1）净跨径

对于梁式桥,是指设计洪水位上相邻两个桥墩(或桥台)之间的净距,用 L_0 表示(见图 1-1-25);对于拱式桥,是指每孔拱跨两个拱脚截面最低点之间的水平距离(见图 1-1-26)。

2）计算跨径

对于具有支座的梁桥,是指桥跨结构相邻两个支座中心之间的距离。对于图 1-1-26 示拱式桥,是两相邻拱脚截面形心点之间的水平距离,用 L 表示。因为拱圈(或拱肋)各截面形心点的连线称为拱轴线,故也就是拱轴线两端点之间的水平距离。

3) 标准跨径

对于梁式桥是两桥墩中线间距离或桥墩中线与台背前缘的间距,用 L_b 表示。当跨径在 50m 以下时,通常采用标准跨径设计,从 0.75~50m,共 21 级,分别为 0.75m、1.0m、1.25m、1.5m、2.0m、2.5m、3.0m、4.0m、5.0m、6.0m、8.0m、10m、13m、16m、20m、25m、30m、35m、40m、45m、50m,常用的为 10m、16m、20m、40m 等。

4) 总跨径

总跨径是多孔桥梁中各孔净跨径的总和,也称桥梁孔径,它反映了桥下宣泄洪水的能力。

5) 桥梁全长(简称桥长)

有桥台的桥梁为两岸桥台侧墙或八字墙尾端间的距离,无桥台的桥梁为桥面系长度,用 L_q 表示(见图 1-1-25)。它反映了桥梁工程的长度规模。

6) 桥梁高度

桥梁高度简称桥高,是指桥面与低水位之间的高差,或为桥面与桥下路线路面之间的距离。桥高在某种程度上反映桥梁施工的难易性。

7) 桥下净空高度

桥下净空高度是指计算洪水位或设计通航水位至桥跨结构最下缘之间的垂直距离,应保证能安全排泄洪水,并不得小于对该河流通航所规定的净空高度。桥下净空高度应符合《公路桥涵设计通用规范》(JTG D60—2015)的规定。

8) 建筑高度

建筑高度是指桥上行车道路面至桥跨结构最下缘之间的距离。容许建筑高度是指公路定线中所确定的桥面高程与通航净空顶部高程之差。

9) 矢高和矢跨比

拱桥拱顶截面下缘至相邻两拱脚截面下缘最低点之连线的垂直距离,称为净矢高,用 f_0 表示(见图 1-1-26);从拱顶截面形心至拱脚截面形心之连线的垂直距离,称为计算矢高,用 f 表示(见图 1-1-26)。计算矢高与计算跨径之比(f/L)称为拱圈的矢跨比(或称拱矢度),是反映拱桥受力特性的一个重要指标。

1.2.3 桥梁的分类

1) 按桥梁受力结构的体系分类

按桥梁受力结构体系的不同,可分为梁式桥、拱桥、刚架桥、悬索桥、组合体系桥等类型。

(1) 梁式桥

梁式桥简称梁桥,按受力图式可分为简支梁桥、连续梁桥和悬臂梁桥。其主要承重构件是梁(板),在竖向荷载作用下无水平反力,桥跨结构主要承受弯矩作用,墩台和基础承受竖向力作用。

①简支梁桥。如图 1-1-27 所示,一般采用一个固定支座和一个活动支座,将梁支撑在墩

台上,梁身承受正弯矩。每一片梁与桥墩或桥台组成一个桥跨,相邻桥跨之间没有受力关系。简支梁桥属静定结构,相邻桥孔各自单独受力,是公路上最常用的桥梁结构形式。垂直荷载作用下支座处弯矩为零,最大弯矩在跨中,一般适用于中、小跨径。它可以预先分段制造,分跨架设。该类桥的缺点为整体性较差,并有较多伸缩缝,影响车辆平稳行驶。

②连续梁桥。如图 1-1-28 所示,由几跨梁连接成一个整体,即形成一联,每联由一个固定支座和几个活动支座将梁支撑在墩台上。连续梁桥属于超静定结构,梁身中部受正弯矩,每个支座处受负弯矩。荷载作用下支点截面产生的负弯矩显著减小了跨中截面的正弯矩,不仅可减小跨中的建筑高度,而且能节省钢筋混凝土数量。连续梁桥整体性强,该类桥最大的缺点是对基础沉降要求严格,严重时可导致梁断裂,甚至破坏。

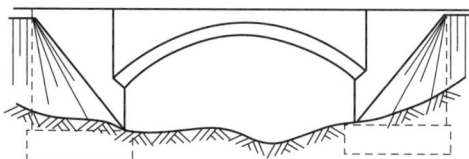

图 1-1-27 简支梁桥　　　　　　　　　　　图 1-1-28 连续梁桥

③悬臂梁桥。如图 1-1-29 所示,其主体是长度超出跨径的悬臂结构。仅一端悬出者称为单悬臂梁,两端均悬出者称为双悬臂梁。对于较长的桥,还可以借助简支的挂梁与悬臂梁一起组合成多孔桥。由于悬臂根部产生的负弯矩减小了跨中正弯矩,所以可节省材料用量。悬臂梁桥属于静定结构,墩台的不均匀沉降不会在梁内引起附加内力。

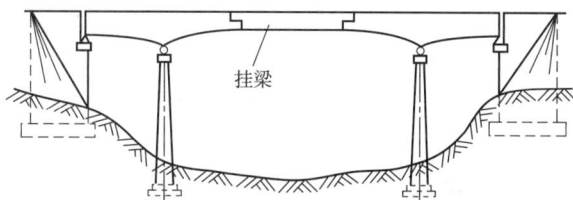

挂梁

图 1-1-29 悬臂梁桥

(2)拱桥

拱桥主要承重结构是拱圈。其主要受力特征是在竖直荷载作用下支座有竖向反力和水平反力(拱脚推力)。拱圈内力以压力为主、弯矩为辅,可采用抗压能力强的石料、混凝土等圬工材料来修建。拱桥跨越能力较大,外形美观,造价相对较低,但建筑高度大,对地基和基础的要求高。按主拱圈之上有无腹拱,分为实腹式和空腹式两种。按桥面与主拱圈的相对位置,拱桥又分为上承式、中承式和下承式。图 1-1-30 为上承式实腹拱桥,图 1-1-31 为中承式拱桥。

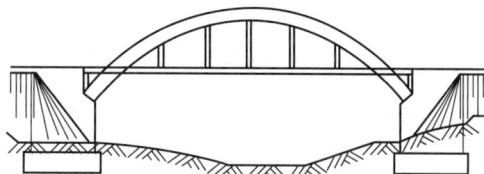

图 1-1-30 上承式实腹拱桥　　　　　　　图 1-1-31 中承式拱桥

（3）刚架桥

刚架桥也称刚构桥,其上部结构与桥墩刚性连接成一整体。在竖向荷载作用下,跨中产生正弯矩,上部结构与桥墩固结处为负弯矩,桥墩不仅受轴向力作用,还要承受弯矩和剪力。其受力状态介于梁桥与拱桥之间。刚架分直腿刚架与斜腿刚架。图1-1-32为直腿刚架桥,图1-2-33为斜腿刚架桥。

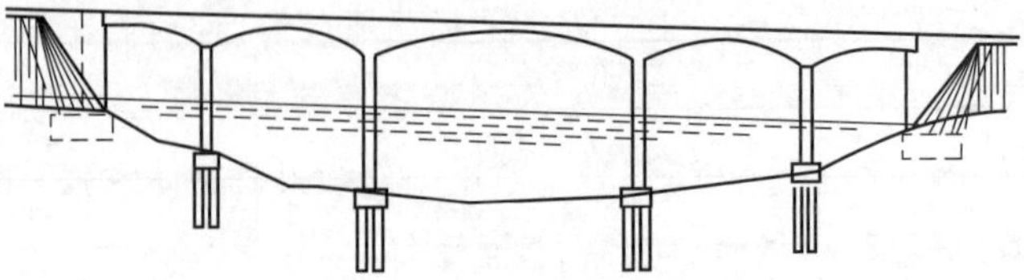

图1-1-32 直腿刚架桥

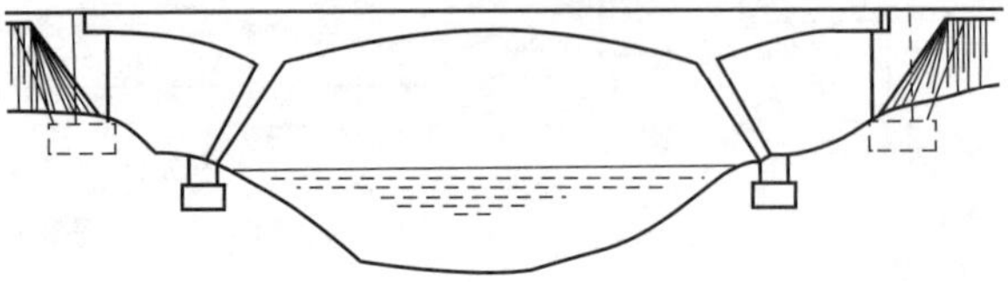

图1-1-33 斜腿刚架桥

（4）悬索桥

悬索桥又称吊桥,主要由桥塔、锚碇、主缆、吊索、加劲梁及鞍座等部分组成,如图1-1-34所示。吊索将主梁和车辆的重力传递给主缆,桥塔将主缆支起,主缆承受拉力,并被桥两端的锚碇锚固。桥塔承受主缆的传力,主要受轴向压力,并传递给基础。悬索桥结构受力性能好,其轻盈悦目的曲线线形和强大的跨越能力深受人们欢迎。

悬索桥造价高,施工工艺复杂,不宜在低等级公路和中小型河流上使用。

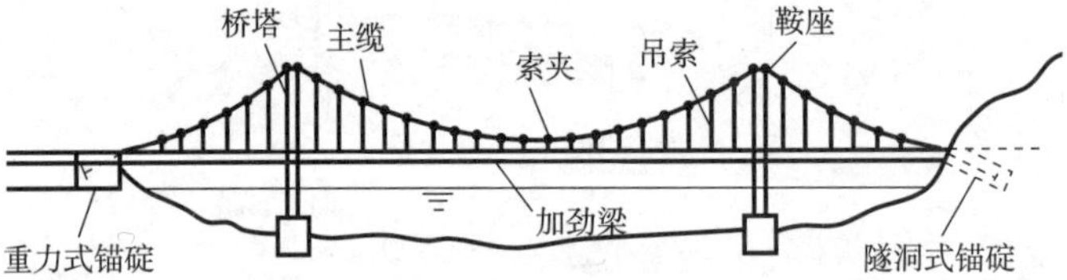

图1-1-34 悬索桥

（5）组合体系桥

①斜拉桥。如图1-1-35所示,由塔柱、斜索和主梁组成,用高强钢材制成的斜索将主梁多点吊起,并将主梁的荷载传至塔柱,再通过塔柱传至基础及地基。由于其轻巧优美、挺拔舒展的形象,也经常用于城市桥梁和城镇景观桥梁,但其施工复杂,造价较高。

②梁、拱组合体系桥。如图1-1-36所示,这类体系有系杆拱、桁架拱、多跨拱梁结构等,它们是利用梁的受弯与拱的承压特点组成的联合结构。其中梁和拱都是主要承重构件,两者相互配合共同受力。

2）按桥梁全长和跨径不同分类

按桥梁全长和跨径的不同,桥梁分类见表1-1-2。

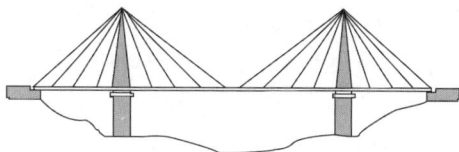

图 1-1-35　斜拉桥

图 1-1-36　系杆拱桥

桥梁涵洞分类(单位:m)　　　　　　　　　　　　　　　表 1-1-2

桥涵分类	多孔跨径总长 L	单孔跨径 L_K
特大桥	$L > 1\,000$	$L_K > 150$
大桥	$100 \leqslant L \leqslant 1\,000$	$40 \leqslant L_K \leqslant 150$
中桥	$30 < L < 100$	$20 \leqslant L_K < 40$
小桥	$8 \leqslant L \leqslant 30$	$5 \leqslant L_K < 20$
涵洞	—	$L_K < 5$

3)按桥梁主要承重结构所用材料分类

按桥梁主要承重结构所用材料的不同,可分为圬工桥(包括砖、石、混凝土桥)、钢筋混凝土桥、预应力混凝土桥、钢桥和木桥等。木桥一般只用作临时性桥梁;圬工桥多用作小跨度桥(小于20m);有时还会采用钢梁和混凝土桥面板共同受力的结合梁桥。

4)按桥梁上部结构的行车道位置分类

按桥梁上部结构行车道位置的不同,可分为上承式桥、中承式桥和下承式桥。

5)按桥梁跨越障碍物的性质分类

按桥梁跨越障碍性质的不同,可分为跨河桥、跨线桥(立体交叉)、高架桥和栈桥。高架桥一般是指跨越深沟峡谷以替代高路堤的桥梁,以及城市桥梁中跨越道路的桥梁。栈桥在土木工程中,一般是指为运输材料、设备、人员而修建的临时桥梁设施。

6)按桥梁用途分类

按桥梁用途的不同,可分为公路桥、铁路桥、公路铁路两用桥、农桥、人行桥、运水桥(渡槽)及其他专用桥梁(如通过管路、电缆等)。

7)按桥梁是否固定分类

按桥梁是否固定,可分为固定桥、活动桥(又称开启桥或开合桥)和浮桥。浮桥随水位升降,多为临时性桥梁;当河道两岸不容许修建较高的路堤,而桥下通航又需要保持必要的净空高度时,可建造活动桥。活动桥水陆交通互相干扰,养护又困难,只有在特殊情况下采用,其开启方式可以是平转、立转或升降。

---------------------- 小 结 ----------------------

桥梁是一种具有承载能力的架空构筑物,它的主要作用是供铁路、公路等跨越江河、山谷或其他障碍。

桥梁的三个主要组成部分是上部结构、下部结构和附属结构。位于支座以上(含支座)的部分叫上部结构,支座以下的部分叫下部结构,桥梁的附属结构包括桥面系、伸缩缝、桥头搭板和锥坡、护岸、导流结构物。

桥梁中常用名词术语,有计算跨径、净跨径、标准跨径、总跨径、桥梁全长、桥下净空高度等。

根据不同的分类标准可以对桥梁进行不同的划分。这些划分对理解整个桥梁体系是很有帮助的。根据大纲要求,应对几种主要的划分方法有所了解,对按受力结构体系分类进行重点学习和掌握。根据桥梁受力结构体系的不同,可分为梁式桥、拱桥、刚架桥、悬索桥和组合体系桥,其中梁式桥又分为简支梁桥、连续梁桥、悬臂梁桥;按桥梁全长和跨径的不同,可分为特大桥、大桥、中桥、小桥、涵洞。

【知识拓展】胶州湾大桥

胶州湾大桥(青岛海湾大桥)东起青岛东部城区海尔路,越过胶州湾,西至黄岛红石崖,主桥中部建设互通立交桥与红岛相连,青岛、黄岛和红岛由此实现"品"字形连接。大桥主桥设双向8车道。其中海上段长度25.171 km,青岛侧接线749m,黄岛侧接线827.021m,红岛连接线长1.3 km(见图1-1-37)。

图1-1-37　胶州湾大桥

胶州湾大桥施工过程中,采用水下无封底混凝土套箱技术、耐久性混凝土配比施工、海上自锚式悬索桥,并进行了海水腐蚀研究等,克服了大量技术难题,取得了21项创新成果,给国家在北方海湾地区建桥积累了经验,做出了贡献。其中,水下无封底混凝土套箱技术获得2009年度中国公路学会科技进步特等奖。一航道桥的箱梁由22种55个钢箱梁装焊组成,每个标准梁段长12m、宽47m、高3.6m,最大梁段重达1 000余吨,这在国内跨海大桥上是首次采用的。

大桥的建成通车不仅影响了青岛,也影响了山东的经济,作为全国重要的沿海开放城市,青岛的发展向世界展示山东乃至中国的经济实力和城市发展水平。胶州湾大桥能够有效增加前湾港、黄岛油港和薛家岛港的业务量,使三港连为一个整体,加强三港间的协作,更好地发挥港口的整体效益,尤其是解决了青岛港陆路集疏运能力的问题,更好地发挥港口整体作用,提高经济效益。青岛胶州湾大桥的通车,给青岛、山东带来巨大的改变,当巨量的人流、物流突破目前单纯依靠胶州湾高速以及海上轮渡,流通量由原来的涓涓细流变成江河之水时,必将迎来质变的历史时刻。

【学习效果评价】

一、单选题

1. 桥跨结构为桥梁的(　　)。

   A. 上部结构　　　　B. 中部结构　　　　C. 下部结构　　　　D. 基础结构

2. 桥梁总跨径是指多孔桥梁中各孔(　　)的总和。

   A. 净跨径　　　　　B. 计算跨径　　　　C. 标准跨径　　　　D. 经济跨径

3. 桥跨结构相邻两个支座中心之间的距离为(　　)。

   A. 标准跨径　　　　B. 理论跨径　　　　C. 计算跨径　　　　D. 经济跨径

4. 在竖向荷载作用下无水平推力的是(　　)。

   A. 钢筋混凝土拱桥　B. 连续梁桥　　　　C. 悬索桥　　　　　D. 斜拉桥

5. 斜拉桥属于(　　)。

   A. 梁式桥　　　　　B. 组合体系桥　　　C. 拱式桥　　　　　D. 悬索桥

6. 某桥为三跨等跨径简支梁桥,跨径为20m,该桥属于(　　)。

   A. 小桥　　　　　　B. 中桥　　　　　　C. 大桥　　　　　　D. 特大桥

7. 中承式拱桥是根据(　　)命名的。

   A. 承重结构的材料　B. 跨越障碍的性质　C. 行车道的位置　　D. 桥梁的用途

二、多选题

1. 桥梁按其主要承重结构所用材料的不同,可划分为(　　)。

   A. 圬工桥　　　　　B. 钢筋混凝土桥　　C. 预应力混凝土桥　D. 钢桥

2. 桥梁按其上部结构行车道位置的不同,可划分为(　　)。

   A. 上承式桥　　　　B. 中承式桥　　　　C. 下承式桥　　　　D. 底承式桥

三、名词解释

   1. 净跨径

   2. 计算跨径

   3. 标准跨径

   4. 总跨径

四、综合题

   1. 桥梁按受力结构体系的不同,可分为哪几种?

   2. 桥梁按全长和跨径的不同,可分为哪几种?

学习项目2　桥面布置与构造

学习目标: 掌握桥面的布置形式及其组成部分。

能力目标: 能够正确认识桥面组成各部分的名称及位置。

学习指导：桥面是桥梁的辅助结构，一般不参与桥梁结构承受荷载，但是桥面构造对保护桥梁结构和行车安全起很重要的作用，因此要求掌握桥面构造的作用及各部分的设计要求。

引言

桥面是桥梁服务车辆、行人，实现其功能的最直接部分，其施工质量不仅影响桥梁的外形美观，而且关系到桥梁的使用寿命、行车安全及舒适性，因而必须引起足够的重视。

学习情境2.1 桥面组成与布置

2.1.1 桥面的组成

公路桥面构造，包括桥面铺装、防水排水系统、人行道(或安全带)、路缘石、栏杆、灯柱和伸缩装置等。公路桥面一般构造如图1-2-1所示。

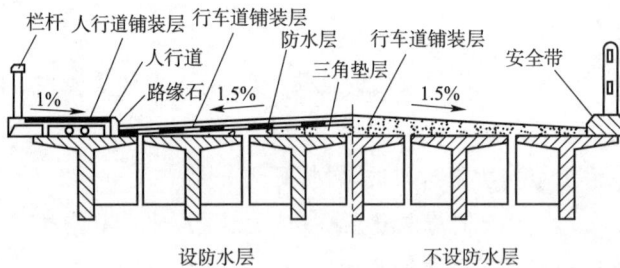

图1-2-1 公路桥面一般构造

2.1.2 桥面的布置

桥面的布置，应在桥梁的总体设计中考虑，它根据道路等级、桥梁宽度、行车要求等条件确定。对钢筋混凝土和预应力混凝土梁式桥，其桥面布置形式有双向车道布置、分车道布置和双层桥面布置等。

1) 双向车道布置

双向车道布置是指行车道的上下行交通布置在同一桥面上，采用画线作为分隔标记，而不设置分隔设施，分隔界限不明显。由于在桥梁上同时存在上下行车辆和机动车与非机动车，因此，交通相互干扰大，行车速度受到限制，对交通量较大的道路，还往往会造成交通滞流状态。

2) 分车道布置

分车道布置是指将行车道的上下行交通通过分隔设施进行分隔设置。显然，采用这种布置方式，上下行交通互不干扰，可提高行车速度，有效防止交通事故的发生，便于交通管理。但是在桥面布置上要增加一些分隔设施，桥面宽度相应的要加宽些。

3) 双层桥面布置

双层桥面布置在空间上可以提供两个不在同一平面上的桥面结构。这种布置形式大多用于钢桥中,因为钢桥受力明确,构造上也较易处理。在混凝土梁桥中采用双层桥面布置的情况很少。图1-2-2为某公铁两用桥桥面布置图。

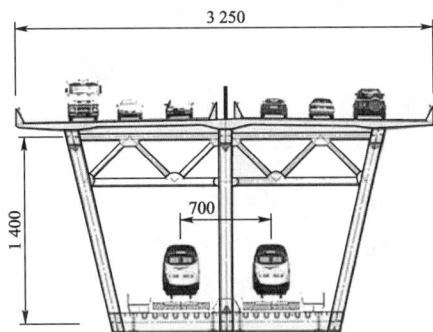

图1-2-2 某公铁两用桥桥面布置图(尺寸单位:cm)

学习情境2.2 桥面铺装及防排水

2.2.1 桥面铺装

1) 桥面铺装作用和要求

公路桥面铺装(也称行车道铺装,或称桥面保护层),是车轮直接作用的部分。桥面铺装的作用:防止车辆轮胎直接磨耗属于承重结构的行车道板(即主梁上翼缘),保护主梁免受雨水侵蚀,并对车辆轮重的集中荷载起到一定的扩散作用。因此,对桥面铺装材料,要求有一定的强度,不易开裂,并耐磨。

2) 常见类型

桥面铺装常见类型有水泥、沥青混凝土和碎(砾)石、沥青表面处治等。水泥混凝土和沥青混凝土桥面铺装能满足各项要求,应用广泛。但碎(砾)石和沥青表面处治桥面铺装耐久性较差,仅在较低等级的公路桥梁上使用。本文主要介绍前两种类型。

(1) 水泥混凝土桥面铺装

水泥混凝土铺装的特点是造价低,耐磨性能好,适合重载交通,但养生期长,日后修补比较麻烦。为使铺装层具有足够的强度和良好的整体性(能起联系各主梁共同受力的作用),铺装层内还应配置直径不小于8mm、间距不大于100mm的双向钢筋网。水泥混凝土桥面铺装应设伸缩缝以避免产生开裂,纵向每个车道设置一道,横向每3~5m设置一道。

(2) 沥青混凝土桥面铺装

沥青混凝土铺装的特点是质量较轻,维修养护方便,通车速度快,但易老化和变形。沥青混凝土桥面铺装由黏结层、防水层及沥青表面层组成。高速公路和一、二级公路上桥梁的沥青混凝土桥面铺装层厚度不宜小于70mm,二级以下公路桥梁的沥青混凝土桥面铺装层厚度不宜小于50mm。沥青混凝土桥面铺装尚应符合现行《公路沥青路面设计规范》(JTG D50)的有关规定。

2.2.2　桥面防水

钢筋混凝土结构,不宜经受时而湿润、时而干晒的气候的交替作用。湿润后的水分如接着因严寒而结冰,则更有害,因为渗入混凝土孔隙内的水分,在结冰时会导致混凝土发生破坏,而且水分侵袭也会使钢筋锈蚀,因此,桥面需要防水。

桥面的防水主要由防水层来完成。防水层的作用是将透过铺装层渗下的雨水汇集于排水系统(泄水管)而排出。《公路桥涵设计通用规范》(JTG D60—2015)规定,桥面铺装要设置防水层。防水层要求不透水,有较高的强度、弹性和韧性,耐高温、低温,耐腐蚀和老化,与沥青混凝土和水泥混凝土的亲和性好,施工安全、简便、快速。

防水层应采用便于施工、坚固耐久、质量稳定的防水材料。常用的防水层有以下三种类型:

(1)沥青涂胶下封层,即首先洒布薄层沥青或改性沥青,其上再撒布一层砂子,然后经反复碾压形成。

(2)涂刷高分子聚合物涂料,如聚氨酯胶泥,环氧树脂、阳离子乳化沥青、氯丁胶乳等高分子聚合物涂料。高分子聚合物涂料不但具有优异的弹塑性、耐热性和黏结性,而且具有与石油沥青制品良好的亲和性,能适应沥青混凝土在高温条件下施工。由于其施工简单方便,安全无污染,近年来得到广泛的使用,已成为各类大中型桥梁桥面防水施工的专用涂料。

(3)铺装沥青或改性沥青防水卷材,以及浸渍沥青的无纺土工布等。沥青防水卷材用做防水层,造价高,施工麻烦费时。为了增强其抗裂性,可在其上的混凝土铺装层或垫层内铺设钢筋网。图1-2-3是不同桥梁结构的桥面防水层。

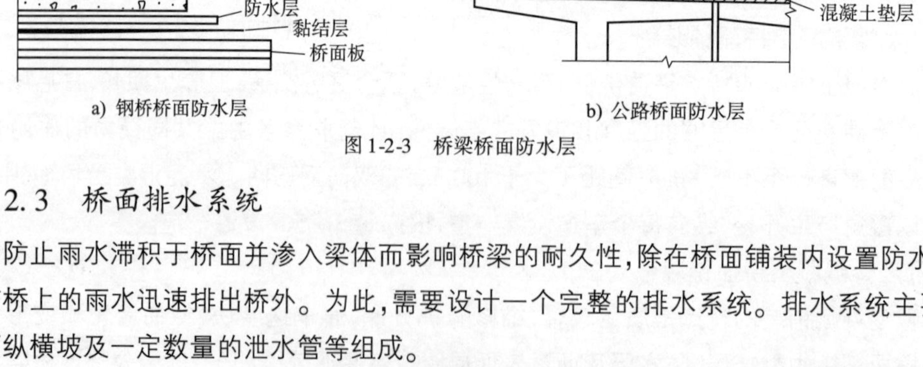

图1-2-3　桥梁桥面防水层

2.2.3　桥面排水系统

为防止雨水滞积于桥面并渗入梁体而影响桥梁的耐久性,除在桥面铺装内设置防水层外,还应使桥上的雨水迅速排出桥外。为此,需要设计一个完整的排水系统。排水系统主要由设置桥面纵横坡及一定数量的泄水管等组成。

通常，当桥面纵坡大于2%，而桥长小于50m时，一般雨水可流至桥头从引道上排除，桥上就可以不设专门的泄水管。此时，为避免雨水冲刷引道路基，可在桥头引道的两侧设置流水槽。

当桥面纵坡大于2%，但桥长超过50m时，为防止雨水滞积，桥面上宜每隔12~15m设置一个泄水管；当桥面纵坡小于2%，泄水管就需要设置得更密一些，一般每隔6~8m设置一个。

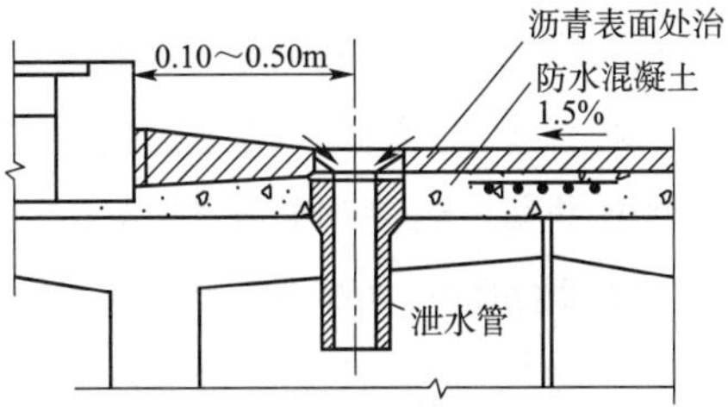

梁式桥上常用的泄水管布置在行车道的边缘处，离路缘石的距离为0.10~0.50m（见图1-2-4），桥面水流入泄水管后直接向下排放。也可将泄水管布置在人行道下面（见图1-2-5），桥面水通过设在路缘石或人行道构件侧面的进水孔流入泄水管。泄水管下端应伸出行车道板底

图1-2-4　泄水管布置于行车道边缘

面以下0.15~0.20m，以防止浸湿桥面板。管道与防水层紧密结合，以便防水层上的渗水能通过泄水管道排出桥外。

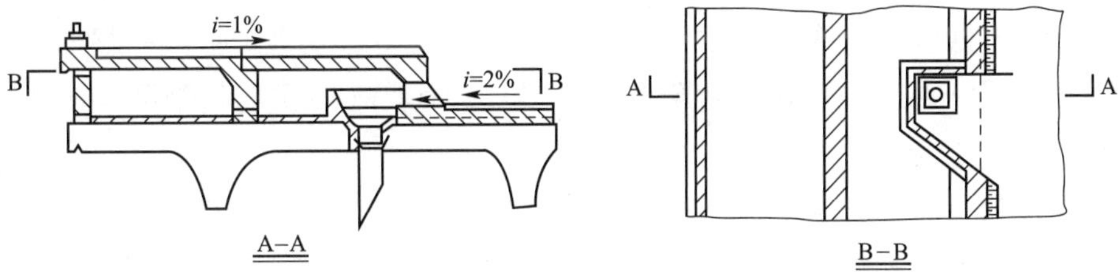

图1-2-5　泄水管布置图

对于不设人行道的小桥，可以直接在行车道两侧的安全带或缘石上预留横向孔道，用铁管或竹管将水排出桥外，管口要伸出桥20~30mm，以便滴水，但这种做法因孔道坡度较缓易于阻塞。

对于跨越公路、铁路、通航河流的桥梁以及城市桥梁，为保证桥下行车、行人安全及公共卫生的需要，应像建筑物那样设置封闭式的排水系统，将流入泄水管中的雨水汇集到纵向排水管（或排水槽）内，并通过设在墩台处的竖向排水管（落水管）流入地面排水设施或河流中。当桥长较短时，纵向排水管的出水口可以设在桥梁两端的桥台处；对于长大桥，除在桥台处设置出水口外，还需在某些桥墩处布出水口，并利用竖向管道将水引到地面。为了不影响桥梁立面的美观，纵向排水管道一般可设在箱梁中或梁肋内侧。竖向排水管道应尽可能布置在墩台壁的预留槽中，或者布置在墩台内部预留的孔道中。

泄水管材料，一般采用铸铁、钢材、钢筋混凝土及塑料（聚氯乙烯PVC或聚乙烯PE）等。由于钢筋混凝土泄水管道制作麻烦，目前已很少采用。而塑料管则以其优越的性能在当前工程中得到越来越广泛的使用。泄水管的内径一般为0.10~0.15m，管口顶部采用金属格栅盖板。排水槽宜采用铝质或钢质材料，也可采用水泥混凝土预制件，其横截面为矩形或U形，宽度和深度均宜为0.2m左右。纵向排水管或排水槽的坡度不得小于0.5%。

立交桥及高速公路上的桥梁,泄水管不宜直接挂在板下,可将泄水管通过纵向及竖向排水管道直接引向地面,或按设计要求办,并且管道要有良好的固定装置,如抱箍等预埋件。

2.2.4 桥面纵、横坡

桥面上设置纵坡,一方面有利于排水,另一方面则是桥梁立面布置所必需。在平原地区的通航河流上建桥时,为满足桥下通航要求,需要抬高通航孔的桥面高程;在两岸,则需要将桥面尽快降至地面,以减少桥头引道土方量,缩短桥长,从而节省工程费用。这样,就形成了纵坡。桥面的纵坡,一般都做成双向纵坡,并通常在桥中心(或主跨内)设置竖曲线。

设置公路桥面横坡的目的,在于迅速排除雨水,防止或减少雨水对铺装层的渗透,从而保护行车道板,延长桥梁使寿命。

公路桥面的横坡,一般为 1.5% ~3% 。常有以下三种设置形式。

(1)对于板桥(矩形板或空心板)或就地浇筑的肋板式梁桥,为节省铺装材料并减轻桥面恒载重力,可以将横坡直接设在墩台顶部,或通过调整支承垫石高度来形成横坡,而使桥梁上部结构形成双向倾斜,此时,铺装层在整个桥宽上做成等厚的,分别如图 1-2-6a)、b)所示。

(2)在装配式肋板梁桥中,为使主梁构造简单、架设和拼装方便,通常将横坡直接设在行车道板上。先铺设一层厚度变化的混凝土三角形垫层,形成双向倾斜,再铺设等厚的混凝土铺装层,如图 1-2-6c)所示。

(3)对宽度较大的桥梁,用三角垫层设置横坡将使混凝土用量或桥面恒载重力增加太多,为此,可将行车道板做成倾斜面而形成横坡,如图 1-2-6d)所示。

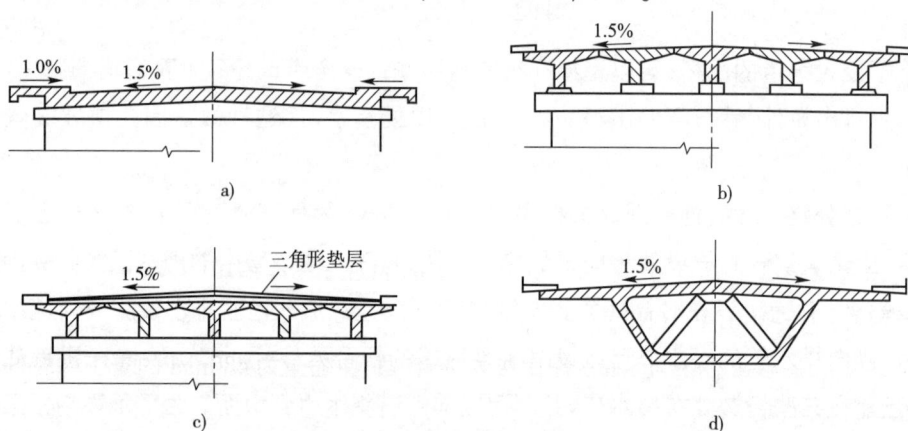

图 1-2-6 公路路面横坡布置形式

2.2.5 桥梁伸缩装置

为适应梁体变形的需要,在桥梁上部结构中设置一定间隙,即伸缩缝。

为使车辆平稳通过桥面并满足桥梁上部结构变形的需要,在桥梁伸缩缝处设置的由橡胶和钢材组成的各种装置总称为桥梁伸缩装置。伸缩装置中能够完成拉伸、压缩变形的部分为伸缩体。

伸缩装置拉伸、压缩值的总和称为伸缩量。

1)伸缩装置的分类

伸缩装置按照伸缩体结构的不同,分为模数式伸缩装置、梳齿板式伸缩装置、橡胶式伸缩装置、异型钢单缝式伸缩装置四类。

(1)模数式伸缩装置

模数式伸缩装置,其伸缩体是由中梁钢和80mm的单元橡胶密封带组合而成的伸缩装置,适用于伸缩量为160~2 000mm的公路桥梁工程。

(2)梳齿板式伸缩装置

梳齿板式伸缩装置,其伸缩体是由钢制梳齿板组合而成的伸缩装置,一般适用于伸缩量不大于300mm的公路桥梁工程。

(3)橡胶式伸缩装置

橡胶式伸缩装置分板式橡胶伸缩装置和组合式橡胶伸缩装置两种。

①板式橡胶伸缩装置。其伸缩体是由橡胶、钢板或角钢硫化为一体的板式橡胶伸缩装置,适用于伸缩量小于60mm的公路桥梁工程。

②组合式橡胶伸缩装置。其伸缩体是由橡胶板和钢托板组合而成的组合式伸缩装置,适用于伸缩量不大于120mm的公路桥梁工程。

橡胶式伸缩装置不宜用于高速公路、一级公路上的桥梁工程。

(4)异型钢单缝式伸缩装置

异型钢单缝式伸缩装置,其伸缩体完全是由橡胶密封带组成的伸缩装置。由单缝钢和橡胶密封带组成的单缝式伸缩装置,适用于伸缩量不大于60mm的公路桥梁工程;由边梁钢和橡胶密封带组成的单缝式伸缩装置,适用于伸缩量不大于80mm的公路桥梁工程。

2)产品代号表示示例

例1:采用交通行业标准,产品名称代号为GQF-C型、伸缩量为50mm的三元乙丙橡胶伸缩装置表示为GQF-C 50(EPDM)。

例2:采用交通行业标准,产品名称代号为GQF-MZL型、伸缩量为400mm的天然橡胶伸缩装置表示为GQF-MZL 400(NR)。

例3:采用交通行业标准,产品名称代号为J-75型、伸缩量为480mm的氯丁橡胶伸缩装置表示为J-75 480(CR)。

学习情境2.3　人行道、栏杆与灯柱

位于城镇和近郊的桥梁均应设置人行道,其宽度和高度应根据行人的交通流量和周围环境来确定。人行道的宽度为0.75m或1m,当宽度要求大于1m时,按0.5m的倍数增加。行人稀少地区可不设人行道,为保障行车和行人安全改用安全带。

高速公路、一级公路上的桥梁一般不设人行道,但应在路缘和中央分隔带设置安全护栏。

2.3.1　安全带

不设人行道的桥上,两边应设宽度不小于0.25m、高为0.25～0.35m的安全带。安全带可以做成预制块件或与桥面铺装层一起现浇。预制的安全带有矩形截面和肋板式截面两种,分别见图1-2-7a)、b),以矩形截面最为常用。现浇的安全带需每隔2.5～3m做一断缝,以免参与主梁受力而被损坏。

a) 矩形截面　　　　　　　　　　　　b) 肋板式截面

图 1-2-7　矩形、肋板式安全带(尺寸单位:m)

2.3.2　人行道

人行道一般高出行车道0.25～0.35m。人行道顶面应做倾向桥面1%～1.5%的排水横坡。

人行道的构造形式多种多样,按施工的方法不同,可分为就地浇筑式、预制装配式、部分装配和部分现浇的混合式。人行道一般构造见图1-2-8。

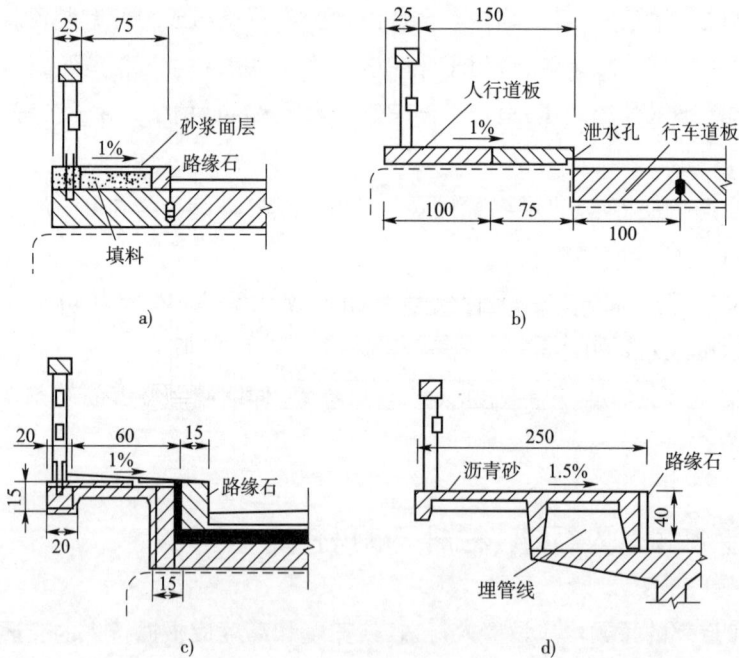

图 1-2-8　人行道一般构造(尺寸单位:cm)

图1-2-8a)为附设在板上的人行道构造,人行道部分用填料垫高,上面敷设砂浆面层(或

沥青砂）。内侧设置路缘石,对人行道提供安全保护作用。

在跨径较小、人行道宽度相对较大的桥上,可将墩台在人行道处部分加高,再在其上直接搁置专门的人行道承重板,见图 1-2-8b)。

对于整体浇筑的小跨径钢筋混凝土梁桥,常将人行道设在行车道的悬臂挑出部分上,此时人行道与行车道板及梁整体联结在一起,见图 1-2-8c)。这样做可以缩短墩台长度,但施工不太方便,目前,此种做法已很少采用。

图 1-2-8d) 为在起重条件较好的地方常采用的整体预制的肋板式人行道,它搁置在主梁上,人行道下可放置过桥的管线,施工快速且方便,但是管线的检修和更换十分困难。

2.3.3 栏杆与灯柱

栏杆是桥上保护行人安全的设施,要求坚固耐用;同时,栏杆又是表现桥梁建筑艺术之处,需要有一个美观大方的建筑造型。

栏杆的设计,首先要考虑结构安全可靠,选材合理;栏杆柱或栏杆底座要直接与浇筑在混凝土中的预埋件焊牢,以增强抗冲击能力;同时也要考虑经济适用,工序简单,互换方便。栏杆的艺术处理则根据桥梁的类别而要求不同。公路桥的栏杆要求简洁明快,其所用材料和尺寸比例与主体工程配合,常采用简单的上、下扶手和栏杆柱组成,给行驶的车辆一个广阔的视野。城市桥梁的栏杆艺术造型,应当予以重视,以使栏杆与周围环境和桥梁本身相协调,这主要是指栏杆在造型、色调、图案和轮廓层次上应富有美感,而不是过分追求华丽的装饰。图 1-2-9 为常用栏杆图式。

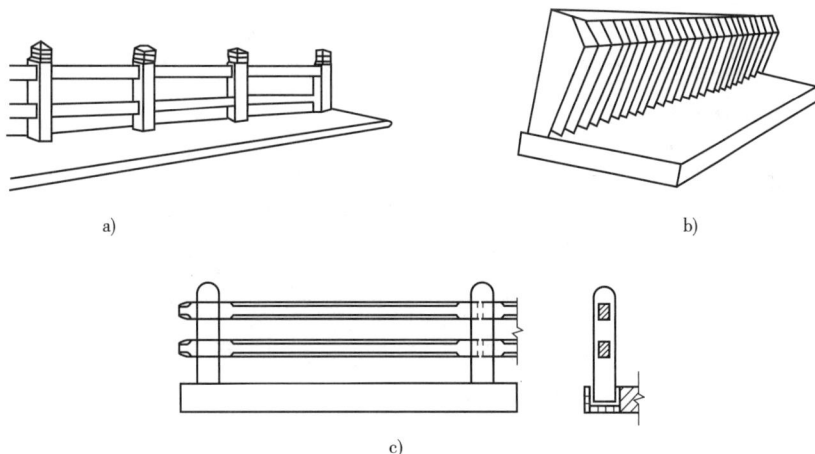

图 1-2-9 常用栏杆图式

在城市及城郊行人和车辆较多的桥梁上需要设置交通照明设备,一般采用灯柱在桥面上照明。灯柱的设置可以利用栏杆立柱,也可单独设在人行道内侧。照明用灯一般高出桥面 5m 左右,灯柱及照明设备的设计要经济合理,其选型也要注意与全桥协调。

近年来,公路桥上常采用低照明和发光建筑材料涂层标记。对城市桥梁的观赏性和装饰性照明,则属于桥梁景观设计的内容,此处不赘述。

-------------------- 小　结 --------------------

桥面是桥梁服务车辆、行人,实现其功能的最直接部分,其施工质量不仅影响桥梁的外形美观,而且关系到桥梁的使用寿命、行车安全及舒适性。公路桥面构造包括桥面铺装、防水排水系统、人行道(或安全带)、路缘石、栏杆、灯柱和伸缩装置等。钢筋混凝土和预应力混凝土梁式桥的桥面布置形式有双向车道布置、分车道布置和双层桥面布置等。桥面铺装常见类型有水泥、沥青混凝土和碎(砾)石、沥青表面处治等。桥面排水系统主要由设置桥面纵横坡及一定数量的泄水管等组成。位于城镇和近郊的桥梁均应设置人行道,高速公路、一级公路上的桥梁一般不设人行道,但应在路缘和中央分隔带设置安全护栏。

【知识拓展】公铁两用桥

1. 定义

对于基础工程复杂、墩台造价较高的大桥或特大桥,以及靠近城市、公路铁路均较稠密而需建造铁路桥和公路桥以连接线路时,为了降低造价和缩短工期,可考虑造一座公路、铁路同时共用的桥,称为公铁两用桥。

在桥式方案选择的过程中,要根据具体的情况和条件对于分建和合建的方案进行比较,然后做出决定。规范要求:铁路桥和公路桥一般以分建为宜,如需合建时,应报部批准。

2. 公铁两用桥的类型

目前,钢桁梁公铁两用桥按公路路面所在的平面,可分为公路与铁路分别在上、下层的双层式公铁两用桥和公路铁路在同一平面的平列式公铁两用桥。

3. 公铁两用桥的桥面布置

双层式公铁两用桥布置中,主桁架的中距可由铁路净空的需要以及横向刚度的条件来决定。这样布置使公路桥面视野开阔。但是为使桥头公路能够和公路桥面接通,又必须为桥头公路修建栈桥。

平列式公铁两用桥布置中,铁路布置在两片格架之间,公路分别置于两桁架之外,左右对称。此种布置具有公路路面高程较低的优点,但不可避免的是桥头公路的接线与铁路相交叉。有关铁路与公路交叉布置,应以立交为最好。

公铁两用桥规划时,公路桥面设计宽度与公路运输量有关。一般情况下,若铁路为单线,则公路为双车道(有时也可设3车道)。对双层式桥,若铁路为双线,则公路设计应以不少于4车道为宜。武汉长江大桥正桥桥面布置是按铁路双线、公路6车道设计的公铁两用桥,其桥面宽度为18m。

根据桥头铁路和公路的实际情况,有时将公铁两用桥布置成公路路面在下面、铁路线路在上面的双层式结构。

4. 我国第一座公铁两用桥

哈尔滨新市区三棵树松花江桥是我国境内的第一座公铁两用桥,于1934年建成。此桥由日本铁道省研究所、南满洲铁道株式会社分别设计、施工。

5. 我国早期自行设计监造的公铁两用桥

浙赣线杭州钱塘江桥是一座由我国工程师自行设计并监造的双层式公铁两用桥。

本桥长 1 453m,正桥长 1 072m,北岸公路引桥长 288m,南岸公路引桥长 93m。上层为公路,双车道,公路面宽6.1m,两侧人行道各宽1.52m;下层为单线铁路,由1孔跨度为65.84m 的简支钢桁梁及 2 孔 14.63m 上承板梁组成。茅以升任钱塘江桥工程处处长,罗英任总工程师。正桥墩台及基础工程由丹麦康益洋行承包,北岸引桥及全部公路桥面工程由东亚工程公司承包,南岸引桥由新亨营造厂承包,正桥钢梁由英商道门朗公司承包,引桥钢梁由德商西门子洋行承包。

6. 世界最大公铁两用桥

武汉天兴洲长江大桥(见图1-2-10)是世界上最大的公铁两用桥,正桥全长 4 657m,公路引线全长 8 043m,铁路引线全长 60.3km。全桥共 91 个桥墩。

该桥是武汉的第六座长江大桥,第二座公铁两用桥。于2003年12月奠基,2004年9月28日开工,并于2008年9月10日合龙,2009年12月26日建成通车。总投资约110.6亿元人民币。

图 1-2-10　武汉天兴洲长江大桥

天兴洲大桥在当今世界同类型大桥中拥有"跨度、速度、荷载、宽度"四项第一:主跨504m,比位居世界第二的丹麦厄勒海峡大桥主跨还长14m,比国内第二的芜湖公铁两用长江大桥主跨长192m;可满足列车250km的运行时速,其他同类桥梁列车时速均只有100多公里;可同时承载2万t的荷载,在世界同类桥梁中位居第一;主桁宽度30m,铁路桥为四线(其他同类桥梁只有两线),公路桥为双向6车道,宽度为世界同类桥梁第一。它集众多桥梁新技术、新结构、新工艺、新设备于一体,是继武汉、南京、九江和芜湖长江大桥后,我国公铁两用桥梁建设的第五座里程碑,代表当今国内外桥梁技术最高水平的标志性桥梁工程,是中国铁路建设史上的一次新的跨越。

【学习效果评价】

综合题

1. 桥面由哪些构造组成?

2. 对于钢筋和预应力混凝土梁式桥,常用的桥面布置形式是什么?

3. 桥面铺装的作用和类型有哪些?

4. 桥面防水层类型有哪些?

5. 公路桥面横坡布置形式有哪几种?

6. 桥梁上为什么需要安装伸缩缝装置?对伸缩缝装置有哪些基本要求?常用伸缩缝装置有哪几种?

7. 试分别画出矩形、肋板式安全带的示意图。

单元2 桥涵基础知识

摘要：本单元主要介绍钢筋混凝土的基本知识，使学生掌握混凝土和钢筋的基本性能，熟悉其在工程中的应用，并熟悉识读施工图的基本步骤和方法。

素质目标：通过典型工程案例，强化工程伦理教育，教育引导学生养成严格遵守各种标准规范的习惯，增强遵纪守法意识，培养良好的职业道德素养，坚守职业道德底线。

学习项目1 钢筋混凝土

学习目标：掌握钢筋和混凝土两种不同材料一起工作的原因，钢筋混凝土结构的特点。

能力目标：能够正确分析素混凝土结构和钢筋混凝土结构的区别，解释混凝土结构的分类。

学习指导：通过与素混凝土结构的对比，学习钢筋混凝土结构的特点，钢筋和混凝土这两种不同材料在一起工作的原因。

引言

以混凝土为主要材料制成的结构称为混凝土结构，包括钢筋混凝土结构、预应力混凝土结构和素混凝土结构等。配置有受力的普通钢筋、钢筋网或钢骨架的混凝土结构称为钢筋混凝土结构，配置有预应力钢筋，再经过张拉或其他方法建立预加应力的混凝土结构称为预应力混凝土结构，无钢筋或不配置受力钢筋的混凝土结构称为素混凝土结构。本教材着重讲述钢筋混凝土结构和预应力混凝土结构。

1.1.1 配筋的作用

钢筋混凝土是由两种力学性能不同的材料——钢筋和混凝土结合成整体，共同发挥作用的一种建筑材料。

混凝土是一种人造石料，其抗压强度很高，而抗拉强度很低（为抗压强度的 1/8 ~ 1/12）。而钢材的抗拉和抗压能力都很强。为了充分利用材料的性能，把混凝土和钢筋这两种材料结合在一起共同工作，使混凝土主要承受压力、钢筋主要承受拉力以满足工程结构的使用要求。

图 2-1-1 中绘有两根截面尺寸、跨度、混凝土强度等级完全相同的简支梁，一根为素混凝土梁（见图 2-1-1a），另一根则是在梁的受拉区配有适量钢筋的钢筋混凝土梁（见图 2-1-1b）。

由试验可知，素混凝土梁由于混凝土的抗拉能力很小，在荷载作用下，受拉区边缘混凝土一旦开裂，梁瞬即脆断而破坏，破坏前变形很小，没有预兆，属于脆性破坏类型。使混凝土梁受拉区出现裂缝的荷载,一般称为混凝土梁的抗裂荷载。由此可见,素混凝土梁的承载能力是由混凝土的抗拉强度控制的,而受压区混凝土的抗压强度则远未被充分利用。

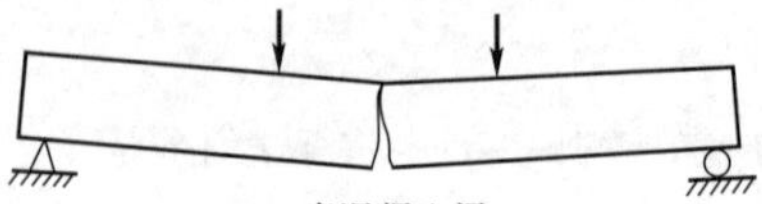

a) 素混凝土梁 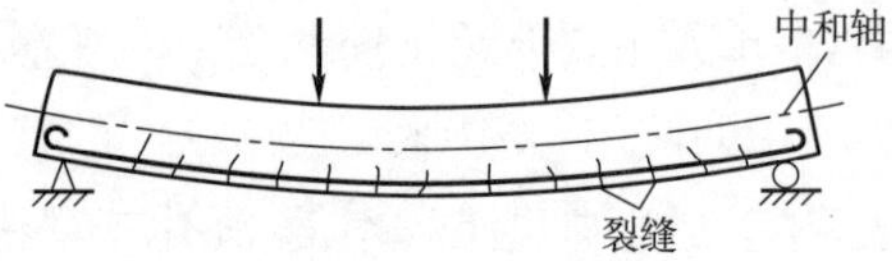　　　　　b) 受拉区配筋的钢筋混凝土梁

图 2-1-1　构件被破坏

对于在受拉区配置适量钢筋的钢筋混凝土梁,当受拉区混凝土开裂后,梁中和轴以下受拉区的拉力主要由钢筋来承受,中和轴以上受压区的压应力仍由混凝土承受。其抗裂荷载虽然比素混凝土梁要增大些,但增大的幅度不大。由于钢筋的抗拉能力和混凝土的抗压能力都很大,即使受拉区的混凝土开裂后梁还能继续承受相当大的荷载,直到受拉钢筋应力达到屈服强度,荷载仍可略有增加致使受压区混凝土被压碎,梁才告破坏。破坏前变形较大,有明显预兆,属于塑性破坏类型。因此,钢筋混凝土梁的承载能力和变形能力可较混凝土梁提高很多,并且钢筋和混凝土两种材料的强度都能得到较充分的利用。与混凝土梁相比,钢筋混凝土梁的承载能力提高很多,但对抵抗裂缝的能力提高并不多。因此,在使用荷载下,钢筋混凝土梁一般是带裂缝工作的。当然,其裂缝宽度应控制在允许限值内。

综上所述,钢筋混凝土构件可以充分发挥钢筋和混凝土各自的材料特性,把它们有机地结合成整体共同工作,从而提高构件的承载能力,改善构件的受力性能。钢筋的作用是代替混凝土受拉或协助混凝土受压。

1.1.2　黏结力保持的原因

钢筋和混凝土这两种性能不同的材料能有效地结合在一起共同工作,主要是由于两者之间的黏结力不被破坏。黏结力一旦破坏,这两种材料就不能共同工作。黏结力能保持的原因有以下几个方面:

(1)混凝土收缩,使两者之间的接触面有着良好的黏结力。

(2)钢筋和混凝土的温度线膨胀系数较为接近。当温度变化时,不致产生较大的温度应力而影响两者之间的黏结。

(3)钢筋至构件边缘间具有足够厚度的混凝土保护层,防止钢筋锈蚀,使钢筋与混凝土的黏结力长期可靠地保持,能够保证结构的耐久性。

1.1.3　钢筋混凝土结构的特点

在建筑物中,承受荷载和传递荷载的各个部件的总和称为结构,以钢筋和混凝土为主要材料的结构称为钢筋混凝土结构。

钢筋混凝土结构,除能合理地利用钢筋和混凝土两种材料的特性外,还有下述一些优点:

(1)耐久性好。在钢筋混凝土结构中,混凝土的强度是随时间而不断增长的,同时钢筋被混凝土所包裹而不致锈蚀,故钢筋混凝土结构的耐久性很好。钢筋混凝土结构的刚度较大,荷载作用下的变形很小。

(2)整体性好。钢筋混凝土结构既可以整体现浇,也可以预制。

(3)可模性好。混凝土可以根据设计需要浇筑成各种构件形状和截面尺寸,具有良好的可模性。

(4)材料经济。钢筋混凝土结构所用的原材料中,砂、石所占的比重较大,易于就地取材。

(5)耐火性好。混凝土是不良导热体,遭遇火灾时,钢筋因有混凝土包裹不致很快升温而达到失去承载力的程度,因而比钢、木结构耐火性能好。

钢筋混凝土结构也存在下述一些缺点:

(1)自重大。钢筋混凝土结构的截面尺寸一般较相应的钢结构大,因而自重较大,这对于大跨度结构以及结构抗震均是不利的,同时增加材料的运输费用,构件吊装、连接都很不便。

(2)费工大,模板用料多,施工周期长。

(3)抗裂性能较差,在正常使用时往往是带裂缝工作。

(4)施工受气候条件的影响较大等。

小　结

本项目介绍了混凝土结构和钢筋混凝土结构的概念,混凝土结构分为钢筋混凝土结构、预应力混凝土结构和素混凝土结构。重点讲述了钢筋混凝土结构的特点。

【学习效果评价】

综合题

1. 混凝土结构有几种?

2. 钢筋和混凝土之间的黏结力能够保持的原因有哪几方面?

3. 简述钢筋混凝土的优点和缺点。

学习项目 2　混　凝　土

学习目标:掌握混凝土强度指标及测定方法,知道混凝土的变形性能。

能力目标:能够正确掌握混凝土强度的测定方法,能够正确提出提高混凝土强度和减少混凝土变形的措施。

学习指导:混凝土是桥梁工程中重要材料之一,本学习项目主要介绍这种材料的力学性质及物理性质,使学员对这一基本材料有一个初步的认识。

引言

混凝土,工程中常简称为"砼(tóng)",是由胶凝材料将集料胶结成整体的工程复合材料的统称。我们这里讲的混凝土是指用水泥作胶凝材料,砂、石作集料,与水(加或不加外加剂和掺和料)按一定比例配合,经搅拌、成型、养护而得的水泥混凝土,也称普通混凝土,它广泛应用于桥梁工程,是当代最主要的土木工程材料之一。

学习情境2.1 混凝土的强度和变形

2.1.1 混凝土的强度

强度是混凝土最重要的力学性质。混凝土的强度主要包括抗压强度、抗拉强度等。混凝土的抗压强度大,抗拉强度小,因此在结构工程中混凝土主要用于承受压力。

1)混凝土的抗压强度

混凝土的抗压强度是指其标准试件在压力作用下直到破坏时单位面积所能承受的最大应力。抗压强度常作为评定混凝土质量的指标,并作为确定强度等级的依据,实际工程中提到的混凝土强度一般是指抗压强度。

(1)立方体抗压强度 f_{cu} 和强度等级

按照国家标准规定以边长为150mm的立方体为标准试块,在(20±2)℃的温度和相对湿度在95%以上的潮湿空气中养护28天,按照标准试验方法测得的抗压强度作为混凝土的立方体抗压强度,用 f_{cu} 表示。

规范规定的混凝土强度等级有C15、C20、C25、C30、C35、C40、C45、C50、C55、C60、C65、C70、C75和C80。例如,C30表示混凝土立方体抗压强度标准值为30 MPa。C60以上称为高强度混凝土。

试验时所量测到的混凝土强度与试验方法有密切关系。图2-2-1是在试件上下表面涂抹油脂润滑剂的试验方法,图2-2-2则没有涂抹。《公路工程水泥及水泥混凝土试验规程》(JTG E30—2005)规定的试验方法是不涂润滑剂的方法。另外,试验机的加载速度对立方体强度亦有影响,加载速度越快,测得的强度越高。通常规定加载速度为:混凝土强度等级低于C30时,取每秒压应力增加为0.3~0.5MPa;混凝土强度等级高于或等于C30时,取每秒压应力增加为0.5~0.8MPa。

(2)混凝土轴心抗压强度 f_{ck}

由于实际工程中的受压构件截面尺寸都比构件长度小很多,其混凝土的受力情况和立方体试块的受力情况并不完全相同,因而采用棱柱体试件比立方体试件更能反映混凝土的实际抗压能力。用棱柱体试件测得的抗压强度称为棱柱体抗压强度或称轴心抗压强度,用 f_{ck}

表示。

按照标准规定,采用 150mm × 150mm × 300mm 的棱柱体作为混凝土轴心抗压强度试验的标准试件。棱柱体试件与立方体试件的制作条件和试验方法相同,试件上下表面不涂润滑剂。棱柱体的抗压试验及试件破坏情况如图 2-2-3 所示。

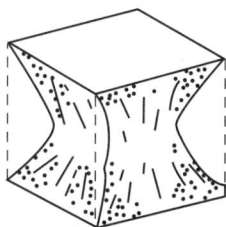

图 2-2-1　涂润滑剂　　　　图 2-2-2　不涂润滑剂　　　图 2-2-3　棱柱体的抗压试验及试件破坏情况

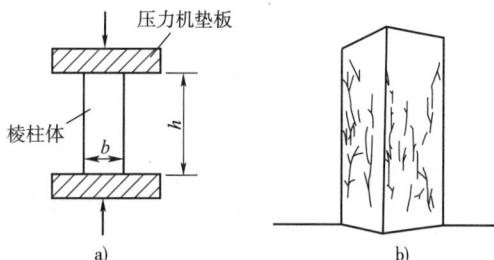

试验证明,混凝土轴心抗压强度值比同截面的立方体抗压强度值小。

2) 混凝土抗拉强度

混凝土的抗拉强度也是混凝土的基本强度指标。混凝土的抗拉强度只有抗压强度的 1/8 ~ 1/12,并且这个比值随着混凝土强度等级的提高而降低。由于混凝土受拉时呈脆性断裂,破坏时无明显残余变化,发生突然断裂。

常用的测定混凝土抗拉强度的方法有两种:一种是直接法;另一种是间接法。

2.1.2　提高混凝土强度的措施

1) 采用高强度等级水泥或早强型水泥

在混凝土配合比相同的情况下,水泥的强度等级越高,混凝土的强度越高。采用早强型水泥可提高混凝土的早期强度,有利于加快施工进度。

2) 采用低水灰比的干硬性混凝土

低水灰比的干硬性混凝土拌和物游离水分少,硬化后留下的孔隙少,混凝土密实度高,强度可显著提高。因此,降低水灰比是提高混凝土强度的最有效途径。但水灰比过小,将影响拌和物的流动性,造成施工困难,一般采取同时掺加减水剂的方法,使混凝土低水灰比下仍具有良好的和易性。

3) 采用机械搅拌和振捣

机械搅拌比人工拌和更能使混凝土拌和物均匀,特别是在拌和低流动性混凝土拌和物时效果更显著。采用机械振捣,可使混凝土拌和物的颗粒产生振动,暂时破坏水泥浆体的凝聚结构,从而降低水泥浆的黏度和集料间的摩擦阻力,提高混凝土拌和物的流动性,使混凝土拌和物能很好地充满模板,混凝土内部孔隙大大减少,从而使其密实度和强度大大提高。

4) 掺入混凝土外加剂、掺和料

在混凝土中掺入早强剂可提高混凝土早期强度;掺入减水剂可减少用水量,降低水灰比,提高混凝土强度。

掺和料主要为粉煤灰、磨细矿渣、硅灰等。外加剂与水泥、掺和料之间应有良好的相容性。

2.1.3 混凝土的变形

混凝土的变形可分为两类:一类是在荷载作用下的变形;另一类是非荷载作用下的变形,称为体积变形。

1)在荷载作用下的变形

混凝土在不变荷载的长期作用下,随时间而增长的变形称为徐变。

混凝土的徐变受许多因素的影响。混凝土的水灰比较小或在水中养护时,徐变较小;混凝土所用集料的弹性模量较大时,徐变较小。水灰比相同的混凝土,其水泥用量越多,徐变越大;所受应力越大,徐变越大。混凝土的徐变对结构物的影响既有有利方面,也有不利的方面。有利的是,徐变可减弱钢筋混凝土内的应力集中,使应力重新分布,从而使局部应力集中得到缓解;对大体积混凝土则能消除一部分由于温度变形所产生的破坏应力。不利的是,在预应力钢筋混凝土中,混凝土的徐变将使钢筋的预加应力受到损失。

2)非荷载作用下的变形

混凝土的收缩是一种非荷载作用变形。混凝土在空气中结硬时会产生体积缩小,称为收缩,而在水中结硬时会产生体积膨胀。一般情况下,收缩值比膨胀值要大得多。收缩对钢筋混凝土的危害很大。

减少混凝土收缩裂缝的措施有:

(1)加强混凝土的早期养护。

(2)减少水灰比。

(3)提高水泥强度等级,减少水泥用量。

(4)加强混凝土振捣。

(5)选择颗粒大的集料。

学习情境2.2 混凝土的施工工艺

2.2.1 混凝土拌和

1)原材料

(1)水泥

公路桥涵混凝土工程宜采用散装水泥。散装水泥在工地应采用专用水泥罐储存。不同品种、强度等级和出厂日期的水泥应按批存放。

(2)细集料

细集料宜采用级配良好、质地坚硬、颗粒洁净且粒径小于 5mm 的河砂;当河砂不易得到时,可采用规定的其他天然砂或人工砂;细集料不宜采用海砂,不得不采用时,应经冲洗处理。

（3）粗集料

粗集料应选用级配合理、粒形良好、质地均匀坚固、线膨胀系数小的洁净碎石。

粗集料的最大公称粒径不宜超过钢筋混凝土保护层厚度的 2/3，且不得超过钢筋最小间距的 3/4。配制强度等级 C50 及以上预应力混凝土时，粗集料最大公称粒径不应大于 25mm。

（4）矿物掺和料

矿物掺和料应选用品质稳定的产品。矿物掺和料的品种宜为粉煤灰、磨细粉煤灰或磨细矿渣粉。

（5）水

拌和用水可采用饮用水。当采用其他来源的水时，水的品质指标应符合规范规定。

（6）外加剂

公路桥涵工程使用的外加剂，与水泥、矿物掺和料之间应具有良好的相容性。不同品种的外加剂有其各自的特性，故应根据工程材料和施工条件等因素，通过试验确定其品种及适宜的掺量。

2）拌和方法

（1）自动计量的拌和站

混凝土拌和站（见图 2-2-4）一般都具有自动计量功能，一般配置 3~4 只粉料储料罐，分别储存水泥、粉煤灰等，配置 4 组集料配料仓，料仓出料口由气动阀控制，并安装有在线含水率检测仪器，可在线连续检测砂石实际含水率，及时对混凝土配合比进行调整。粉煤灰采用罐装，螺旋送料器自动计量送料。粉体外加剂和液体外加剂，均采用罐装自动计量添加，禁用人工投料。

（2）搅拌机拌和

混凝土搅拌机分为自落式和强制式。搅拌延续时间应根据搅拌机类型、混凝土坍落度等情况确定，时间不足时拌和物将达不到均匀要求，时间过长时拌和物可能产生离析。自落式搅拌机用于拌和塑性混凝土，强制式搅拌机用于拌和半干硬性混凝土。

3）混凝土拌和后的质量检测

（1）均匀性

混凝土拌和物应搅拌均匀，颜色一致，不得有离析和泌水现象，对在施工现场集中拌制的混凝土，应检测其拌和物的均匀性。应在搅拌机的卸料过程中，从卸料流的 1/4~3/4 部位取试样进行试验。单位体积混凝土中粗集料含量两次测值的相对误差应不大于 5%。

（2）坍落度

混凝土拌和物的坍落度及其损失，宜在搅拌地点和浇筑地点分别取样检测，每一工作班或每单元结构物不应少于两次，评定时应以浇筑地点的测值为准。当混凝土拌和物从搅拌机出料起至浇筑入模的时间不超过 15min 时，其坍落度可仅在搅拌地点取样检测。图 2-2-5 为坍落度测定。

2.2.2　混凝土的运输

1）时间控制和质量要求

混凝土运输时间，应尽可能短，必须保证使浇筑工作不间断，并使混凝土拌和物运到浇筑地点时不离析并保持良好的均匀性。一般对混凝土拌和物运输时间的限制见表 2-2-1。当混凝土拌和物运距较近时,可采用无搅拌器的运输工具运输;当运距较远时,宜采用搅拌运输车运输。

图 2-2-4　混凝土拌和站

图 2-2-5　坍落度测定

混凝土拌和物运输时间限制　　　　　　　　　　　　　　　表 2-2-1

气温(℃)	无搅拌设施运输(min)	有搅拌设施运输(min)
20 ~ 30	30	60
10 ~ 19	45	75
5 ~ 9	60	90

2)运输机具

常用运输机具为搅拌运输车、混凝土泵车、吊斗等。

(1)搅拌运输车

采用搅拌运输车(见图 2-2-6)运输混凝土时,应符合以下规定:

①运输过程中,应以 2 ~ 4 r/min 的慢速进行搅动,卸料前应以常速再次搅拌。

②混凝土运至浇筑地点后发生离析、泌水或坍落度不符合要求时,应进行第二次搅拌,二次搅拌时不宜任意加水,确有必要时,可同时加水、相应的胶凝材料和外加剂,并保持其原水胶比不变。

③二次搅拌仍不符合要求时,则不得使用。

(2)混凝土泵车

采用混凝土泵车(见图 2-2-7)泵送混凝土时,应符合下列规定:

①混凝土的供应宜使输送混凝土的泵能连续工作,泵送的间歇时间不宜超过 15min。

②在泵送过程中,受料斗内应具有足够的混凝土,防止吸入空气产生阻塞。

③输送管道应顺直,转弯处应圆缓,接头应严密不漏气。

④向低处泵送混凝土时,应采取必要措施,防止混凝土离析或堵塞输送管。

(3)吊斗

吊斗适用于运距不宜超过 100m 且不会使混凝土产生离析的工程。

图2-2-6　搅拌运输车

搅拌罐

图2-2-7　混凝土泵车

2.2.3　混凝土的浇筑

1)混凝土浇筑的基本要求

(1)浇筑前,应对模板、支架、钢筋和预埋件等进行检查,模板内的杂物、积水及钢筋上的污物应清理干净。模板如有缝隙或孔洞时,应堵塞严密且不漏浆。

(2)根据施工现场具体的混凝土浇筑数量、拌和能力、运输便道状况、运距、混凝土浇筑时间等情况,做出周密的计划安排,各种机械设备要配套,操作人员要进行技术交底,分工明确,责任到人。

(3)脚手架应搭设牢固,边缘应设护栏,坡道上应加钉防滑条,较高的脚手架应设置安全网。但脚手架不得贴靠模板或支撑在钢筋上,以防模板和钢筋移位、变形。

(4)各项检查全部合格后,做好检查记录并报监理工程师抽检。

2)混凝土的振捣

浇筑混凝土时一般应采用振动器振实,桥涵施工常用振动器分为插入式振动器、附着式振动器和平板式振动器。

(1)插入式振动器

插入式振动器(或振捣棒,见图2-2-8)属于内部振动器。工作时,振动头插入混凝土内部,将其振动波直接传给混凝土。

这种振动器多用于振压厚度较大的混凝土层,如桥墩、桥台、扩大基础。它的优点是质量轻,移动方便,使用很广泛。

图2-2-8　振捣棒

插入式振动器的移位间距,应不超过振动器作用半径的1.5倍,与侧模应保持50~100mm的距离,且插入下层混凝土中的深度宜为50~100mm。图2-2-9为工人正在使用插入式振动器振捣混凝土。

(2)附着式振动器

附着式振动器(见图2-2-10)属于外部振动器,这种振动器是一台具有振动作用的电动机,在该机的底面安装了特制的底板,工作时底板附着在模板上,振动器产生的振

图2-2-9　插入式振动器的使用

动波通过底板与模板间接地传给混凝土。

这种振动器多用于薄壳构件、空心板梁、拱肋、T形梁等的施工。其布置距离,应根据结构物形状和振动器的性能通过试验确定。

(3)平板振动器

平板振动器(见图2-2-11)使用时直接放在混凝土表面上,振动器产生的振动波通过与之固定的振捣底板传给混凝土。由于振动波是从混凝土表面传入的,故又称表面振动器。

图2-2-10 附着式振动器

图2-2-11 平板振动器

使用时由两手握住振动器的手柄,根据工作需要进行拖移。它适用于厚度不大的混凝土路面和桥面等工程的施工。

平板振动器的移位间距,应使振动器平板能覆盖已振实部分不小于100mm。

3)混凝土分层浇筑

(1)混凝土应按一定的厚度、顺序和方向分层浇筑,且应在下层混凝土初凝或能重塑前完成上层混凝土浇筑。

(2)上下层同时浇筑时,上层和下层的前后浇筑距离应保持1.5m以上。

(3)在倾斜面上浇筑混凝土时,应从低处开始逐层扩展升高,并保持水平分层。

(4)混凝土分层浇筑的厚度,不宜超过表2-2-2规定。

混凝土分层浇筑厚度   表2-2-2

振捣方式		浇筑层厚度(mm)
采用插入式振动器		300
采用附着式振动器		300
采用平板振动器	无筋或配筋稀疏时	250
	配筋较密时	150

2.2.4 混凝土养护

混凝土浇筑完成后,应对混凝土进行养护,混凝土的养护方式分为自然养护和蒸汽养护(见图2-2-12)。

混凝土养护期间,应重点加强对混凝土湿度和温度的控制,尽量减少表面混凝土的暴露时间,及时对混凝土暴露面进行紧密覆盖(见图2-2-13),防止表面水分蒸发。暴露面保护层混凝土初凝前,应卷起覆盖物,用抹子搓压表面至少两遍,使之平整后再次覆盖,此时应注意覆盖物不要直接接触混凝土表面,直到混凝土终凝为止。

图 2-2-12 蒸汽养护

图 2-2-13 混凝土构件被覆盖养护

保湿是混凝土自然养护的重点,在带模养护期间,应在模板外部采取包裹、浇水、喷淋洒水等措施进行保湿养护,保证混凝土不致失水干燥。混凝土去除表面覆盖物或拆模后,应对混凝土采用蓄水或覆盖洒水等措施继续进行潮湿养护。对于不易洒水养护的异型或大面积混凝土结构也可适当喷洒薄膜养生液进行养护。

混凝土养护期间,应注意采取保温措施,防止混凝土表面温度受环境因素影响(如暴晒、气温骤降等)而发生剧烈变化。养护期间混凝土的内部与表层、表层与周围环境之间的温差不宜超过20%。

当气温低于5℃时,混凝土的水泥水化凝结速度大为降低,其中的水分也不易蒸发出来,混凝土不会发生如前条所述的脱水(失水)现象,故规范规定不得向混凝土表面洒水,而应当覆盖保温,以加快混凝土中水泥水化凝结速度。

2.2.5 混凝土拆模

混凝土浇筑完成,达到一定强度后,即可拆除模板。但拆除时间不可过早,以防混凝土结构损坏、变形。一般应符合下列规定:

(1)对于不承重的侧模,在混凝土强度达到2.5MPa以上,且其表面及棱角不因拆模而受损时,方可拆除。

(2)对于承重的底模,混凝土强度应符合表2-2-3后,方可拆除。

拆除底模时所需混凝土强度　　　　　　　　　　　　表 2-2-3

结构类型	结构跨度(m)	达到混凝土设计强度的百分率(%)
板、拱	≤2	50
	2~8	75
	>8	100

结构类型	结构跨度(m)	达到混凝土设计强度的百分率(%)
梁	≤8	75
	>8	100
悬臂梁(板)	≤2	75
	>2	100

学习情境 2.3　预应力混凝土结构

2.3.1　预应力混凝土基本原理

　　钢筋混凝土构件虽然已广泛应用于各种工程结构,但它仍存在一些缺点。混凝土与钢筋相比抗拉强度低,受拉极限应变小。构件在正常使用荷载作用下,钢筋的应变大大地超过了混凝土的受拉极限应变值,这就是普通钢筋混凝土构件在使用阶段易出现裂缝的原因。而钢筋在最大使用应力时其相应的应变是混凝土极限应变的 4 ~ 8 倍,因此在钢筋混凝土结构中,当钢筋内的应力还很小时,混凝土就可能出现裂缝。如果我们在不影响构件正常使用及保证构件耐久性的前提下,把裂缝限制在 0.2 ~ 0.5mm,钢筋潜力也得不到发挥。这就很大地限制了钢筋混凝土结构的使用范围。要使钢筋混凝土结构得到进一步的发展,就必须克服混凝土抗拉强度低这一缺点,于是人们发明了预应力混凝土结构。

　　所谓预应力混凝土结构,是指结构在承受外荷载以前,预先采用人为的方法在结构内部形成一种应力状态,使结构在使用阶段产生拉应力的区域先受到压应力,这项压应力将与使用阶段荷载产生的拉应力抵消一部分或全部,从而推迟裂缝的出现,限制裂缝的展开,提高结构的刚度。可以通过图 2-2-14 理解。

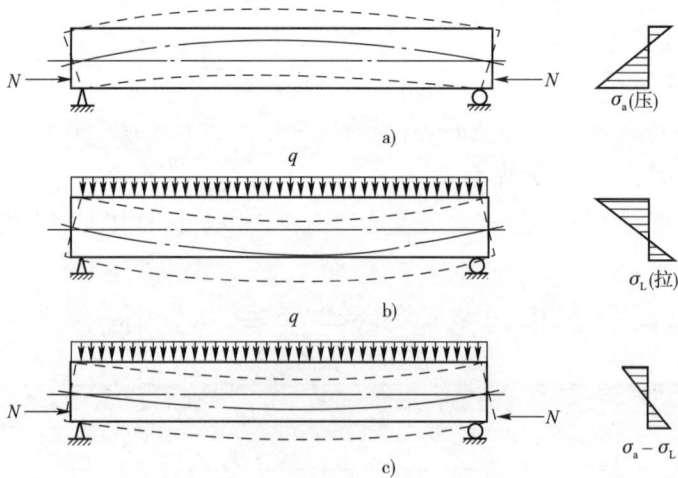

图 2-2-14　预应力混凝土结构受力原理

2.3.2　施加预应力的方法

工程上一般通过张拉预应力筋实现预应力。根据施加预应力的方法和时间先后,基本可以分为两类,即先张法和后张法。在浇筑混凝土前张拉预应力筋的方法称为先张法,在浇筑混凝土之后张拉预应力筋的方法称为后张法。

1)先张法主要施工工序(见图2-2-15)

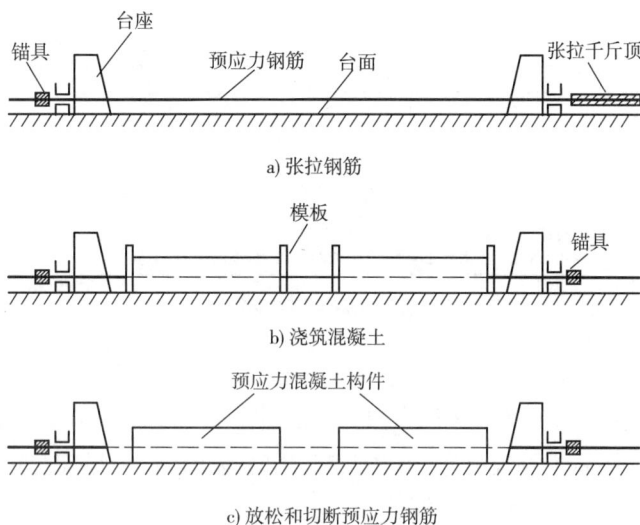

a) 张拉钢筋

b) 浇筑混凝土

c) 放松和切断预应力钢筋

图2-2-15　先张法主要施工工序

在张拉台座上利用张拉设备张拉预应力筋,使其达到设计应力后,临时锚固在台座上(见图2-2-15a),然后支立模板浇筑混凝土(见图2-2-15b),待混凝土强度和混凝土弹性模量达到设计规范规定时,放松和切断预应力筋(见图2-2-15c)。

2)后张法主要施工工序(见图2-2-16)

先浇筑梁的混凝土,并在混凝土中预留管道(见图2-2-16a),待混凝土强度和混凝土弹性模量达到设计规范规定时,在管道中穿进预应力钢筋并进行张拉。张拉至设计应力后,在钢筋两端用锚具锚住,阻止预应力钢筋回缩(见图2-2-16b)。然后撤去张拉设备,向孔道内压浆(见图2-2-16c)。

2.3.3　预应力混凝土结构的特点

1)预应力混凝土结构的优点

(1)提高了构件的抗裂度和刚度。对构件施加预应力后,构件在使用荷载作用下可不出现裂缝,或使裂缝出现的时间大大推迟,有效地改善了构件的使用性能,提高了构件的刚度,增加了结构耐久性。

(2)可以节省材料,减少自重。预应力混凝土由于采用高强材料,因而可减小构件截面尺寸,节省钢材与混凝土用量,降低结构物的自重。这对自重比例很大的大跨径桥梁来说,更有显著的优越性。大跨度和重荷载结构采用预应力混凝土结构一般是经济合理的。

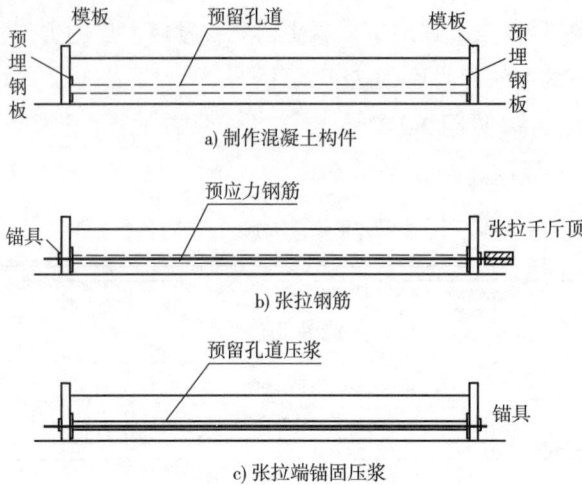

a) 制作混凝土构件

b) 张拉钢筋

c) 张拉端锚固压浆

图 2-2-16　后张法主要施工工序

(3)结构质量安全可靠。施加预应力时,钢筋(束)与混凝土都同时经受了一次强度检验。如果在张拉钢筋时构件质量表现良好,那么,在使用时也可以认为是安全可靠的。因此可以说预应力混凝土结构是经过预先检验的结构。

(4)预应力可作为结构构件连接的手段,促进了大跨度结构新体系与施工方法的发展。

(5)预应力混凝土结构的耐疲劳性能也较高。因为具有强大预应力的钢筋,在使用阶段加荷或卸荷所引起的应力变化幅度就相对较小,所以引起疲劳破坏的可能性也小,这对承受动荷载的桥梁结构来说是很有利的。

2)预应力混凝土结构的缺点

(1)工艺较复杂。对施工质量要求甚高,因而需要配备一支技术较熟练的专业队伍。

(2)需要有一定的专门设备,如张拉机具、灌浆设备等。先张法需要有张拉台座,后张法要耗用数量较多、质量可靠的锚具等。

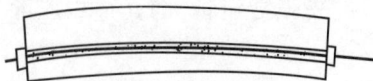

图 2-2-17　反拱度

(3)预应力反拱度(见图2-2-17)不易控制。它随混凝土徐变的增加而加大,如存梁时间过久才进行安装,就可能使反拱度很大,造成桥面不平顺。

(4)预应力混凝土结构的开工费用较大,对于跨径小、构件数量少的工程,成本较高。

但是,以上缺点是可以设法克服的。例如应用于跨径较大的结构,或跨径虽不大,但数量很多时,采用预应力混凝土结构就比较经济了。

总之,只要从实际出发,因地制宜地合理设计和妥善安排,预应力混凝土结构就能充分发挥其优越性。所以它在近三十年来得到了迅猛的发展,尤其对桥梁新体系的发展起了重要的推动作用,是一种很有发展前途的工程结构。

2.3.4　预应力设备

1) 锚具

夹具和锚具是在制作预应力构件时锚固预应力钢筋的工具。一般构件制成后能够重复使用的称为夹具,适用于先张法;永远锚在构件上,与构件连成一体共同受力,不再取下的称为锚具,适用于后张法。为了简化起见,有时也将夹具和锚具统称为锚具。

目前桥梁结构中常用的锚具有以下几种。

(1) 锥形锚具(见图2-2-18)

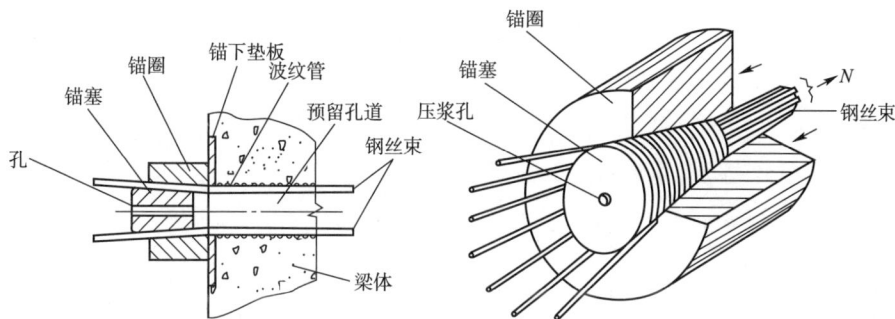

图 2-2-18　锥形锚具

锥形锚具主要用于钢丝束的锚固。它由锚圈和锚塞(又称锥销)两个部分组成。

锥形锚具是通过张拉钢束时顶压锚塞,把预应力钢丝楔紧在锚圈与锚塞之间,借助摩阻力锚固的。

目前在桥梁中常用的锥形锚具(见图2-2-19),配用600 kN 双作用千斤顶或 YZ85 型三作用千斤顶张拉。

锥形锚具的优点:锚固方便,锚具面积小,便于在梁体上分散布置。但锚固时钢丝的回缩量较大,预应力损失较其他锚具大。同时,它不能重复张拉和接长,使筋束设计长度受到千斤顶行程的限制。为防止受振松动,必须及时给预留孔道压浆。

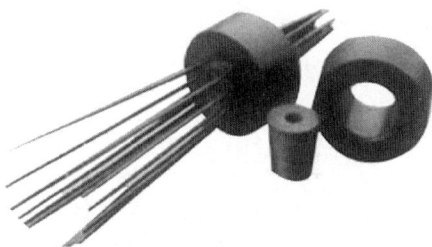

图 2-2-19　锥形锚具实体图

(2) 钢筋螺纹锚具(见图2-2-20)

当采用高强粗钢筋作为预应力筋束时,可采用螺纹锚具固定。即利用粗钢筋两端的螺纹,在钢筋张拉后直接拧上螺母进行锚固,钢筋的回缩力由螺母经支承垫板承压传递给梁体而获得预应力。

螺纹锚具的优点:受力明确,锚固可靠;构造简单,施工方便;预应力损失小,在短构件中也可使用,并能重复张拉、放松或拆卸;还可简便地采用套筒接长。

(3) 夹片锚具

夹片锚具主要作锚固钢绞线筋束用。由于钢绞线与周围接触的面积小,且强度高,硬度大,故对锚具性能要求很高。JM 锚具是我国 20 世纪 60 年代研制的钢绞线夹片锚具,后来又

图 2-2-20　钢筋螺纹锚具

先后研制出了 XM 锚具、QM 锚具、YM 锚具及 OVM 锚具系列等。图 2-2-21 为 YM-15 锚具。这些锚具都经过严格检测、鉴定后定型,锚固性能均达到国际预应力混凝土协会(FIP)标准,并已广泛应用于桥梁、水利、房屋等各种土建结构工程中。

图 2-2-21　YM-15 锚具

2)连接器

连接器共有两种,即锚头连接器(见图 2-2-22a)和接长连接器(见图 2-2-22b),前者用于钢绞线锚固后再接长,后者用于两端张拉钢绞线的接长。

3)锚垫板

锚垫板(见图 2-2-23)是后张法体系中的一个部件,其作用是将锚具传来的集中力分布到较大的混凝土承压面积上去。为便于加工和安装,锚垫板一般为矩形。施工时应严格控制使锚垫板与管道中心线垂直,否则,张拉时垫板将对混凝土产生侧向分力,也易使锚下混凝土劈裂。

a)锚头连接器　　　b)接长连接器

图 2-2-22　连接器

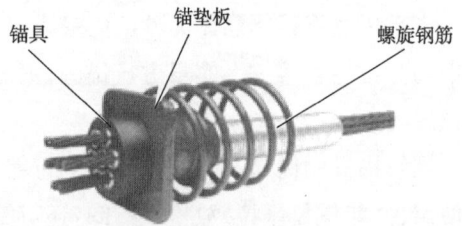

图 2-2-23　锚垫板

4)千斤顶

各种锚具都必须配置相应的张拉设备,才能顺利地进行张拉、锚固。与夹片式锚具配套的张拉设备,是一种大直径的穿心单作用千斤顶(见图2-2-24),它常与夹片锚具配套研制。其他各种锚具也都有各自适用的张拉千斤顶,表2-2-4为与国产常用锚具配套的千斤顶设备。由于篇幅有限,未将各千斤顶列全,需要时可查阅各生产厂家的产品目录。

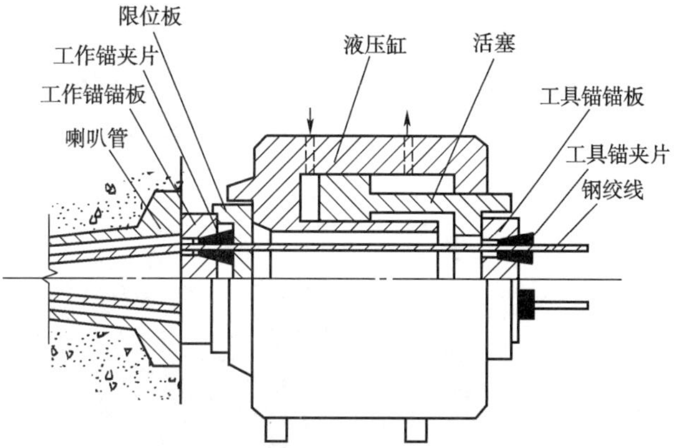

图 2-2-24　夹片锚具张拉千斤顶安装示意图

与国产常用锚具配套的千斤顶设备　　　　　　　　　　　　　表 2-2-4

锚具型号	千斤顶型号	主要技术参数与结构特点				
		张拉力 (kN)	张拉行程 (mm)	穿心孔径 (mm)	外形尺寸 (mm)	特　　点
LM 锚具 (螺纹锚)	YG60 YC60A	600	150 200	55	$\phi195 \times 765$	亦适于配有专门锚具的钢丝束与钢绞线束
GZM 锚具 (钢质锥形锚)	YZ85 (或 YC60A)	850	250~600		$\phi326 \times$ (840~1190)	适于 ϕ^s5、ϕ^s7 钢丝束;丝数不同,仅需变换卡丝盘及分丝头
DM 锚具 (镦头锚)	YC60A YC100 YC200	1 000 2 000	200 400	65 104	$\phi243 \times 830$ $\phi320 \times 1520$	
JM 锚具	YCL120	1 200	300	75	$\phi250 \times 1250$	
BM 锚具 (扁锚)或单 根钢绞线 张拉	QYC230 YCQ25 YC200D YCL22	238 250 255 220	150~200 150~200 200 100	18 18 31 25	$\phi160 \times 565$ $\phi110 \times 400$ $\phi116 \times 387$ $\phi100 \times 500$	属前卡式,将工具锚移至前端靠近工作锚
XM 锚具	YCD1 200 YCD2 000 (或 YCW、YCT)	1 450 2 200	180 180	128 160	$\phi315 \times 489$ $\phi398 \times 489$	前端设顶压器,夹片属顶压锚固
QM 锚具	YCQ100 YCQ200 (YCL、YCW 等)	1 000 2 000	150 150	90 130	$\phi258 \times 440$ $\phi340 \times 458$	前端设限位板,夹片属无顶压自锚
OVM 锚具	YCW150 YCW250 (或 YCT)	1 500 2 500	150 150	130 140	$\phi310 \times 510$ $\phi380 \times 491$	前端设限位板,夹片属无顶压自锚

5) 制孔器

预制后张法构件时,需要用制孔器预留孔道。目前,国内主要采用的制孔器有埋置式与抽拔式两种。

(1) 埋置式制孔器 (见图 2-2-25)

在浇筑混凝土之前,将波纹管按筋束设计位置,绑扎与箍筋焊连的钢筋托架上,再浇筑混凝土,结硬后即可形成孔道。该制孔器加工成本高,不能重复使用。

埋置式制孔器主要有铁皮管、铝合金波纹管、塑料波纹管三种形式。

a) 金属波纹管   b) 塑料波纹管

图 2-2-25   埋置式制孔器

(2) 抽拔式制孔器 (见图 2-2-26)

在梁体混凝土浇筑前,安放在预应力筋的设计位置上,等混凝土达到一定强度时将其拔出,梁体内即具有孔道。该制孔器能够周转使用,省料且经济,但拔管时对掌握混凝土强度时间要求比较高。

抽拔式制孔器主要有橡胶抽拔管、金属伸缩抽拔管、钢管三种。

6) 穿束机

穿束方法分为人工穿束和穿索机穿束两种,当人工穿束困难时,采用穿束机穿束。

7) 压浆机

压浆机是孔道灌浆的主要设备,主要由灰浆搅拌桶、储浆桶和压送灰浆的灰浆泵及供水系统组成。图 2-2-27 为工人正在利用压浆机进行压浆作业。

图 2-2-26   抽拔式制孔器

压浆机

图 2-2-27   压浆作业

8)张拉台座

采用先张法生产预应力混凝土构件时,需设置用作张拉和临时锚固筋束的张拉台座。因需承受张拉筋束产生的巨大回缩力,台座设计时应保证它具有足够的强度、刚度和稳定性。采用先张法批量生产时,有条件的尽量设计成长线式台座,以提高生产效率。张拉台座的台面,即预制构件的底模。

2.3.5 预应力筋

1)基本要求

在预应力混凝土桥梁中,对预应力钢材的基本要求是高强度、大直径、低松弛和耐锈蚀。

2)种类及作用

预应力钢材的作用是通过张拉、锚固进而靠钢材的回缩对结构施加预应力来承受广义荷载应力。

目前在预应力混凝土结构中使用的预应力钢材主要有高强钢丝、钢绞线、粗钢筋和无黏结预应力筋四大类。

(1)高强钢丝

高强钢丝(见图2-2-28)为高碳镇静钢轧制成的盘圆筋。我国生产的高强钢丝,按国家标准《预应力混凝土用钢丝》(GB/T 5223—2014)有 4.0mm、5.0mm、6.0mm、7.0mm 等多种,强度为 1 470 ~ 1 860MPa。

连续梁桥中常用极限强度为 1 500 ~ 1 600MPa 的 $\phi^s4 \sim \phi^s5$ 高强钢丝,主要用作主梁纵向预应力束筋。

(2)钢绞线

图 2-2-28 高强钢丝

钢绞线是在绞线机上用一根直径较粗的钢丝为芯丝,并用若干根钢丝为边丝,绕芯丝进行螺旋状绞捻而成。如 ϕ^j15 钢绞线是由 6 根 ϕ^s5 钢丝为边丝,围绕一根直径为 5.15 ~ 5.20mm 的钢丝铰捻而成。我国生产的钢绞线,按国家标准《预应力混凝土用钢绞线》(GB 5224—2014),有 1×2、1×3、1×7、1×19 等多种结构(如 1×7 为 7 根钢丝捻制的标准型钢绞线),直径 5 ~ 28.6mm,强度为 1 470 ~ 1 960MPa。

钢绞线的断面形状如图2-2-29所示。

钢绞线比较柔软,盘弯运输方便,具有强度高、与混凝土黏结性能好、断面积大、使用根数少、在结构中排列布置方便、易于锚固等优点,目前,使用钢绞线作为预应力筋束在国内外已成为常规做法。

(3)粗钢筋

粗钢筋在连续梁桥中主要用作腹板竖向预应力筋。作为竖向预应力筋的粗钢筋,应具有良好的塑性、可焊性和耐疲劳性。粗钢筋的接长除采用焊接连接外,还可采用挤压套管连接,但用作预应力筋的挤压套管应具有足够的塑性、强度和耐疲劳性。

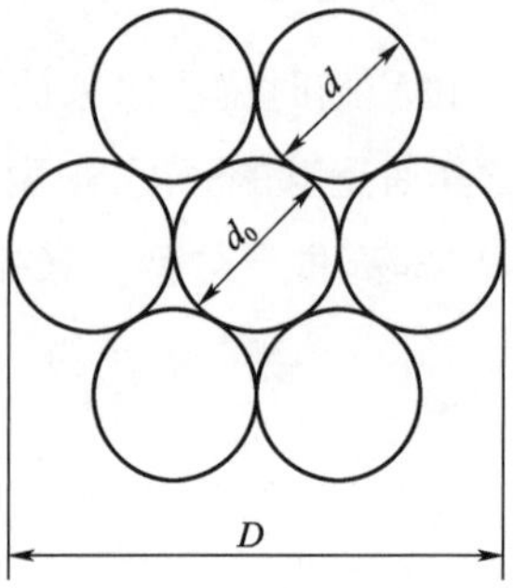

d_0-芯丝直径;d-其他单板钢丝直径;
D-公称直径

a) 钢绞线断面形状示意    b) 钢绞线实物

图 2-2-29   钢绞线

(4)无黏结预应力筋

无黏结预应力筋(见图 2-2-30)主要用作桥面横向预应力筋,目前国内大多采用带聚乙烯

无黏结专用油脂

钢绞线

聚乙烯套管

套管的钢绞线。其主要特点是无须预埋孔道、穿束及张拉后压浆,因而施工方便。但在使用过程中,由于钢绞线与混凝土没有任何黏结,且与聚乙烯套管反复摩擦,致使套管在弯道处减薄,进而引起钢绞线永存应力有所减少,存在一定的安全隐患。

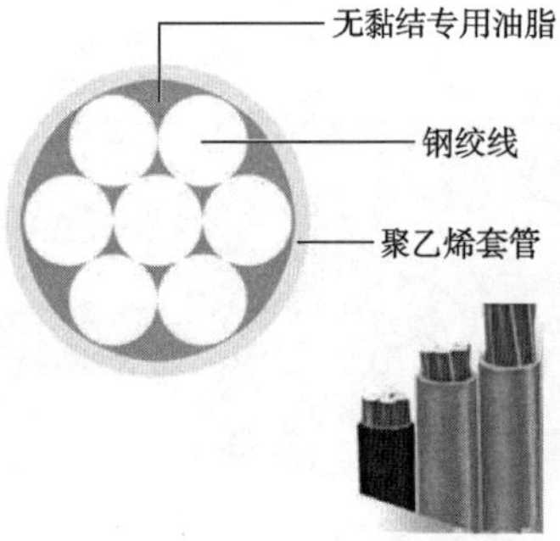

3)注意事项

(1)预应力筋应保持清洁,在存放和搬运过程中,应避免使其产生机械损伤和有害的锈蚀。

图 2-2-30   无黏结预应力筋

(2)进场后的存放时间不宜超过 6 个月,且宜存放在干燥、防潮、通风良好、无腐蚀气体和介质的仓库内;在室外存放时,不得直接堆放于地面,应支垫并遮盖,防止雨露和各种腐蚀性介质对其产生不利影响。

(3)预应力材料,应尽量缩短在工地的存放时间,当在腐蚀、潮湿等特殊环境中临时存放时,则应在订货时明确要求生产厂家采用防锈包装。

(4)预应力筋表面的轻微浮锈,不影响使用,但锈蚀成目视可见的"麻坑"时,则会影响其力学性能。

(5)预应力筋的下料,应采用切断机或砂轮锯切断,严禁采用电弧切割。如采用电弧切断预应力筋,在高温下将使预应力筋的抗拉强度降低。

--------------------   小   结   --------------------

本项目介绍了混凝土的强度和变形,重点介绍了混凝土的施工工艺和预应力混凝土结构。

混凝土的施工工艺,包括混凝土的拌和、混凝土的运输、混凝土的浇筑、混凝土的养护和拆模。

理解预应力混凝土的定义,掌握施加预应力的方法及施加预应力的设备。

【学习效果评价】

一、选择题

1. 测定立方体抗压强度时,在试块表面(　　)。

　　A. 涂润滑剂　　　　　　　B. 不涂润滑剂　　　　　　C. 涂不涂皆可

2. 混凝土轴心抗压强度值比同截面的立方体抗压强度值(　　)。

　　A. 大　　　　　　　　　　B. 小　　　　　　　　　　C. 一样

3. 下面哪个不属于锚具(　　)。

　　A. 锥形锚　　　　　　　　B. 钢筋螺纹锚具　　　　　C. 锚垫板

4. 下面哪个不属于埋置式制孔器(　　)。

　　A. 铁皮管　　　　　　　　B. 金属伸缩抽拔管　　　　C. 铝合金波纹管

5. 目前在预应力混凝土中使用的预应力钢材有(　　)。

　　A. 螺纹钢筋　　　　　　　B. 高强钢丝　　　　　　　C. 钢绞线

　　D. 光圆钢筋　　　　　　　E. 粗钢筋　　　　　　　　F. 无黏结预应力筋

二、综合题

1. 混凝土的强度包括什么?

2. 什么是混凝土的立方体抗压强度? C50 表示什么?

3. 什么是混凝土的轴心抗压强度?

4. 提高混凝土强度的措施有哪些?

5. 什么是徐变? 什么是收缩? 减少混凝土收缩的措施有哪些?

6. 试叙述混凝土的施工工艺。

7. 混凝土采用分层浇筑时,应符合哪些规范要求?

8. 什么是预应力混凝土结构?

9. 预应力混凝土结构的特点是什么?

10. 预应力筋在使用时,有哪些注意事项?

11. 简述先张法的主要施工工序。

12. 简述后张法的主要施工工序。

13. 查阅文献资料,了解混凝土的历史。

学习项目3　钢　　筋

学习目标:掌握钢筋的力学性能和分类,熟悉钢筋的加工过程。

能力目标: 能够正确计算钢筋混凝土构件中钢筋的下料长度,初步具备钢筋下料能力。

学习指导: 钢筋是桥涵工程中重要材料之一,本学习项目主要介绍钢筋的力学性能、分类及其加工过程,使学员对这一基本材料有一个初步的认识。

◉ 引言
○○○○○○○○

钢筋在桥涵工程中的应用非常广泛,其抗拉强度和抗压强度都很高,但钢筋不易保存,容易被腐蚀。

学习情境3.1　普通钢筋的性能和分类

3.1.1　钢筋的性能

桥梁建筑所用的钢材和钢筋混凝土中钢筋的技术性能,包括强度、塑性、冷弯、硬度和冲击韧性等。

1) 钢筋的强度

钢筋的强度是钢筋力学性能的一种,单向拉伸试验是确定钢筋力学性能的主要手段。软钢与硬钢的力学性能大不相同,可从其拉伸应力—应变曲线的分析得知。

软钢(低碳钢)的拉伸应力—应变曲线如图2-3-1a)所示。

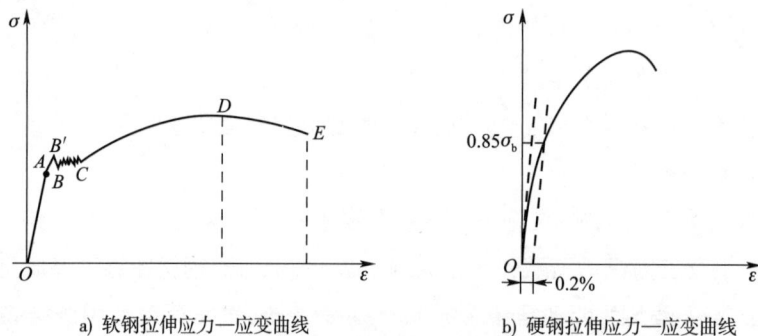

a) 软钢拉伸应力—应变曲线　　　　b) 硬钢拉伸应力—应变曲线

图2-3-1　钢筋应力—应变曲线

加荷开始,曲线在 A 点以前,应力与应变按比例增加,彼此呈线性关系。A 点对应的应力,称为比例极限。曲线 O 至 A 点这一阶段称为钢筋的弹性阶段,应力与应变的比值为常数,即为钢筋的弹性模量 E_s。

曲线通过 A 点以后,由曲线形状的变化可以看出,应变较应力增长快,到达 B 点进入屈服阶段,即应力不增加,应变却继续增加很多,应力—应变曲线接近水平线,称为屈服台阶。对于有屈服台阶的钢筋来讲,有两个屈服点,即屈服上限(B'点)和屈服下限(B 点)。一般以屈服下限为依据,称为屈服强度。曲线 A 至 C 点这一阶段称为钢筋的屈服阶段。

曲线通过 C 点后,应力与应变值又开始上升,钢筋开始强化,至曲线最高点 D 点,D 点对应的应力称为钢筋的抗拉极限强度。曲线 C 至 D 点这一阶段称为钢筋的强化阶段。

曲线通过 D 点后,钢筋应变急剧增加,产生颈缩现象,至 E 点钢筋断裂,拉伸试验至此结束。曲线 D 至 E 点这一阶段称为破坏阶段。

考虑到钢筋达到屈服强度后,钢筋变形渐增,引起构件变形过大,以致不能使用,所以在实际应用过程中取软钢的屈服强度作为软钢钢筋设计强度的依据。

硬钢的拉伸应力—应变曲线如图 2-3-1b)所示。因曲线本身无明显的屈服台阶,所以硬钢没有明确的屈服极限。在实际应用过程中取残余应变为 0.2% 时的应力作为假定的屈服点。《公路钢筋混凝土及预应力混凝土桥涵设计规范》(JTG 3362—2018)规定假定的屈服点取 $0.85\sigma_b$。

2) 塑性

钢材在受力破坏前可以经受永久变形的性能,称为塑性。要求钢材有一定的塑性是为了使钢筋在断裂前有足够的变形,在钢筋混凝土结构中,能给出构件将要破坏的预告信号,同时保证钢筋的冷弯要求。

3) 冷弯

冷弯性能是钢材在常温条件下承受规定弯曲程度的弯曲变形性能,它是钢材的重要工艺性能之一。钢材在使用之前,有时需要进行一定形式的加工,如钢筋常需弯起一定的角度。冷弯性能良好的钢材,可以保证钢材进行冷加工后无损于制品的质量。

钢筋的冷弯性能是以规定尺寸的试件,在常温条件下进行弯曲试验。按规定,试件弯曲处不产生裂缝、断裂和起层等现象即认为合格。钢筋的伸长率和冷弯性能是施工单位验收钢筋是否合格的主要指标。

4) 硬度

钢材表面局部体积内抵抗更硬物体压入的能力称为硬度。钢材硬度值越高,表示它抵抗局部塑性变形的能力越大。硬度值与强度指标和塑性指标有一定的相关性。

5) 冲击韧性

冲击韧性是钢材在瞬间动荷载作用下,抵抗破坏的能力。钢材在温度降低至零度以下后,其冲击韧性将显著降低。因此,对于在零度以下承受冲击、重复荷载作用的结构,必须对钢材冲击韧性予以鉴定。

钢材的强度、塑性、韧性和硬度是钢材的最基本力学性质。常用的指标是强度和塑性。建筑用钢材主要进行钢材的拉伸及冷弯试验。

3.1.2　常用钢筋的分类

1) 按化学成分分类

按化学成分分类,可分为碳素钢和合金钢。

(1) 碳素钢。

碳素钢亦称碳钢,主要化学成分是铁,其次是碳,还有少量的硅、锰、磷、硫、氧、氮等杂质。

碳素钢按含碳量可分为以下几类：

①低碳钢：含碳量小于 0.25%；

②中碳钢：含碳量介于 0.25% ~0.55%；

③高碳钢：含碳量大于 0.60%。

(2)合金钢。

为改善钢的性能,在钢中特别加入某些合金元素(如锰、硅、钒、钛等),使钢材具有特殊的力学性能,此种钢材即为合金钢。

合金钢按合金元素的含量可分为以下几类：

①低合金钢：合金元素总含量小于5%；

②中合金钢：合金元素总含量介于 5% ~10%；

③高合金钢：合金元素总含量大于 10%。

2)按其生产加工工艺和力学性能的不同分类

按其生产加工工艺和力学性能的不同分类,可分为热轧钢筋、冷拉钢筋、冷拔钢筋、热处理钢筋。

(1)热轧钢筋

热轧钢筋是经热轧成型并自然冷却的成品钢筋,由低碳钢、普通低合金钢在高温状态下轧制而成。主要用于钢筋混凝土和预应力混凝土结构的配筋,是土木工程中使用量最大的钢材品种之一。钢筋按其外形可分为光圆钢筋(见图 2-3-2)和带肋钢筋(见图 2-3-3)。根据标准规定,热轧光圆钢筋牌号及含义见表 2-3-1。

图 2-3-2　热轧光圆钢筋

热轧光圆钢筋牌号及含义 表 2-3-1

产品名称	牌号	英文字母含义
热轧光圆钢筋	HPB300	HPB 是热轧光圆钢筋的英文(Hot Rolled Plain Bars)的缩写

根据标准规定,热轧带肋钢筋牌号及含义见表 2-3-2。

热轧带肋钢筋牌号及含义 表 2-3-2

产品名称	牌号	英文字母含义
普通热轧钢筋	HRB400	HRB 是热轧带肋钢筋的英文(Hot Rolled Ribbed Bars)缩写
	HRB500	
	HRB600	

(2)冷拉钢筋

冷拉是在钢筋的两端施加拉力,使钢筋产生拉伸变形的一种方法(见图 2-3-4)。

一般的做法是：在常温条件下,以超过原来钢筋屈服点强度的拉应力,用钢筋冷拉机强行拉伸钢筋,使钢筋产生塑性变形,达到提高钢筋屈服强度和节约钢材的目的。冷拉时平均室外温度大于 5℃。

（3）冷拔钢筋

冷拔是在金属材料的一端施加拔力，使材料通过一个模具孔而拔出的方法，模具的孔径较材料的直径要小些。

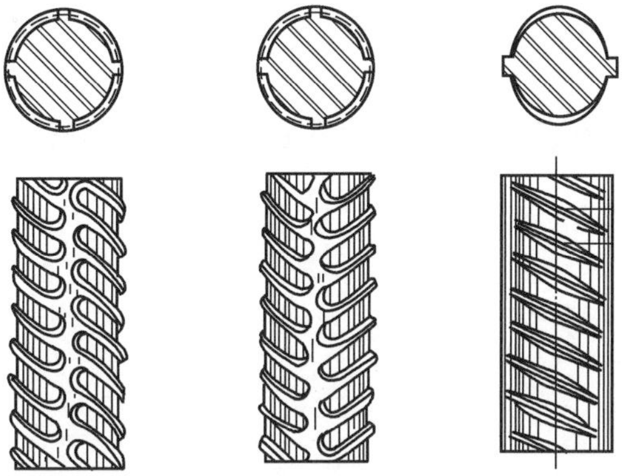

a) 螺纹钢筋　　b) 人字形钢筋　　c) 月牙纹钢筋

图 2-3-3　热轧带肋钢筋

图 2-3-4　冷拉后的钢筋

钢筋冷拔时，钢筋同时经受张拉和挤压而产生塑性变形，拔出的钢筋截面积减小，产生冷作强化，抗拉强度可提高 40% ~ 90%。冷拔加工一般要在专门的冷拔机上进行。

冷拉只能提高钢筋的抗拉强度，而冷拔不但能提高其抗拉强度，而且还能提高其抗压强度。这两种冷加工都是以牺牲钢材的变形能力为代价，达到提高强度和硬度的效果，但是经过处理后的钢材屈强比增大，安全储备降低，延性降低，破坏前不再有明显的变形发生。对于可能承受动力荷载的部位或重要部位是禁止使用此类钢筋的。

（4）热处理钢筋

这种钢筋是由钢厂将热轧带肋钢筋（中碳低合金钢）经淬火和高温回火调质处理而成的，即以热处理状态交货，成盘供应，每盘长约 200m。热处理钢筋强度高，用材省，锚固性好，预应力稳定，可以用于预应力钢筋混凝土板、吊车梁等。

3.1.3　钢筋混凝土结构对钢筋性能的要求

1）钢筋的强度

所谓钢筋强度，是指钢筋的屈服强度和极限强度。钢筋的屈服强度是设计计算时的主要依据（对无明显流幅的钢筋，取它的条件屈服点）。采用高强度钢筋可以节约钢材，取得较好的经济效益。提高钢筋的强度除改变钢材的化学成分生产新的钢种外，还可以对钢筋进行冷加工以提高它的屈服强度，同时，还应考虑钢筋要有适宜的屈强比（极限强度与屈服强度的比值），以保证结构有一定的可靠性潜力。

2）钢筋的塑性

要求钢材有一定的塑性是为了使钢筋在断裂前有足够的变形，在钢筋混凝土结构中，能给出构件将要破坏的预告信号，同时要保证钢筋冷弯的要求。通过试验检验钢材承受弯曲变形的能力，可以间接反映钢筋的塑性性能。钢筋的伸长率和冷弯性能是施工单位验收钢筋是否合格的主要指标。

3）钢筋的可焊性

可焊性是评定钢筋焊接后接头性能的指标。可焊性好,是指在一定工艺条件下,钢筋焊接后不产生裂纹及过大的变形。

4）钢筋的耐火性

热轧钢筋的耐火性能最好,冷轧钢筋其次,预应力钢筋最差。结构设计时应注意混凝土保护层厚度要满足对构件耐火极限的要求。

5）钢筋与混凝土的黏结力

为保证钢筋与混凝土共同工作,要求钢筋与混凝土之间必须有足够的黏结力。

学习情境 3.2　钢筋加工过程

3.2.1　钢筋的检验和保管

1）检验

发送到施工现场的钢筋,应附有出厂合格证明或试验报告单,必须质量合格方能使用。

2）保管

钢筋堆放地点不宜在露天或一般的钢筋加工敞棚,应在工地设库房或料棚,分别按照钢号、类型、直径等分批存放,并应设立识别标志,存放的时间不宜超过 6 个月。库存或料棚的四周,应挖掘排水沟,经常保持库棚内地面干燥,借以防止(或减少)钢筋的锈蚀。堆放钢筋的库棚及工作房,不能存放酸性和油、盐之类物品,更应防止在邻近钢筋存放地点产生有害气体,以免污染或腐蚀钢筋。

3.2.2　钢筋的加工

1）调直

直径在 12mm 以下的钢筋,一般是卷成圆盘出厂,故又称盘条。钢筋在使用前,必须调直。调直方法有两种,分别为人工调直和机械调直。

2）表面处理

钢筋的表面应洁净、无损伤,使用前应将表面的油渍、漆皮、鳞锈等清除干净,带有颗粒状或片状老锈的钢筋不得使用;当除锈后钢筋表面有严重的麻坑、斑点,已伤蚀截面时,应降级使用或剔除不用。

3）弯制

(1)受力主钢筋制作和末端弯钩

钢筋的形状、尺寸应按照设计规定进行加工。为了防止弯钩加工时弯钩部分发生裂纹,降低弯钩部分的抗拉强度,规定了各级钢筋弯钩的最小半径。有些受压截面上的变形钢筋,设计上认为其黏结力已够,可不设弯钩。有些主钢筋在跨径中弯起,规定其弯曲最小半径是为了防止弯曲处的混凝土被钢筋的合成应力压碎。一般主钢筋末端除应做弯钩外,还应有适当的锚固平直长度,以便发挥其受力作用。

表2-3-3 为受力主钢筋制作和末端弯钩形状表。

受力主钢筋制作和末端弯钩形状　　　　　　　　　　表2-3-3

弯曲部位	末 端 弯 钩			中 间 弯 折
弯曲角度(°)	180	135	90	≤90
形状图	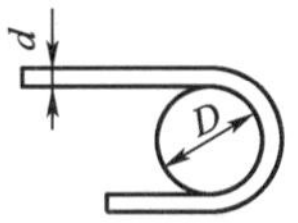	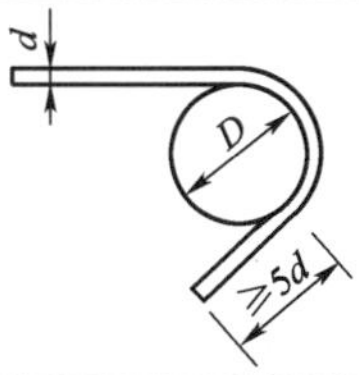	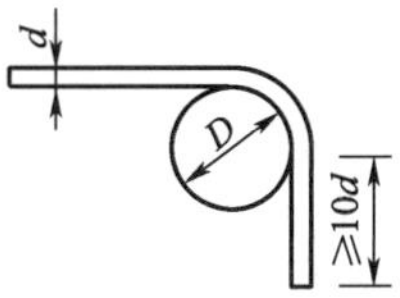	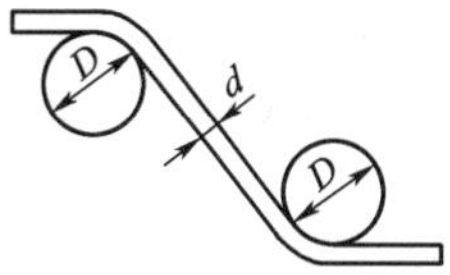

（2）箍筋弯钩

箍筋的末端应做弯钩,弯钩的形状应符合设计规定。弯钩的弯曲直径应大于被箍受力主钢筋的直径,且 HPB235 级钢筋应不小于箍筋直径的 2.5 倍,HRB335 级钢筋应不小于箍筋直径的 4 倍。弯钩平直部分的长度,一般结构应不小于箍筋直径的 5 倍;有抗震要求的结构,应不小于箍筋直径的 10 倍。箍筋常见弯钩形式见图 2-3-5。

钢筋加工的质量,应符合表2-3-4 的规定。

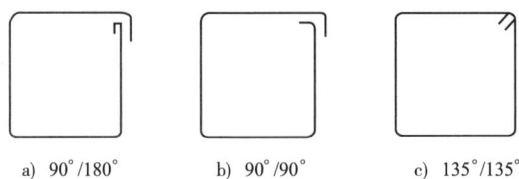

a) 90°/180°　　　b) 90°/90°　　　c) 135°/135°

图 2-3-5　箍筋常见弯钩形式

钢筋加工的质量标准　　表 2-3-4

项　　目	允许偏差(mm)
受力钢筋顺长度方向加工后的全长	±10
弯起钢筋各部分尺寸	±20
箍筋、螺旋筋各部分尺寸	±5

（3）钢筋的弯制方法

钢筋在弯制前,要先切断钢筋。切断钢筋一般有手工切断、电动切断机两种方法(见图 2-3-6)。

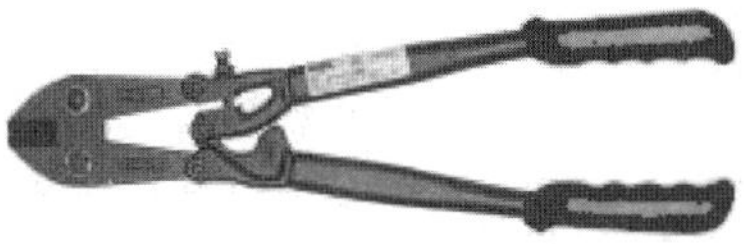

a) 手工切断钢筋用钳子 　　　　　　　　　b) 电动剪切机

图 2-3-6　切筋器具

将已切断的钢筋弯成要求的尺寸形状,是钢筋加工的主要工序之一。如果钢筋弯曲成型

不正确,或有翘曲不平现象,将使绑扎、安装发生困难,甚至造成质量事故。钢筋的弯曲成型可分为手工及机械两种方法。

①手工弯曲成型。手工弯曲钢筋通常是在硬木制作的工作台上进行。工作台必须稳固牢靠。弯筋器具如图 2-3-7 所示。弯制钢筋时,扳手的位置必须适当,才能保证成型钢筋尺寸正确。扳手与扳柱间的距离称为扳距,扳距的大小,随钢筋的粗细及弯曲度的大小而变。

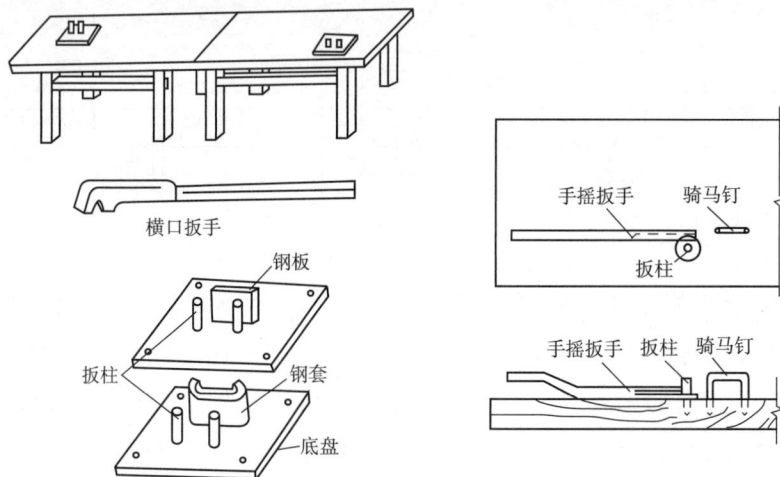

图 2-3-7　弯筋器具

②机械弯筋。一般采用电动弯筋机,工作效率高,劳动强度低,适用大型工程项目的施工工地,可弯 6~40mm 的钢筋。电动钢筋弯曲机如图 2-3-8 所示。

图 2-3-8　电动钢筋弯曲机

弯曲机的顶面,有一个铸钢制成的工作圆盘,圆盘上有 9 个孔,中心孔用来插心轴,四周的 8 个孔用来插成型轴。当工作盘旋转时,带动成型轴围绕着心轴做圆周运动,即可弯制钢筋。钢筋弯曲机操作情况如图 2-3-9 所示。钢筋加工的允许偏差不得超过表 2-3-3 的规定。弯制加工完毕的钢筋,应放置在棚内的架垫上,避免锈蚀及污染。

4)钢筋的接头

当钢筋长度不够设计长度时,则需接长。但接头好坏将直接影响钢筋受力强度和材料用量。常用的接头方法有绑扎、焊接和机械连接三种。绑扎接头仅当钢筋构造复杂、施工困难时方可采用,绑扎接头的钢筋直径不宜大于 28mm,对轴心受压和偏心受压构件中的受压钢筋可不大于

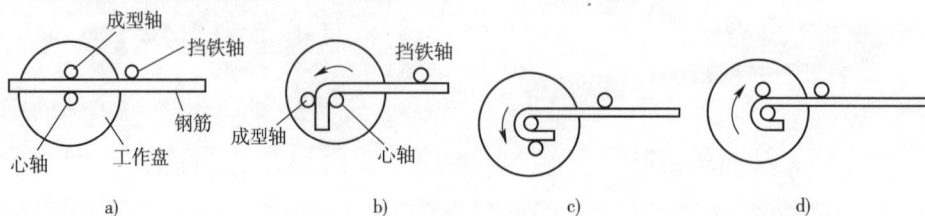

图 2-3-9　钢筋弯曲机的操作

32mm，轴心受拉和小偏心受拉构件不应采用绑扎接头。受力钢筋的连接接头应设置在内力较小处，并应错开布置。对焊接接头和机械连接接头，在接头长度区段内，同一根钢筋不得有两个接头；对绑扎接头，两接头间的距离应不小于1.3倍搭接长度。配置在接头长度区段内的受力钢筋，其接头的截面面积占总截面面积的百分率应符合表2-3-5的规定。

接头长度区段内受力钢筋接头面积的最大百分率　　　　　表2-3-5

接头形式	接头面积最大百分率(%)	
	受拉区	受压区
主钢筋绑扎接头	25	50
主钢筋焊接接头	50	不限制

注：1. 焊接接头长度区段内是指35d(d为钢筋直径)长度范围内，但不得小于500mm，绑扎接头长度区段内是指1.3倍搭接长度。

2. 在同一根钢筋上宜少设接头。

3. 装配式构件连接处的受力钢筋焊接接头可不受此限制。

4. 绑扎接头中钢筋的横向净距不应小于钢筋直径且不应小于25mm。

（1）绑扎法

绑扎法，一般是将两根钢筋搭头用铁丝绑扎起来，在接头处，受拉区域内的光面圆钢筋末端应做成彼此相对的弯钩，在钢筋搭接部分的中心及两端（共三处），应使用铁丝绑扎结实。对螺纹钢筋可不做弯钩，直接相搭绑扎即可。其形式如图2-3-10所示。

钢筋的绑扎接头应符合下列规定：

①绑扎接头的末端距钢筋弯折处的距离，不应小于钢筋直径的10倍，接头不宜位于构件的最大弯矩处。

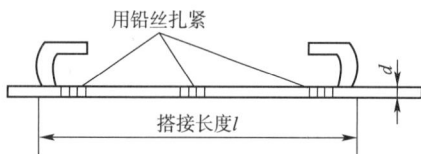

图2-3-10　钢筋的绑扎接头

②受拉钢筋绑扎接头的搭接长度，应符合表2-3-6的规定；受压钢筋绑扎接头的搭接长度应取受拉钢筋绑扎接头搭接长度的7/10。

受拉钢筋绑扎接头的搭接长度　　　　　表2-3-6

钢筋类型	混凝土强度等级		
	C20	C25	> C25
HPB235	35d	30d	25d
HRB335	45d	40d	35d
HRB400、HRB400	—	50d	45d

注：1. 当带肋钢筋直径d>25mm时，其受拉钢筋的搭接长度应按表中值增加5d采用；当带肋钢筋直径d≤25mm时，其受拉钢筋的搭接长度按表中值减少5d采用。

2. 当混凝土在凝固过程中受力钢筋易受扰动时，其搭接长度应增加5d。

3. 在任何情况下，纵向受拉钢筋的搭接长度均不应小于300mm，受压钢筋的搭接长度均不应小于200mm。

4. 环氧树脂涂层钢筋的绑扎接头搭接长度，受拉钢筋按表值的1.5倍采用。

5. 两根不同直径的钢筋的搭接长度，以较细的钢筋直径计算。

③受拉区内HPB235钢筋绑扎接头的末端应做弯钩；HRB335、HRB400、RRB400钢筋的绑扎接头末端可不做弯钩；直径不大于12mm的受压HPB235钢筋的末端可不做弯钩，但搭接长

度应不小于钢筋直径的 30 倍。

（2）焊接法

热轧钢筋的接头可采用电焊焊接,电焊焊接分为闪光对焊和电弧焊两种。

闪光对焊是先通电流,再使焊件不断轻微接触,因而产生闪光电弧。施焊时接触面积甚小,故通过电流密度较大,接触处电热集中,在很短时间内,端头即达熔化,在闪光过程中,中间夹杂物将全部以火花形式喷出,部分温度内传,使接触端面变得十分平整。随后施以较大压力,使电流在断路的同时,焊件接口中的熔液被挤出而溢流,形成牢固的接头。闪光对焊不但质量好,对钢筋强度影响小,而且用电省、工效高。因此,闪光对焊为目前较普遍采用的一种方法。

电弧焊分交、直流两类电焊机。其工作原理是利用电弧产生的热能,把钢筋末端和焊条（或帮条）熔化,冷却凝固后便形成焊接接头。电弧焊接的接头有搭接电弧焊接接头（见图 2-3-11a）、帮条电弧焊接接头（见图 2-3-11b）、坡口电弧焊接接头（见图 2-3-11c）三种形式。

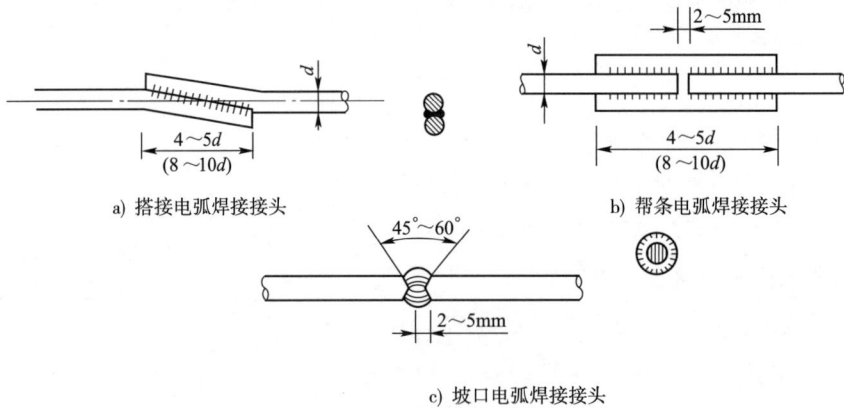

a) 搭接电弧焊接接头　　　　　　　　　　　　b) 帮条电弧焊接接头

c) 坡口电弧焊接接头

图 2-3-11　电弧焊接的接头形式

钢筋的焊接接头应符合下列规定:

①钢筋的焊接接头宜采用闪光对焊或电弧焊。钢筋焊接的接头形式、焊接方法和焊接材料应符合现行《钢筋焊接及验收规程》(JGJ 18—2012)的规定。

②每批钢筋焊接前,应先选定焊接工艺和焊接参数,按实际条件进行试焊,并检验接头外观质量及规定的力学性能,试焊质量经检验合格后方可正式施焊。焊接时,对施焊场地应有适当的防风、雨、雪、严寒的设施。

③电弧焊宜采用双面焊缝,仅在双面焊无法施焊时,方可采用单面焊缝。采用搭接电弧焊时,两钢筋搭接端部应预先折向一侧,两接合钢筋的轴线应保持一致;采用帮条电弧焊时,帮条应采用与主筋相同的钢筋,其总截面面积不应小于被焊接钢筋的截面面积。电弧焊接头的焊缝长度,对双面焊缝不应小于 $5d$(d 为钢筋直径),单面焊缝不应小于 $10d$。电弧焊接与钢筋弯曲处的距离不应小于 $10d$,且不宜位于构件的最大弯矩处。

（3）机械连接

①带肋钢筋套筒挤压接头(简称挤压接头):适用直径为 $16 \sim 40mm$ 的 HRB400 级带肋钢筋

的径向挤压连接。用于挤压连接的钢筋应符合现行国家标准的要求。不同直径的带肋钢筋可采用挤压接头连接,当套筒两端外径和壁厚相同时,被连接钢筋直径相差不应大于5mm。当混凝土结构中挤压接头部位的温度低于 −20℃时,宜进行专门的试验。

②螺纹套管连接:即将钢筋的连接端加工成螺纹(简称丝头),通过螺纹连接套把两根带丝头的钢筋,按规定的力矩值连接成一体的钢筋接头。如图2-3-12所示。

3.2.3　钢筋的安装

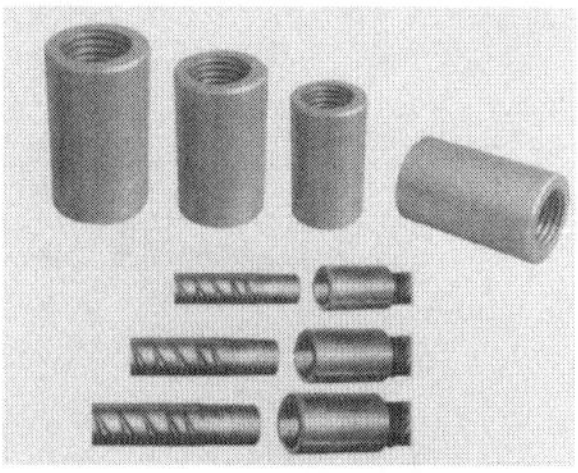

钢筋的安装是钢筋工程的最后一道工序。根据工程对象和施工设备条件,可以把成型钢筋就地单根绑扎,也可以预制钢筋网架,整体吊运安装,也可以两者结合,预制骨架安装后,再单根绑扎构造钢筋。原则上是尽量减少单根就地绑扎,尽可能改为整体或半整体吊运安装。

图2-3-12　钢筋的螺纹连接

1)钢筋的现场绑扎

在工地进行单根的钢筋绑扎安装,特别是在一些钢筋种类多、数量大、形状复杂的结构中,必须注意事先安排好绑扎的顺序,避免错绑、漏绑或钢筋穿不进去,造成返工浪费现象。一般情况下,总是先把长的主筋就位,其次套上箍筋,初步绑成骨架,然后穿短的次要的钢筋,最后完成各个绑扎点。较复杂的结构,应结合具体情况,预先研究绑扎顺序。

2)预制钢筋网的绑扎

预制钢筋网(骨架),比工点就地绑扎有许多优点:工效高、速度快、工期短(基本上可以不占主体施工的工期),并且本身刚度大,在运输、安装和灌筑混凝土中,不易发生变形和损坏。

预制钢筋网(骨架)的绑扎方法和在工地现场进行单根绑扎基本相同,可在地坪上画线进行。为了防止在运输和安装过程中发生歪斜、变形,较大的钢筋网可采用加劲钢筋加固。预制钢筋的主要交接点宜用点焊机点焊焊牢。其他交接点可用绑扎,但对一些不大受力或不影响变形的交接点,则可插花绑扎。

当钢筋全部绑扎完毕后,要根据设计图纸检查钢筋规格、形状、数量和位置是否正确,接头布置是否合理,绑扎点是否牢固,保护层是否符合要求。

常用的绑扎工具,有拧钩(见图2-3-13)、撬棒、绑扎扳手和铁锤等。

绑扎常采用的绑扎扣,对于板、墩帽多采用一面顺扣,如图2-3-14所示。在梁中多用十字花扣,在转角处多用兜扣等。

钢筋的绑扎应符合下列规定:

(1)钢筋的交叉点宜采用直径0.7 ~2.0mm 的铁丝扎牢,必要时可采用点焊焊牢。绑扎宜采取逐点改变绕丝方向的8 字形方式交错扎结。

(2)结构或构件拐角处的钢筋交叉点应全部绑扎;中间平直部分的交叉点可交错绑扎,但绑扎的交叉点宜占全部交叉点的40%以上。

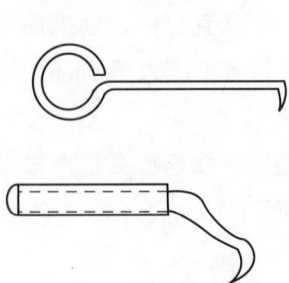

图 2-3-13　钢筋拧钩

图 2-3-14　钢筋绑扎的一面顺扣

（3）钢筋绑扎时，除设计有特殊规定外，箍筋应与主筋垂直。

（4）绑扎钢筋的铁丝丝头不应进入混凝土保护层内。

学习情境 3.3　钢筋混凝土构件

钢筋混凝土构件按受力状态，可分为受弯构件和受压构件两类。受弯构件是指截面上通常有弯矩和剪力共同作用而轴力可以忽略不计的构件，其主要形式是板和梁；以承受轴向压力为主的构件称为受压构件，其主要形式是桩和柱。

3.3.1　钢筋混凝土板的构造

板是在两个方向上（长、宽）尺度很大，而在另一方向上（厚度）尺寸相对较小的构件。钢筋混凝土板在公路桥梁中应用很广泛，例如人行道板、行车道板、小跨径桥板梁等。

1）截面形式

小跨径钢筋混凝土板一般为实心矩形截面，见图 2-3-15a）。当跨径较大时，为节省混凝土和减轻自重，常做成空心板，见图 2-3-15b）。

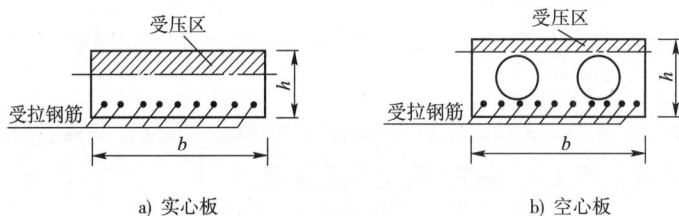

a) 实心板　　　　　　　　　　　b) 空心板

图 2-3-15　板截面形式

钢筋混凝土简支板桥的标准跨径不宜大于 13m，连续板桥的标准跨径不宜大于 16m。预应力混凝土简支板桥的标准跨径不宜大于 25m，预应力连续板桥的标准跨径不宜大于 30m。

板的厚度可根据跨径内最大弯矩和构造要求确定，但为了保证施工质量，其最小厚度应有所限制：

（1）行车道板一般不小于 100mm。

（2）人行道板的厚度，就地浇筑的混凝土板不应小于 80mm，预制混凝土板不应小于 60mm。

（3）空心板桥的顶板和底板厚度,均不宜小于 80mm。空心板空洞端部应予以填封。

2) 钢筋布置

板中钢筋由主钢筋(即受力钢筋)和分布钢筋组成,如图 2-3-16 所示。主钢筋布置在板的受拉区,行车道板内的主钢筋直径一般不小于 10mm,人行道板内的主钢筋直径不小于 8mm。在简支板跨中和连续板支点处,板内主钢筋中心的间距不应大于 200mm。

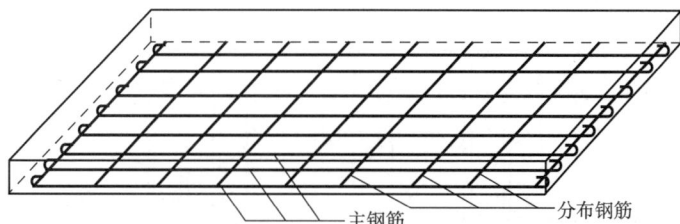

主钢筋　分布钢筋

图 2-3-16　板中钢筋布置

分布钢筋,一般垂直于主钢筋方向布置,并设置在主钢筋的内侧,在交叉处用铁丝绑扎或点焊以固定主钢筋和分布钢筋的相互位置。分布钢筋的直径不应小于 8mm,其间距不能大于 200mm。

分布钢筋的作用:能很好地将集中荷载分布到板受力钢筋上,抵抗因收缩及温度变化在垂直于板跨方向上所产生的应力,浇筑混凝土时能保持受力钢筋的规定间距。

3.3.2　钢筋混凝土梁的构造

长度与高度之比(l_0/h)大于或等于 5 的受弯构件,通常称为梁。

1) 截面形式

钢筋混凝土梁的截面形式通常采用矩形、T 形和箱形等,见图 2-3-17。

受压区　受压区　受压区

受拉钢筋　受拉钢筋　受拉钢筋

a) 矩形梁　　　　b) T形梁　　　　c) 箱形梁

图 2-3-17　梁的截面形式

2) 钢筋布置

一般,钢筋混凝土梁内钢筋构造如图 2-3-18 所示。梁内钢筋骨架多由主钢筋、斜筋(弯起钢筋)、箍筋、架立钢筋和纵向水平钢筋等组成。

（1）主钢筋

梁内主钢筋常放在梁的底部承受拉应力,是梁的主要受力钢筋。在同一根(批)梁中宜采用相同牌号、相同直径的主钢筋以简化施工。

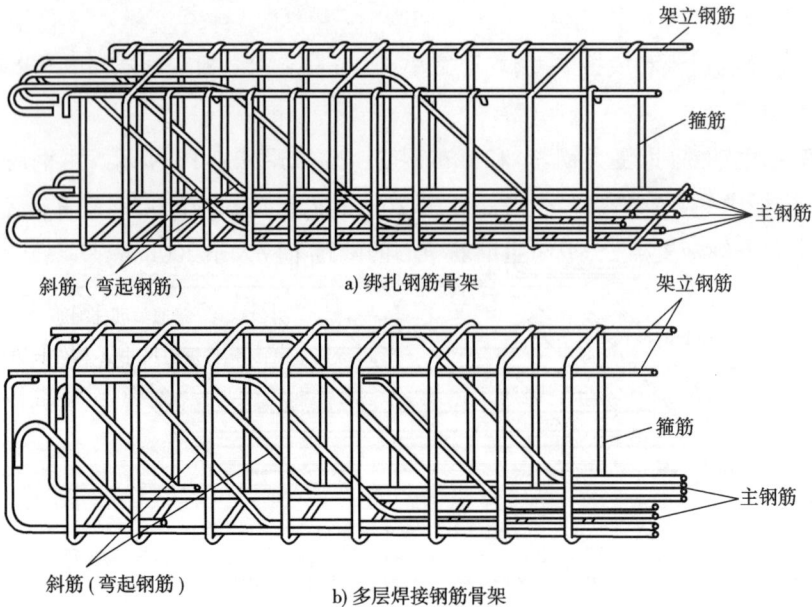

图 2-3-18　钢筋混凝土梁内钢筋构造

梁内主钢筋可以单根或 2～3 根地成束布置成束筋,也可竖向不留空隙地焊成多层钢筋骨架,其叠高一般为(0.15～0.20)h(其中 h 为梁高)。

主钢筋的排列原则应为由下至上,下粗上细(对不同直径钢筋而言),对称布置,并应上下左右对齐,便于混凝土的浇筑。

(2)斜筋(弯起钢筋)

弯起钢筋是为满足斜截面抗剪强度而设置的,一般由受拉主钢筋弯起而成,有时也需加设专门的斜筋,梁内弯起钢筋可沿梁高的中线布置,并使任何一个与梁轴垂直的截面最少与一根斜筋相交。斜筋与梁轴所成的斜角宜采用45°,且不应小于30°,也不应大于60°。

(3)箍筋

箍筋除满足斜截面的抗剪强度外,它还起到连接受拉钢筋和受压区混凝土的作用,使其共同工作。此外,用它来固定主钢筋的位置而使梁内各种钢筋构成钢筋骨架。工程上使用的箍筋有开口和闭口两种形式,如图 2-3-19 所示。

(4)纵向水平钢筋

梁高大于 1m 时,在梁腹高度范围内应设置纵向水平钢筋。其间距为 100～150mm,直径不应小于8mm。

(5)架立钢筋

架立钢筋是为满足构造或施工要求而设置的定位钢筋。其作用是把主要的受力钢筋(如主钢筋、箍筋)固定在正确的位置上,并与主钢筋连成钢筋骨架,从而充分发挥各自的作用。

3.3.3　钢筋混凝土柱的构造

钢筋混凝土轴心受压构件根据箍筋的功能和配置方式的不同可分为两种。

（1）配有纵向钢筋和普通箍筋的轴心受压构件（普通箍筋柱），如图2-3-20所示。

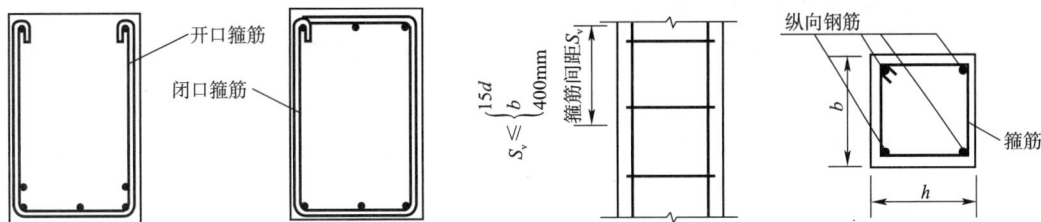

图2-3-19　箍筋的形式

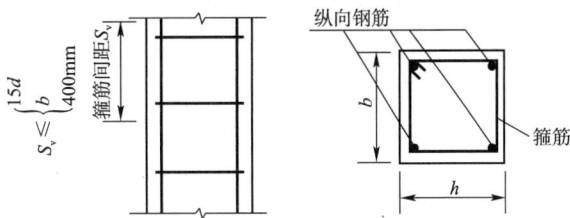

图2-3-20　普通箍筋柱配筋

d-纵筋直径；b-构件短边尺寸；h-构件长边尺寸

普通箍筋柱的截面形状多为正方形、矩形等。纵向钢筋为对称布置，沿构件高度设置有等间距的箍筋。轴心受压构件的承载力主要由混凝土承担，设置纵向钢筋的目的是：①协助混凝土承受压力，可减小构件截面尺寸；②承受可能存在的不大的弯矩；③防止构件的突然脆性破坏。

普通箍筋的作用是防止纵向钢筋局部压屈，并与纵向钢筋形成钢筋骨架，便于施工。

①混凝土的强度等级。轴心受压构件一般多采用C20～C30的混凝土，或采用更高强度等级的混凝土，正截面承载力主要由混凝土来提供。

②截面尺寸。轴心受压构件截面尺寸（矩形截面以短边计）不宜小于250mm。通常按50mm一级增加，如250mm、300mm、350mm等。在800mm以上时，则采用100mm为一级，如800mm、900mm、1 000mm等。

③纵向钢筋。纵向受力钢筋一般多采用HRB335、HRB400等热轧钢筋。纵向受力钢筋的直径应不小于12mm。在构件截面上，纵向受力钢筋至少应有4根，并且在截面每一角隅处必须布置一根。

水平浇筑的预制件的纵向钢筋的最小净距，首先应满足施工要求，使振动器可以顺利插入，并且此净距不小于50mm，不小于钢筋直径。

④箍筋。箍筋必须做成封闭式的，其直径不应小于纵筋直径的1/4，也不应小于8mm。箍筋的间距不应超过纵筋直径的15倍，也不应大于构件短边尺寸，并不大于400mm。

（2）配有纵向钢筋和螺旋箍筋的轴心受压构件（螺旋箍筋柱），如图2-3-21所示。

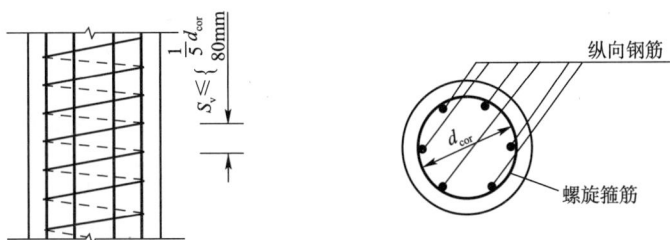

图2-3-21　螺旋箍筋柱配筋

螺旋箍筋柱的截面形状，多为圆形或正多边形，纵向钢筋外围设有连续环绕的间距较密的螺旋箍筋或间距较密的焊接环式箍筋。螺旋筋的作用是使截面中间部分(核心)混凝土成为约束混凝土,从而提高构件的承载力和延性。

①螺旋箍筋柱的纵向钢筋,应沿圆周均匀分布,其截面积应不小于构件箍筋圈内核心截面面积的0.5%。核心截面面积不应小于构件整个截面面积的2/3。

②箍筋的螺距或间距,不应大于核心直径的1/5,也不应大于80mm,且不应小于40mm。

③纵向受力钢筋,应伸入与受压构件连接的上下构件内,其长度不应小于受压构件的直径,且不应小于纵向受力钢筋的锚固长度。

④箍筋的直径,不应小于纵向钢筋直径的1/4,且不小于8mm。

其余构造要求与普通箍筋柱相同。

3.3.4　构件配筋的基本知识

1)钢筋标注方法

(1)常用钢筋代号

常用钢筋代号见表2-3-7。

常　用　钢　筋　代　号　　　表 2-3-7

钢筋种类	代号
HPB300	φ
HRB400	Φ

(2)构件内各钢筋表示方法

①主钢筋、架立筋、斜筋。标注时应说明其数量、品种和直径,如6φ12,表示配置6根直径为12mm的HPB300级钢筋。

②板中钢筋及各种箍筋。标注时应说明其品种、直径和间距,如φ6@100,表示配置直径是6mm的HPB300钢筋,间距100mm。

(3)钢筋编号

构件内的钢筋骨架是由多种不同长度、不同形状的钢筋组成的,这就需要给钢筋进行编号,以利于能够方便有效识读。

通常由以下三种方法进行对钢筋编号:

①钢筋编号填写在用细实线画的直径6~8mm的小圆圈内,并用指引线引到相应的钢筋视图上,如图2-3-22a)所示。

②钢筋编号也可不画小圆圈,而在钢筋编号前加注字母"N"来表示,如图2-3-22b)所示。

③如果断面图中示出的钢筋数量较多,排列密集,可采用列表法,在表格内顺次填写相应钢筋的编号,如图2-3-22c)所示。

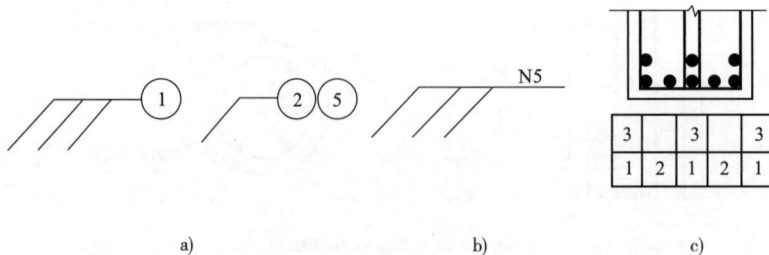

a)　　　　　b)　　　　　c)

图 2-3-22　钢筋编号标注法

2) 钢筋两端的弯钩

为了增强钢筋与混凝土的黏结力,钢筋两端需做成弯钩。但若采用 HRB335 级及以上钢筋,一般不必做弯钩。钢筋的弯钩有两种标准形式,即带有平直部分的半圆弯钩和直角弯钩,其形状和尺寸如图 2-3-23a)、b) 所示,用双点画线示出了弯钩的理论计算长度,计算钢筋总长时,必须加上该段长度。箍筋的弯钩形式如图 2-3-23c) 所示。

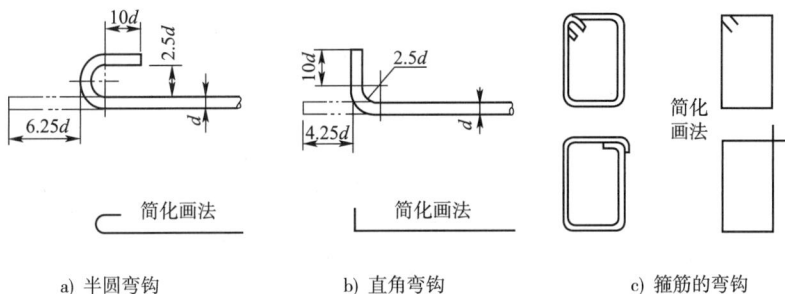

a) 半圆弯钩　　　　　　b) 直角弯钩　　　　　　c) 箍筋的弯钩

图 2-3-23　钢筋的弯钩

3) 钢筋的保护层

为了防止钢筋锈蚀,保证钢筋和混凝土有良好的黏结力以及防火要求,钢筋表面到构件表面必须有一定厚度的混凝土保护层,应符合《公路钢筋混凝土及预应力混凝土桥涵设计规范》(JTG 3362—2018) 的规定。

普通钢筋保护层厚度取钢筋外缘至混凝土表面的距离,不应小于钢筋公称直径。最外侧钢筋的混凝土保护层厚度因构件类别、设计使用年限和所处环境不同而异。例如,设计使用年限 100 年处于 I 类环境的梁,其最外侧钢筋的混凝土保护层厚度不应小于 20mm,而相同条件下承台最外侧钢筋的混凝土保护层厚度不应小于 40mm。

梁内钢筋最小混凝土保护层厚度不应小于钢筋公称直径,且不小于 30mm。

3.3.5　钢筋混凝土结构图

表示钢筋混凝土构件的图样称为钢筋混凝土结构图。表示方法有两种:一种是外形图,主要表明构件的形状和大小;另一种是钢筋布置图,主要表明结构物中钢筋的配置情况。

1) 立面图和断面图

立面图和断面图主要用来表示钢筋的配置关系。凡是钢筋排列有变化的部位,一般都应画出它的断面图。为了突出表示构件中的钢筋配置,规定将构件的外形轮廓线用细实线画出,钢筋用粗实线画出,钢筋的断面用小黑圆点表示。在断面图中,不画材料图例。

在立面图和断面图上应标注构件的外形尺寸,见图 2-3-24。

2) 钢筋详图

为了便于钢筋的下料和加工成型,对配筋较复杂的构件,除画出立画图和断面图之外,还应画出钢筋详图。

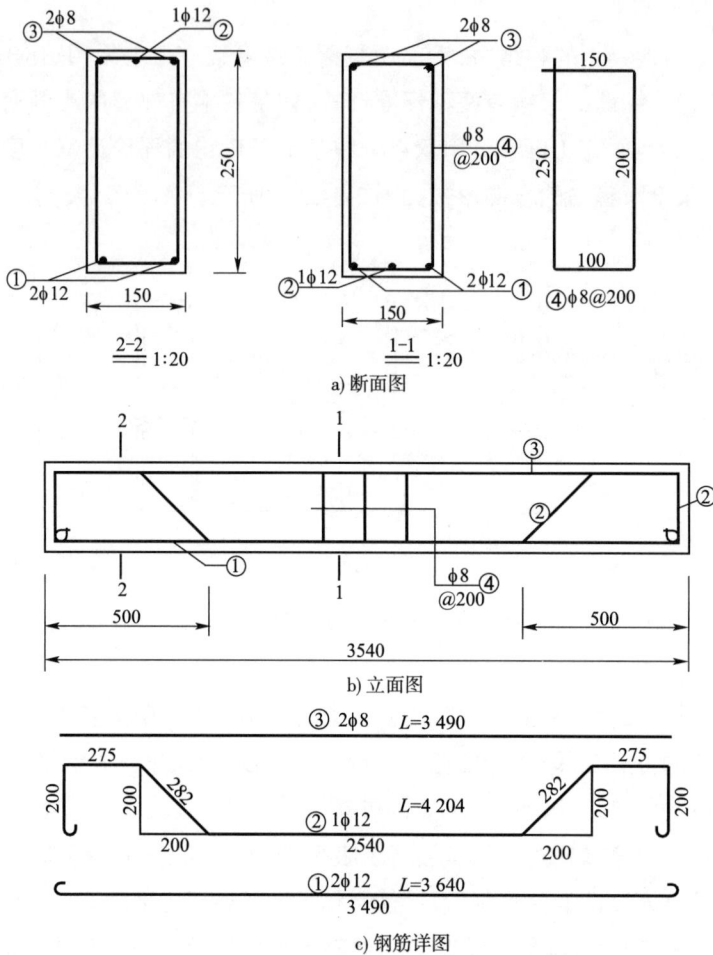

图 2-3-24 构件配筋图(尺寸单位:mm)

钢筋详图画在立面图的下方,并与立面图对齐,比例与立面图相同。同一编号的钢筋只需画出一根的详图。每种钢筋的详图除应依次标注钢筋的编号、数量、规格和直径大小外,还应注出钢筋的每分段长度、弯起角度和设计长度(钢筋逐段成型尺寸之和加上两端弯钩长度)。

学习情境3.4 钢筋下料长度的计算

3.4.1 钢筋下料长度的计算

1)弯曲钢筋下料长度计算

在钢筋配料计算中,关键是计算出下料长度。计算时根据图纸上的设计长度,加上由于弯钩增加的长度,再减去钢筋弯曲伸长值(由于弯曲而产生的),即:

钢筋下料长度 l = 直段长度 $l_直$ + 斜段长度 $l_斜$ + 弯钩增加长度 $l_弯$ + 搭接长度 $l_搭$ - 弯钩弯曲伸长值 s - 弯起增加长度 l_0

各种形状弯曲钢筋下料长度计算见表2-3-8。

各种形状弯曲钢筋下料长度计算（参考）　表2-3-8

序号	有关数值	钢筋弯钩			弯起钢筋		
		180° 半圆钩	135° 斜钩	90° 直钩	60° 弯起	45° 弯起	30° 弯起
1	弯曲形状简图						
2	弯曲最小半径 r	$1.25d$	$1.25d$	$2.50d$	≥$10d$		
3	工作段长度 L	≥$3d$	≥$5d$	≥$10d$			
4	弯钩增加长度 $l_弯$	$6.25d$	$6.87d$	$11.21d$			
5	弯钩弯曲伸长值 s	$1.5d$	$1.25d$	$1.0d$			
6	斜段长度 $l_斜$				$1.15h$	$1.41h$	$2.0h$
7	弯起增加长度 l_0				$0.85d$	$0.50d$	$0.35d$

钢筋下料长度 l = 直段长度 $l_直$ + （斜段长度 $l_斜$）+ 弯钩增加长度 $l_弯$ + 搭接长度 $l_搭$ − 弯钩弯曲伸长值 s −（弯起增加长度 l_0）

注：1. d 为钢筋直径，h 为弯起高度。
　　2. 弯钩弯曲伸长值，应通过试验校核加以修改，表列数值供参考用。
　　3. 算式内有（　）者为弯起钢筋用。
　　4. 弯曲最小半径与钢筋直径和种类有关，具体见《公路桥涵施工技术规范》
　　　（JTG/T F50—2011）。

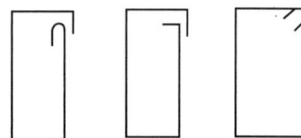

图2-3-25　常见箍筋形状

2）箍筋下料长度的计算

箍筋的开口处要设置弯钩，常见箍筋形状见图2-3-25。弯钩部分的圆弧大小和主筋的粗细有关，根据主筋和箍筋直径不同，箍筋弯钩增加长度参考表2-3-9。

箍筋下料长度计算式为：

$$箍筋下料长度 = 箍筋周长 + 弯钩增加长度 − 弯曲伸长值$$

用圆钢筋弯制的箍筋末端的弯钩增加长度（单位：mm）　表2-3-9

箍筋直径	受力钢筋直径	
	≤25	28～40
6	50～60	65
8～10	70～75	75～90
12	90	105

3.4.2 算例

现举例来说明钢筋下料长度的计算方法。如图 2-3-26 所示,梁中钢筋编号为①～⑤,按其形式分,有直钢筋、弯起钢筋、箍筋三种。这三种形式的钢筋下料长度计算方法如下。

已知条件:图中钢筋混凝土构件尺寸是 6 000mm×200mm×450mm,钢筋保护层厚度是 25mm,求图中钢筋的下料长度。

解:①号钢筋是 2 根 ϕ18 的受拉钢筋,其钢筋详图见图 2-3-26c)。受拉钢筋采用光圆钢筋,两端应有弯钩,因此①号钢筋的下料长度为:

l_1 = 钢筋直段长度 + 两端弯钩长 $l_弯$ − 弯曲伸长值 s
  = 5 950 + (6.25×18)×2 − (1.5×18)×2 = 6 121mm

②号钢筋是 2 根 ϕ10 的架立钢筋,其钢筋详图见图 2-3-26c),下料长度为:

l_2 = 5 950 + (6.25×10)×2 − (1.5×10)×2 = 6 045mm

③号钢筋下料长度为:

l_3 = $l_直$ + $l_斜$ + $l_弯$ − s − l_0
  = (375×2+4 400) + (400×1.41)×2 + (6.25×18)×2 − (1.5×18)×2 − (0.5×18)×4
  = 6 413mm

④号钢筋也是 1 根 ϕ18 的弯起钢筋,其钢筋详图见图 2-3-26c),下料长度为:

l_4 = (875×2+3 400) + (400×1.41)×2 + (6.25×18)×2 − (1.5×18)×2 − (0.5×18)×4
  = 6 413mm

⑤号箍筋下料长度:

l_5 = (412×2) + (162×2) + 70×2 − (1.25×8)×2 − 3×8 = 1 244mm

3×8 为 3 处 90°弯曲伸长值,按 90°直钩计算。

箍筋个数计算式为:

$$箍筋个数 = (主筋长度 ÷ 箍筋间距) + 1$$

⑤号箍筋的个数为(5 950÷200) + 1 = 31 个

在实际工作中,以上算式可以省略,一般可在钢筋配料单上,按编号画上简图,注上扣除混凝土保护层厚度的钢筋各段尺寸,然后进行运算。

钢筋配料计算是一项既细致又重要的工作,因为钢筋加工以钢筋配料单作为唯一的依据,并且还是提出钢筋材料计算、签发工程任务单和限额领料单的依据。另外,钢筋加工数量往往很大,如果配料发生差错,就可能造成钢筋加工错误,其后果是浪费人工、材料,耽误工期,造成很大损失,所以一定要认真对待,在配料计算前要认真看懂图纸,在计算中要仔细运算。配料计算完成以后还要认真进行复核,填写配料单,作为钢筋工人进行钢筋加工的依据。配料单的格式见表 2-3-10。

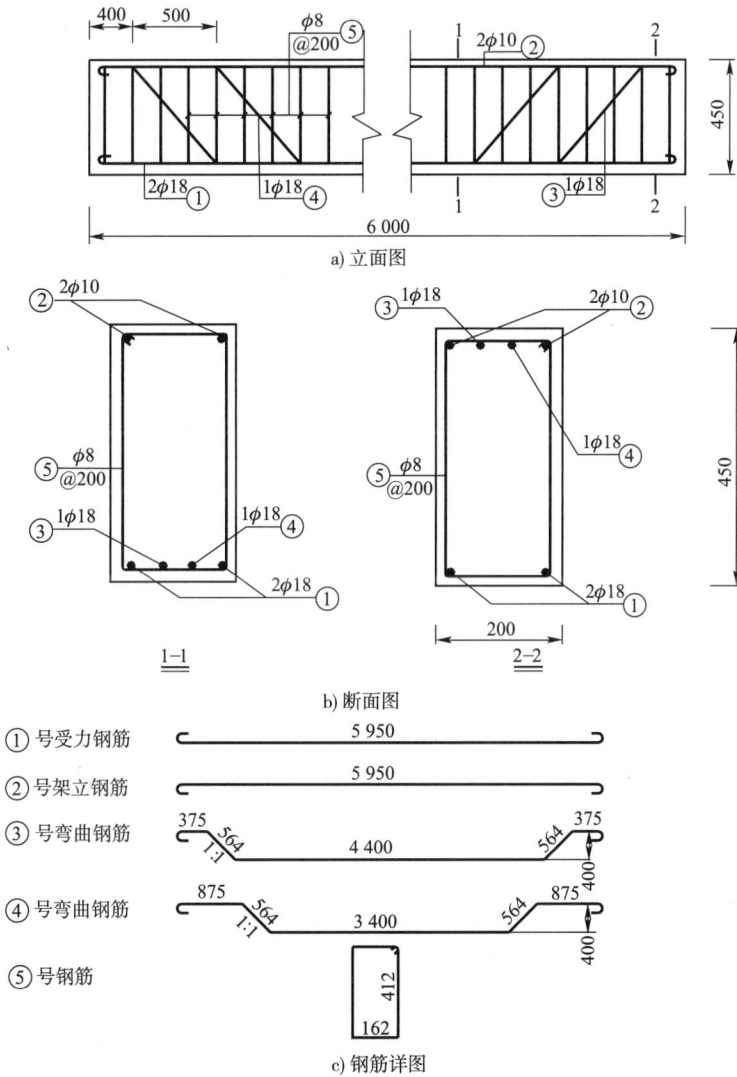

a) 立面图

b) 断面图

① 号受力钢筋　5 950

② 号架立钢筋　5 950

③ 号弯曲钢筋　375　564　4 400　564　375

④ 号弯曲钢筋　875　564　3 400　564　875

⑤ 号钢筋　412　162

c) 钢筋详图

图 2-3-26　钢筋下料长度的计算(尺寸单位:mm)

工程钢筋配料单　表 2-3-10

构件部位	钢筋编号	钢筋弯起简图或说明	钢筋型号	直径（mm）	下料（mm）	接头情况	总计根数	合计质量

注:配料中有绑扎接头的钢筋,除计算搭接长度外,还应在接头情况栏内加以说明。

<hr />

小　　结

<hr />

本项目主要介绍了桥梁建筑所用的钢材,钢筋混凝土中钢筋的技术性能,包括强度、塑性、冷弯、硬度和冲击韧性等。

钢筋根据不同的分类方法可分成不同的种类:按其生产加工工艺和力学性能的不同分为热轧钢筋、冷拉钢筋、冷拔钢筋、热处理钢筋,其中桥涵工程上常用的 HPB235、HRB335 和 HRB400 都属于热轧钢筋。

钢筋加工过程,包括钢筋的检验和保管,钢筋的加工、调直、弯制,钢筋骨架成型和安装。重点掌握钢筋下料长度的计算。

【学习效果评价】

综合题

1. 钢筋按其生产加工工艺和力学性能的不同分为哪几种钢筋？试叙述各种钢筋的加工工艺。

2. 钢筋的弯制方法有哪些？

3. 关于钢筋绑扎有哪些规定？

4. 钢筋混凝土结构对钢筋性能的要求？

5. 钢筋的焊接接头分为哪几种？

6. 钢筋接头常用的接头方法有哪些？

7. 在钢筋图中 8φ10、φ8@200 分别表示什么？

学习项目4　识读施工图

学习目标:掌握桥涵施工图的定义和作用,识读施工图的方法。

能力目标:能够正确掌握识读施工图的方法和步骤。

学习指导:识读桥涵施工图时,要多观察桥涵构筑物的实际组成和构造,多到施工现场参观正在施工生产的建筑物,按照步骤进行识读施工图。

4.1.1　什么是桥涵施工图

在路桥工程中,无论是雄伟壮观的大跨径桥梁,还是造型简单的小桥涵,都需要根据设计完善、绘制精确的图纸进行施工。人们借助于图纸将设计师的设计思想变为现实。在这里,人类的思想和语言要借助于图纸来发挥其作用。所以,从事工程技术的人员都要掌握制图和识图技术,否则将无法与其他技术人员进行交流。随着改革开放的深入,国际交往日益频繁,工程图作为"工程师的国际语言"更是不可缺少。交流经验、引进项目、劳务输出、走出国门,无一不需要图纸。所以说,没有图纸就没有任何公路桥梁的建设。

桥涵施工图,是根据投影的原理,在绘图纸上按照国家规定的制图标准,根据设计师的精心构思或建筑师的辛勤劳作,把已经建成的或计划建造的建筑构造物的图样画出,并加上图标和说明,用于指导施工的技术文件。桥涵施工图是工程设计人员和工程施工人员交流技术思想的重要工具,也是生产实践的主要技术文件。

4.1.2　桥涵施工图的作用

桥涵施工图是审批桥涵工程项目的依据;在生产施工中,它是备料和施工的依据;当工程竣工时,要按照施工图的设计要求进行质量检查和验收,并以此评价工程质量的优劣;桥涵施工图还是编制工程概算、预算和决算及审核工程造价的依据;桥涵施工图是具有法律效力的技术文件。

4.1.3　本课程的学习目的

施工图是"工程技术界的语言",对于从事工程建设的技术人员来说,不懂这门用图形符号表达的特殊"语言",工作起来不但困难重重,而且还会造成工程事故。所以,课程的学习目的,就是要通过识图方法的讲述,培养和提高识图能力,以达到掌握识读施工图方法这一目的。

4.1.4　识读施工图步骤

(1)看图纸的设计说明及标题栏和附注,了解桥梁名称、种类、主要技术指标、施工措施及注意事项、比例、尺寸单位等。

(2)看桥位平面图、桥位地质断面图,了解所建桥梁的位置、水文、地质状况。

(3)看总体布置图,弄清各投影图的关系,如有剖面、断面,则要找出剖切线位置和观察方向。看图时,应先看立面图(包括纵剖面图),了解桥梁类型、孔数、跨径大小、墩台数目、总长、总高;了解河床断面及地质情况。再对照看平面图和侧面、横剖面等投影图,了解桥的宽度、人行道的尺寸和主梁的断面形式等。这样,对桥梁的全貌便有一个初步的了解。

(4)分别阅读各构件的构造图、大样图及钢筋图,搞清构件的详细构造。

(5)了解桥梁各部分所使用的建筑材料,并阅读工程数量表、钢筋明细表及说明等。

(6)看懂桥梁结构图后,再读尺寸,进行复核,检查有无错误或遗漏。

(7)各构件图看懂后,再回过头来阅读总体图,了解各构件的相互配置及装配尺寸,看是否有矛盾或不对应之处,直至全部看懂为止。

识读桥涵施工图时,要多观察桥涵构筑物的实际组成和构造,多到施工现场参观正在施工生产的建筑物,并应通过专业理论书籍,提前了解桥涵工程的构造情况和知识,以便于在读图时加深对桥涵施工图图示方法和图示内容的理解和掌握。

---------------------------　小　　结　---------------------------

本项目叙述了桥涵施工图的定义和作用及学习本课程的目的,重点讲述了识读施工图步骤。

【学习效果评价】

综合题

1. 什么是桥涵施工图?

2. 桥涵施工图有什么作用?

3. 识读施工图的正确步骤是什么?

4. 查阅资料,了解外白渡桥的历史,体会工程图纸的重要作用。

单元 3　桥 梁 基 础

摘要:本单元重点介绍桥梁中常用的两种基础形式——明挖基础和桩基础,使学生掌握其构造,具备施工图识图能力,熟悉其施工方法,并了解其质量控制要求。

素质目标:通过典型桥梁基础施工案例,引导学生养成严肃认真的工作作风,避免工程质量事故出现,培养学生刻苦钻研的精神,提升分析和解决桥梁基础施工技术问题的能力,培养学生开拓进取、迎难而上的专业精神。

学习项目 1　明 挖 基 础

学习目标:知道明挖基础的概念,掌握明挖基础的构造特点,熟悉旱地和水中基坑开挖方法;了解常用的围堰形式、适用情况、基坑排水方法。

能力目标:能够正确识读明挖基础图纸,能够根据现场情况,合理选择施工方法并组织施工。

学习指导:明挖基础是桥梁工程施工中常用的一种基础形式,学生可以通过观看多媒体课件和施工录像来熟悉施工工艺流程,增强感性认识。

引言

桥梁基础按其埋置深度分为浅基础和深基础两种。一般埋置深度小于5m 的基础称为浅基础。浅基础施工较简单,通常从地面用放坡开挖的方式开挖基坑后,直接在基坑底面上浇筑基础,因而也称为明挖基础;为了提高地基承载力,一般将浅基础分层设置,逐层扩大,所以也称为扩大基础。当基础埋置深度大于5m 时,就需采用特殊的施工方法和专用的机具设备,如桩基础,这类基础属深基础。本学习项目重点讲述明挖基础构造及施工。

学习情境 1.1　明挖基础构造

1.1.1　明挖基础概述

明挖基础,是将基础设在直接承载的地基上,来自上部结构的荷载通过基础直接传递给地基。其通常采用明挖基坑的方法进行施工,故称明挖基础。为了适应地基承载力,一般将其分层设置,逐层扩大,所以也称扩大基础(见图3-1-1)。它主要适用于浅层地基的承载力较大、地质条件比较好的工程中。

桥梁明挖基础的构造十分简单,其平面形状有圆形、圆端形、矩形、八角形、T 形和 U 形等。明挖基础的厚度除要求保证地基有足够承载力外,还要求基础底面低于冲刷线和土冻结线,以

图 3-1-1　明挖基础

保证桥梁不受冲刷和冻害影响。

明挖基础构造特点:

(1)由于能在现场直接用肉眼确认支承地基的情况下进行施工,因而施工质量可靠;

(2)施工时的噪声、振动和对地下污染等建设公害较少;

(3)与其他类型的基础相比,施工所需的操作空间较小;

(4)在多数情况下,比其他类型的基础造价低、工期短;

(5)整体性好,埋置深度小;

(6)易受冻胀和冲刷的影响。

1.1.2　明挖基础分类

明挖基础的种类,有浆砌片(块)石、块(片)石混凝土、钢筋混凝土等几种,现将施工方法分别进行简单介绍。

1)浆砌块(片)石基础

一般要求砌块在使用前必须浇水湿润,将表面的泥土、水锈清洗干净,砌第一层砌块时,如基底为岩层或混凝土基础,应先将基底表面清洗、湿润,再坐浆砌筑。砌筑应分层进行,各层先砌筑外圈定位行列,然后砌筑里层,外圈砌石与里层砌块交错连成一体。各砌层的砌块应安放稳固,砌块间应砂浆饱满,黏结牢固,不得直接贴靠或脱空。

片石砌体宜以2~3层砌块组成一工作层,每层的水平缝应大致找平,各层竖缝应相互错开,不得贯通。外圈定位行列和转角石,应选择形状较为方正及尺寸较大的片石,并长短相间地与里层砌块咬接,砌缝宽度一般不应大于4cm。较大的砌块应放在下层,石块的尖锐凸出部分应切除。竖缝较宽时,在砂浆中塞以小石块填实。块石砌筑时每层石料高度应大致一样,外圈定位行列和镶面石块,应丁顺相间或二顺一丁排列,砌缝宽度不大于3cm,上下层竖缝错开距离不小于5cm。

2)块石混凝土和片石混凝土基础

混凝土中填放块(片)石时应符合以下规定:

(1)埋放石块的数量不宜超过混凝土结构体积的25%,当设计为片石混凝土砌体时,石块可增加50%~60%。

(2) 应选用无裂纹、无夹层、高度小于 15cm、具有抗冻性能的石块。

(3) 石块的抗压强度应不小于 25MPa 及混凝土强度等级对应的抗压强度。

(4) 石块应清洗干净,应在捣实的混凝土中埋入一半以上;石块应分布均匀,净距不小于 10cm,距结构侧面和顶面净距不小于 15cm,对于片石混凝土,石块净距不小于 4～6cm,石块不得挨靠钢筋或预埋件。

3) 钢筋混凝土基础

旱地浇筑钢筋混凝土基础(见图3-1-2),应符合以下规定:

图 3-1-2　钢筋混凝土基础

(1) 应在对基底及基坑验收完成后尽快绑扎、放置钢筋骨架。

(2) 在底部放置混凝土垫块,保证钢筋的混凝土净保护层厚度,同时安放墩身或台身钢筋的预埋部分,保证其定位准确。

(3) 对全部钢筋进行检查验收,保证其根数、直径、间距、位置满足设计文件和技术规范要求时,即可浇筑混凝土。

(4) 拌制好的混凝土运输至现场后,若高差不大,可直接倒入基坑内,若倾卸高度大于 2m,为防止发生离析,应设置串筒或滑槽,槽内焊上减速钢梳,保证混凝土整体均匀运入基坑,用插入式振动器振捣密实。

(5) 浇筑应分层进行,但应连续施工,在下层混凝土开始凝结之前,应将上层混凝土浇筑捣实完毕。

(6) 基础全部浇筑完凝结后,要立即覆盖草袋、麻袋、稻草或砂子,并经常洒水养护。养护时间,一般普通硅酸盐水泥混凝土为 7 昼夜以上,矿渣水泥、火山灰质水泥或掺用塑化剂的混凝土应为 14 昼夜以上。水中混凝土基础在基坑排水的情况下施工方法与旱地基础相同,只是在混凝土终凝后即可停止排水,也不需再进行专门的养生工作。

学习情境 1.2　明挖基础施工

明挖基础施工的主要内容,包括基础的定位放样、基坑开挖、基坑排水、基底处理以及浇筑(砌筑)基础结构物等。图 3-1-3 为明挖基础施工流程图。

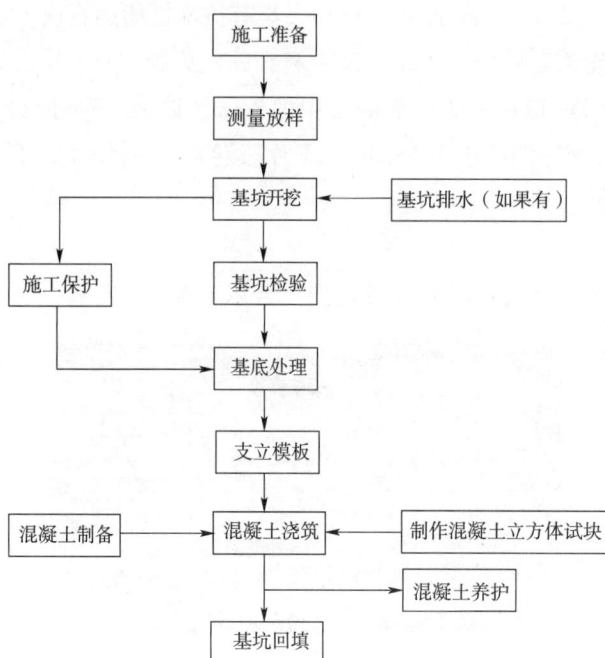

图 3-1-3　明挖基础施工流程图

1.2.1　基础的定位放样

为基础施工而开挖的临时性坑井称为基坑。基坑属于临时性工程,其作用是提供一个空间使基础的砌筑(浇筑)作业得以按照设计所指定的位置进行。

在基坑开挖前,先进行基础的定位放样工作,以便正确地将设计图上的基础位置准确地设置到桥址上。基础定位放样就是根据设计的墩、台基础的位置和尺寸,将其在施工现场的地面

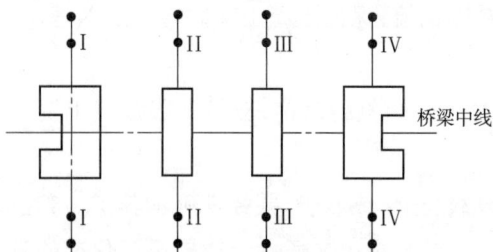

图 3-1-4　基础定位放样

上标定下来,包括基础基坑平面位置和基础各部分高程的定位。放样的顺序是,首先定出桥梁中线和墩台基础底面形心点的定位桩,其次根据桥涵的设计交角标出基础轴线,最后详细确定各基础和基坑的尺寸和边线(见图 3-1-4),再放线画出基坑的开挖范围。为便于掌握开挖高程,如附近没有水准点,在施工现场必须专门设置临时水准点。

1.2.2　基坑开挖及坑壁围护

基坑开挖及坑壁围护的形状,必须与基础底面形状相适应,为了施工方便,常将基坑底面形状简化为矩形。基坑大小应满足基础施工的要求,对渗水的土质基坑,一般按基底的平面尺寸,每边增宽 0.5 ~ 1.0m,以便在基底外设置排水沟、集水坑和基础模板。但对无水且土质密实的基坑,如不设基础模板,则可按基底的平面尺寸开挖。

基坑采用什么断面,是否设坑壁围护结构,应视土的类别、性状,基坑暴露时间,开挖基坑

期间的气候,地下水位,土的透水性及建筑场地大小等因素而定。

1)不支护基坑坑壁进行基坑开挖

(1)基坑坑壁的坡度,宜根据地质条件、基坑深度、施工方法等情况确定。当为无水基坑且土层构造均匀时,基坑坑壁的坡度可按表3-1-1选定;当土的湿度有可能使坑壁不稳定而引起坍塌时,基坑坑壁坡度应缓于该湿度下的天然坡度。

基 坑 坑 壁 坡 度　　　　　　　　　　　　　　表3-1-1

坑壁土类别	坑壁坡度		
	坡顶无荷载	坡顶有静荷载	坡顶有动荷载
砂类土	1:1	1:1.25	1:1.5
卵石、砾类土	1:0.75	1:1	1:1.25
粉质土、黏质土	1:0.33	1:0.5	1:0.75
极软岩	1:0.25	1:0.33	1:0.67
软质岩	1:0	1:0.1	1:0.25
硬质岩	1:0	1:0	1:0

注:1. 坑壁有不同土层时,基坑坑壁坡度可分层选用,并酌设平台。
　　2. 坑壁土的类别按现行《公路土工试验规程》(JTG E40)划分:岩面单轴抗压强度小于5MPa、为5～30MPa、大于30MPa时,分别定为极软、软质、硬质岩。
　　3. 当基坑深度大于5m时,基坑坑壁坡度可适当放缓或加设平台。

为了保证坑壁边坡的稳定,当基坑深度大于5m,可将坑壁坡度适当放缓或增设宽为0.5～1.0m的平台,坑顶周围必要时应挖排水沟,以防地面水流入坑内冲刷坑壁。当坑壁顶缘有荷载时,顶缘与荷载之间至少应留1m的护道。

对于无地下水的黏性土地基,当基坑高度不大,允许采用竖直坑壁。

基坑土方采用人工或机械开挖,也可两者互相配合,基坑开挖最好避免在雨季进行。

如用机械开挖基坑,挖至坑底时,应保留不小于30cm厚度的底层,在基础浇筑圬工前,用人工挖至基底设计高程,应避免超挖。

(2)当基坑有地下水时,地下水位以上部分可放坡开挖;地下水位以下部分,若土质易坍塌或水位在基坑底以上较高时,应采用加固土体或降低地下水位等方法开挖。

(3)基坑为渗水性的土质基底时,坑底的平面尺寸应根据排水要求和基础模板要求确定。

2)坑壁采取支护措施的基坑

基坑较浅且渗水量不大时,可采用竹排、木板、混凝土板或钢板等对坑壁进行支护;基坑深度小于或等于4m且渗水量不大时,可采用槽钢、H型钢或工字钢等进行支护;地下水位较高,基坑开挖深度大于4m时,宜采用锁口钢板或锁口钢管桩围堰进行支护。在条件许可时亦可采用水泥土墙、混凝土围圈或桩板墙等支护方式。当支护结构受力过大时加设临时支撑,支护结构和临时支撑的强度、刚度及稳定性满足基坑开挖施工要求。

常用坑壁支撑形式,有直衬板式坑壁支撑(见图3-1-5)、横衬板式坑壁支撑(见图3-1-6)、框架式支撑(见图3-1-7)及其他形式的支撑(如锚桩式、斜撑式、锚杆式等,见图3-1-8)。

直衬板式支撑

a) 直衬板支撑一次完成   b) 直衬板支撑分段完成

图 3-1-5　直衬板式支撑

a) 横衬板支撑一次完成   b) 横衬板支撑分段完成

图 3-1-6　横衬板式支撑

a) 框架人字形支撑   b) 框架八字形支撑

图 3-1-7　框架式支撑

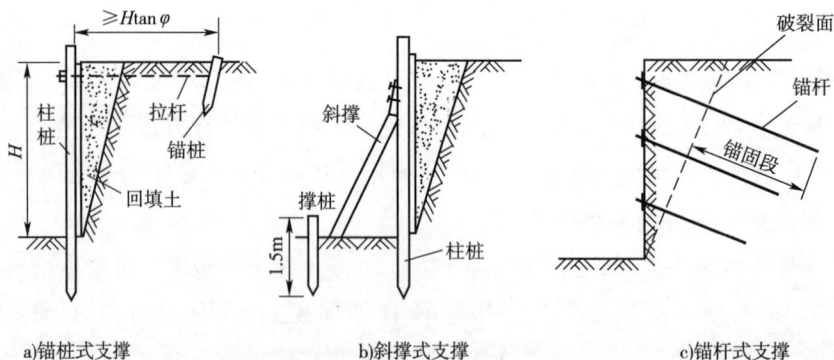

a)锚桩式支撑   b)斜撑式支撑   c)锚杆式支撑

图 3-1-8　其他形式支撑

3) 喷射混凝土加固基坑护壁的施工方法

基坑坑壁采用喷射混凝土、锚杆喷射混凝土、预应力锚索和土钉支护等方式进行加固时,施工应符合以下规定：

（1）基坑开挖深度小于10m的较完整风化基层，可直接喷射混凝土加固坑壁。喷射混凝土之前应将坑壁上的松散层或岩渣清理干净。

（2）采用锚杆挂网喷射混凝土加固坑壁时，各层锚杆进入稳定层的长度、间距和钢筋的直径均应符合要求。孔深小于或等于3m时，宜采用先注浆后插入锚杆的施工工艺；孔深大于3m时，宜先插入锚杆后注浆。

（3）采用预应力锚索加固坑壁时，预应力锚索编束、安装和张拉等施工应符合规范规定。

（4）采用土钉支护加固坑壁时，施工前应制订专项施工技术方案和施工监控方案，配备适宜的机具设备。土钉支护中的开挖、成孔、土钉设置及喷射混凝土面层等按现行行业标准施工。

土围堰

1.2.3　水中基坑开挖

桥梁墩台基础大多位于地表水位以下，有时水流流速比较大，桥梁水中基础在开挖基坑前，必须首先在基坑外围设置一道封闭的临时挡水结构物，这种挡水结构物称为围堰。围堰修筑好后，才可排水开挖基坑，或在静水条件下进行水下开挖基坑作业，并继续其他工序，这些施工内容与旱地上的基础施工基本相同。围堰的作用主要是防水和围水，有时还起着支撑施工平台和基坑坑壁的作用。

1）基本要求

围堰的结构形式和材料，要根据水深、流速、水文地质、通航要求及具体施工条件等因素选用。围堰必须满足下列要求：

（1）围堰顶面高程，应高出施工期间可能出现的最高水位（包括浪高）0.5～0.7m。

（2）围堰外形和尺寸，应考虑河流断面被压缩后流速增大导致水流对围堰河床的集中冲刷，以及对河道泄洪、通航和导流等不利因素。堰内平面尺寸应满足基础施工作业的需要。

（3）土石围堰的填筑，应分层进行，减少渗漏，并应满足堰身强度和稳定的要求。

2）常用围堰形式

（1）土围堰

水深1.5m以内、水流流速0.5m/s以内，河床土质渗水较小且满足泄洪要求时，可筑土围堰。

土围堰的断面一般为梯形（见图3-1-9），堰顶宽度宜根据施工需要确定；

喷射护壁

边坡的坡度应按围堰位置的不同、高度及基坑开挖深度等确定。在筑堰之前，堰底下河床上的树根、石块及杂物清除干净。筑堰材料宜用黏性土或砂夹黏土。填筑应自上游开始至下游合龙。超出水面之后应进行夯实。堰外坡面有受水流冲刷的危险时，采用合适的材料对其进行防护。

（2）土袋围堰

用草袋、麻袋、玻璃纤维袋等装土码叠而成的围堰统称土袋围堰。

水深在3m以内，流速在1.5m/s以内，河床土质渗水性较小且满足泄洪要求时，可筑土袋围堰,见图3-1-10。袋内填土宜采用黏性土,装填量宜为60%;水流流速较大时,在过水面及迎水面,袋内可装填粗砂或卵石。堆码土袋的上下层和内外层应相互错缝,搭接长度宜为1/3～1/2,堆码密实平整。围堰中心部分可填筑黏性土及黏性土芯墙。堰外边坡宜为1:0.5～1:1,堰内边坡为1:0.2～1:0.5。

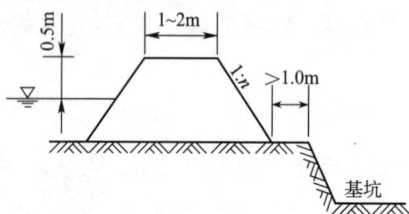

图 3-1-9　土围堰

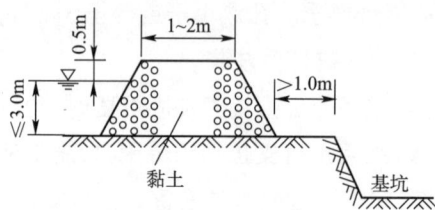

图 3-1-10　土袋围堰

(3)钢板桩围堰

钢板桩围堰(见图3-1-11)一般适用于砂类土、碎卵石类土、半干硬性黏土和风化岩等地层,它具有强度高,防水性能好,穿透土层能力强,堵水面积小,可多次重复使用的优点。因此当水深超过5m或土质较硬时,可选用这种围堰。

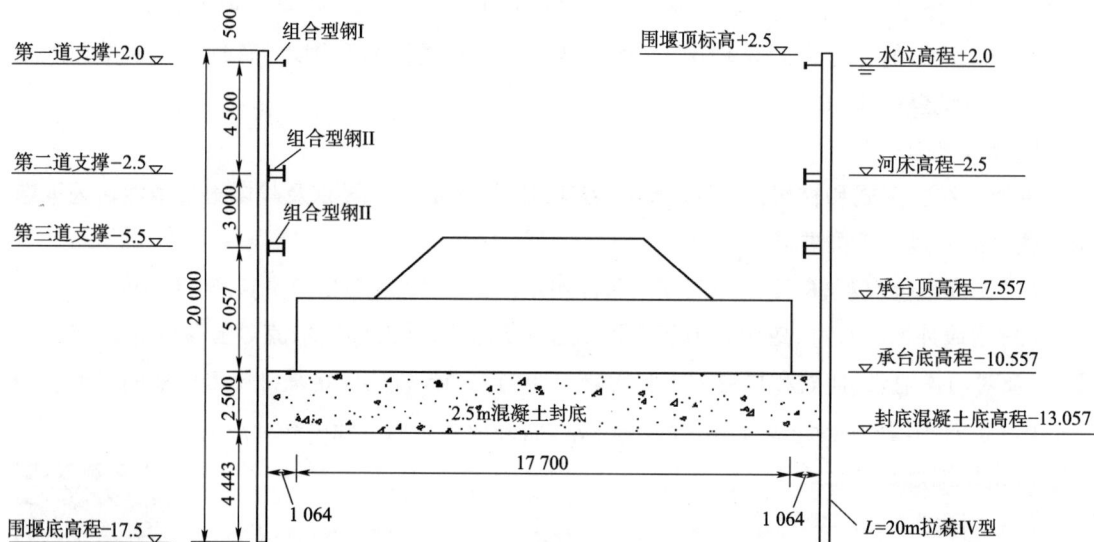

图 3-1-11　钢板桩围堰立面布置图(尺寸单位:mm,高程单位:m)

施打钢板桩时,应注意以下事项:

①在施打钢板桩前,应在围堰上下游一定距离及两岸陆地设置经纬仪观测点,用以控制围堰长、短边方向的钢板桩的施打定位。

②施打前,钢板桩的锁口应用止水材料捻缝,以防漏水。

③施打钢板桩必须备有导向设备,以保证钢板桩的正确位置。

④施工顺序按施工组织设计进行,一般由上游分两头插向下游合龙。施工时宜先将钢板桩逐根或逐组施打到稳定深度,然后依次施打至设计深度。在垂直度有保证的情况下,也可一次打到设计深度。

⑤钢板桩可用锤击、振动、射水等方法下沉,但在黏土中不宜使用射水办法下沉。

⑥接长的钢板桩,其相邻两钢板桩的接头位置应上下错开。

⑦施工时,应随时检查其位置是否正确,桩身是否垂直,钢板桩顶达到设计高程时的平面位置偏差,在水上打桩时不得大于20cm,在陆地打桩时不得大于10cm。发现倾斜应立即纠正或拔起重插。

桥梁墩台施工完毕后,可将钢板桩拔出。拔桩前,宜向堰内灌水使内外水位持平,从下游开始拔,拔桩时宜用射水、锤击等松动措施,并尽可能采用振动拔桩法。拔出来的钢板桩应进行检修涂油,堆码保存。

(4)竹笼、木笼、铅丝笼及钢笼围堰

水深在4m以内,流速较大,且能满足泄洪要求时,可筑竹笼围堰(见图3-1-12)、木笼围堰、铅丝笼围堰;水深超过4m时可筑钢笼围堰。钢笼是指采用型钢制作的笼体。各种笼体的制作应坚固,并满足使用要求。围堰层数宜根据水深、流速、基坑大小及防渗要求等因素确定,宽度宜为水深的1.0~1.5倍。在堰底外围堆填土袋,以防堰底渗漏。

图3-1-12　竹笼围堰

(5)膜袋围堰

水深在5m以内,流速在3.0m/s以内,河床较平缓时,可筑膜袋围堰,亦称"大型土工织物充填袋围堰"。

堰床处理同土围堰,且将河床的陡坎整平。膜袋的缝合应牢固严密,袋内可采用砂或水泥固化土材料填充,填充后应采取有效措施降低膜袋内水分。围堰沉降稳定后方可进行基坑的排水,排水时应控制水位降速。

1.2.4 基坑排水

基坑坑底一般多位于地下水位以下,地下水会经常渗进坑内,因此必须设法把坑内的水排除,以便于施工。要排除坑内渗水,首先要估算涌水量,方能选用适当的排水设备。

常用基坑排水方法有以下三种:

1)集水坑排水法

集水坑排水(见图3-1-13)是在基坑边角处设集水坑,以汇集渗入基坑的水,然后用机械将水排走。除严重流砂外,一般情况下均可适用。为使渗入基坑的水顺利汇集到集水坑中,一般应在基坑底部周边开挖集水沟。集水沟底应始终低于基坑底0.3~0.5m,集水沟底宽不小于0.3m,纵坡为1%~5%。如排水时间较长或土质较差时,沟壁可用木板或荆篱支撑防护。集水坑宜设在上游且始终低于基坑底0.8~1.0m,坑深应大于吸水笼头高度,并用荆笆、竹笼、编篱或木笼围护,以防止泥砂阻塞吸水笼头。排水设备的能力宜大于基坑的总渗水量的1.5~2.0倍。

明排水

2)井点降水法

井点法降水(见图3-1-14)适用于粉砂、细砂、地下水位较高、有承压水、挖基较深、坑壁不易稳定的土质基坑。在无砂的黏质土中不宜使用。井点类别的选择,宜按土的渗透系数、要求降低地下水位的深度及工程特点,选择适宜的井点降水法和所需设备。各种井点法的适用范围参见现行《公路桥涵施工技术规范》(JTG/T F50—2011)。

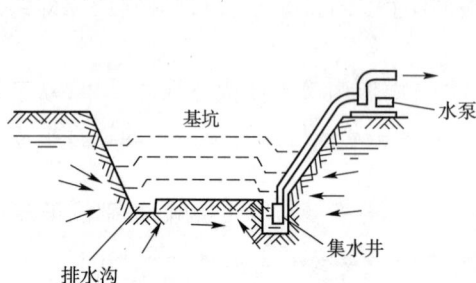

图 3-1-13　集水坑排水布置示意图

图 3-1-14　井点降水法布置示意图

使用井点降水法时应注意下列事项:

(1)降低成层土中地下水位时,应尽可能将滤水管埋设在透水性较好的土层中;

(2)在水位降低的范围内设置水位观测孔,其数量视工程情况而定;

(3)应对整个井点孔位加强维护和检查,保证不间断地进行抽水;

(4)应考虑水位降低区域构筑物受其影响而可能产生的沉降,并应做好沉降观测,必要时采取防护措施。

井管的成孔可根据土质分别用射水成孔、冲击钻机、旋转钻机及水压钻探机成孔。

井点的布置应随基坑形状与大小、土质、地下水位高低与流向、降水深度等要求确定。

井点降水法因需要设备较多、施工布置较复杂、费用较大,应进行技术经济比较后采用。

3)帷幕法防渗

所谓帷幕防渗,就是在基坑边线外设置一圈隔水帷幕,用以隔断水源,减少渗流水量,防止流砂、突涌、管涌、潜蚀等地下水的作用。具体的方法有隔水帷幕注浆、深层搅拌桩隔水墙、砂浆防渗板桩、冻结帷幕法等。

1.2.5　地基处理与检验

1)地基处理

明挖基础是直接靠地基土来承担荷载的,故地基土状态的好坏,对基础及墩台、上部结构的影响极大。对符合设计要求的细粒土、特殊土等基底,经修整完成后,应尽快进行基础的施工,不得使基底浸水或长期暴露;基坑开挖后如基底的地质情况与设计不符时,应按程序进行变更,并应对地基进行处理。地基处理应根据地基土的种类、强度和密度,按照设计要求,并结合现场情况,采取相应的处理方法。地基处理的范围应至少宽出基础之外不小于 0.5m。

对强度低、稳定性差的细粒土及特殊土地基,强饱和软弱黏土层、粉砂土层、湿陷性黄土、膨胀土、季节性冻土等,处理时视该类土的处治深度和含水率等情况,采取固结、换填等措施,使之满足设计要求。

不同土质的地基做如下处理：

（1）粗粒土和巨粒土。强度满足要求的粗粒土及巨粒土基底，应将其承重面平整夯实；基底有水不能彻底排干时，应先将水引至排水沟，然后再在其上进行基础的施工。

（2）岩层。对风化岩层，应在挖至设计高程并满足地基承载力要求后尽快进行封闭，防止其继续风化；未风化平整岩层上，基础施工前应先将淤泥、苔藓及松动的石块清除干净，并凿出新鲜岩面；对坚硬的倾斜岩层，宜将岩层面凿平，倾斜度较大无法凿平时，则宜凿成多级台阶，台阶宽度不宜小于0.3m。

（3）多年冻土。基础不应置于季节性冻融土层上，并不得直接与冻土接触；基础位于多年冻土层上时，基底之上应设置隔温层或保温层材料，其铺筑宽度应在基础外缘加宽1m。多年平均地温高于或等于−3℃时，应在冬季施工；多年平均地温低于−3℃时，可在其他季节施工，但应避开高温季节。

（4）溶洞地基。不得堵塞溶洞的水路；对干溶洞可采用砂砾石、碎石、干砌或浆砌片石及灰土等回填密实；基底的干溶洞较大，回填处理有困难时，可设置桩基进行处理，并由设计单位进行设计。

（5）泉眼地基。采用有螺口的钢管紧密打入泉眼，盖上螺母并拧紧，阻止泉水流出；或向泉眼内压注速凝水泥砂浆，再打入木塞堵眼；堵眼困难时，可采用管子塞入泉眼，将水引流至集水坑排出；或在基底下设置盲沟引流至集水坑排出，待基础施工完成后，再向盲沟压注水泥浆堵塞。采取引流方式排水时，应防止砂土流失引起基底沉陷。

2）地基检验

基础是隐蔽工程。基坑施工是否符合设计要求，在基础浇筑前应按规定进行检验。检验的目的是确保基础的强度和稳定性，不致发生滑移等病害。

（1）基底检验的主要内容。检查基底平面位置、尺寸大小，基底高程；检查基底地质情况和承载力是否与设计资料相符；检查基底处理和排水情况是否符合规范要求；检查施工记录及有关试验资料等。

（2）基底检验的主要方法。基底检验根据桥涵大小、地基土质复杂情况（如溶洞、断层、软弱夹层、易熔岩等）及结构对地基有无特殊要求等，按以下方法进行：

①小桥涵的地基，一般采用直观或触探方法，必要时进行土质试验。

②大、中桥和地基土质复杂、结构对地基有特殊要求的地基检验，宜采用触探和钻探（钻深至少4m）取样做土工试验，或按设计的特殊要求进行荷载试验。

③特大桥或特殊结构桥梁的地基检验应符合设计规定。

（3）按《公路工程质量检验评定标准 第一册 土建工程》（JTG F80/1—2017）和《公路桥涵施工技术规范》（JTG/T 3650—2020）的要求，基底平面位置和高程允许偏差规定如下：

①基底的平面位置应符合设计要求，且应满足基础施工作业的需要。

②基底高程：土质为±50mm；石质为+50mm，−200mm。

1.2.6 基础混凝土浇筑

基础浇砌一般都在排水条件下进行,只有当渗水量很大,排水很困难时,才采用水下灌注混凝土的方法。排水砌筑时,应防止水浸坏工。此外,还应注意:

明挖基坑中的基础施工,有的基坑渗漏很小,易于排水施工,有的渗漏严重,不易将水排干。为了方便施工和保证施工质量,应尽可能使基底处于无水的情况下浇筑基础。

通常的基础施工可分为无水浇筑、排水浇砌及水下灌注三种情况。基础结构物的用料应在挖基完成前准备好,以保证及时浇筑基础,避免基底土质变差。

排水浇砌的施工要点:禁止带水作业及用混凝土将水赶出模板外的灌注方法;基础边缘部分应严密隔水;水下部分坏工必须待水泥砂浆或混凝土终凝后才允许浸水,不浸水部分仍须养生。

水下灌注混凝土一般只有在排水困难时采用。基础坏工的水下灌注分为水下封底和水下直接灌注基础两种。前者封底后仍要排水再砌筑基础,封底只是起封闭渗水的作用,其混凝土只作为地基而不作为基础本身,适用于板桩围堰开挖的基坑。

1.2.7 基坑回填

基础混凝土施工完成并达到规定强度后,进行基坑回填,一般要到结构物的拆模期终了3天之后回填,特别要防止对结构物形成单侧施压。必要时,挖方内的边坡应修成台阶形。回填土必须采用能够充分压实的材料,不得使用草皮土、垃圾和有机土等回填。回填材料分层摊铺,层厚约为30cm,并用符合要求的设备压实。每层都应压实到图纸要求或质量检验评定标准规定的压实度标准,回填土的含水率应严格控制。

小　结

本项目主要介绍了明挖基础的适用条件、构造特点;明挖基础施工工艺流程,重点讲述施工过程中质量控制要点;水中基坑开挖的常用方法;围堰法,不同形式围堰的施工方法;基坑排水方法;地基检验内容与不同土质地基处理方法。

通过对本节课程的学习,要求学生了解桥梁工程常用的几种基础形式,使学生了解明挖基础的概念、适用情况、构造特点,重点掌握明挖基础施工工艺流程、水中基坑开挖施工方法、基坑基底的处理与检验、施工过程中质量控制要点。

【知识拓展】采用复合围堰施工的海潮区大桥基础

1. 工程概况

八尺门跨海大桥是福宁高速公路上采用悬臂浇筑的跨海大桥。全桥桥跨布置为 9×30m + 10×50m + 90m + 2×170m + 90m = 1 290m。桥面宽(0.5 + 11.0 + 0.5)m + 0.5m + (0.5 + 11.0 + 0.5)m = 24.5m,分左右两半幅。主桥20号、21号与22号左幅桥墩均采用φ2.8m 钻孔桩基础。其中 22 号墩位于海湾的南岸,墩址处低潮时部分海滩出露,高潮时水深 2 ~ 4m。该墩采用分离式不等高程明挖扩大基础,左、右半幅基础均为长 × 宽 × 高 = 13.30m × 10.60m × 3.0m。左右幅地质状况从地层剖面图来看,基岩上为厚度较小的淤泥、中砂、卵石、黏土层和强风化凝灰岩等覆盖层,基岩为弱风化凝灰岩。墩址处地形最大高差达到 2.8m,即桥墩设计在一陡坎上。该海湾为海潮河流,历年最高潮位 +4.13m,施工水位按 +3.5m 考虑,经过对现场情况及设计资料的分析,在陡坎上通过围堰施工明挖扩大基础,又受最大潮差 8m 的海水制约,22 号墩基础被列为全桥基础施工中的难点之一。难度主要表现在扩大基础完全处在陡坎上,开挖后部分坐落在基岩上,部分悬空需要处理;临海侧水深急剧变大且一直延伸至主航道;明显的半日潮也是十分不利的影响因素。

2. 方案选定

根据本桥墩墩址处的地质、地形情况及海潮水位情况,初步认定基础施工必须采用围堰方法。具体分析如下:

(1)双壁钢套箱围堰整体性、封水性均很好,适合于较平坦的地表施工。制作异形刃角围堰很难把握尺寸及下沉垂直度。由于本桥墩墩址处坡度大,且为双向倾斜地面,地表很不平顺,最大高差 2.7m,又处在陡坎上,所以不适合双壁钢套箱围堰的使用。

(2)木板桩、钢板桩等板桩围堰适合于有较厚覆盖层地面的基础施工。本桥墩墩址处由于水位较高且沿基础周围地面以下覆盖层不厚,故又不适合使用木板桩、钢板桩等板桩围堰。

(3)土、石筑岛方案适合于水深较浅、水流速度不大等施工条件。本基础若仅仅考虑使用土、石围堰,又由于水深较大、陡坎滑移较严重,不能满足稳固性和防水性的要求。

根据以上的分析,决定采用土、石围堰与内侧混凝土组成的组合围堰进行施工。

3. 围堰设计及施工

(1)围堰设计

设计围堰顶面高程 5.5m,宽度 2.0m,内侧根脚与基础边线距离根据地面高程的高低控制在 5 ~ 8m,以保证基础开挖的放坡及基础施工。围堰由铁丝片石笼基础、钢筋混凝土内墙、黏土草袋加高三大部分组成。先抛填铁丝片石笼作为基础,增大围堰与基底的抗滑性并抵抗海水长时间浸泡侵蚀和冲刷,其顶面高程控制在 +0.5m,顶宽 6.0m。抛填片石外侧坡为自然坡,内侧坡度设计为 1:0.5。在围堰内侧预埋 φ20 的 II 级钢筋,间距 50 ~ 80cm,尽量采用梅花形布置,外露 20cm 左右,作为下步与钢筋混凝土内墙的连接钢筋,以增强内墙混凝土与片石笼围堰的整体性和混凝土内墙的稳定性。

在片石笼围堰施工到设计高程后,开始内侧混凝土墙体施工。混凝土内墙紧靠片石笼围堰内侧,顶面标高 1.0m,内侧坡度 1:0.75,顶面厚度 1.0m。在片石笼围堰内侧制作混凝土内墙一方面可以增加围堰整体的稳定性,同时起到阻止海水顺围堰片石缝灌入基坑内的作用。

黏土草袋加高部分顶面高程 5.5m,底宽 6.0m,顶宽 2.0m。为减少海水对草袋的腐蚀,在黏土草袋围堰的内外两侧均抹一层 M7.5 厚 10cm 的水泥砂浆。

（2）围堰施工

①测量放样。

按照施工方案预定的围堰位置,利用低潮位,逐步由浅滩向深水区放出围堰的位置,并利用小船在淤泥上插竹竿作为标记。

②石笼围堰施工。

由于围堰位置处遍布淤泥层,且涨潮时即被淹没,运输车辆难以靠近,片石只能靠人工运输。所以,首先在浅滩围堰位置处铺设由 8 号铁丝编制的铁丝网片,每片铁丝网约 $9m^2$,再向铁丝网上人工抛填片石 $1.5 \sim 2.0m^3$,最后把铁丝网四周收拢,包裹片石,形成片石铁丝笼。在各相邻铁丝笼间用多道铁丝连接拉紧,使所有片石笼形成一个整体,以免铁丝笼随淤泥顺倾斜的岩面滑移入海中。当该处片石笼围堰顶面高程达到 0m 时,即可向前推进、延伸。随围堰推进,水位越来越深,因而由就地堆码方法改为抛填法。即先制作好 $1.5 \sim 2.0m^3$ 的较小铁丝片石笼,然后将其推入海中,使其自然下沉稳定。

③在成型并沉降稳定的石笼围堰内侧,制作混凝土内墙。

施工时,首先将基底淤泥采用人工清理、高压水冲洗等方法清理干净,露出坚硬岩面,保证与混凝土有良好的黏接性,然后立模浇筑混凝土。模板采用自制大块木模。混凝土采用 C20 混凝土,混凝土于 +0.5m 高程处断面厚度 150cm,内侧面坡度 1:0.75,随基岩面高度变化墙高不同。每次施工 4 延长米。

④草袋黏土围堰施工。

钢筋混凝土加固防护层向前延伸的同时,在基本稳定段的片石笼围堰上方码筑黏土草袋。黏土草袋每层高 1.0m,用铁丝包裹,最下层铁丝笼与片石笼铁丝网连接,每层间铁丝笼亦连成整体,并于草袋黏土基本沉降稳定后,在内外侧抹水泥砂浆防护,砂浆厚度 10cm。

⑤围堰底漏水处理。

在基础开挖的同时,围堰底因与基底接触面密实性不强,且高潮位时水位差较大,局部会出现漏水。对于这种现象,视具体情况采用以下两种方法堵漏。

a. 大面积漏水,采用在低潮位时围堰内抽水后从混凝土内墙侧面向下钻孔,钻至基底基岩面下,打入小导管,内外 0 水头差时,压注水泥和水玻璃混合浆,固化围堰下基岩面上覆盖层,起到阻水作用。

b. 小洞或裂缝涌水,采用棉絮堵塞,水泥、水玻璃混合物封堵,外筑混凝土加固。

该基础施工,难点在于两个方面:一是从两侧分头填筑的围堰是否能够于水位很深且坡度很陡的海槽中间合龙,合龙后围堰是否能够保持稳定不再向海中滑移;二是在基坑开挖中,围堰内外水位差达到最大值过程中,此时 8.6m,围堰是否能够保持稳定不向内倾倒,渗漏水是否能够排干。实践证明:下部采用铁丝片石笼自重大,与海底地面的摩擦力大,围堰外坡为自然坡度,增强了围堰的稳定性;笼与笼相连,围堰整体性好且不会滑移很远,保证了围堰能够很快合龙;片石的抗海水腐蚀性好,使围堰长久保持稳定。围堰内侧混凝土内衬,既增强了围堰的整体稳定,又弥补了片石笼围堰漏水的缺陷,大大减少了基坑开挖中的渗水。

【学习效果评价】

一、选择题

1. 小桥及涵洞的地基检验,一般采用(　　)方法。

   A. 直观　　　　　　　　B. 触探

2. 当地基的持力层埋深在(　　)m 以内时,一般选用天然地基上的浅基础,即石砌或混凝土圬工基础。

   A. 5　　　　　　　B. 4　　　　　　　C. 3　　　　　　　D. 6

3. 基坑检验的内容有(　　)。

   A. 检查基底平面位置、尺寸大小,基底高程

   B. 检查基底地质情况和承载力是否与设计资料相符

   C. 检查基底处理和排水情况是否符合规范要求

   D. 检查施工记录及有关试验资料等

4. 明挖基础施工时,监理工程师应督促施工单位(　　)。

   A. 开挖基坑的人员不得在坑壁休息　　B. 在基坑顶面安设安全防护围栏

   C. 经常保持坑内的通风　　　　　　　D. 应设上下扶梯及安全网

5. 桥梁明挖基底高程允许偏差规定为(　　)。

   A. 土质 ±50mm　　　　　　　　　　B. 土质 ±100mm

   C. 石质 +50mm, −200mm　　　　　　D. 石质 ±50mm

二、综合题

1. 简述明挖基础施工流程。

2. 简述常用的围堰形式及各自适用条件。

3. 水中基坑开挖,筑土石围堰需满足什么条件?

4. 基坑排水的主要方法有哪些?

5. 基底检验的主要内容及方法是什么?

学习项目2　桩　基　础

学习目标:熟悉桩基础的分类、构造、特点、施工工艺流程;了解钻孔灌注桩质量事故预防及处理;掌握桩基础施工中每道工序施工要求及注意事项。

能力目标:正确分析钻孔灌注桩施工钻孔机具、选择清孔方法,结合工程实例能够准确计算首批混凝土灌注量,会配制施工中所用的泥浆,能对泥浆性能指标进行检测;运用所学的知识进行桩基础施工,并对已施工完毕桩进行质量评定。

学习指导:通过学习、课上练习、课后复习,熟悉钻孔桩施工工艺流程,掌握桩施工过程中质量控制要求。

🜊 引言

○○○○○○○○

当地基浅层土质不良,采用明挖基础无法满足结构物对地基变形、强度和稳定性等方面的要求时,往往需要采用深基础。

桩基础是一种历史悠久而应用较为广泛的深基础形式。近些年来,随着工业技术和工程建设的发展,桩的类型和成桩工艺、桩的设计理论和设计方法、桩的承载力与桩体结构的检测技术等诸方面均有迅速发展,桩基础的应用更为广泛,更具生命力。桩基础不仅可作为桥梁建筑物的基础形式,而且还可用于地下支挡结构物和软弱地基的加固。

学习情境 2.1　桩基础构造

2.1.1　桩基础概述

桩基础是一种常用的深基础形式,当天然地基上的浅基础沉降量过大或地基的承载力不能满足设计要求时,往往采用桩基础。

桩是深入土层的柱形构件,是由埋于地基土中的若干根桩及将所有桩连成一个整体的承台(或盖梁)两部分所组成的一种基础形式。其作用是将作用于桩顶以上的荷载传递到土体的较深处。桩身可以全部或部分埋入地基土中,当桩身露在地面上较高时,在桩之间还应加横系梁,加强各桩之间的横向联系。桩又分为单桩、排桩、群桩,在平面排列上可成一排或几排,所有桩的顶部由承台或盖梁连成一整体。在承台上再修筑墩(台)及上部结构。桩可以先预制好,再将其运到施工现场沉入土中;也可以就地钻孔(或人工挖孔),然后在孔中置入钢筋骨架后再浇筑混凝土而成桩。

桩基础的作用是将承台或盖梁以上结构物传来的荷载通过承台或盖梁由桩传给地基。承台将外力传递给各桩并箍住桩顶使各桩共同受力。各桩所受的荷载由桩通过桩侧土的摩阻力或桩端土的抵抗力将荷载传递到地基土中。

桩基础具有承载力高、稳定性好、沉降量小而均匀,避免(或减少)水下工程,简化施工设备和技术要求,加快施工速度并改善劳动条件等特点,而且能以不同类型的桩基础和施工方法适应不同的水文地质条件、荷载性质和上部结构特征。

2.1.2　桩和桩基础类型

(1)按承受荷载的工作原理不同,可分为摩擦桩和端承桩(见图3-2-1)。

摩擦桩完全设置在软弱土层中,将软弱土层挤密实,以提高土的密实度和承载能力,上部结构的荷载由桩尖阻力和桩身侧面与地基土之间的摩擦阻力共同承受,施工时以控制桩尖设计高程为主,贯入度可做参考。

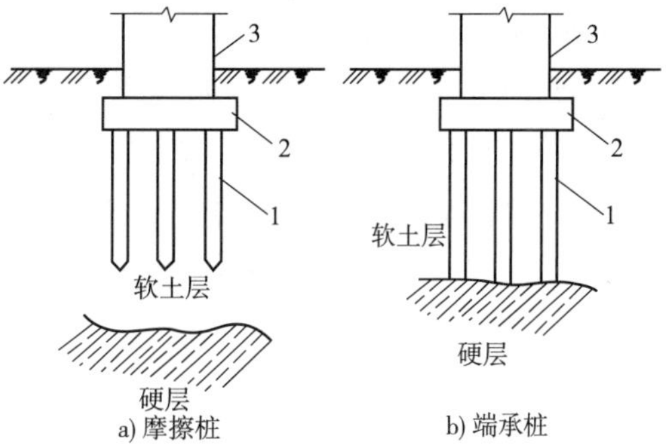

图 3-2-1　桩基础
1-桩;2-承台;3-上部结构

端承桩是穿过软弱土层而达到坚硬土层或岩层上的桩,上部结构荷载主要由岩层阻力承受;施工时以控制贯入度为主,桩尖进入持力层深度或桩尖高程可做参考。

(2)按施工方法不同,可分为灌注桩、预制桩。

灌注桩是在施工现场的桩位上用机械或人工成孔,然后在孔内灌注混凝土而成。根据成孔方法的不同分为挖孔、钻孔、冲孔灌注桩等。钻孔灌注桩适用于黏土、砂土、砾卵石、碎石、岩石等各类土层;挖孔灌注桩适用于无地下水或有少量地下水,且较密实的土层或风化岩层,如空气污染物超标,必须采取通风措施。

预制桩是在工厂或施工现场制成的各种形式的桩,用沉桩设备将桩打入、压入或振入土中,或有的用高压水冲入土中。适用于各种土质的基底,尤其在深水、岩面不平、无覆盖层或覆盖层很厚的自然条件下,不宜修建其他类型的基础时,均可采用。

2.1.3　桩基础特点

1)灌注桩

灌注桩是在现场采用钻孔机械(或人工)将地层钻挖成预定孔径和深度的孔后,将预制成一定形状的钢筋骨架放入孔内,然后在孔内灌入流动的混凝土而形成桩基。水下混凝土多采用提升导管法灌注,灌注桩具有以下特点:

(1)与沉入桩的锤击法和振动法相比,施工噪声和振动要小得多;

(2)能修建比预制桩直径大的桩;

(3)与地基土质无关,在各种地基上均可使用;

(4)施工时应特别注意孔壁坍塌以及孔底沉淀物的处理,施工质量的好坏对桩的承载力影响很大;

(5)因混凝土是在水中灌注的,因此混凝土质量较难控制。

灌注桩按成孔的机械不同,可分为旋转锥钻孔法、潜水钻机成孔法、冲击钻机成孔法、正循环回转法、反循环回转法、冲抓钻成孔法、人工挖孔法等。

2)沉入桩

沉入桩是将预制桩用锤击打或振动法沉入地层至设计要求高程。预制桩包括木桩、混凝土桩和钢桩,一般有以下特点:

(1)因在预制场内制造,故桩身质量易于控制,可靠。

(2)沉入施工工序简单,工效高,能保证质量。

(3)易于水上施工。

(4)多数情况下施工噪声和振动的公害大、污染环境。

(5)受运输、起吊设备能力等条件的限制,其单节预制桩的长度不能过长;沉入长桩时要在现场接桩;桩的接头施工复杂且易出现构造上的弱点;接桩后如果不能保证全桩长的垂直度,则将降低桩的承载能力,甚至在沉入时造成断桩。

(6)不易穿透较厚的坚硬地层;当坚硬地层下存在较弱层,而设计要求桩必须穿过时,则需辅以其他施工措施,如射水或预钻孔等。

(7)当沉入地基的桩超长时,需截除其超长部分,截桩工作不仅实施较困难,且不经济。沉入桩施工方法主要有锤击沉入桩、振动沉入桩、静力压桩法、辅助沉桩法、沉管灌注法及锤底沉管法等。

3)大直径桩

一般认为,直径2.5m以上的桩可称为大直径桩。目前最大桩径已达6m。近年来,大直径桩在桥梁基础中得到广泛应用,结构形式也越来越多样化,除实心桩外,还发展了空心桩;施工方法上不仅有钻孔灌注法,还有预制桩壳钻孔埋置法等。根据桩的受力特点,大直径桩多做成变截面的形式。大直径桩与普通桩在施工上的区别主要反映在钻机选型、钻孔泥浆及施工工艺等方面。

学习情境2.2　桩基础施工图识读

2.2.1　相关规定

1)比例

图样的比例是指图中图形与其实物相应要素的线性尺寸之比。绘图比例的选择,应根据图面大小(一般情况桥梁工程图纸大小为A3,即纸张幅面规格为420mm×297mm)及图样复杂程度,并结合图面布置原则在适当范围内确定比例,比例应采用阿拉伯数字表示。

2)高程标注

高程符号用细实线绘制的等腰三角形表示,高为2~3mm,底角为45°。顶角指至被注高度,顶角向上、向下均可。高程数字宜标注在三角形的右边,当图形复杂时,采用引出线形式标注。

水位符号由数条上长下短的细实线及高程符号组成。细实线间距宜为1mm,其高程符合如上规定。

3)尺寸标注

尺寸应标注在视图醒目的位置。计量时,应以标注的尺寸数字为准,不得用量尺直接从图中量取。尺寸应由尺寸界线、尺寸线、尺寸起止符和尺寸数字组成。

尺寸界线与尺寸线均应采用细实线,尺寸起止符宜采用单边箭头表示,箭头在尺寸界线右边时,应标注在尺寸线之上;反之,标注在尺寸线之下。

4)工程计量单位

图纸中的尺寸单位,一般高程以"m"计,钢筋直径及钢结构尺寸以"mm"计,其余均以"cm"计。

2.2.2　钻(挖)孔灌注桩施工图识读

图 3-2-2 为某桥梁 0 号桥台桩基钢筋构造图。

1)桩基概况

(1)本图尺寸除钢筋直径以"mm"计外,其余均以"cm"计;钢筋质量以"kg"计,水泥混凝土强度等级为 C25。

(2)从桩基材料数量表中可知,本座桥台下为 4 根桩,上接一承台。

(3)此图桩的直径为 130cm,桩身水泥混凝土保护层厚 7.5cm。

2)桩身钢筋布置

(1)桩身主筋根数及配筋范围根据桩身内力计算确定。

(2)桩身钢筋主筋为①号钢筋,共 28 根,型号为 HRB335,直径 22mm,每根长 1 551cm,图 3-2-2 中钢筋主筋按单根钢筋布置,当主筋根数较多,相邻主筋净距小于 8cm 时,可按束筋布置,但每束不宜多于 2 根。

(3)桩顶伸入承台主筋长度为 150cm,其顶部向外弯成与竖直倾斜的喇叭形,下端不设弯钩,全桩配筋。

(4)为增大钢筋骨架的刚度,在整个桩长范围内自承台座向下每 2m 设 1 道直径为 10mm 加劲箍筋,代号②号,型号为 HRB400,共 7 根,每根长 355cm,布置在主筋内侧,自身搭接部分采用双面焊,搭接长度 5cm(钢筋单面焊不小于 $10\,d$,双面焊不小于 $5\,d$)。

(5)③号钢筋为桩身螺旋箍筋,型号为 HPB300,直径 8mm,长 37 535cm,在整个桩身内上密下疏布置,桩上部 600cm 范围内间距 10cm,下部 800cm 范围内间距 20cm。

(6)④号钢筋为伸入承台内的螺旋箍筋,采用 HPB300 钢筋,直径 8mm,间距 10cm,总长 6 275cm。

(7)⑤号钢筋为定位钢筋(耳环),在桩身钢筋范围内,每 2m 沿圆周等距焊接 4 根,采用 HRB335 钢筋,直径 12mm,长 53cm。

(8)桩身主筋与加劲箍筋务必焊牢,主筋与箍筋连接处宜点焊,若主筋较多时,可交错点焊或绑扎。

学习情境 2.3　桩基础施工

钻孔灌注桩由于其施工速度快,质量稳定,受气候、环境影响小,因而被普遍采用。

2.3.1　钻孔灌注桩施工

钻孔灌注桩的施工程序主要为施工准备(平整场地、测定桩位、埋设护筒、泥浆制备及制作钢筋骨架等),钻孔,终孔检查及清孔,安放钢筋骨架及导管吊装,灌注水下混凝土。

钻孔灌注桩施工流程如图 3-2-3 所示。

一个桥台桩基材料数量表

编号	直径(mm)	单根长度(cm)	根数	共长(m)	共重(kg)	总重(kg)
1	Φ22	1 551	112	1 737.12	5 176.62	5 176.6
2	Φ10	355	28	99.40	61.33	61.3
3	Φ8	37 535	4	1 501.40	593.05	692.2
4	Φ8	6 275	4	251.00	99.15	
5	Φ12	53	112	59.36	52.71	52.7
合计	HPB235			692.2 kg		
	HRB335			5 290.6 kg		

注:
1. 图中尺寸除钢筋直径以"mm"计,其余均以"cm"为单位。
2. 桩基加强筋N2设在主筋内侧,每2m一道,自身搭接部分采用双面焊。
3. 桩基钢筋笼分段插入桩孔中,各段主筋须采用焊接,钢筋接头应按规范要求错开布置。
4. 定位钢筋N5每隔2m设一组,每组4根均匀设于桩基加强筋N2四周。
5. 施工时,若实际地质情况与本设计采用的质料不符,应及时通知设计单位进行变更基桩设计。

图3-2-2 某桥梁0号桥台桩基钢筋构造图

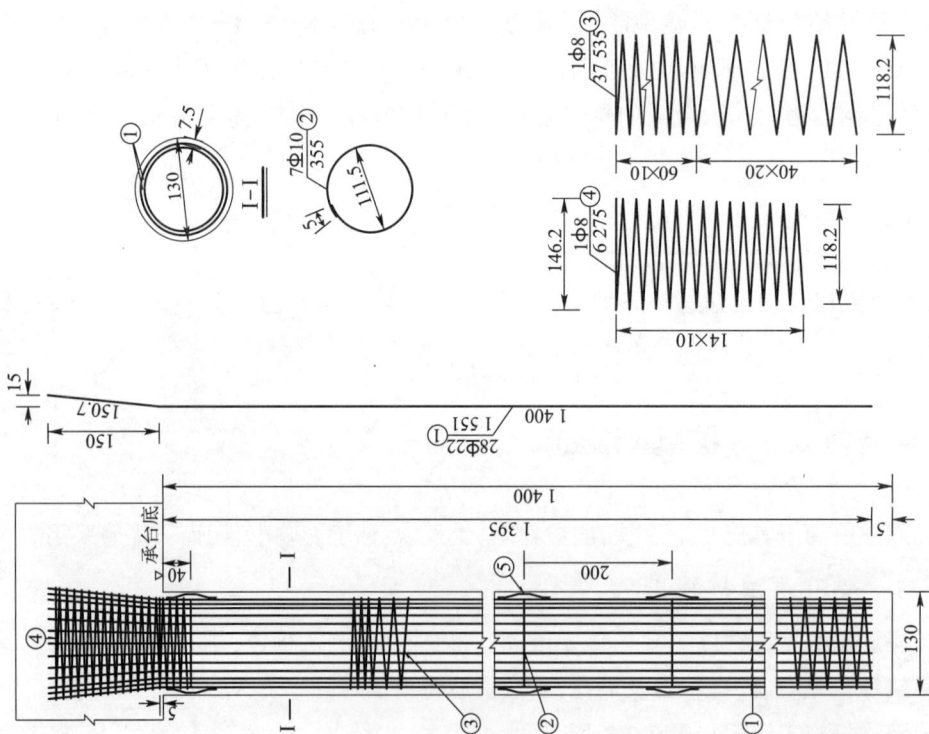

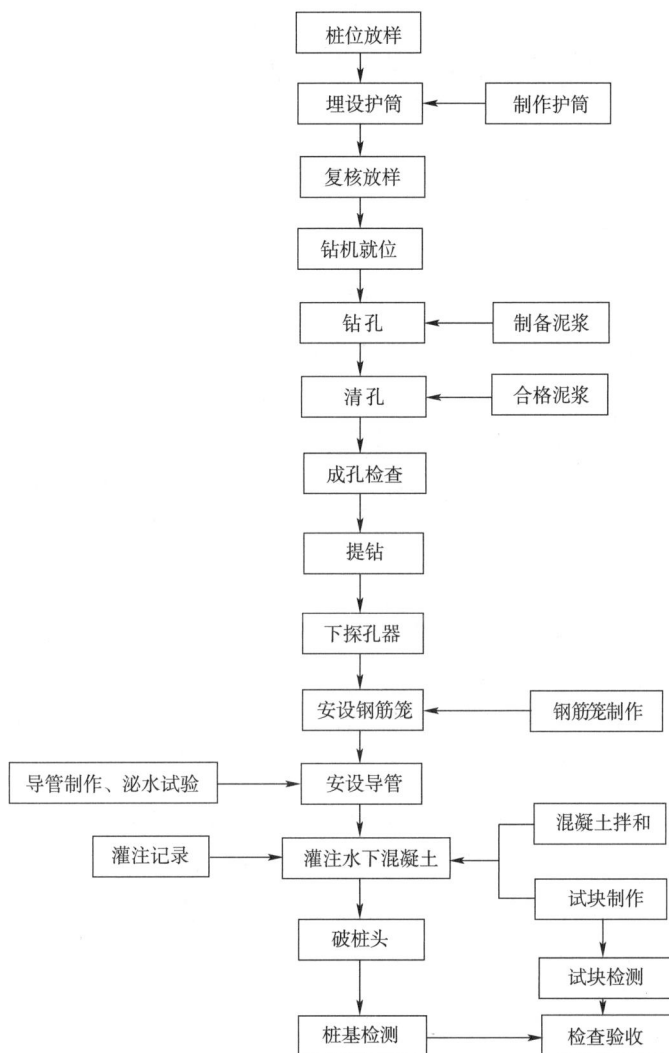

图 3-2-3 钻孔灌注桩施工流程图

1）施工准备工作

为确保施工顺利进行,施工前应做好各项准备工作。

（1）平整场地、测定桩位

钻孔前先对桥址处的场地进行平整并填筑工作平台,放出桥位线,用全站仪增设桥位控制桩并加固,控制桩位置选在不易移动和车辆压不到的地方,准确放出各桩位中心,用骑马桩固定位置,用水准仪测量地面高程,确定钻孔深度。

图 3-2-4 钢护筒打入

（2）埋设护筒

采用钢护筒。在放好样的桩位处,开挖基坑将护筒打入,如图 3-2-4 所示。护筒应坚实,不漏水,护筒内径应比桩径稍大 20 ~ 40cm。

①护筒的作用。

a. 固定桩位。固定桩孔位置,护筒的圆心即为钻孔桩的中心。

b. 钻头导向。开孔阶段,钻头全靠护筒导向,并限制其活动范围,以免开孔过大或方向不正。

c. 保护孔口。施工中,由于钻机振动、孔口积水或钻头等影响,容易使孔口坍塌,护筒对保护孔口有明显的作用。

d. 防止孔壁坍塌。埋设护筒可以保持钻孔内水位,防止地面水流入,增加孔内静水压力,有利于防止孔壁坍塌,并且在成孔时可以引导钻头的方向。

②护筒埋置规定。

护筒顶宜高出地面0.3m或水面1.0~2.0m,其高度尚应满足孔内泥浆面高度的要求,上部设1~2个溢浆孔;护筒埋置深度,在旱地或筑岛处宜为2.0~4.0m,在水中或特殊情况下应根据设计要求或桩位水文、地质情况计算确定。护筒和工作平台应具有一定的强度和稳定性。

a. 钻孔灌注桩护筒埋设时,先在整平夯实的工作平台上按设计桩位定出桩位中心,并用十字垂线固定延长护桩,各方向延长护桩不少于两桩。

b. 护筒一般采用0.5~0.8cm厚的钢板制作,护筒内径应大于桩径至少20cm。

c. 水中筑岛,护筒宜埋入河床面以下1.0m左右。在水中平台上设置护筒,可根据施工最高水位、流速、冲刷及地质条件等因素确定,必要时打入不透水层。

d. 在岸滩上埋设护筒,应在护筒四周回填黏土,并分层夯实。可用锤击、加压、振动等方法下沉护筒。在水中平台上下沉护筒,应有足够高度的导向设备,控制护筒位置。

e. 护筒允许偏差:护筒平面位置的偏差不大于5cm,护筒倾斜率的偏差不大于1%。

(3)泥浆制备

①泥浆组成材料及制备。

钻孔灌注桩成孔采用泥浆护壁,泥浆由水、塑性指数大于15的优质红黏土、膨润土与外加剂组成。在砂类土、碎石类土或黏土砂土夹层中钻孔应用泥浆护壁。

开工前应准备数量充足和性能合格的红黏土(或膨润土)。调制泥浆时,先将土加水浸透,然后用搅拌机或人工拌制,按不同地层情况严格控制泥浆浓度。为了回收泥浆原料和减少环境污染,应设置泥浆循环净化系统。

在黏性土中钻孔,当塑性指数大于15,浮渣能力满足施工要求时,可利用孔内原土造浆护壁。

在钻孔桩施工过程中,对沉淀池中沉渣及浇筑混凝土时溢出的废弃泥浆随时清理,严防泥浆溢流,并用汽车弃运至指定地点倾泻,禁止就地弃渣,污染周围环境。

冲击钻成孔时在孔口备足红黏土待用,孔内红黏土要做到勤加并控制用量,确保泥浆密度。

②泥浆在钻孔中的作用。

a. 固壁作用。泥浆在钻头冲击或挤压下,渗入孔壁四周形成一层泥浆保护层(即泥皮),

隔断孔内外水流,防止孔壁受冲刷而坍塌。且泥浆密度大于水,孔内泥浆浆位又高于孔外水位,故在孔内有一向外的静水压力,也有利于防止孔壁坍塌。

b. 浮渣作用。因泥浆相对密度大,与钻渣混合一起,可使钻渣悬浮起来,便于出渣。

c. 冷却钻头。使钻头保持一定硬度,减少钻头磨损。

(4)钻机就位

钻机就位时,钻机垂直对准桩位中心,支腿用垫木支撑牢固,冲击钻钻架用缆风绳将四角拉紧,以保证钻机运转中孔位中心不产生移位。

(5)制作钢筋骨架

在钻孔之前或者钻孔的同时要制作好钢筋骨架(现场亦称钢筋笼,见图3-2-5),以便清孔后尽快灌注混凝土,防止塌孔事故发生。

钢筋骨架应按图纸尺寸要求,按吊装和钢筋单根定长确定下料长度,将每根桩的钢筋骨架按设计长度分节并编号,保证相邻节段可在胎架上对应配对绑扎。

声测管

图3-2-5　桩基钢筋骨架

①钢筋须具有质量保证单,并经抽样检验合格。

②箍筋要预先调直,将螺旋形布置在主筋外侧;定位筋应均匀对称地焊接在主筋外侧。下钢筋骨架前应对其进行质量检查,保证钢筋根数、位置、净距保护层厚度等满足要求。

③钢筋接头焊接应使用电弧焊,钢筋焊接前,必须根据施工条件进行试焊,合格后方可施焊。

④采用电弧焊焊接,两钢筋搭接端部应预先折向一侧,使两钢筋轴线一致,并尽量采用双面焊,焊缝长度不小于 $5d$。采用单面搭接焊接,焊缝长度不小于 $10d$,同时保证配置在搭接长度区段内钢筋接头截面积百分率不超过50%,且钢筋接头避免出现在最大弯矩区域内。

⑤钢筋骨架的焊接拼装应在坚固的工作台上进行,按设计图纸分段制作,分段长度根据吊装条件确定,确保不变形,接头应错开。配置在同一截面内的钢筋接头,截面积不得超过配筋总面积的50%。

⑥钢筋制作完成后,应水平垫高遮盖并使其不受机械损伤。声测管的安装,除在底节钢筋骨架安装时焊接在钢筋骨架上外,其余各节均预先绑扎在钢筋骨架内。

⑦钢筋骨架吊装时配备专用托架,平板车运至现场,在孔口利用汽车吊吊放。下放前检查钢筋骨架垂直度,确保上、下节钢筋骨架对接时中心线保持一致,主筋对位后采用搭接焊连接。为防止混凝土浇筑过程中钢筋骨架上浮,可在钢筋骨架安装就位后,将其中四根加长主筋与钢护筒顶部焊接固定。

2)钻孔

钻孔过程中应保持孔内泥浆相对密度,并根据地质变化与钻进速度及时调整泥浆相对密度,以保证钻渣的悬浮和孔壁护壁。

(1)一般要求

①钻机就位前,应对钻孔的各项准备工作进行检查,包括场地与钻机坐落处的平整和加固,主要机具的检查与安装。

②必须及时填写施工记录表,做好钻孔记录与交接班记录,交接班时应交代钻进情况及下一班应注意事项。

③钻机底座和顶端要平稳,在钻进中不应产生位移和沉陷。回转钻机顶部的起吊滑轮缘,转盘中心和桩位中心两者应在同一铅垂线上,偏差不超过20mm。

④钻孔作业应分班连续进行,经常对钻孔泥浆性能指标进行检验,不符合要求时要及时改正。

⑤钻机运行时,根据地质变化与钻进速度,适当调整冲击钻冲程,经常进行锥头补焊,随时检查孔径和钻孔倾斜度。

⑥钻进过程中随时捞取钻渣,判断土层性质并检验泥浆指标;根据土层变化情况,采用不同钻速、钻压;适时调整泥浆性能,并始终保持孔内液面高于孔外水位1.5~2.0m;加强护壁,保持孔壁稳定。

⑦冲击钻机钻进应随时检查钢丝绳断丝、断股和绳卡的紧固,防止掉锥事故。

⑧群(排)桩钻孔时采用跳桩法施工,即要等到已浇筑钻孔桩的混凝土强度达到2.5MPa以上时,方可对周围邻近桩位进行钻孔。

(2)常用钻孔方法

①潜水钻钻孔。

潜水钻机是一种旋转式钻孔机,其防水电机变速机构和钻头密封在一起,由桩架及钻杆定位后可潜入水、泥浆中钻孔。注入泥浆后通过正循环或反循环排渣法将孔内切削土粒、石渣排至孔外。

正循环排渣法:在钻孔过程中,旋转的钻头将碎泥渣切削成浆状后,利用泥浆泵压送高压泥浆,经钻机中心管、分叉管送入到钻头底部强力喷出,与切削成浆状的碎泥渣混合,携带泥土沿孔壁向上运动,从护筒的溢流孔排出。

反循环排渣法:是指钻机工作时,旋转盘带动钻杆端部的钻头切削破碎孔内岩土,泥浆从钻杆与孔壁间的环状间隙中流入孔底,冷却钻头并携带被切削下来的岩土钻渣,由钻杆内腔返回地面,与此同时,泥浆又返回孔内形成循环。

a. 正循环钻孔。

正循环成孔时,由空心钻杆内部通入泥浆或高压水,从钻杆底部喷出,携带钻下的土渣沿孔壁向上流动,由孔口将钻渣带出流入泥浆池。依靠重力流入沉淀池;也可借助泥浆泵,将就近池内的泥浆泵送至更远的沉淀池内。重新稀释后的泥浆再注入孔内,以维持孔内泥浆面的高程。即用钻头旋转切削土体钻进,泥浆泵将泥浆压进钻杆顶部泥浆笼头,通过钻杆中心从钻头喷入钻孔内,泥浆携带钻渣沿钻孔上升,如图3-2-6所示。

该方法适用于淤泥、黏性土、砂土以及砾石(卵石)粒径小于10cm,含量少于20%的碎石土。其优点是钻进与排渣同时连续进行,在适合的土层中钻进速度较快,但需设置泥浆槽、沉淀池等,施工占地较多且机具设备较复杂。

b. 反循环钻孔。

泥浆从孔壁与钻杆间的孔隙注入,带钻渣的泥浆由泵经钻杆排出孔外,直至沉淀池,废浆经处理后,重新注入孔内使用。反循环工艺的泥浆上流速度较高,能携带较大的钻渣。如图3-2-7所示。即与正循环法不同,泥浆输入钻孔内,然后从钻头的钻

图3-2-6　正循环钻机钻孔

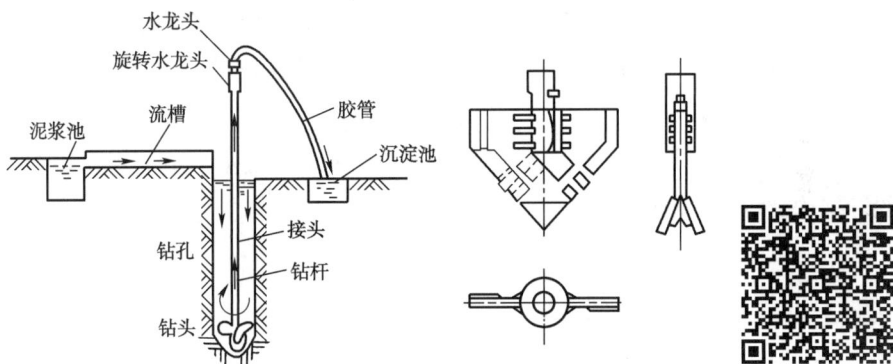

杆下口吸进,通过钻杆中心排出至沉淀池内。该方法适用于黏性土、砂土以及砾卵石粒径小于钻杆内径2/3,含量少于20%的碎石土或软岩。其钻进与排渣效率较高。

反循环与正循环相比,优点是反循环的钻进速度快得多,所需泥浆量少,转盘所消耗的功率少,清孔时间较快,采用特殊钻头可钻挖岩石等。缺点是接长钻杆时装卸麻烦,钻渣容易堵塞管路。另外,因泥浆是从下向上流动,孔壁坍塌的可能性较正循环大,为此需用较高质量的泥浆。

图3-2-7　反循环钻机钻孔

桩基础冲击钻孔

②冲击钻孔。

冲击钻机主要由冲击钻头、三角立架、卷扬机三部分组成,如图3-2-8所示。其工作原理是:用卷扬机钢丝绳通过三角立架上的滑轮将钻头提起,然后放开卷扬机,使钻头自然下落,靠自由下落的钻头冲击作用将砂砾石或岩石砸成碎末、细渣,靠泥浆将其悬浮起来排出孔外。冲击钻头一般为圆柱形,用钢材制成,形式有十字形、工字形、人字形等,一般常用十字形冲击钻头,利于破碎岩石。冲击钻孔适用于砂砾石和岩石地层。

冲孔前应埋设钢护筒,并准备好护壁材料。冲击钻机就位后,校正冲锤中心对准护筒中

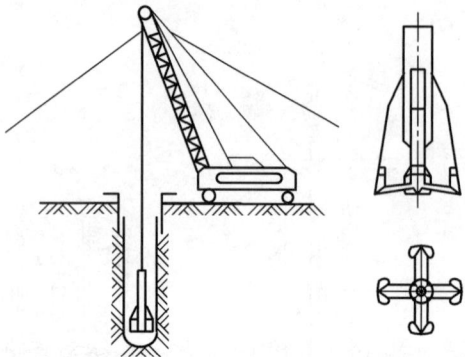

图 3-2-8　冲击钻孔

心,在冲程 0.4 ~ 0.8m 范围内应低提密冲,并及时加入石块与泥浆护壁,直至护筒下沉 3 ~ 4m 以后,冲程可以提高到 1.5 ~ 2.0m,转入正常冲击,随时测定并控制泥浆相对密度。

施工中,应经常检查钢丝绳损坏情况,绳卡松紧程度和转向装置是否灵活,以免掉钻。一般可先用直径 60 ~ 80cm 的细钻头钻进,然后再用大钻头扩孔至设计孔径。这样既可以保证孔壁稳定,防止塌孔,又可以提高功效。卷扬机可以人工操作,也可以选用自动操作设备,因而该方法节省人力,可以 24h 连续作业,施工效率较高。

施工时应注意以小冲程开孔,使初成孔坚实、竖直、圆顺并起导向作用,钻进深度超过钻锥全冲程后才能施行正常冲击。若遇坚硬漂石(卵石)层,可采用中、大冲程,但最大冲程不宜超过 6m,钻进过程中及时排除钻渣,并添加黏土造浆,防止塌孔和沉积,使钻锥经常冲击新鲜地层。冲击表面不平整的漂石、硬岩时,应先投入黏土夹小片石,将表面垫平后再钻进,防止出现偏孔、斜孔。

③冲抓钻孔。

如图 3-2-9 所示,冲抓锥是一种最简单的钻孔机械,由三脚立架、钻头、卷扬机三部分组成。施工时使三角立架固定滑轮,绕过滑轮的钢丝绳下端吊着由三块钢锥片组成的钻头,钻头张开的最大外围尺寸与桩孔直径相同。钻头对准桩孔中心。放开制动,钻头在自重作用下下落,打入孔内土层中,卷扬机将其向上提升时,通过拉索使钻头合拢,砂土被封闭在锥体内提升至井外。等锥体提升至孔口以上时,工人及时在井口放置一块钢盖板,将手推车或其他运输工具放于其上。打开钻头控制栓,使钻头张开,土体落入运输车中运走。移走钢板,即进行下一轮冲抓作业,如此循环钻进。

图 3-2-9　冲抓钻孔

冲抓锥成孔施工过程、护筒安装要求、泥浆护壁循环等与冲击成孔施工相同。

该方法的优点:所需机械简单,成本较低;但施工自动化程度低,需人工操作,清运渣土劳动强度大,施工速度较慢。适用于松软土层(砂土、黏土)中冲孔,但遇到坚硬土层时宜换用冲击钻施工。

冲抓钻孔时,应以小冲程稳而准地开孔,待锥具全部进入护筒后,再松锥进行正常冲抓。提锥应缓慢,冲击高度一般为 $1.0 \sim 2.5m$。

3)清孔

当钻孔深度达到设计要求时,应立即用探孔器和测绳对孔径、孔形、孔深和孔底沉渣量进行检查,即验孔,确认满足设计要求后,报请监理工程师批准,监理工程师认可后,立即进行清孔。清孔即清除孔底沉渣、淤泥浮土,以减少桩基的沉降量,提高承载能力。在清孔的同时,将附着于护筒壁的泥浆清洗干净。

泥浆护壁成孔清孔时,对于土质较好不易坍塌的桩孔,可用空气吸泥机清孔,气压为 $0.5MPa$,使管内形成强大高压气流向上涌,同时不断地补足清水,被搅动的泥渣随气流上涌从喷口排出,直至喷出清水为止。

对于稳定性较差的孔壁应采用泥浆循环法清孔或抽筒排渣,清孔后的泥浆相对密度应控制在 $1.15 \sim 1.25$。

常用的清孔方法有掏渣清孔法、吸泥清孔法、换浆清孔法等几种,不得用加深钻孔深度的方式代替清孔。

(1)抽渣法(掏渣法)

用抽渣筒抽掏孔底沉渣,边抽边加水,保持一定的水头高度。抽渣后,用一根水管插到孔底注水,使水流从孔口溢出。在溢水过程中,孔内的泥浆相对密度逐渐降低,达到所要求的标准后停止,此法适用于冲抓、冲击成孔的各类土质摩擦桩的初步清孔。

(2)吸泥法

吸泥法清孔用吸泥机或简易吸泥机进行,清孔时由风管将高压空气输进排泥管,使泥浆形成密度较小的泥浆空气混合物,在水柱压力下沿排泥管向外排出泥浆和孔底沉渣,同时向孔内注水,保持孔内水位不变,直至喷出的泥浆指标符合规定时为止,此法适用于不易坍塌的柱桩和摩擦桩清孔。

(3)换浆法

正循环旋转钻孔在终孔后,停止进尺,保持泥浆正常循环,以中速压入符合规定标准的泥浆,把孔内相对密度大的泥浆换出,使含砂率逐步减少,最后换成纯净的稠泥浆,这种泥浆短时间不会沉淀,使孔底沉淀层在允许范围内。

4)钢筋骨架加工与吊放

(1)钢筋骨架

钢筋骨架由主筋、加强筋、螺旋箍筋、定位筋四部分组成。其构造应满足设计要求,经检查合格后,用吊车吊起垂直放入孔内,钢筋笼放入前要先绑好砂浆垫块(或塑料卡);吊放钢筋笼时,要对准孔位,吊直扶稳,缓慢下沉,避免碰撞孔壁。钢筋笼放到设计位置时,要立即固定。遇有两段钢筋笼连接时,要采取焊接的方式,以确保钢筋的位置正确、保护层厚度符合要求。

相邻节端应焊接牢靠,定位准确。下到设计位置后,应在顶部采取相应措施反压并固定钢筋笼的位置,防止在混凝土灌注过程中产生上浮。

(2)导管

导管是灌注水下混凝土的重要工具,一般选用刚性导管。刚性导管用钢管制成,内径一般为 20～35cm,用端头法兰盘螺栓连接,接头间夹有橡胶垫防止泌水。导管上口一般设置储料槽和漏斗,导管使用前应进行必要的水密承压和接头抗拉等试验。吊装前应进行试拼,接口连接应严密、牢固。吊装时,导管应位于井孔中央,并在混凝土灌注前进行升降试验。

5)灌注水下混凝土

(1)灌注水下混凝土相应规定

①在吊入钢筋骨架后,灌注水下混凝土前,应再次检查孔内泥浆的性能指标和孔底沉淀厚度,如不符合规范要求,应进行第二次清孔,符合要求后方可灌注水下混凝土。

②导管吊装采用吊车或浮吊进行(对第一次使用的导管必须做压水试验),导管接头卡口应牢固,并涂满黄油保证其不漏水不透水。

③第一批混凝土浇筑按设计要求计算储量,混凝土拌和运至浇筑点时间不大于 0.5h,防止其离析、结块,并检查其和易性和坍落度(坍落度不小于 18cm,并不大于 22cm),如不符合要求,应进行第二次拌和,二次拌和仍达不到要求时不能使用。

④混凝土第一次灌注后导管内混凝土应充满底部,灌注过程中,导管在混凝土中的埋深不小于 2m,并不大于 6m,随时测量并记录导管的埋置深度和混凝土表面高度,并始终保持导管安放在桩孔中心,防止导管碰挂钢筋笼,保证浇筑混凝土质量。

(2)首批灌注混凝土一般要求

①导管下口至孔底的距离一般为 25～40cm。

②导管初次埋入混凝土中的深度不宜小于 1m,并不宜大于 3m。首批灌注混凝土的数量应能满足导管初次埋置深度和填充导管底部间隙的需要。其计算图如图 3-2-10 所示,计算式为:

$$V \geqslant \frac{1}{4}\pi D^2 (H_1 + H_2) + \frac{1}{4}\pi d^2 h_1 \tag{3-2-1}$$

式中:V——首批混凝土所需数量,m^3;

D——桩孔直径,m;

H_1——桩孔底至导管底端间距,一般为 0.3～0.4m;

H_2——导管初次埋置深度,m;

d——导管内径,m;

h_1——桩孔内混凝土达到埋置深度 H_2 时,导管内混凝土柱平衡导管外(或泥浆)压力所需的高度,m。

$$h_1 = H_w \gamma_w / \gamma_c \tag{3-2-2}$$

式中:H_w——桩孔内水或泥浆深度,m;

　　γ_w——桩孔内水或泥浆的重度,kN/m³;

　　γ_c——混凝土拌和物的重度,取24kN/m³。

（3）灌注方法

当钢筋骨架就位,导管下至设计深度,首批混凝土已拌和完毕运送至桩位处时,即可开始灌注混凝土(俗称灌桩),如图3-2-11所示。

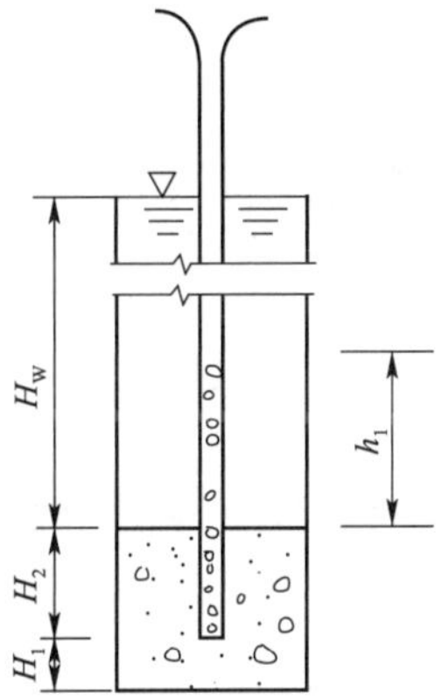

图3-2-10　首批混凝土量计算图 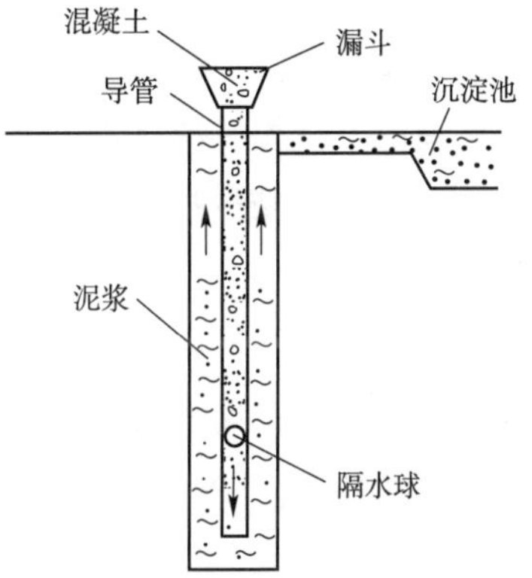　　　　图3-2-11　灌桩示意图

首批灌注时,应在导管漏斗底口处设置可靠的防水设施(一般放置一个直径与管内孔完全吻合的木球)。混凝土倒入漏斗,压住木球向下运动,导管中水从管底压出,从井口逐渐排向井外,混凝土靠自重和向下冲力压至孔底。随着混凝土不断灌入,孔内混凝土面逐渐升高,井内积水不断上升,直至混凝土灌满全孔,水全部被排出。

（4）注意事项

钻孔桩水下混凝土浇筑连续进行,并配备能满足浇筑混凝土时所用全部用电功率的发电机一套,配备混凝土运输设备及其他相应设备待用,防止发生因停电或其他设备事故使浇筑中断时间过长造成混凝土浇筑质量事故。

①首批灌注混凝土的初凝时间不得早于灌注桩全部混凝土灌注完成时间,必要时要加入缓凝剂,每灌一段时间,就要及时抽拔导管,且导管埋入混凝土中的深度不能大于6m,但也不能小于2m,要根据混凝土的灌入量计算灌注高度,从而确定提升导管时间。导管提升太快,若超过已灌混凝土表面,就会形成断桩;若抽拔不及时,埋入过深,则有可能因为混凝土初凝,使导管不能拔除,造成工程事故。因此必须严格控制导管提升时间。

②灌注开始后,必须连续进行,无论白天黑夜、刮风下雨都必须连续作业,提升拆除导管的时间要尽可能缩短。在灌注过程中,应将井孔内溢出的泥浆引流至适当位置,防止污染环境及河流。

③灌注的桩顶高程应比设计高程高出0.5~1.0m,以保证桩顶混凝土质量,待开挖基坑浇

筑承台时凿除(俗称破桩头)。

④混凝土灌完后要拔除护筒,处于地面及桩顶以下的井口整体式刚性护筒应在灌注完混凝土后立即拆除;处于地面以上能拆卸的护筒,须待混凝土抗压强度达到5MPa后才能拆除。

(5)水下混凝土灌注桩的故障处理

①首批混凝土灌注后若导管进水,可将已灌注的混凝土清出,查明原因并采取措施处理后重新进行灌注。

②灌注中若发生导管堵塞,也可用长杆捅捣或用振动器振动导管进行疏通。

③灌注桩开始不久发生故障,用前述方法处理无效时,及时拔出导管和钢筋骨架,将已灌注的混凝土清出,然后重新清孔,再吊装骨架,灌注混凝土。

6)事故预防及处理

由于地质构造的复杂性和施工期间各种因素的影响,钻孔事故常有发生。及时确认事故类型,采取补救措施,才能减少损失,保证质量。

(1)塌孔

①预防。

a. 在松散砂土或流砂中钻进时,应控制进尺,选用较大密度、黏度、胶体率的优质泥浆,或投入黏土掺片石低锤冲击。使黏土块、片石挤入孔壁。

b. 如地下水位变化过大,应采取加高护筒、增大水头等措施。

c. 严格控制冲程高度。遇钻孔坍塌时,应仔细分析,查明原因和位置,然后再进行处理。

②处理。

塌孔不严重时,可回填至塌孔位置以上,采取改善泥浆性能、加高水头、埋深护筒等措施继续钻进。

若塌孔严重,应立即将钻孔全部用砂或小砾石夹黏土回填,暂停一段时间使其性能稳定后,再采取相应措施(加大泥浆浓度快速钻进等)重钻。

(2)孔身偏斜、弯曲

①预防。

a. 安装钻机时要使转盘、底座水平。起重滑轮、固定钻杆的卡孔和护筒中心三者应在同一轴线上,并经常检查校正。

b. 由于主动钻杆较长,转动时上部摆动过大,必须在钻架上增添导向架,控制钻杆上的提引水龙头,使其沿导向架向下钻进。

c. 在有倾斜的软硬地层钻进时,应吊住钻杆控制进尺,低速钻进,或回填片石,冲平后再钻进。

②处理。

一般可在偏斜处吊挂钻锥反复扫孔,使钻孔正直。偏斜严重时应回填黏性土到偏斜处,待沉淀密实后再重钻。

(3)扩孔、缩孔

孔径较大称为扩孔,孔径过小称为缩孔。遇此情况要采取防止塌孔和防止钻锥摆动过大的措施。缩孔是钻锥磨损过大焊补不及时或因地层中有遇水膨胀的软土、黏土泥岩造成的。前者应及时补焊钻锥,后者则应选用失水率小的优质泥浆护壁。

(4)钻孔漏浆

若发现护筒内水头不能保持,水位下降,证明有漏浆现象。宜采用将护筒周围填土筑实,增加护筒埋置深度,适当减小水头高度或采取加稠泥浆,加入黏土慢速转动等措施。用冲击法钻孔时,还可填入片石、碎卵石土,反复冲击以增强护壁。

(5)梅花孔或十字槽孔

①预防。

a. 经常检查转向装置是否灵活。

b. 选用适当黏度和相对密度的泥浆,适时掏渣。

c. 用低冲程时,隔一段时间要换高一些的冲程,使冲击钻头有足够的转动时间。

②处理。

应采用片石或卵石与黏土的混合物回填钻孔,重新冲击钻进。

(6)糊钻、埋钻

常出现于正反循环回转钻进和冲击钻进中,遇此情况应对泥浆稠度、钻渣进出口、钻杆内径大小、排渣设备进行检查计算,并控制适当进尺。若已严重糊钻,应停钻提出钻锥,清除钻渣。遇到塌方或其他原因造成埋钻时,应使用空气吸泥机吸走埋钻的泥砂,提出钻锥。

(7)卡钻

常发生在冲击钻孔时。卡钻后不能强提,只宜轻提,轻提不动时,可以用小冲击锥或用冲、吸的方法将钻锥周围的钻渣松动后再提出。

掉钻或落物时,宜迅速用打捞叉、钩、绳套等工具打捞,若落体已被泥砂埋住,应先清除泥砂,使打捞工具接触落体后再进行打捞。应特别注意的是,在任何情况下,严禁施工人员进入没有护筒或其他防护设施的钻孔中处理故障。当人员必须下入护筒或其他防护设施的钻孔时,应检查孔内有无有害气体,并备齐防毒、防溺、防塌埋等安全设施后,才能行动。

(8)断桩

断桩是指桩身局部分离或断裂,更为严重的是一段桩没有混凝土。

①原因。

桩距离太近,相邻桩施工时,混凝土还未具备足够的强度,已形成的桩受挤压而断裂。

②预防。

a. 混凝土坍落度应严格按设计规范要求控制。

b. 灌注混凝土前,应检查混凝土搅拌机,保证混凝土搅拌时能正常运转,必要时应有备用搅拌机一台,以防万一。

c. 边灌混凝土边拔导管,做到连续作业,一气呵成。灌注时要勤测混凝土顶面上升高度,随时掌握导管埋入深度,避免导管埋入过深或导管脱离混凝土面。

③处理。

施工时,控制中心距离不小于 4 倍桩径;确定打桩顺序和行车路线,减少对新灌注混凝土桩的影响。采用跳打法或等已成型的桩混凝土达到 60% 设计强度后,再进行下根桩的施工。

(9) 吊脚桩

吊脚桩是指桩底部混凝土隔空或松软,没有落实到孔底地基土层上的现象。

①原因。

当地下水压力大时,或预制桩尖被打坏,或桩靴活瓣缝隙大时,水及泥浆进入套筒钢管内,或由于桩尖活瓣受土压力,拔管至一定高度才张开,使得混凝土下落,造成桩脚不密实,形成松软层。

②处理。

为防止活瓣不张开,开始拔管时,可采用密张慢拔的方法,对桩脚底部进行局部翻插几次,然后再正常拔管。桩靴与套管接口处使用性能较好的垫衬材料,防止地下水及泥浆的渗入。

(10) 混凝土灌注过量

如果灌桩时混凝土用量比正常情况下大 1 倍以上,这可能是由于孔底有洞穴,或者在饱和淤泥中施工时,土体受到扰动,强度大大降低,在混凝土侧压力作用下,桩身扩大而混凝土用量增大所造成的。因此,施工前应详细了解现场地质情况,对于在饱和淤泥软土中采用沉管灌注桩时,应先打试桩。若发现混凝土用量过大时,应与设计单位联系,改用其他桩型。

2.3.2 挖孔灌注桩施工

挖孔灌注桩多用人工开挖和小型爆破、配合小型机具成孔,采用与钻孔灌注桩相同的方法灌注混凝土,形成桩基。适用于土质较好、地下水位较低的黏土、亚黏土、含少量砂卵石的无水或极少水的较密实的各类土层黏土层等。桩径不小于 1.2m,孔深不宜大于 15m。

其特点是设备投入少、成本低,成孔后可直观检查孔内土质状况,基桩质量有可靠保证,缺点是施工速度较慢。

位于无水地层的桩基,埋好护筒后,可人工直接开挖,遇岩石采用浅层小药量电雷管爆破,人工清渣掘进,用辘轳将渣石吊运出井,手推车运送弃渣。位于有水地基时要边开挖边用水泵排水。

在过深的井孔中作业时,要用鼓风机通过传风管向孔底吹入新鲜空气,保障施工安全。挖孔工人必须配有安全帽、安全绳,必要时应搭设掩体。提取土渣的吊桶、吊钩、钢丝绳、卷扬机等机具应经常检查。井口围护应高出地面 $200 \sim 300mm$,防止土、石、杂物落入孔内伤人。挖孔时,如孔内的 CO_2 含量超过 0.3%,或孔内深度超过 10m 时,采用机械通风。

在孔壁可能坍塌、有渗水的情况下,应及时增加护壁。护壁方法有安装木框架、竹篱、柳条、荆笆,预制混凝土井圈或钢井圈支护,现浇或喷射混凝土护壁等,应根据实际情况慎重选用。

挖斜孔桩时容易坍孔,宜采用预制钢筋混凝土护筒分节下沉护壁。

夜间停工时,要在井口设置标志或覆盖物,防止人员不慎坠入。无水空气中灌注的桩,如为摩擦桩,应在灌注过程中逐步由下至上拆除支护;井中有水时,要采用水中灌桩法先向孔中灌水,至少与地下水位相同,用导管灌注混凝土。随着灌注混凝土升高,孔内水位上升时逐层拆除支护。当为柱桩时,混凝土护壁可以不拆除。

现浇护壁

2.3.3　桩基的检验

桩基础属隐蔽工程,对其质量检验标准必须严格掌握。

钻(挖)孔桩在终孔和清孔后应使用仪具对成孔的孔位、孔深、孔形、孔径、竖直度、泥浆相对密度、孔底沉淀厚度、有否缩孔、坍塌等进行检验,应满足各项技术指标,实测项目应符合《公路工程质量检验评定标准》(JTG F80—2017)的规定,见表3-2-1。

钻孔灌注桩实测项目　　　　　　　　　　　　　　　　　　　表3-2-1

项次	检查项目		规定值或允许偏差	检查方法和频率
1Δ	混凝土强度(MPa)		在合格标准内	按附录D检查
2	桩位 (mm)	群桩	≤100	全站仪:每桩测中心坐标
		排架桩	≤50	
3Δ	孔深(mm)		≥设计值	测绳:每桩测量
4	孔径(mm)		≥设计值	探孔器或超声波法成孔检测仪:每桩测量
5	钻孔倾斜度(mm)		≤1%桩长,且≤500	钻杆垂线法或超声波法成孔检测仪:每桩测量
6	沉淀厚度(mm)		符合设计规定	沉淀盒或测渣仪:每桩测量
7	桩身完整性		每桩均满足设计要求;设计未要求时,每桩不低于Ⅱ类	满足设计要求,设计未要求时,采用低应变反射波法或超声波透视法:每桩检测

注:表中Δ代表关键项目。

钻孔桩水下混凝土的质量应符合以下要求:

(1)强度不低于设计强度。除用预留试块做抗压强度外,还应凿平桩头,并取桩头试块做抗压试验。

(2)桩身混凝土不能有断层或夹层。应仔细检查分析混凝土记录,并用无破损方法检验桩身,对质量可疑的桩,要钻芯取样进行试验。

(3)桩头凿除预留部分时,不能有残余松散层和薄弱混凝土层。嵌入承台或盖梁内的桩头及锚固钢筋长度要符合规范要求。

────────────────　　小　　结　　────────────────

桩基础是在桥梁工程中被广泛采用的一种深基础形式。本项目主要讲述了桩基础的构造、施工图识读以及钻孔灌注桩施工工艺、施工要点,施工过程中质量事故的预防及处理措施,桩基检验基本要求和实测项目,应重点掌握桩基础施工图识读及其施工工艺。

钻孔灌注桩是一种常用桩基础形式,其施工程序主要为施工准备(平整场地、测定桩位、埋设护筒、泥浆制备及制作钢筋骨架等),钻孔,终孔检查及清孔,安放钢筋骨架及导管吊装,灌注水下混凝土。

【知识拓展】

【案例一】

背景材料:某路桥工程公司,承接了一座跨河桥梁的施工任务,基础采用 10 根 2.2m 桩基,施工中采用钻孔桩的施工方法进行施工。施工单位对钻孔桩施工设置的质量控制点如下:

(1)桩位坐标控制。

(2)垂直度控制。

(3)孔径控制、防止缩径。

问题:

(1)施工单位对钻孔桩施工的质量控制点是否全面?如不全面,补充全面。

(2)灌注水下混凝土的技术要求有哪些?

参考答案:

(1)不全面。还需控制孔深、沉淀厚度、钢筋骨架底面高程。

(2)答:①首批灌注混凝土的量应能满足导管首次埋置深度 1~3m 和填充导管底部的需要。

②混凝土拌和物运至灌注地点时,应检查其均匀性和坍落度等指标,如不符合要求,应进行第二次拌和,二次拌和后仍不符合要求时,不得使用。

③首批混凝土拌和物下落后,混凝土应连续灌注。

④在灌注过程中,特别是潮汐地区和有承压力地下水地区,应注意保持孔内水头。

⑤在灌注过程中,导管的埋置深度宜控制在 2~6m。

⑥在灌注过程中,应经常探测井孔内混凝土面的位置,及时调整导管埋深。

⑦为防止钢筋骨架上浮,当灌注的混凝土顶面距钢筋骨架底部 1m 左右时,应降低混凝土的灌注速度。

⑧灌注的桩顶高程应比设计高出一定高度,一般为 0.5~1.0m,以保证混凝土强度,多余部分接桩前必须凿除,残余桩头应无松散层。

⑨对变截面桩,应从最小截面的桩孔底部开始灌注,灌注至扩大截面处时,导管应提升至扩大截面下约 2m,稍加大混凝土灌注速度和提高混凝土的坍落度;当混凝土面高于扩大截面处 3m 后,应将导管提升至扩大截面处上 1m,继续灌注至桩顶。

⑩使用全护筒灌注水下混凝土时,当混凝土面进入护筒后,护筒底部始终应在混凝土面以下,随导管的提升,逐步上拔护筒,以保证导管的埋置深度和护筒底面低于混凝土面。

⑪在灌注过程中,应将孔内溢出的水或泥浆引流至适当地点处理,不得随意排放,污染环境。

【案例二】

背景材料:某桥基础为6根φ2.0的桩基,桩长20m,地质条件如下:原地面往下依次为黏土、砂砾石、泥岩,承包人拟选用冲抓钻成孔。采用导管法灌注水下混凝土,导管使用前进行了水密试验,为防止导管沉放过程中接触钢筋笼,导管居中后快速沉放,并将导管底部沉放到距桩底1m处,之后开始浇筑混凝土。

问题:

(1)施工单位选用的钻机是否合适,请说明理由。

(2)施工单位采用导管法浇筑水下混凝土时存在哪些问题?

参考答案:

(1)不合适,应使用冲击钻。因为泥岩为较软岩石,冲抓钻不适用,但冲击钻适用。

(2)还应进行导管的承压和接头抗拉试验;导管应居中稳步沉放;导管底部距桩底的距离一般为0.25~0.4m。

【学习效果评价】

一、选择题

1. 钻孔灌注桩按其支承情况,有摩擦桩和( )两种。

   A. 打入桩　　　　B. 端承桩　　　　C. 沉入桩　　　　D. 群桩

2. 关于钻孔桩施工,下列说法正确的是( )。

   A. 孔底高程低于其设计高程时,可不清孔

   B. 灌注首批混凝土时,导管下口至孔底的距离一般定为25~40cm,导管埋入混凝土中的深度不小于1m

   C. 灌注混凝土过程中如出现导管进水,应停止灌注,待已浇混凝土达到一定强度后,再进行清孔和继续灌注

3. ( )适用于采用正循环钻机钻孔。

   A. 换浆法　　　　B. 注浆法　　　　C. 抽浆法　　　　D. 提浆法

4. 桩基础不具备以下( )的特点。

   A. 承载力高、稳定性好、沉降量小

   B. 简化施工设备和技术要求

   C. 加快施工速度、改善劳动条件

   D. 能以同一类型的桩基础和施工方法适应不同的水文地质条件等

5. 钢筋笼接头质量如果存在问题将会对( )施工质量产生影响。

   A. 扩大基础　　　　B. 钻孔桩　　　　C. 挖孔桩　　　　D. 沉井

6. 桩基础按施工方法可分为( )。

A. 管柱　　　　　B. 沉桩　　　　　C. 钻孔桩　　　　　D. 挖孔桩

E. 摩擦桩

二、综合题

1. 简述钻孔灌注桩施工工艺流程。

2. 钻孔灌注桩护筒埋置有哪些规定？

3. 怎样制备泥浆？泥浆在钻孔中起什么作用？

4. 钢筋笼制作有哪些基本要求？

5. 常用的钻孔方法有哪些方法？其适用情况如何？

6. 简述常用的清孔方法及适用情况。

7. 水下混凝土灌注应注意哪些事项？

8. 简述钻孔灌注桩常见质量事故及处理方法。

9. 根据图3-2-2回答问题：

1)校核该桩钢筋数量并计算桩身混凝土量；

2)计算此桩首批混凝土灌注量及桩身混凝土量。

学习项目3　承　　台

学习目标:熟悉承台的构造特点和承台施工工艺流程。掌握承台施工中每道工序施工方法和验收标准;知道钢板桩围堰施工的一般要求和工序。

能力目标:能够正确识读承台施工图纸,并能够校核、计算图纸中的承台钢筋量以及混凝土用量;能够根据现场情况采取合理方法进行承台施工。

学习指导:要多结合一些工程实例来学习。在看懂承台图纸基础之上,结合混凝土施工基本知识学习承台的施工方法。

✆ 引言

○○○○○○○○

当建筑物采用桩基础时,在群桩基础上将桩顶用钢筋混凝土平台连成整体,以承受其上部荷载,该平台称为"承台"。承台一般采用钢筋混凝土结构,起承上传下的作用,把墩身荷载传到基桩上。

学习情境3.1　承台构造与施工图识读

3.1.1　承台概述

承台是在桩顶部设置的联结各桩顶的钢筋混凝土平台,起承上传下的作用,把墩身荷载传到基桩上。

承台是桩与柱或墩联系部分。承台把几根,甚至十几根桩联系在一起形成桩基础(见图 3-3-1)。承台分为低桩承台和高桩承台:低桩承台一般埋在土中或部分埋进土中(见图 3-3-2),高桩承台一般露出地面或水面(见图 3-3-3)。高桩承台由于具有一段自由长度,其周围无支撑体共同承受水平外力,基桩的受力情况极为不利。桩身内力和位移都比同样水平外力作用下低桩承台要大,其稳定性因而比低桩承台差。

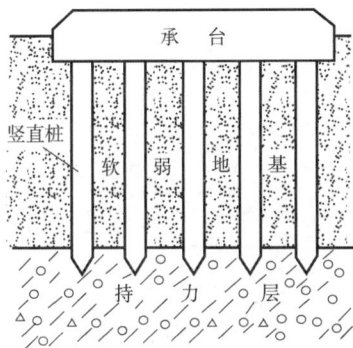

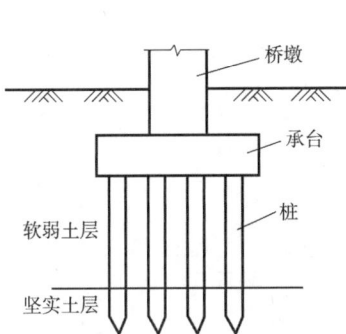

图 3-3-1　桩基础　　　　图 3-3-2　低桩承台　　　　图 3-3-3　高桩承台

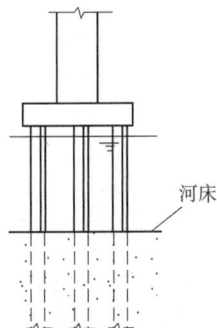

桥梁一般采用低桩承台,桩头一般伸入承台,并有钢筋锚入承台。承台上再建柱或墩,形成完整的传力体系。

近年来由于大直径钻孔灌注桩的采用,桩的刚度、强度都较大,高桩承台在桥梁基础工程中已得到广泛采用。

3.1.2　承台施工图识读

图 3-3-4 为某桥 0 号桥台承台钢筋构造图。

1)承台构造

本承台构造图由立面图、平面图、侧面图组成,并分别做了 II-II、IV-IV、V-V 三个剖面。图中尺寸除钢筋直径以"mm"计外,其余均以"cm"计,且钢筋均采用 HRB335。

图 3-3-4 为桩身顶部伸入承台座板钢筋,当桩身钢筋与承台钢筋有抵触时,可以适当调整承台座板钢筋间距,但承台座板钢筋网不得截断。承台按构造配置两层钢筋网,分别置于桩身的顶面之上和承台顶面,其纵、横向间距因位置而不同。本图承台之间设承台间系梁,两根桩接一承台。

承台尺寸为长 620cm,宽 230cm,高 200cm。水泥混凝土保护层厚度分别为 5cm、6cm、15cm。承台间系梁尺寸为长 332.5cm,宽 200cm,高 200cm。水泥混凝土保护层厚度分别为 5cm、6cm 不等。

2)承台钢筋布置图(见图 3-3-4)

(1)承台内①号、②号钢筋为承台座板主要受力钢筋,直径均为 28mm,两端设标准弯钩。①号筋每根长 668cm,共 54 根,钢筋间距 12.2cm。②号筋每根长 1 405cm,共 11 根,钢筋间

一个桥台承台材料数量表

编号	直径(mm)	单根长度(cm)	根数	共长(m)	共重(kg)	总重(kg)
1	Φ28	668	54	360.72	1 742.64	2 489.27
2	Φ28	1 405	11	154.55	746.63	
3	Φ20	652	54	352.08	867.88	1 244.51
4	Φ20	1 389	11	152.79	376.63	
5	Φ16	215	250	537.50	848.18	3 115.41
6	Φ16	256	186	476.16	751.38	
7	Φ16	644	54	347.76	548.77	
8	Φ16	445	36	160.20	252.80	
9	Φ16	800.4	34	272.14	429.44	
10	Φ16	547	33	180.51	284.84	

注:
1. 图中尺寸除钢筋直径以"mm"计,余均以"cm"为单位。
2. 注意预埋台身钢筋。

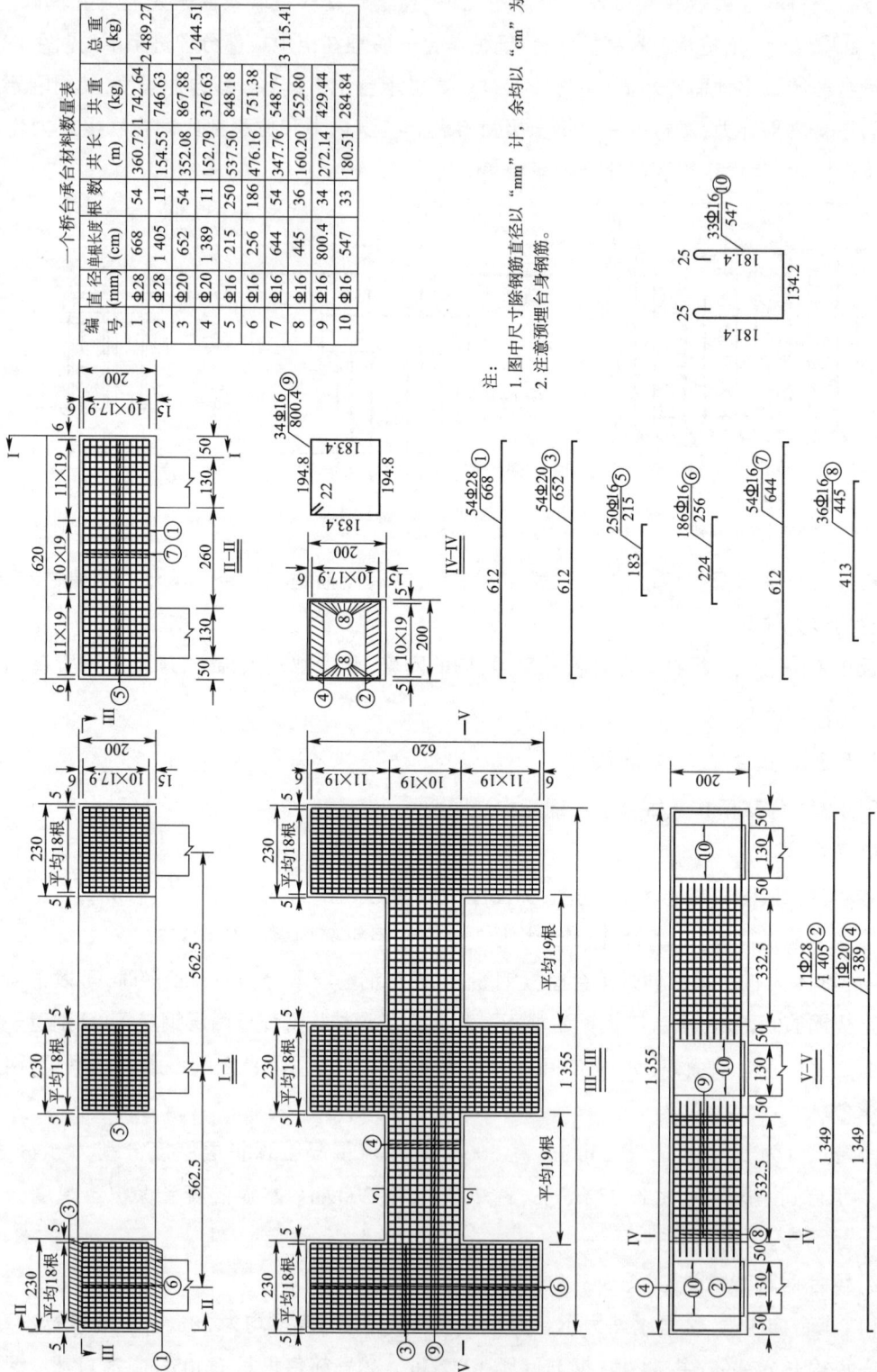

图 3-3-4 某桥 0 号桥台承台钢筋构造图

距 19cm。

（2）③、④号钢筋为承台顶部钢筋网受力钢筋，直径为 20mm，两端设标准弯钩。③号筋每根长 652cm，数量、间距同①号钢筋。④号钢筋每根长 1 389cm，数量、间距同②号钢筋。

（3）⑤号钢筋为垂直于主要受力钢筋的受压钢筋，直径 16mm，单根长 215cm，共 250 根。

（4）⑥号钢筋为承台立面的分布钢筋，直径 16mm，单根长 256cm，共 186 根，钢筋间距 17.9cm。

（5）⑦号钢筋为承台侧面的分布钢筋，直径 16mm，单根长 644cm，共 54 根，钢筋间距 17.9cm。

（6）⑧号钢筋为系梁箍筋，直径 16mm，单根长 445cm，共 36 根，钢筋间距 17.9cm。

（7）⑨号钢筋为系梁立面的分布钢筋，直径 16mm，单根长 800.4cm，共 34 根，钢筋间距 20.8cm。

（8）⑩号钢筋为承台座板开口箍筋，直径 16mm，单根长 547cm，共 33 根，钢筋间距 60.8cm。

学习情境 3.2 承台施工

3.2.1 承台施工方法

位于旱地、浅水中采用土石筑岛法施工桩基的桥梁，其承台的施工方法与扩大基础的施工方法相类似，可采取明挖基坑或板桩围堰后开挖基坑等方法进行施工。

对深水中的承台，可供选择的施工方法通常有钢板桩围堰、钢管桩围堰、双壁钢围堰及套箱围堰等。不论何种围堰，其目的都是为了止水，以实现承台的无水施工。施工时先设围堰，将群桩围在堰内，然后在堰内河底灌注水下混凝土封底。

深水施工

3.2.2 承台施工工艺

承台施工程序为基坑开挖→凿除桩头→桩基检测→基底处理→绑扎钢筋→支立模板→浇筑混凝土→养生→基坑回填。其施工工艺流程见图 3-3-5 所示。

1）放线、准备工作

承台施工前应进行钻孔桩位置、高程等的复测，由监理工程师签认后，方可进行承台的施工。

首先复核基坑中心线、方向、高程，按地质水文资料结合现场情况，再确定开挖坡度和支挡方案。如承台埋深较大，可根据实际情况提高坡度。

2）支护

承台基坑开挖必须有可靠的基坑支护措施，根据地质情况，设置木桩或钢管桩等临时支护措施，防止边坡坍塌，并且有安全防护和降水措施。在开挖过程中根据拟定基坑支护措施，边开挖，边进行支护，并随时观察地下水和边坡情况，及时采取加固和应急措施，防止泡槽和边坡坍塌。

```
┌─────────────┐
│   基坑开挖    │
└──────┬──────┘
       ▼
┌─────────────┐        ┌─────────────┐
│   桩基检测    │◄───────│   凿除桩头    │
└──────┬──────┘        └─────────────┘
       ▼
┌─────────────┐
│  测量定位、复测 │
└──────┬──────┘
       ▼
┌─────────────┐        ┌─────────────┐
│   基底处理    │◄───────│  浇筑底模混凝土 │
└──────┬──────┘        └─────────────┘
       ▼
┌─────────────┐        ┌─────────────┐
│   绑扎钢筋    │◄───────│   钢筋制作    │
└──────┬──────┘        └─────────────┘
       ▼
┌─────────────┐        ┌─────────────┐
│  模板安装、调整 │◄───────│   模板制作    │
└──────┬──────┘        └─────────────┘
       ▼
┌─────────────┐
│  钢筋、模板检查 │
└──────┬──────┘
       ▼
┌─────────────┐   ┌─────────────┐   ┌─────────────┐
│ 混凝土配合比设计 │──►│   浇筑混凝土   │──►│  混凝土试件制作 │
└─────────────┘   └──────┬──────┘   └──────┬──────┘
                         ▼                 │
                  ┌─────────────┐          ▼
                  │   混凝土养生   │   ┌─────────────┐
                  └──────┬──────┘   │  混凝土强度试验 │
                         ▼          └─────────────┘
                  ┌─────────────┐
                  │    拆模      │
                  └──────┬──────┘
                         ▼
                  ┌─────────────┐
                  │  整修、成品检验 │
                  └──────┬──────┘
                         ▼
                  ┌─────────────┐
                  │   基坑回填    │
                  └─────────────┘
```

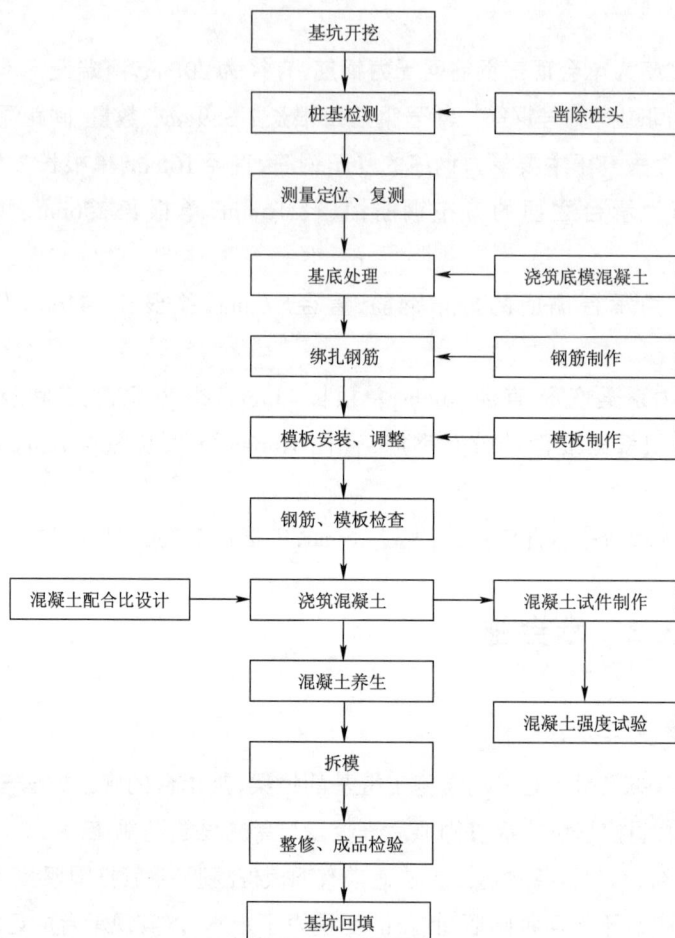

图 3-3-5 承台施工工艺流程

3)基坑开挖与排水

(1)基坑开挖

桩身混凝土达到一定的强度后进行基坑开挖。在基坑开挖线以外 5m 处设置纵横截水沟将地表水排入天然水沟。基坑排水采取在基坑四周设排水沟及集水坑,并由专人负责排除基坑积水,严禁积水浸泡基坑。

采用挖掘机开挖,人工配合,并加强坑的排水。挖掘时注意抽水,开挖顺序应从施工便道里侧向外侧开挖,挖至距承台底设计高程约 30cm 厚的最后一层土,采用人工挖除修整。

(2)基坑排水

一般采用汇水井排水,在基坑内承台范围外低处挖汇水井,并在周围挖边沟,使其低于基坑底面 30~40cm。汇水井井壁要加以支护,井底铺一层粗砂,抽水采用抽水机。抽水时需有专人负责汇水井的清理工作。当承台底面位于细砂土层时,可采用井点法降低地下水位,在基坑周围一定距离处打入或沉入井管,周围填以砂石作过滤层,上用黏土填封,地面上通过总管与抽吸设备相连。井点降水时应注意,开始后不宜中途停止,否则易造成过滤管堵塞。

4) 桩头处理与桩基检测

(1) 桩头处理

破除桩头时,可采用空压机结合人工凿除,上部采用空压机凿除,下部留有 10 ~ 20cm 由人工进行凿除。先由人工将桩头上的钢筋凿出,并沿桩顶设计高程凿出一个槽子,再用空压机将桩头除去。凿除过程中保证不扰动设计桩顶以下的桩身混凝土。严禁用挖掘机或铲车将桩头强行拉断,以免破坏主筋。将伸入承台的桩身钢筋清理整修成设计形状,复测桩顶高程,并将破除杂物全部清除,对基坑底面进行平整。随即进行桩基检测,合格后方可进行下道工序施工,若不合格,应立即上报,及时采取措施处理。

(2) 桩基检测

灌注桩成桩质量检测主要是指完整性检测。通常存在两方面问题:一是桩身完整性问题,常见缺陷有夹泥、断裂、缩径、混凝土离析及桩顶混凝土密实性较差等;二是嵌岩桩影响桩底支承条件的质量问题,主要是灌注混凝土前清孔不彻底,孔底沉淀厚度超过规定极限,影响承载力。交通运输部于 2020 年 5 月颁布了《公路工程基桩检测技术规程》(JTG/T 3512—2020),其检测的基本方法有以下几种。

①反射波法。适用于混凝土灌注桩和预制桩等刚性材料桩的桩身完整性检测(见图 3-3-6)。其基本原理源于应力波理论,是在桩顶进行竖向激振,弹性波沿着桩身向下传播,在桩身存在波阻抗界面(如桩底、断桩或严重离析等部位) 或桩身截面积变化(如缩径或扩径) 部位,将产生反射波。经接收、放大过滤波和数据处理,可识别来自桩身不同部位的反射信息,据此计算桩身波速、判断桩身完整性。

②超声波法。又称声测管法,适用于检测桩径大于 0.8m 的混凝土灌注桩的完整性。当桩径不大于 1 500mm 时。应埋设三根管;当桩径大于 1 500mm 时,应埋设四根管。该法是在桩的混凝土灌注前沿桩的长度方向平行预埋若干根检测用

图 3-3-6　反射波法检桩

管道,作为超声发射和接收换能器的通道。检测时探头分别在两个管子中同步移动,沿不同深度逐点测出横截面上超声脉冲穿过混凝土时的各项参数,并按超声测缺陷原理分析每个断面上混凝土的质量。

5) 验槽、浇混凝土垫层

检查桩顶高程和预留钢筋能否满足设计要求;检查基坑的开挖尺寸、基底高程是否符合要求,即验槽。根据控制桩定出承台垫层边线,并支立模板。基坑验收合格后,浇筑承台混凝土垫层或铺设砂、碎石垫层。

6)绑扎钢筋、支立模板

(1)钢筋加工和绑扎

钢筋绑扎(见图3-3-7)应在垫层混凝土达到设计强度75%后进行,在垫层面上弹出钢筋的外围轮廓线,并用油漆标出每根钢筋的平面位置。承台钢筋集中加工,现场进行绑扎,应严格按照施工图纸和规范要求进行。特别注意承台底部设置的钢筋网片与桩身钢筋焊接牢固,在越过桩顶处不得截断;定好上层承台钢筋和预埋于承台中的墩身钢筋的位置并加固,防止浇筑混凝土时移位。

承台钢筋绑扎时,应调整好其主筋与钻孔桩主筋的位置,在钢筋外侧绑扎与混凝土同级别的砂浆垫块,以确保保护层厚度满足要求。钢筋绑扎按顺序进行,从下而上,从内向外,逐根安装到位,避免混乱。若采用点焊固定时,不得烧伤主筋。安装成型的钢筋应做到整体性好,尺寸、位置、高程符合验收标准。同时还应避免混凝土施工过程中踩踏钢筋。

(2)支立模板

承台模板采用大块钢模,吊机配合人工安装。也可采用组合钢模板、胶合板,模板支立在钢筋骨架绑扎完毕后进行(见图3-3-8)。采用绷线法调直,吊垂球法控制其垂直度。加固通过型钢、方木、拉杆与基坑周围坑壁挤密、撑实,确保模板稳定牢固、尺寸准确。墩身预埋钢筋的绑扎在模板支立完毕后进行,根据模型上口尺寸控制其准确性,采用与承台钢筋焊接,形成一个整体骨架以防移位。

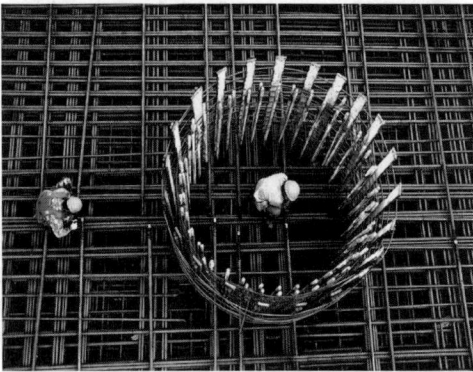

图3-3-7　绑扎承台钢筋

图3-3-8　支立承台模板

7)浇筑混凝土

混凝土采用搅拌站集中拌和,自动计量,罐车运输,泵送混凝土施工,用滑槽、串筒送混凝土至灌筑部位,插入式振动器振捣。

混凝土浇筑(见图3-3-9)环境温度应符合昼夜平均温度或最低温度不低于 −3℃,局部温度也不高于40℃,否则应采取相应防寒或降温措施。在下层混凝土初凝或能重塑前浇筑完上层混凝土,承台混凝土应一次连续浇筑,混凝土下落高差大于2m时,设串筒或滑槽。

为确保施工质量,采用斜向水平推进法或分层浇筑法施工,且分层厚度控制在 30 ~ 45cm。振捣采用插入式振动器,振捣时严禁碰撞钢筋和模板。振动器的振动深度一般不超过棒长度的

2/3~3/4,振捣时要快插慢拔,不断上下移动振捣棒,以便捣实均匀,减少混凝土表面气泡。振捣棒插入下层混凝土中5~10cm,移运间距不超过40cm,与侧模保持5~10cm的距离,对每一个振捣部位,振捣到该部位混凝土密实为止,即混凝土不再冒气泡,表面出现平坦泛浆(见图3-3-10)。

图3-3-9 承台混凝土浇筑

图3-3-10 施工完毕的承台

浇筑过程中,应设专人负责检查支架、模板及钢筋和墩柱预埋钢筋的稳定情况,当发现有松动、变形、位移等问题时,应立即处理。

8)拆模和养护

混凝土浇筑完成后,对承台顶面进行修整。抹平定浆后,再一次收面压光(墩位处应拉毛),表面用草袋覆盖,进行养护。温度较低时,承台浇筑完毕后,立即用塑料膜加苫布(棉毡或草帘子)覆盖,进行养护。苫布可制成多块进行组拼,覆盖前在基坑内搭设脚手架作为苫布覆盖支架,苫布要长出基坑边1~2m,用土或其他物件压严。温度较低时,用暖风炉加热,暖风炉设置在基坑旁,将暖风管通入基坑内加热。

当混凝土达到拆模强度要求后方可拆模。混凝土与环境的温差不得大于15℃。当温差在10℃以上但低于15℃时,拆除模板后的混凝土表面要采取临时覆盖措施。

采用外部热源加热养护的混凝土,当养护完毕后的环境温度仍在0℃以下时,要待混凝土冷却至5℃以下且混凝土与环境之间的温差不大于15℃时,方可拆除模板。

9)基坑土方回填、拆除支护设施

承台施工完毕,模板拆除后,混凝土达到设计强度后进行基坑回填,采用符合设计要求的土,及时、对称、分部、分层回填基坑,每层厚度10~20cm,用冲击夯夯实。

回填完成后,当基坑周围有钢板桩时,采用拔桩机将钢板桩拔出,为避免对周围土层产生扰动,应严格控制拔桩速度,严禁将土层带出,拔出一根立即用素土回填桩孔,夯实后再拔下一根钢板桩。

3.2.3 承台质量要求及验收标准

1)基本要求

(1)混凝土所用的水泥、砂、石、水、外掺剂及混合材料的质量和规格必须符合有关规范的

要求,按规定的配合比施工;

(2)必须采取措施控制水化热引起的混凝土内最高温度及内外温差在允许范围内,防止出现温度裂缝;

(3)不得出现露筋和空洞现象。

2)承台实测项目

承台实测项目见表3-3-1。

承 台 实 测 项 目   表 3-3-1

项次	检查项目	规定值或允许偏差	检查方法和频率
1	混凝土强度(MPa)	在合格标准内	混凝土立方体抗压强度试验
2	尺寸(mm)	±30	尺量:长、宽、高检查各2点
3	顶面高程(mm)	±20	水准仪:检查5处
4	轴线偏位(mm)	15	全站仪或经纬仪:纵、横各测量2点

3)外观鉴定

混凝土表面平整、棱角平直、无明显施工缝;蜂窝、麻面面积不得超过总面积的0.5%,深度超过1cm时必须处理;混凝土表面出现非受力裂缝时,宽度超过设计规定或设计未规定时超过0.15mm必须处理。

3.2.4 钢板桩围堰施工

钢板桩围堰适用于水深4m以上,河床覆盖层较厚的砂类土、碎石土和半干性黏土、风化岩层等基础工程,也可用于陆地基坑支护。

钢板桩

钢板桩有槽型、Z型和组合型(见图3-3-11)等。

a) 槽型钢板桩   b) Z型钢板桩   c) 组合型钢板桩

图 3-3-11　钢板桩

钢板桩围堰有矩形、多边形、圆形等(见图3-3-12)。

钢板桩围堰可做成单层(或称单壁)和双层(或称双壁)两种。

钢板桩防水性能好,多用单层围堰。

单层结构形式由定位桩、导梁(或称导框、围笼)及钢板桩组成。定位桩可用木桩或钢筋混凝土管桩,导框多用型钢组成,对小型矩形基坑如果木料方便也可用方木制作。浅基多用矩形及木导框,中等深度基坑多用圆形及型钢导框。矩形及单层圆形钢板桩平面结构见图 3-3-13。

a) 矩形钢板桩围堰　　　　　　　　　　　b) 圆形钢板桩围堰

图 3-3-12　钢板桩围堰

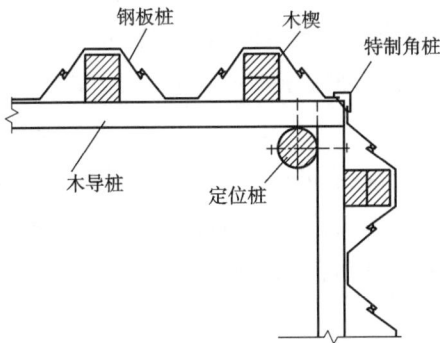

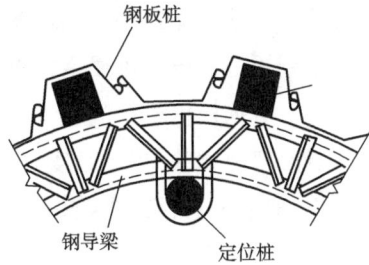

a) 矩形钢板围堰　　　　　　　　　　　b) 单层圆形钢板桩围堰

图 3-3-13　钢板桩围堰平面结构

当水深和流速较大时,须采用双层围堰,在双层围堰的夹层中间一般填黏土,特殊情况下,在夹层下部灌注水下混凝土,用以提高防渗能力。双层围堰示意图见图 3-3-14。

在钢板桩围堰的施工中,多用槽型钢板桩。在施工钢板桩围堰时,围堰顶面比施工期间可能出现的最高水位高出 0.5m 以上。围堰内侧工作面的大小,要满足基坑顶边缘之间要保留不小于 1.0m 的距离。当陆地基坑开挖基坑较深,坑壁土质不良,渗水量大,边坡(坑壁)容易坍塌,则围堰内侧坡脚至基坑顶边缘的距离适当增大,确保安全。同时,钢板桩的入土深度及是否使用支撑,要通过检算进行确定。

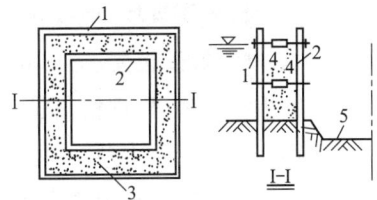

图 3-3-14　双层围堰示意图

1-外壁;2-内壁;3-填土;4-锚系杆;5-基坑

1) 钢板桩的施工特点

(1) 施工快速,可大幅缩短工期;

（2）互换性、止水性好；

（3）通过改变钢板桩的断面形状和长度，能使其适应不同地质、深度、支护结构的要求，同时使整个支护结构更加经济合理；

（4）基坑施工占地面积小，污染小，环保。

2）一般要求

（1）钢板桩的设置位置要符合设计要求，便于施工，即在基础最突出的边缘外留有支模、拆模的余地；

（2）钢板桩的平面布置形状应尽量平直整齐，避免不规则的转角，以便标准钢板桩的利用和支撑设置；

（3）整个基础施工期间，在挖土、吊运、绑扎钢筋、浇筑混凝土等施工作业中，严禁碰撞支撑，禁止任意拆除支撑，禁止在支撑上任意切割、电焊，也不应在支撑上搁置重物。

3）钢板桩的检验、吊装、堆放

（1）钢板桩的检验

一般有材质检验和外观检验，对不符合要求的钢板桩进行矫正，以减少打桩过程中的困难。

①外观检验。包括表面缺陷、长度、宽度、厚度、端部矩形比、平直度和锁口形状等项内容。原则上要对全部钢板桩进行外观质量检查。

②材质检验。对钢板桩母材的化学成分及力学性能进行全面试验。包括钢材的化学成分分析，构件的拉伸、弯曲试验，锁口强度试验和延伸率试验等项内容。每一种规格的钢板桩至少进行一个拉伸、弯曲试验，每20~50t重的钢板桩应进行两个试件试验。

（2）钢板桩吊运装卸

钢板桩宜采用两点吊装的方法进行操作。吊运时，每次吊起的钢板桩根数不宜过多，并应注意保护锁口避免损伤。吊运方式有成捆起吊和单根起吊，成捆起吊通常采用钢索捆扎，而单根吊运常用专用的吊具。

（3）钢板桩堆放

钢板桩堆放的地点，要选择在不会因压重而发生较大沉陷变形的平坦而坚固的场地上，并便于运往打桩施工现场，堆放时应注意以下几点：

①堆放的顺序、位置、方向和平面布置等应考虑到以后的施工方便；

②钢板桩按型号、规格、长度分别堆放，并在堆放处设置标牌说明；

③钢板桩应分层堆放，每层堆放数量一般不超过5根，各层间要垫放枕木，垫木间距一般为3~4m，且上、下层垫木应在同一垂直线上，堆放的总高度不宜超过2m。

4）钢板桩插打

钢板桩插打关系到施工止水和安全，是工程关键工序之一，在插打中要注意以下要求。

（1）钢板桩插打前应设置测量观测点，控制其插打位置。

（2）钢板桩在插打前，其锁口宜采用止水材料捻缝，防止在插打过程中漏水。

（3）插打钢板桩应有导向装置,应能保证桩的位置准确。插打顺序应按既定的施工技术方案进行,并宜从上游开始分两头向下游方向合龙,见图3-3-15。插打时应随时检查其位置和垂直度是否准确,不符合要求的应立即纠正或拔起重新插打。插打完成后所有钢板桩的锁口均应闭合。

（4）同一围堰内采用不同类型的钢板桩时,宜将不同类型桩的各半拼焊成一根异形钢板桩,分别与相邻桩进行连接。接长的钢板桩,其相邻桩的接头位置应上下错开。

图3-3-15为钢板桩插打次序示意图,图3-3-16为钢板桩插打立面示意图。

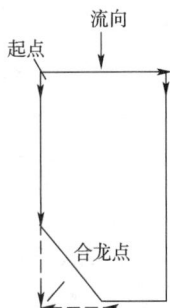

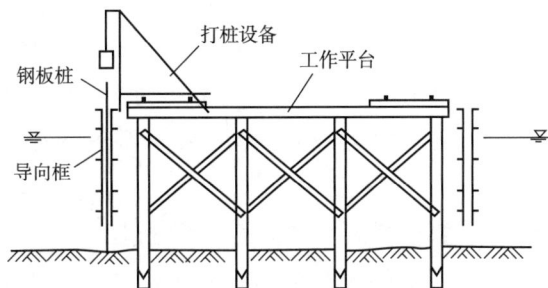

图3-3-15　钢板桩插打次序示意图　　　图3-3-16　钢板桩插打立面示意图

5）钢板桩的拔除

基坑回填后,要拔除钢板桩,以便重复使用。拔除钢板桩前,应仔细研究拔桩方法顺序和拔桩时间及土孔处理。否则,由于拔桩的振动影响,以及拔桩带土过多会引起地面沉降和移位,会给已施工的地下结构带来危害,并影响临近原有建筑物、地下管线的安全,设法减少拔桩带土十分重要,目前主要采用灌水、灌砂措施。

（1）拔桩方法

可采用振动锤拔桩。利用振动锤产生的强迫振动,扰动土质,破坏钢板桩周围土的黏聚力以克服拔桩阻力,依靠附加起吊力的作用将其拔除。

（2）拔桩注意事项

①拔桩起点和顺序。

对封闭式钢板桩墙,拔桩起点应离开角桩5根以上。可根据沉桩时的情况确定拔桩起点,必要时也可用跳拔的方法。拔桩的顺序最好与打桩时相反。

②振打与振拔。

拔桩时,可先用振动锤将板桩锁口振活以减小土的黏附,然后边振边拔。对较难拔除的板桩,可先用柴油锤将桩振下100～300mm,再与振动锤交替振打、振拔。

— — — — — — — — — — — — 　小　　结　　— — — — — — — — — — — —

本项目学习了承台的概念、作用、分类、特点及适用条件,重点讲述承台施工图的识读、承台施工工艺流程,在承台施工中每道工序施工方法。详细地介绍了钢板桩围堰施工的整个过程。

【知识拓展】向莆铁路大樟溪台口特大桥

向莆铁路大樟溪台口特大桥16号承台的河床漂石层地质,创新性采用地下土围堰,成功地完成了低桩承台施工,使土围堰应用范围得到进一步发展,值得在同类工程中推广应用。

1. 工程概况

新建向莆铁路大樟溪台口特大桥,全长732.805m,其跨度由 24×2m + 12×32m + 48m + 80×2m + 48m + 24m 的T梁和连续刚构组成,主桥最大跨度为80m悬灌连续梁。该桥的16号主桥墩位于旱季河岸边,基础采用11根ϕ2.0m钻孔桩基础,承台尺寸为16m×11.8m×4m,承台顶面高程为9.361m。该承台安排在10月中旬至12月的枯水季节施工,受上游发电站影响,施工水位在11.13~12.8m波动,承台位置原地面一半为陆地、一半在水中,最大水深2.5m。

16号墩钻孔桩地质柱状图(见图3-3-17)显示,该承台主要位于河床漂石层中,部分承台底侵入基岩。漂石层最厚为5.2m,粒径为5~50cm,经过采砂船采砂后空隙较大,地下水与河水连通、有水流动。

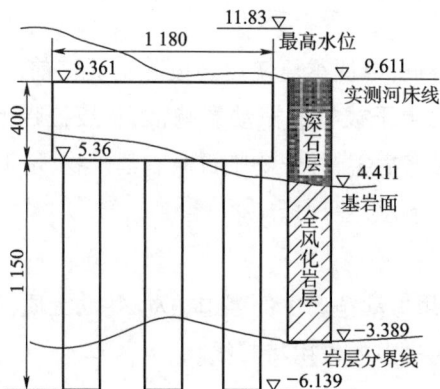

图3-3-17 16号墩承台结构及地质柱状图(尺寸单位:cm;高程单位:m)

2. 承台施工方案选择

桥梁水中承台施工,必须进行围水止水,变水中为陆地,而漂石层的围水止水是相当困难的特殊地质。根据承台位置的实际地质和水文情况,分析比较多种围水止水方案:因漂石粒径较大,钢板桩、钢管桩都不能打入基岩;沉井又难以下沉且施工成本较大;高压旋喷桩止水帷幕因漂石空隙大且有动态水难以固结成型。

在多种常用的水中低桩承台施工方案被否定后,经深入研究,创造性地采用了地下土围堰施工方案,即在承台四周拉槽开挖至基岩,然后在槽内回填黏土止水,最后放坡开挖基坑,并对基坑边坡进行加固,抽排基坑内积水后施工承台和水下部分墩身。

3. 地下土围堰设计

地下土围堰设计时需要综合考虑承台施工作业空间和基坑内集水坑尺寸及位置、填土坑槽和承台基坑的边坡稳定性、围堰顶高程、最小填土厚度等参数。

基坑坡脚比承台宽1.5m(靠河侧设置集水坑,比承台大2.5m),满足承台施工、排水和基坑边坡防护需要。经原位试挖,确定填土坑槽的边坡自然稳定坡率为1:0.5;为确保承台基坑边坡稳定,将其坡率设计为1:1,并用土袋加钢花管加固防护;钢花管采用3m长的$\phi42$钢管四周开孔形成,打设间距1.5m×1.5m。围堰顶高程大于最高施工水位0.5m,确定为13.30m。围堰坑槽靠承台的边坡面铺设土工布,防止围堰渗流;最小填土厚度1.5m,满足用长臂挖掘机开挖坑槽最小尺寸。根据地面到基岩面的高差计算确定地面开挖宽度和位置,挖槽中心线总长度142m。地面以上填筑至13.30m高程,堰顶宽度5m,适合大型机械作业。

4. 地下土围堰施工工艺和方法

1)施工工艺

施工准备→场地平整→测量放样→拉槽施工→铺设土工布→填筑围堰→开挖基坑→排水、加固边坡→承台施工→墩身施工→基坑回填。

2)施工方法

(1)平整场地,水中部分用砂卵石填出水面约0.5m。进行测量放样,用石灰线标示出开挖位置。

(2)采用长臂挖掘机开挖漂石层至基岩面形成回填坑槽,并将坑槽底部漂石、砂卵石等清理干净。

(3)沿坑槽内侧边坡满铺土工布,土工布搭头0.5m以上;土工布尽量贴紧边坡,其底部抛填土袋压紧、顶部翻至地面2m。

(4)坑槽成型后,从靠岸侧向河边、从上游向下游,依次回填优质黏土。填土用自卸汽车倾填,装载机或推土机推进并碾压密实,需连续填筑。整个坑槽填筑高出水面1m后,再填筑至设计高程。为防河水冲刷,地面以上的围堰外侧采用隧道弃渣堆码防护。

(5)设置集水坑用抽水机排干基坑内外积水,分层放坡开挖承台基坑,挖掘机不能清除的基坑底部基岩体,采用松动爆破直立开挖。

(6)人工修整边坡,顺坡堆码土袋至基坑顶。风钻打孔安设钢花管,并间歇压注水泥水玻璃砂浆使钢管和漂石固结在一起。在土袋表面用$\phi12$光圆钢筋纵横交错焊固在钢花管上稳定边坡。

(7)按常规施工方法依次破除桩头、施工承台和墩身。墩身出水面后,停止抽水,用基坑开挖弃渣回填基坑。

该桥16号墩施工过程中围堰体基本无渗漏水现象,基坑内仅有45m³/h的基岩裂隙水。实践证明,采用地下土围堰施工河床漂石层中的低桩承台,具有施工工艺简单、工期短、成本低等优点,值得在类似工程施工中推广应用。

【学习效果评价】

一、多选题

桥梁承台检查项目有(   )。

A. 混凝土强度   B. 竖直度   C. 尺寸

D. 顶面高程   E. 轴线偏位

二、综合题

1. 简述承台施工工艺。

2. 桩基检测常用方法有哪些?

3. 根据图3-3-4承台钢筋布置图,核对钢筋数量,并计算该承台混凝土量。

4. 某桥梁3号墩为桩承式结构,承台体积约为200m³,承台基坑开挖深度为4m,原地面往下地层依次为0~50cm腐殖土,50~280cm黏土,其下为淤泥质土,地下水位处于原地面以下100cm。根据桥墩的水文地质,施工单位在挖除承台底层松软土、换填10~30cm厚砂砾土垫层,使其符合基底的设计高程并整平后,即立模灌筑承台混凝土。施工方为保证承台立模及混凝土浇筑所采取的措施有哪些不完善之处?

单元4 桥墩与桥台

摘要:本单元重点介绍桥墩与桥台的构造和常用施工方法,使学生具备正确识读墩台施工图和根据施工图及相关要求合理选用施工方法的能力。

素质目标:通过典型墩台施工案例,培育学生刻苦钻研的精神,提高学生分析和解决桥梁施工中技术问题的能力;结合行业发展现状,培养学生终身学习、开拓创新、自我成长的能力;教育学生严谨的工作作风和扎实的专业能力是工程顺利进展的保障,也是个人职业发展的支撑;引导学生树立"安全第一、生命至上"的思想。

学习项目1 桥墩构造及施工图识读

学习目标:掌握桥墩的作用、组成和分类;桥墩的主要形式,各种桥墩的构造特点和适用条件。

能力目标:能够根据桥墩的构造特点,正确分析各种桥墩的适用条件。

学习指导:多结合一些工程实例学习。

引言

桥墩一般是指多跨桥梁的中间支承结构物,是桥梁的重要组成部分。它将相邻两孔的桥跨结构连接起来。支承相邻的桥跨结构,使之保持在一定的位置上,并将桥跨结构传来的荷载和它本身所受的荷载一起传给下面的地基。

桥墩的施工,在整个桥梁施工中占有重要的地位,它直接影响到整个桥梁建设的质量、速度和费用。

本章将从墩台构造、墩台定位测量、就地浇筑混凝土墩台施工、支座安放、附属工程施工等几方面进行介绍。

学习情境1.1 桥墩构造

1.1.1 梁桥桥墩构造

1)实体式(重力式)桥墩

重力式桥墩也称实体式桥墩,见图4-1-1。这种桥墩主要靠自身的质量来平衡外力,从而保证桥墩的稳定。

其墩身较为厚实,一般用C30或C35混凝土浇筑,或用块石和料石浆砌,也可以用混凝土预制块砌筑。因其整体刚度大,抗倾覆性能以及承重性能好。主要适用于地基良好的大、中型桥梁,或流冰、漂浮物较多的河流中。

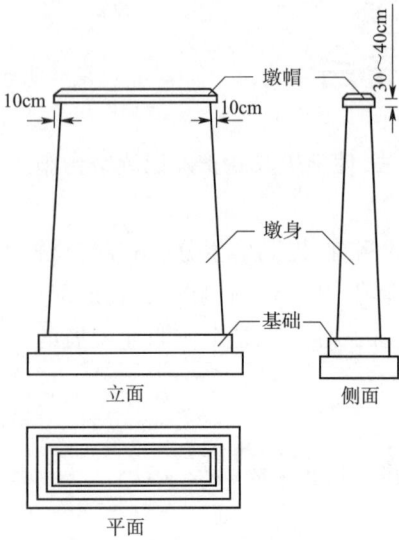

图 4-1-1　实体式桥墩

其缺点是圬工体积较大,增加阻水面积,质量大,对地基承载力要求高。为此,宜采用配置有钢筋混凝土悬臂式墩帽的实体墩形式(见图 4-1-2a),以减少墩身的平面尺寸。为了节省圬工,也可适当挖空墩身面积,如图 4-1-2b)所示。

2)桩(柱)式桥墩

桩柱式桥墩是公路桥梁广泛采用的桥墩形式,一般由柱式墩身和盖梁组成。此类桥墩常采用的形式如下:在灌注桩顶设置承台,然后在承台上设立柱(见图 4-1-3a);或在浅基础上设立柱(见图 4-1-3b);为了增强墩柱间抗撞击的能力,在两柱中间加做隔墙(见图 4-1-3c);当桥墩较高时,也可以把水下部分做成实体式,水上部分仍为柱式(见图 4-1-3d);单柱式桩墩(见图 4-1-3e);等截面双柱式桩墩(见图 4-1-3f);变截面双柱式桩墩(见图 4-1-3g)。

这种桥墩的优点是能减轻墩本身重力,节约圬工材料,施工便利,速度快,工程造价低廉,且桥下空间宽敞,视野开阔,外形轻巧又较美观,是公路桥、城市桥及立交枢纽工程中应用较为广泛的桥墩形式。如图 4-1-4 所示桥梁,即采用了双柱式桥墩形式。

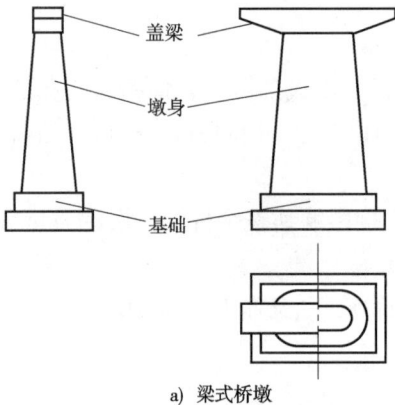

a) 梁式桥墩　　　　　　　　b) 空腹式墩身

图 4-1-2　实体式(重力式)桥墩形式

3)钢筋混凝土薄壁空心墩

薄壁空心墩是采用强度高、墩身壁较薄的钢筋混凝土构件,其最大的特点是大幅消减了墩身圬工体积和墩身自重,减小了地基负荷,因而适用于桥梁跨径较大的高墩和软弱地基桥墩。

常见的空心桥墩如图 4-1-5 和图 4-1-6 所示。图 4-1-7 为施工中的空心桥墩。

空心桥墩在构造上应遵循下列规定:

(1)墩身壁厚,对于钢筋混凝土为 30 ~ 50cm;

(2)其构造除应满足部分镂空桥墩规定外,为了降低薄壁墩身内外温差或避免冻胀,应在墩身周围设置适当的通风孔与泄水孔;

（3）为了保证墩壁稳定和施工方便，应按适当间距设置水平横隔板，对于 40m 以上的高墩，按 6～10m 的间距设置横隔板；

（4）墩顶实体段高度不小于 1.0m。

主筋按计算配筋，一般配筋率在 0.5% 左右，并应配置承受局部应力或附加应力的钢筋。

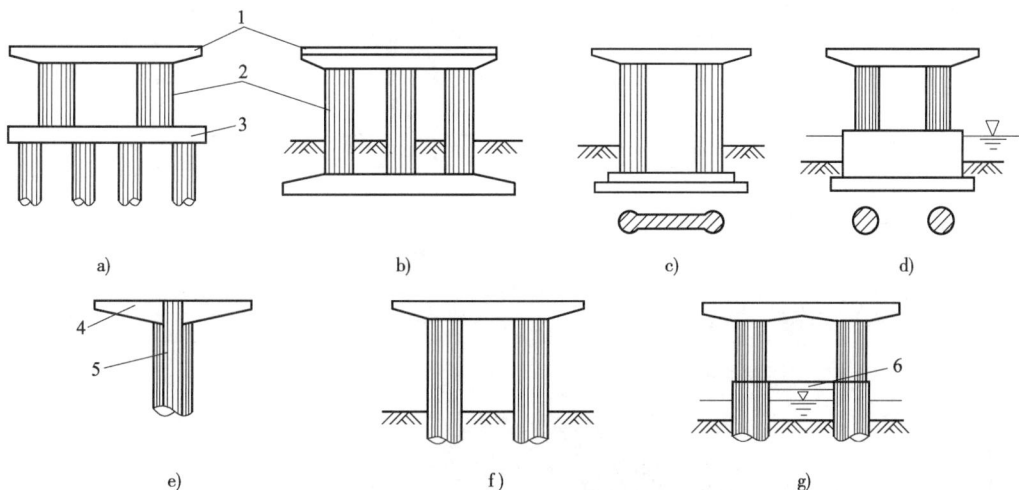

图 4-1-3　桩（柱）式桥墩

1-盖梁；2-立柱；3-承台；4-悬臂盖梁；5-单立柱；6-横系梁

图 4-1-4　双柱式桥墩

桥墩

4）框架式桥墩

框架式桥墩既要考虑墩身的轻巧，又要考虑能有利于上部结构的受力，以达到造价与性能的最优比；另一方面还要将结构上的轻巧合理与艺术造型上的美观统一起来，给人以艺术和美的享受。综合以上因素创造出 V 形、Y 形桥墩等（见图 4-1-8、图 4-1-9）。

V 形框架式桥墩斜撑与水平面的夹角，依桥下净空要求或总体布置确定，通常采用大于45°的角。斜撑的截面形式可采用矩形、工字形和箱形等。V 形框架式桥墩的支座可布置在 V 形斜撑的顶部或底部。当支座布置在斜撑的顶部，斜撑是桥墩的一个组成部分；当支座布置在斜撑的底部，或采取斜撑与承台刚接而不设支座时，斜撑与主梁固接，斜撑成为上部结构的一个组成部分，其受力大小依结构的图式和主梁与斜撑的刚度比确定。

X 形、Y 形框架式桥墩的结构特点与 V 形框架式桥墩类似。图 4-1-10 为某施工中的 Y 形桥墩。

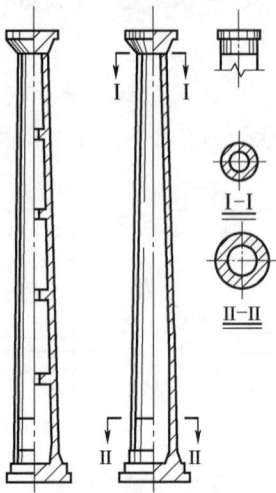

图 4-1-5 圆形空心桥墩　　　　　图 4-1-6 矩形空心桥墩(尺寸单位:m)

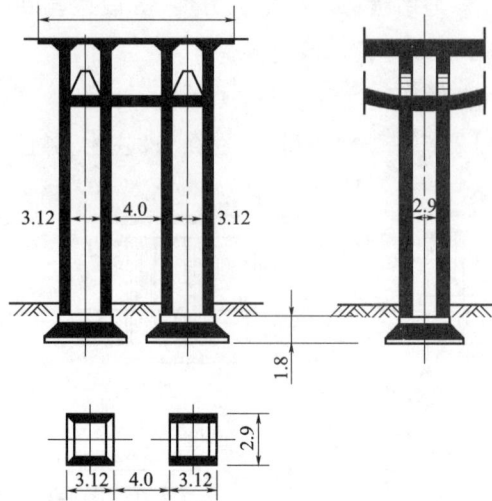

图 4-1-7 施工中的空心墩

图 4-1-8 采用 V 形墩的某刚构桥

5) 柔性排架桩墩

柔性排架桩墩是由单排或双排的钢筋混凝土桩与钢筋混凝土盖梁连接而成,其主要特点是可以通过一些构造措施,将上部结构传来的水平力(制动力、温度作用等)传递到全桥的各个柔性墩台或相邻的刚性墩上,以减小单一柔性墩所受到的水平力,从而达到减小墩身截面的目的。

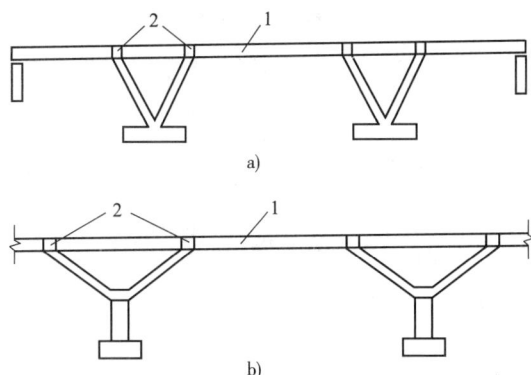

图 4-1-9　V 形桥墩和 Y 形桥墩

1-预制梁;2-接头

柔性排架桩墩一般布设在两端具有刚性较大桥台的多跨桥中,同时在全桥除一个中墩上设置活动支座外,其余墩台均采用固定支座(见图 4-1-11)。由于柔性墩在布置上只设一个活动支座,当桥梁孔数较多且桥较长时,使柔性墩固定支座的墩顶位移量过大而处于不利状态,活动支座的活动量增大,刚性桥台的支座所受的水平力也增大。因此,多跨长桥采用柔性墩时宜分成若干联,两个活动支座之间或刚性台与第一个活动支座间称为一联。每联设置一个刚性墩(台),刚性墩宜布置在地基较好和地形较高的地方。

图 4-1-10　某施工中的 Y 形桥墩

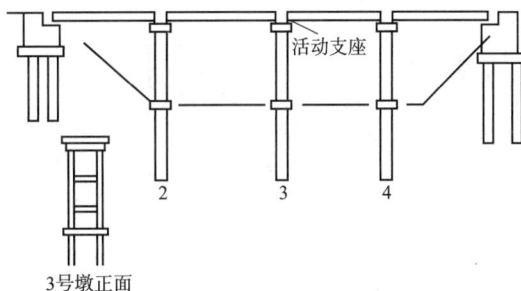

图 4-1-11　柔性墩的布置

柔性排架桩墩多用于墩高为 5.0 ~ 7.0m,跨径 16m 以下,桥长 50 ~ 80m 的中小型桥中。不宜用于山区河流或漂流物严重的河流。

1.1.2　拱桥桥墩

拱桥桥墩通常采用实体式(重力式)和桩(柱)式墩,它与梁桥桥墩不同之处是:拱是推力结构,它给予桥墩(台)以较大的水平推力;桥墩的相对水平位移将给拱桥以较大的附加内力,因而拱桥桥墩(台)对地基的要求比梁桥要高。

1)重力式桥墩

拱桥重力式桥墩,其形式基本上和梁桥重力式桥墩相仿,由墩帽、墩身、基础三部分组成。因为拱墩承受较大的水平推力,所以,拱桥重力式桥墩的顺桥向宽度尺寸比梁桥大,墩壁坡度比梁桥缓。同时,墩帽顶部做成斜坡,尽量考虑设置成与拱轴线正交的拱座。

2)桩柱式桥墩

拱桥柱式桥墩和桩柱式桥墩与梁桥基本相同,但由于拱桥桥墩承受较大的水平推力,柱和桩的直径要比梁桥大,根数也比梁桥多,而且在盖梁上还需设置拱座用以支承拱圈。拱桥桩柱式桥墩一般采用单排桩,跨径在 40 ~ 50m 的高墩,可采用双排桩,在桩顶设置承台,与墩柱连成整体。如果墩柱与桩直接连接,则应在接合处设置横系梁;如果柱高于 8m,还应在柱的中部设置横系梁。

3)单向推力墩

多孔拱桥在采用桩柱式桥墩时,应每隔 3 ~ 5 孔设置单向推力墩。其形式应根据单向推力的大小、基础的形式、埋置深度等因素,因地制宜地选择,目前常用的有以下几种形式。

(1)普通柱墩加设斜撑及拉杆式单向推力墩(见图 4-1-12)

这种墩的特点是在普通柱墩的墩柱上,从两侧对称地增设钢筋混凝土斜撑和水平拉杆,接头处只承受压力不承受拉力,这种形式适用于桥墩不太高的旱地上。

(2)悬臂式单向推力墩(见图 4-1-13)

悬臂式单向推力墩是在桥墩的顺桥向双向挑出悬臂。当相邻孔遭到破坏后,由于悬臂端的存在,使拱支座竖向反力通过悬臂端而成为稳定力矩,保证了单向推力墩不致遭到破坏。

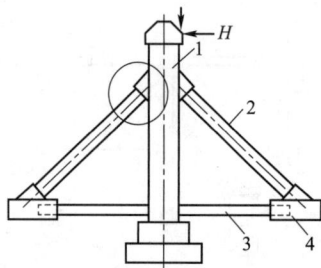

图 4-1-12　普通柱墩加设斜撑及水平拉杆式单向推力墩
1-立柱;2-斜撑;3-拉杆;4-基础板

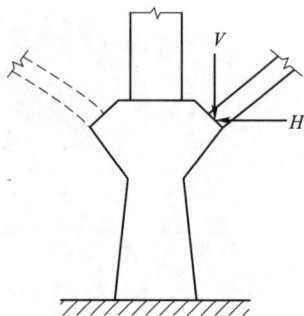

图 4-1-13　悬臂式单向推力墩

(3)实体单向推力墩

当桥墩较矮及单向推力不大时,只需要加大实体墩身的尺寸即可。

学习情境1.2　桥墩施工图识读

1.2.1　桥墩的表达

表示桥墩的图样有桥墩构造图、桥墩钢筋布置图和桥墩柱顶系梁钢筋布置图(如有系梁)。

1)桥墩构造图

图 4-1-14 为某公路桥梁的桥墩构造图,由立面图、侧面图、平面图、桥墩工程数量表和桥墩高程及高度表组成。

(1)立面图

在桥墩构造图中,顺着线路方向投影而得的图形称为立面图。

立面图是桥墩的外形图,它表示桥墩的正面形状和尺寸。

(2)侧面图

在桥墩构造图中,垂直于线路方向投影而得的图形称为侧面图。

侧面图表示桥墩侧面的形状和尺寸,以及桥墩各部分所用的材料。

(3)桥墩工程数量表

表示建造图中所示桥墩需要的材料数量。

(4)桥墩高程及高度表

表示图中所示桩号桥墩的高程及高度。

2)桥墩钢筋布置图

图 4-1-15 为桥墩墩身(墩柱)钢筋布置图。

桥墩钢筋布置图由桥墩钢筋立面、钢筋网立面、钢筋网平面、钢筋大样图及截面图组成,主要表示桥墩的钢筋布置。另外,还有桥墩墩柱材料数量表,表示图中所示桩号桥墩的钢筋工程量。

3)桥墩柱顶系梁钢筋布置图

桥墩柱顶系梁钢筋布置图由立面图、平面图、钢筋大样图、截面图组成。

1.2.2　桥墩构造图的识读

由图 4-1-14 所示的桥墩图中,可以了解桥墩的形状和各部分尺寸大小。

读图时首先看标题栏和说明。从标题栏中可看到本图表示的构件名称;从说明中可得知桥墩的尺寸单位、施工技术要求等。

图 4-1-14 表示的是有系梁的圆柱形桥墩,图中尺寸单位是"cm"。要弄清楚安排了哪些视图,按照投影关系及形体分析方法,逐步读懂各部分的形状、尺寸大小及所用材料等。

由立面图可知,为增加桥墩的刚度,两个桥墩之间加了三道系梁,系梁高度 120cm。两个桥墩高度分别为 h_1 和 h_2。

由平面图可知,桥墩横截面是圆形,两个桥墩圆心距为 600cm,系梁宽度为 100cm。

由立面图和侧面图可知,桥墩直径 140cm。

1.2.3　桥墩钢筋布置图的识读

由图 4-1-15 所示的桥墩墩身(墩柱)钢筋布置图中,可以了解桥墩钢筋布置情况。

(1)N1 为桥墩主筋,单根长度为 $h+116$cm(其中 h 为平均墩高,具体数值见图 4-1-15 中"桥墩墩柱材料数量表"),"28 Φ25"表示钢筋直径 25mm,根数 28 根(一个桥墩),Φ表示钢筋

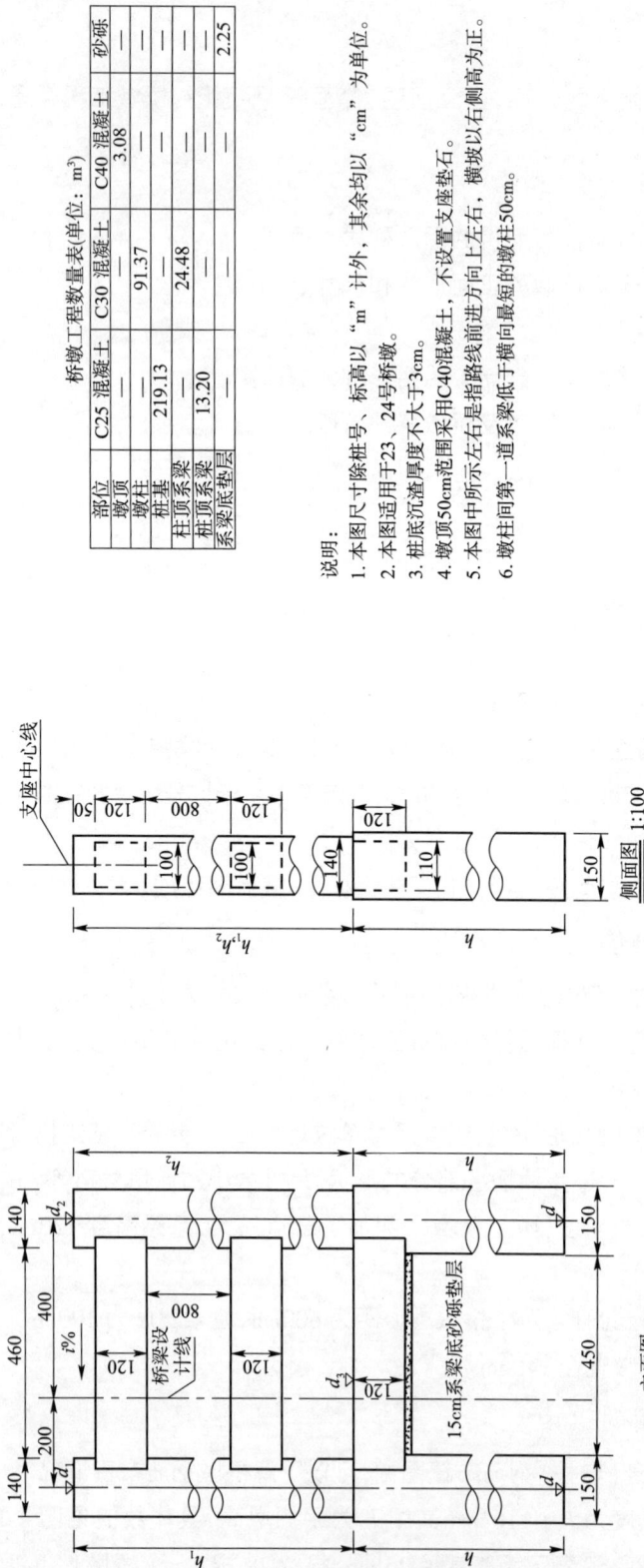

桥墩工程数量表(单位：m³)

部位	C25 混凝土	C30 混凝土	C40 混凝土	砂砾
墩顶	—	—	3.08	—
墩柱	219.13	91.37	—	—
桩基	—	—	—	—
柱顶系梁	13.20	24.48	—	—
系梁底垫层	—	—	—	2.25

说明：
1. 本图尺寸除桩号、标高以"m"计外，其余均以"cm"为单位。
2. 本图适用于23、24号桥墩。
3. 桩底沉渣厚度不大于3cm。
4. 墩顶50cm范围内采用C40混凝土，不设支座垫石。
5. 本图中所示左右是指路线前进方向上左右，横坡以右侧高为正。
6. 墩柱间第一道系梁低于横向最短的墩柱50cm。

支座中心线

侧面图 1:100

立面图 1:100

桥墩高程及高度表

桩号	横坡(%)从右向左(+)	左墩顶高程 d_1(m)	右墩顶高程 d_2(m)	系梁顶高程 d_3(m)	左墩高度 h_1(m)	右墩高度 h_2(m)	平均高度(m)	桩底标高(m)	桩基长度 h(m)	桩尖地质
23	−4.00%	22.095	21.855	6.531	15.564	15.324	15.444	−24.469	31.0	桩尖进入弱风化花岗岩1.0m
24	−4.17%	21.774	21.529	6.415	15.359	15.114	15.237	−24.585	31.0	桩尖进入弱风化花岗岩1.0m

路线前进方向

墩横向轴线

平面图 1:100

15cm系梁底砂砾垫层

桥梁设计线

图 4-1-14 桥墩构造图

桥墩墩柱材料数量表

墩号	平均墩柱高h(m)	墩柱个数	a(cm)	b(cm)	钢筋编号	直径(mm)	单根长(cm)	根数	共长(m)	重量(kg)
23	15.444	2	64	15.4	1	Φ25	1 660.4	56	929.824	3 582.95
					2	Φ25	398.2	16	63.71	245.48
					3	φ8	40 898.8	2	826.24	326.02
24	15.237	2	63	14.7	1	Φ25	1639.7	56	918.232	3 538.28
					2	Φ25	398.2	16	63.71	245.48
					3	φ8	40 898.8	2	817.98	322.76

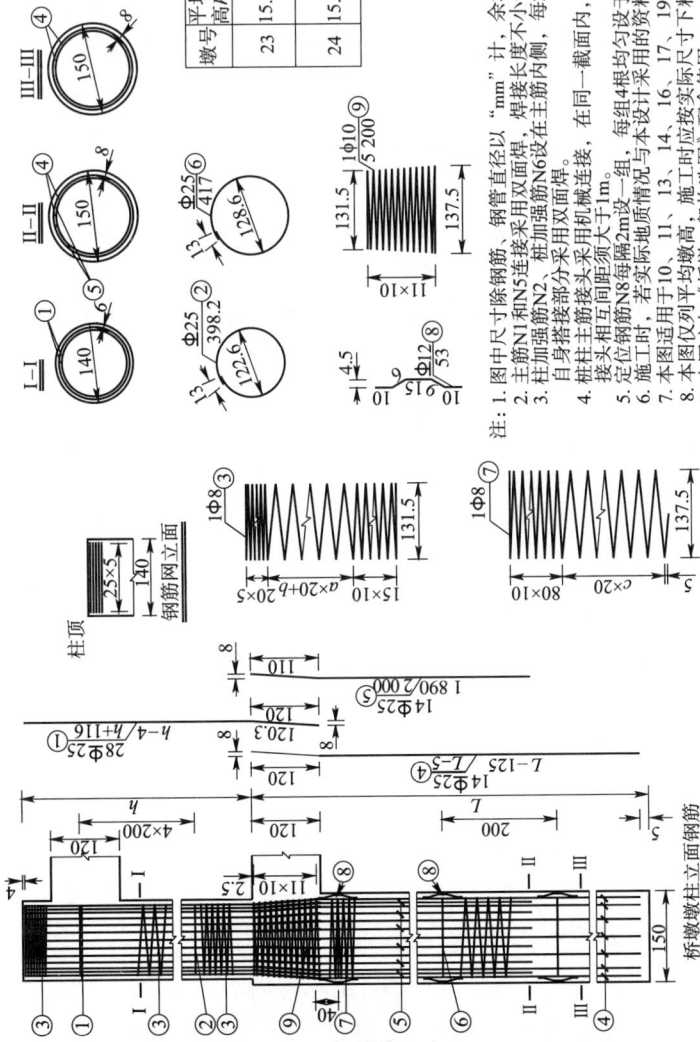

注：1. 图中尺寸除钢筋、钢管直径以"mm"计，余均以"cm"为单位，比例1：50。
2. 主筋N1和N5连接采用双面焊，焊接长度不小于钢筋直径5倍。
3. 柱加强筋N2、桩加强筋N6设在主筋内侧，每2m一道，在主筋接头处应设置两道，自身搭接部分采用双面焊。
4. 桩柱主筋接头采用机械连接，在同一截面内，钢筋接头数量不得超过钢筋总数的1/2，接头相互间距所需大于1m。
5. 定位钢筋N8每隔2m设一组，每组4根均匀设于桩基加强筋N6四周。
6. 本图施工时，若实际地质情况与本设计采用的资料不符，应及时反馈设计单位进行变更设计。
7. 本图适用于10、11、13、14、16、17、19~21、23~25、27~29号桥墩。
8. 施工时平均墩高，施工时应按实际尺寸配合使用。
9. 本图应与《桥墩一般构造图》配合使用。

图4-1-15　桥墩墩柱钢筋布置图

型号为 HRB335。

（2）N2 为加强箍筋，设在主筋内侧，每 2m 一道，直径 25mm，单根长度 398.2cm，根数 8 根（一个桥墩），钢筋型号为 HRB335，用 Φ 表示。

（3）N3 为螺旋箍筋，直径 8mm，单根长度 40 898.8cm，根数 1 根（一个桥墩），钢筋型号是 HPB235，用 φ 表示。

桥墩钢筋工程量见"桥墩墩柱材料数量表"。

1.2.4　桥墩柱顶系梁钢筋布置图的识读

由图 4-1-16 所示的桥墩柱顶系梁钢筋布置图中，可以了解系梁钢筋布置情况。

（1）N1 为主筋，单根长度 690cm，"32 Φ 25"表示 32 根直径 25mm 的 HRB335 钢筋，Φ 表示钢筋型号是 HRB335。

（2）N2 为箍筋，单根长度 450cm，"48 Φ 12"表示 48 根直径 12mm 的 HRB335 钢筋，Φ 表示钢筋型号是 HRB335。

具体钢筋布置情况，可见图墩柱顶系梁中"一个桥墩系梁材料数量表"。

-------------------- 小　　结 --------------------

本学习项目主要介绍了梁桥桥墩和拱桥桥墩的类型、构造特点及适用情况。梁式桥墩分为重力式桥墩、桩柱式桥墩、钢筋混凝土薄壁空心墩、框架式桥墩和柔性排架桩墩；拱桥桥墩分为重力式桥墩、桩柱式桥墩和单向推力墩，其中单向推力墩又包括普通柱墩加设斜撑及拉杆式单向推力墩、悬臂式单向推力墩和实体单向推力墩。

【学习效果评价】

一、选择题

1. 关于梁桥桥墩，以下说法正确的是（　　）。

　　A. 重力式桥墩适用于地基较差的桥梁

　　B. 从桥墩的阻水方面来看，矩形桥墩优于圆形桥墩

　　C. 柱式桥墩常采用盖梁来代替实体式桥墩上的墩帽

　　D. 轻型桥墩的用钢量少于重力式桥墩

2. 下列不属于重力式桥墩的组成部分（　　）。

　　A. 墩帽　　　　　B. 桩柱式　　　　　C. 基础　　　　　D. 墩身

二、综合题

1. 桥墩有什么作用？

2. 重力式桥墩的特点及适用范围是什么？

3. 梁桥桥墩的主要类型有哪几种？各适用于什么条件？

4. 桩柱式桥墩为什么在公路桥梁中广泛应用？

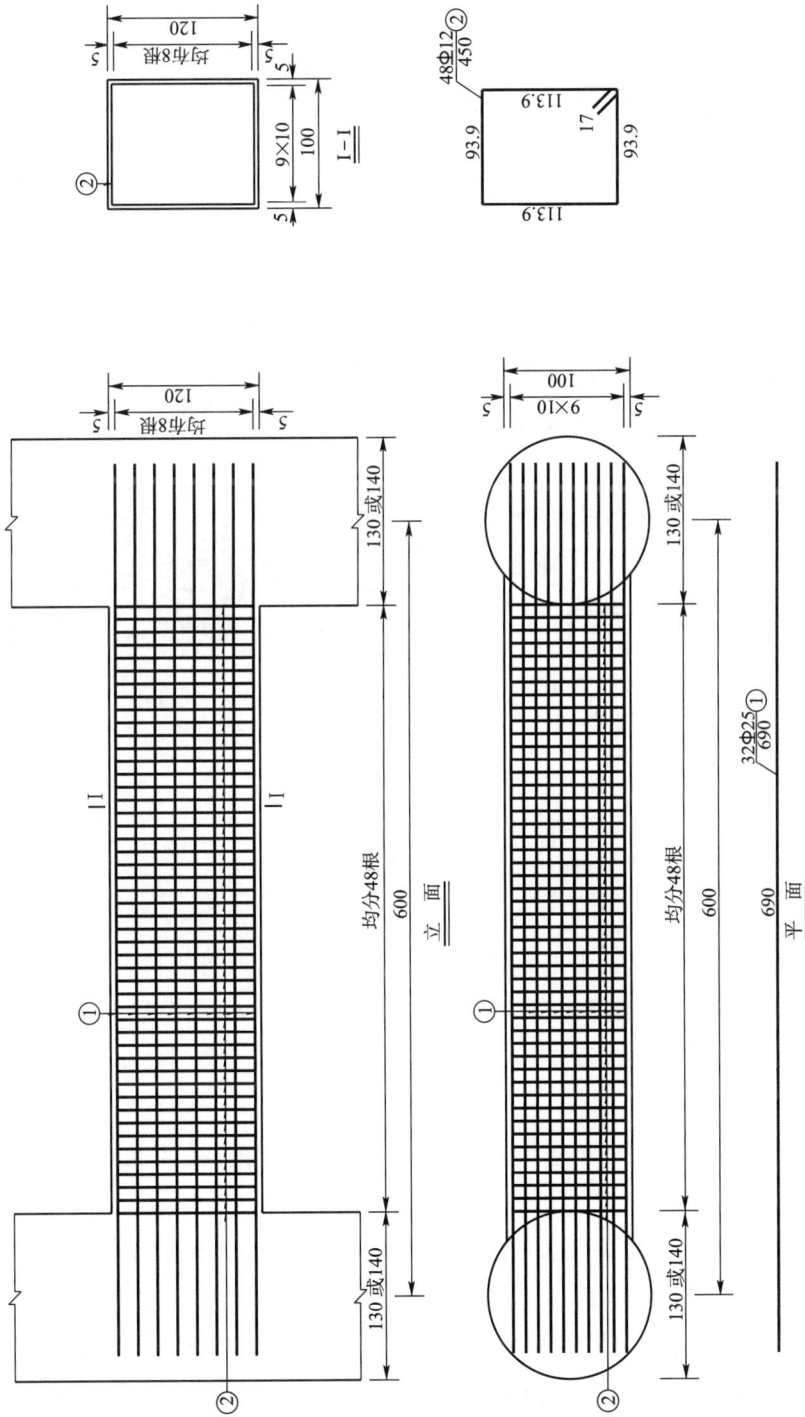

注：
1. 图中尺寸除钢筋直径以"mm"计，余均以"cm"为单位，比例1:36。
2. N1钢筋采用机械连接。
3. 本图适用于19~21、23~25、27~29、31~33、35、36号桥墩。
4. 工程数量合计：HRB335钢筋4 586.46kg。

一个墩系梁材料数量表

编号	直径 (mm)	单根长度 (cm)	根数	共长 (m)	单位重 (kg/m)	总重 (kg)
1	Φ25	690	32	220.8	3.85	850.08
2	Φ12	450	48	216.0	0.888	191.81

图 4-1-16　桥墩柱顶系梁钢筋布置图

学习项目 2　桥台构造及施工图识读

学习目标:掌握桥台的作用、组成和分类;桥台的主要形式,各种桥台的构造和适用条件。

能力目标:能够根据桥台的构造特点,正确分析各种桥台的适用条件。

学习指导:本项目主要介绍桥台的作用、常见类型及适用条件,要多结合一些工程实例来学习。

引言

桥台如图 4-2-1 所示,是指位于桥梁两端并与路基相连接的支承上部结构和承受桥头填土侧压力的构造物。

桥台除具有传递桥梁上部结构的荷载到基础的作用外,还具有抵挡台后的填土压力、稳定桥头路基、使桥头线路和桥上线路可靠而平稳地连接的作用。

图 4-2-1　桥台

学习情境 2.1　桥台构造

2.1.1　梁桥桥台的构造

梁桥桥台的类型有重力式 U 形桥台、桩柱式桥台、轻型桥台等。

1) 重力式 U 形桥台

梁桥重力式 U 形桥台主要依靠自重来平衡台后土压力,从而保证自身的稳定。一般采用圬工材料就地砌筑或浇筑而成。U 形桥台构造简单,基础底面承压面大,应力较小,但圬工体积大,并由于自身重力而增加对地基的压力,一般宜在填土高度不大而且跨径在 8m 以上的桥梁中采用。

重力式 U 形桥台主要由台帽、台身(前墙和侧墙)和基础三部分组成,在平面上呈 U 字形,如图 4-2-2 所示。

前墙除支承上部结构外,还承受路堤填土的水平压力。前墙顶部设置台帽,以放置支座和安设上部构造,其构造要求与墩帽基本相同。台顶部分用防护墙(雉墙)将台帽与填土隔开。

侧墙用以连接路堤并抵御路堤填土向两侧的压力。侧墙的长度可根据锥形护坡的长度确定,侧墙后端应伸入路堤锥坡内 75cm,以防路基填土松坍。尾端上部做成垂直,下部按一定坡度缩短,前端与前墙相连,改善了前墙的受力条件。桥台前墙的下缘一般与锥坡下缘相齐。两个侧墙间应填以透水性较好的土,台内填土内不得有积水,否则会因结冰而冻胀,使得桥台开裂。为了排除桥台后积水,应于侧墙间略高于高水位的平面上铺一层向路堤方向设有斜坡的夯实黏土作为防水层,并在黏土层上再铺一层碎石,将积水引向设于桥台后横穿路堤的盲沟内。桥台两侧设有锥形护坡,锥形护坡一般由纵向为1:1逐渐变至横向为1:1.5,以便和路堤边坡一致。锥坡的平面形状为1/4椭圆。锥坡用土夯筑而成,其表面用片石砌筑。

2)桩柱式桥台

桩柱式桥台(见图4-2-3),桩柱既是基础也是台身,台顶部分由帽梁、两侧耳墙及胸墙组成,适用于地基承载力较低、填土不太高的情况。它在我国公路桥梁中使用较早。

3)轻型桥台

轻型桥台通常用钢筋混凝土或圬工材料砌筑。圬工轻型桥台只限于桥台高度较小的情况,而钢筋混凝土轻型桥台应用范围更广泛。从结构形式上分,轻型桥台有薄壁轻型桥台、支撑梁轻型桥台及框架式轻型桥台。

图4-2-2   重力式U形桥台

1-台帽;2-前墙;3-基础;4-锥形护坡;
5-碎石;6-盲沟;7-夯实黏土;8-侧墙

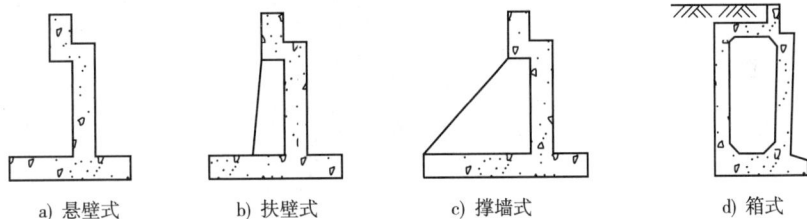

(1)薄壁轻型桥台

薄壁轻型桥台(见图4-2-4)常用的形式有悬壁式、扶壁式、撑墙式和箱式等,其主要特点是,利用钢筋混凝土结构的抗弯能力来减少圬工体积,从而使桥台轻型化。相对而言,悬臂式桥台的柔性较大,钢筋用量较大,而撑墙式和箱式桥台刚度大,但模板用量大。

图4-2-3   桩柱式桥台

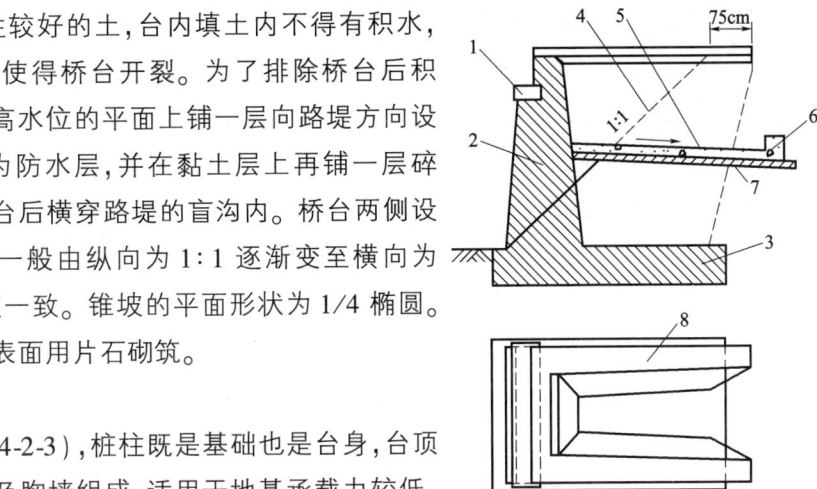

a) 悬壁式   b) 扶壁式   c) 撑墙式   d) 箱式

图4-2-4   薄壁轻型桥台

用得较多的钢筋混凝土薄壁轻型桥台是由扶壁式挡土墙和两侧的薄壁侧墙构成。挡土墙由厚度不小于15cm的前墙和间距为2.5~3.5m的扶壁组成。其顶帽及背墙成L形,并与其下的倒T形竖墙台身及底板连成钢筋混凝土整体结构。

(2)支撑梁轻型桥台

支撑梁轻型桥台用于跨径不大于13m的板(梁)桥,且不宜多于3孔,全长不大于20m。在墩台基础间设置支撑梁,在上部结构与台帽之间设置锚固栓钉连接,使上部结构与支撑梁共同支撑桥台承受台后土压力,减小桥台尺寸,节省圬工数量。其主要特点:利用上部结构及下部的支撑梁作为桥台的支撑,防止桥台向跨中移动或倾覆;整个构造物成为四铰刚构系统,台身按上下铰接支承的弹性地基梁验算。

台帽用钢筋混凝土浇筑,混凝土强度等级不低于 C20,厚度不小于 30cm,并应设 5~10cm 的挑檐。当填土高度较高或跨径较大时,宜采用有台背的台帽。当上部构造不设三角垫层时,可在台帽上做成有斜坡的三角垫层。

上部构造与台帽间应采用栓钉连接,栓钉孔、上部结构与台背之间需用小石子混凝土(强度等级同上部结构)或砂浆(强度等级为 M12)填实。栓钉直径不宜小于上部构造主筋的直径,锚固长度为台帽厚度加上三角垫层和板厚。

台身可用混凝土或浆砌块石砌筑,混凝土强度等级不低于 C15,砂浆强度等级不低于 M5,块石强度等级不低于 MU25。台身厚度(含一字翼墙)块石砌体不宜小于 60cm,混凝土不宜小于 30~40cm,两边坡度为直立。翼墙与桥台设缝分离,翼墙与水流方向成 30°夹角,成为八字形桥台,见图 4-2-5a);或者两边翼墙与桥台连成整体,成为一字形桥台,见图 4-2-5a)。为了节约圬工数量,也可在边柱上设置耳墙,见图 4-2-5b)。为了增加桥台抵抗水平推力的抗弯刚度,也可将台身做成 T 形截面。八字翼墙的顶面宽度,混凝土不宜小于 30cm,块石砌体不宜小于 50cm,端部顶面应高出地面 20cm。

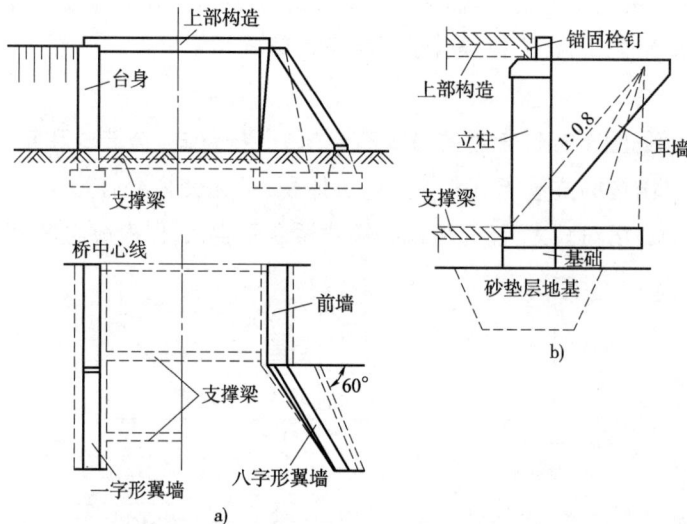

图 4-2-5 一字形、八字形桥台

轻型桥台基础按支承于弹性地基上的梁进行验算,一般用混凝土浇筑。当其长度大于 12m 时,应按构造要求配筋。基础埋置深度一般不小于原地面(无冲刷时)或局部冲刷线以下 1.0m。桥台下端与相邻桥台(墩)之间设置支撑梁,并设在铺砌层及冲刷线之下。支撑梁可用 20cm×30cm 的钢筋混凝土筑成,或用尺寸不小于 40cm×40cm 的混凝土或块石砌筑。支撑梁按基础长度的中线对称布置,其间距 2~3m。当基础能嵌入未风化岩层 15~25cm 时,可不设支撑梁。

(3)框架式轻型桥台

框架式桥台由台帽、桩柱及基础或承台组成,是一种在横桥向呈框架式结构的桩基础轻型桥台。它埋置于土中,所受的土压力较小,适用于地基承载力较低、台身高度大于4m、跨径大于10m的梁桥。其构造形式有双柱式、多柱式、墙式、半重力式和排架式、板凳式。

双柱式桥台(见图4-2-6),当桥较宽时,为减小台帽跨度,可采用多柱式,或直接在桩上建造台帽。为了使桥台填土密实,减少填土沉降,以减小填土对桥台产生的水平推力,常采用先填土,然后再沉桩、浇筑台帽。当填土高度大于5m时,可采用墙式桥台(见图4-2-7)。半重力式桥台与墙式桥台相似,墙较厚,不设钢筋。当水平力较小时,桥台可采用排架式或板凳式,它由台帽、台柱和承台组成。其中柱由两排组成,以形成抗推力偶。排架式桥台见图4-2-8。

图4-2-6　双柱式桥台(尺寸单位:m)

图4-2-7　墙式桥台

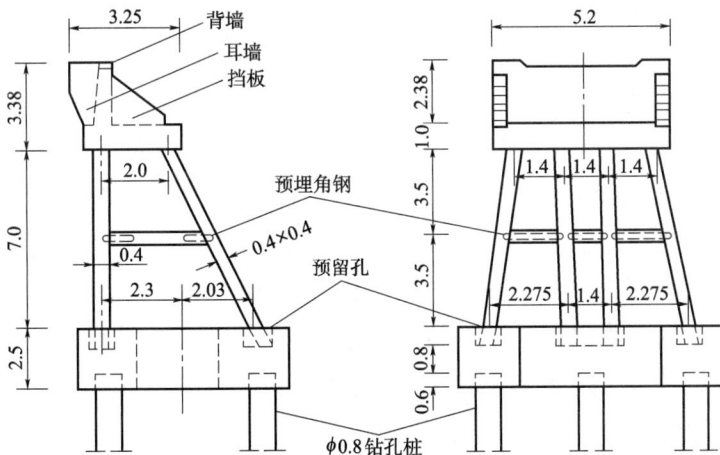

图4-2-8　排架式桥台(尺寸单位:m)

2.1.2　拱桥桥台构造

1）重力式 U 形桥台

重力式 U 形桥台在拱桥桥台中使用非常广泛。同梁桥 U 形桥台一样，拱桥重力式 U 形桥台也由台帽、台身和基础三部分组成，其尺寸拟定也与梁桥基本相同。拱桥 U 形桥台与梁桥 U 形桥台的主要差别在于拱脚截面处前墙顶宽比梁桥桥台前墙宽，可用于抵抗拱桥产生的水平推力。

空腹式拱桥前墙顶部还应设置防护墙（背墙），以挡住路堤填土和支撑腹拱。拱桥桥台前墙背坡的坡度一般为 2:1 ~ 4:1，前坡的坡度为 20:1 ~ 30:1 或直立。

2）组合式桥台

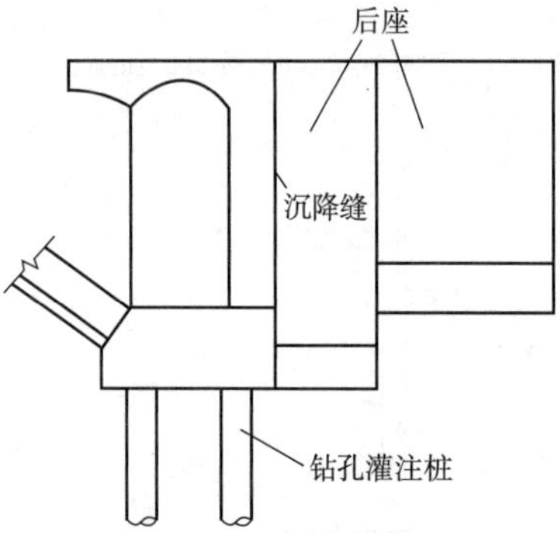

图 4-2-9　组合式桥台

组合式桥台由台身和台座两部分组成（见图 4-2-9）。

台身基础承受竖向力，一般采用桩基础或沉井基础。拱的水平推力则主要由后座基底摩阻力及台后的土侧压力来平衡。组合式桥台的承台与后座间必须密切贴合，并设置沉降变形缝，以适应两者的不均匀沉降及荷载传递。后座基底高程应低于拱脚下缘高程，力求台后土侧压力和基底摩阻力的合力作用点同拱座中心高程一致。当地基土质较差时，后座基础应适当处理，以免后座向后倾斜，从而导致台身和拱圈的位移和变形。

3）轻型桥台

（1）八字形轻型桥台

八字形轻型桥台的台身可以做成等厚度的或变厚度的。变厚度的台身背坡一般为 2:1 ~ 4:1，台口尺寸应满足抗剪强度要求。两边八字翼墙与台身分开，其顶宽为 40cm，前坡为 10:1，后坡为 5:1（见图 4-2-10）。

（2）U 字形轻型桥台

U 字形轻型桥台是由前墙和平行于车行方向的侧墙组成，构成 U 字形的水平截面（见图 4-2-11）。它与 U 形重力式桥台的区别是，后者是靠扩大桥台底面积，以减小基地压力，并利用基底与地基的摩阻力和适当利用台背土压力，以平衡拱的水平推力，因此基础底面积较轻型桥台的要大，通常从前墙一直延伸到侧墙尾端，侧墙与前墙连成整体，而与拱上侧墙断开。U 字形轻型桥台前墙的构造和八字形轻型桥台相同，但侧墙却是拱上侧墙的延伸，它们之间应设变形缝，以适应桥的可能变位。轻型桥台侧墙的顶宽一般为 50cm，内侧坡度一般为 5:1，若有人行道，则上端做成等厚直墙，直到按 5:1 内坡相交为止，以下仍用 5:1 的坡度。

（3）前倾式轻型桥台

前倾式轻型桥台由于台身向桥孔方向倾斜，因此比直立台身的受力情况要好，用料要省。前倾台身可做成等厚度的，前倾坡度可达 4:1，其缺点是施工比较麻烦。

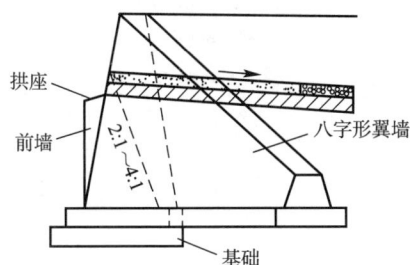

图 4-2-10　八字形轻型桥台

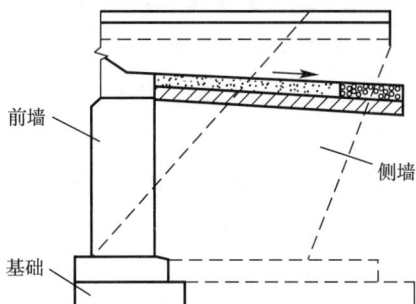

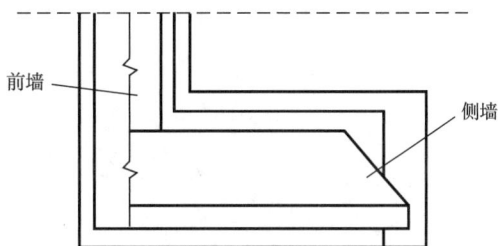

图 4-2-11　U 字形轻型桥台

（4）背撑式桥台

当桥台较宽时，为了保证结构的强度和稳定性，可以在八字形或 U 字形桥台的前墙背后加一道或几道背撑，构成兀字形或 E 字形等水平截面形式的前墙（见图 4-2-12）。背撑顶宽为 30 ~ 60cm，厚度为 30 ~ 60cm，背坡为 3:1 ~ 5:1，呈梯形。这种桥台比八字形桥台的稳定性要好，但开挖量及圬工体积都有增多。然而加背撑的 U 字形桥台确能适用于较大跨径的高桥和宽桥。

（5）靠背式框架桥台

靠背式框架桥台是由台帽、前壁、耳墙和设置在不同高程且具有不同斜度的分离式基础连接而成。桥台的底板一定要紧贴承重地基。靠背式框架桥台受力合理，圬工体积小，比重力式桥台节约 85% 左右，且基坑挖方量小，其主要缺点是使用钢筋较多，适合于在非岩石地基上修建拱桥桥台。

（6）履齿式桥台

图 4-2-12　背撑式桥台（尺寸单位：cm）

履齿式桥台又称飞机式桥台，由前墙、侧墙、底板和撑墙几部分组成（见图 4-2-13）。

其结构特点：基底面积较大，可以支承一定的垂直力，底板下的齿槛可以增加摩阻和抗滑稳定性，齿槛的宽度和深度不宜小于 50cm，适用于软土地基和低路堤的拱桥。桥台的底板一般是用片石混凝土浇筑，其厚度在 50cm 左右，并不设钢筋。底板上设置撑墙以增强刚度。为

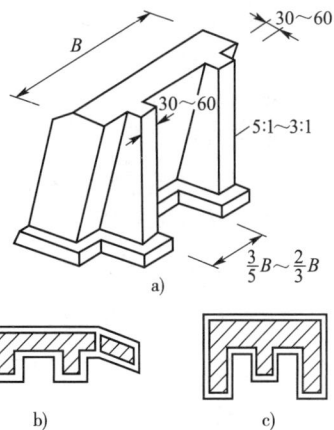

了抵抗拱的水平推力,将台背做成斜挡板,使其与原状土坡紧贴,这样就可以利用尾部斜墙背面的原地基土和前墙背面新填土的水平土压力来平衡拱的推力。这种桥台容易沿图 4-2-13 中所示的虚线滑动,因此必须验算沿此滑动面的稳定性。

(7)屈膝式桥台

屈膝式桥台也适用于软土地基。它可以看成横卧的 L 形桥台(见图 4-2-14),直接利用原状土作拱座,施工中应尽量不破坏表层好土。

屈膝式桥台在构造上较履齿式桥台更为简单。它的受力面如图 4-2-14 中虚线所示,受力面最好与桥台外力的合力方向垂直,且没有偏心是最为理想的。必要时也要验算地基土的稳定性,如图 4-2-14 中虚线 5 所示。

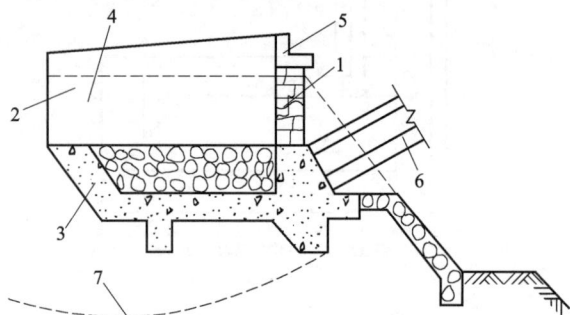

图 4-2-13　履齿式桥台

1-前墙;2-侧墙;3-底板;4-撑墙;5-腹拱台帽;6-主拱圈;7-滑动面

图 4-2-14　屈膝式桥台

1-前墙;2-后墙;3-压力线;4-受力面;5-滑动面

学习情境 2.2　桥台施工图识读

2.2.1　桥台的表达

表示桥台的图样有桥台构造图、桥台台身钢筋图、台帽钢筋图和耳墙钢筋图。

1)桥台构造图

桥台构造图由立面图、侧面图、平面图、台帽顶面图、截面图及桥台工程数量表组成。

(1)立面图

立面图是从桥台的正面进行投影,它主要表示桥台的正面形状和尺寸。

(2)侧面图

侧面图是从桥台侧面与线路垂直的方向投影而得到的,能较好地表达桥台的外形特征。侧面图表示桥台侧面的形状和尺寸,以及桥台各部分所用的材料。

(3)平面图

平面图表示从桥台的上面进行投影,它主要表示桥台的平面形状和尺寸。

(4)桥台工程数量表

表示建造图中所示桥台需要的材料数量。

2）桥台钢筋图

桥台钢筋图由台身钢筋图、耳墙钢筋图、盖梁钢筋布置图三部分组成。

桥墩钢筋布置图由桥台三个截面图以及各个钢筋大样图组成，主要表示桥台台身的钢筋布置。另外，还有桥台台身材料数量表，表示符合图中所示桩号桥台台身的钢筋工程量。

耳墙布置图由立面图、侧面图、平面图以及耳墙各个编号钢筋的大样图组成。

盖梁钢筋布置图由半立面图、半平面图、截面图和盖梁钢筋各个编号钢筋的大样图组成。

桥台钢筋构造

2.2.2　桥台构造图的识读

图 4-2-15 为某桥台台身构造图。

从立面图可知，此桥台基础为两排桩基础，桩径为 130cm，桩底高程 −34.896m。承台厚度 200cm。台身为肋板式，宽度是 110cm；盖梁长 1 300cm，横坡 4.0%，盖梁上支座垫石 2 个，顶面高程分别为 10.266m 和 10.026m。

从平面图可知，此桥台桩基础共 4 根，承台为带系梁的矩形承台，台身肋板宽度为 110cm。

从侧面图可知，台身为梯形，上底宽 130cm，下底宽 470cm，高 349.2cm；盖梁宽 140cm，高 120cm。

2.2.3　桥台钢筋图

桥台构造

1）台身钢筋布置图

图 4-2-16 为桥台台身钢筋布置图。I-I 截面为侧面图，II-II 截面为沿台身底和承台顶剖切而得，III-III 截面为沿台身后部竖直方向剖切而得。

N1 钢筋，沿竖直方向布置在肋板后部，从 II-II 截面可知，一个肋板 N1 钢筋 1 排 10 根。

N2 钢筋，沿竖直方向布置在肋板后部上方。

N3 钢筋，沿竖直方向布置在肋板外侧。型号是 HRB335，用 Φ 表示，钢筋直径 22cm。

N4 钢筋，布置在肋板斜面上。

N5 钢筋，沿竖直方向布置在肋板内侧。

N6 钢筋，沿水平方向布置在肋板下方。

N7 钢筋，沿水平方向布置在肋板内，上短下长。

N8 钢筋为联系钢筋。

N9、N10 钢筋为箍筋。

各钢筋形状见钢筋详图，其长度、根数、质量见一个桥台台身材料数量表。

2）耳墙钢筋布置图

耳墙钢筋布置具体见图 4-2-17。

3）台帽（盖梁）钢筋布置图的识读

台帽（盖梁）钢筋布置具体见图 4-2-18。

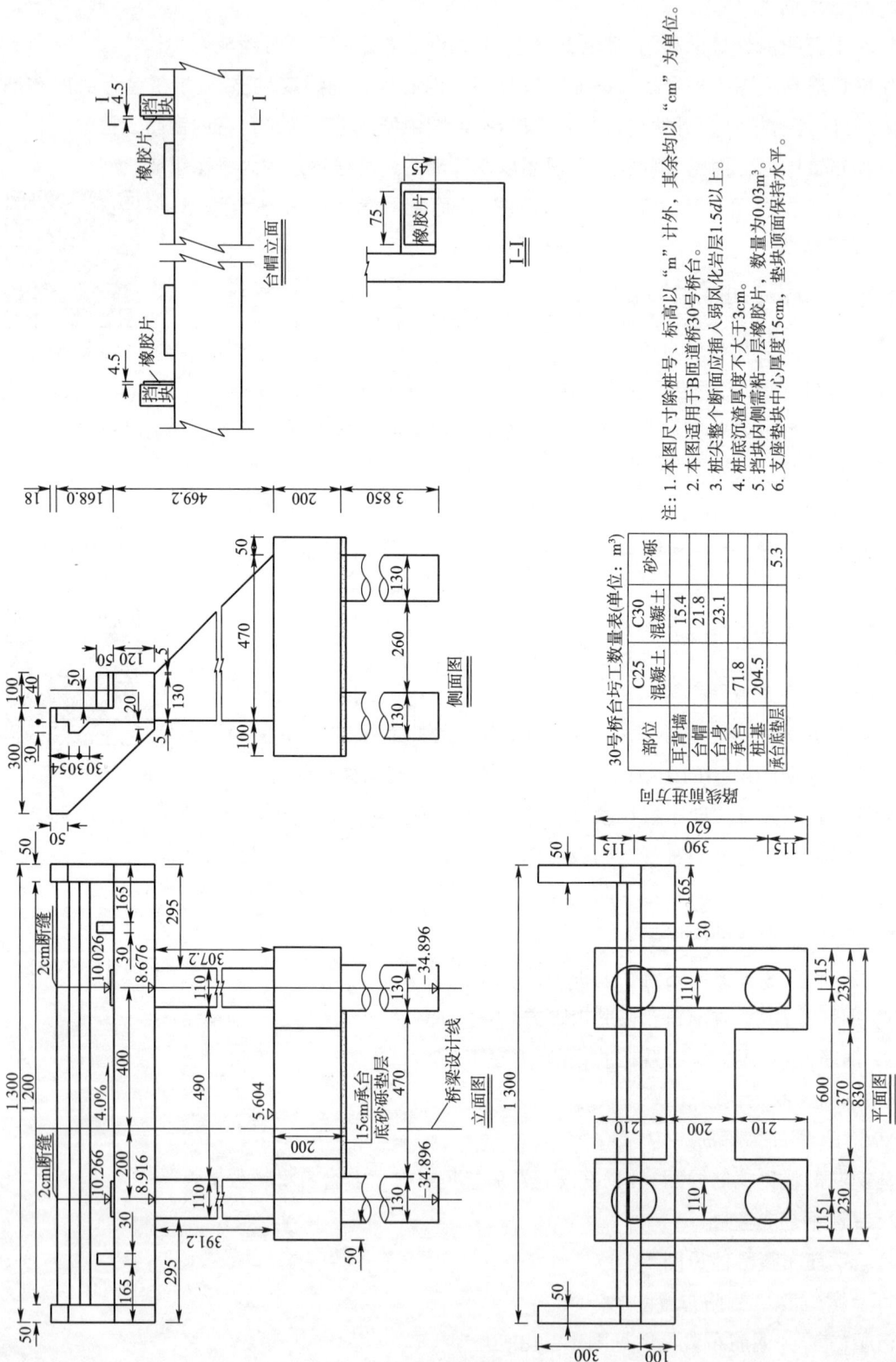

注：1. 本图尺寸除桩号、标高以"m"计外，其余均以"cm"为单位。
2. 本图适用于B面道桥30号桥台。
3. 桩尖断面应插入弱风化岩层1.5d以上。
4. 桩底沉渣厚度不大于3cm。
5. 挡块内侧需粘一层橡胶片，数量为0.03m³。
6. 支座垫块中心厚度15cm，垫块顶面保持水平。

30号桥台圬工数量表(单位：m³)

部位	C25 混凝土	C30 混凝土	砂砾
耳背墙		15.4	
台帽		21.8	
台身		23.1	
承台	71.8		
桩基	204.5		
承台底垫层			5.3

图 4-2-15 某桥台台身构造图

140

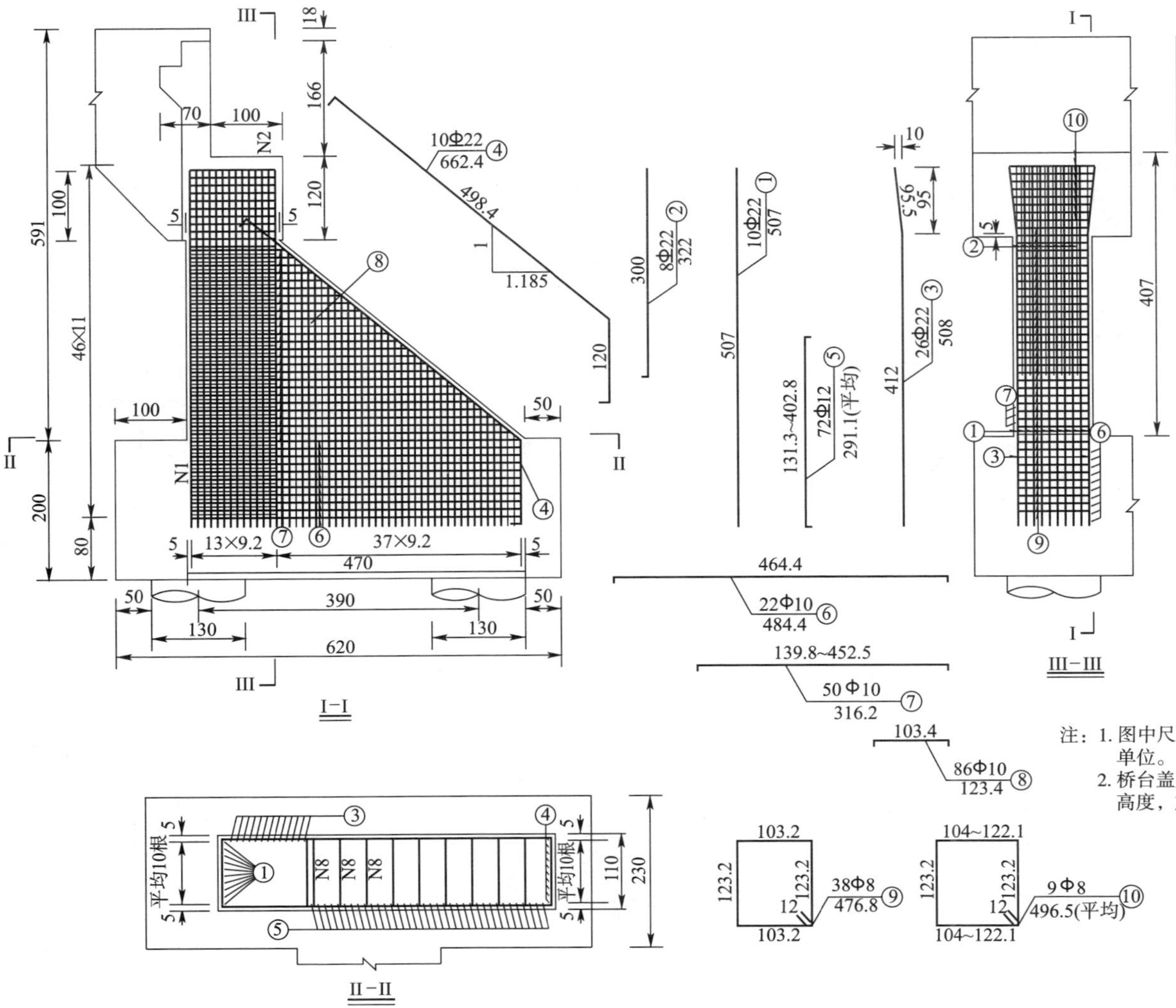

一个桥台台身材料数量表

编号	直径(mm)	单根长度(cm)	根数	共长(m)	共重(kg)	总重(kg)
1	Φ22	507	20	101.4	201.65	
2	Φ22	322	16	51.52	102.46	1 092.9
3	Φ22	508	52	264.16	525.33	
4	Φ22	662.4	20	132.48	263.46	
5	Φ12	291.1(平均)	144	419.18	232.88	232.88
6	Φ10	484.4	44	213.14	88.38	
7	Φ10	316.2(平均)	100	316.20	131.13	307.53
8	Φ10	123.4	172	212.25	88.02	
9	Φ8	476.8	76	362.37	87.17	108.67
10	Φ8	496.5(平均)	18	89.37	21.50	

图4-2-16　某桥台台身钢筋布置图

注: 1. 图中尺寸除钢筋直径以"mm"计, 余均以"cm"为单位。
　　2. 桥台盖梁横坡由台身变高形成, 台高指盖梁中心处的高度, 施工时台身助钢筋可根据横坡作适当调整。

一座桥台耳墙背墙材料数量表

编号	直径(mm)	单根长度(cm)	根数	共长(m)	共重(kg)	总重(kg)
1	Φ14	593	61	361.73	436.90	864.04
2	Φ14	206.9	61	126.21	152.44	
3	Φ14	311	12	37.32	45.08	
4	Φ14	295	16	47.20	57.01	
5	Φ14	229(平均)	36	82.44	99.57	
6	Φ14	216(平均)	28	60.48	73.05	
7	Φ12	547	4	21.88	19.43	168.29
8	Φ12	125	20	25.00	22.20	
9	Φ12	192(平均)	48	92.16	81.84	
10	Φ12	69.9	62	43.34	38.49	
11	Φ12	59.4	12	7.13	6.33	
12	Φ8	1 326	27	358.02	141.06	141.06
13	Φ20	60	24	14.40	35.50	35.50

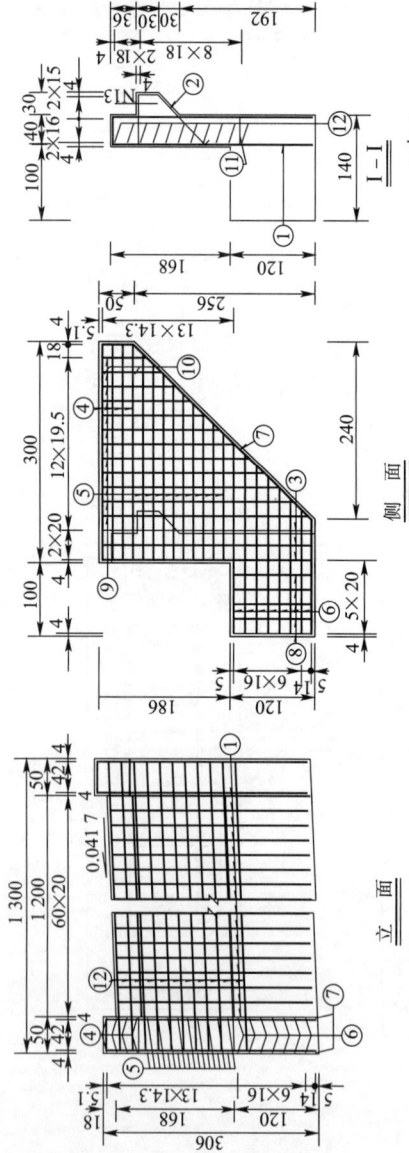

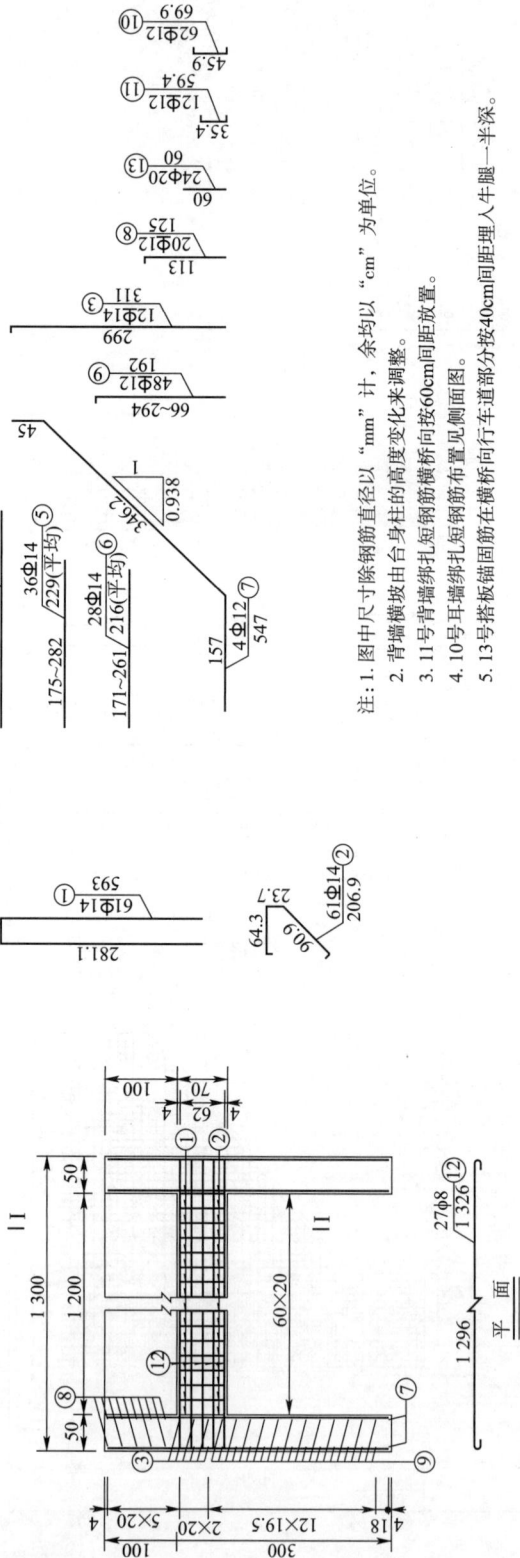

注：1. 图中尺寸除钢筋直径以"mm"计，余均以"cm"为单位。
2. 背墙横坡由台身柱的高度变化来调整。
3. 11号背墙绑扎短钢筋横桥向按60cm间距放置。
4. 10号耳墙扎短钢筋布置见侧面图。
5. 13号搭板锚固筋在横桥向行车道部分按40cm间距埋入牛腿一半深。

图4-2-17 桥台耳墙钢筋布置图

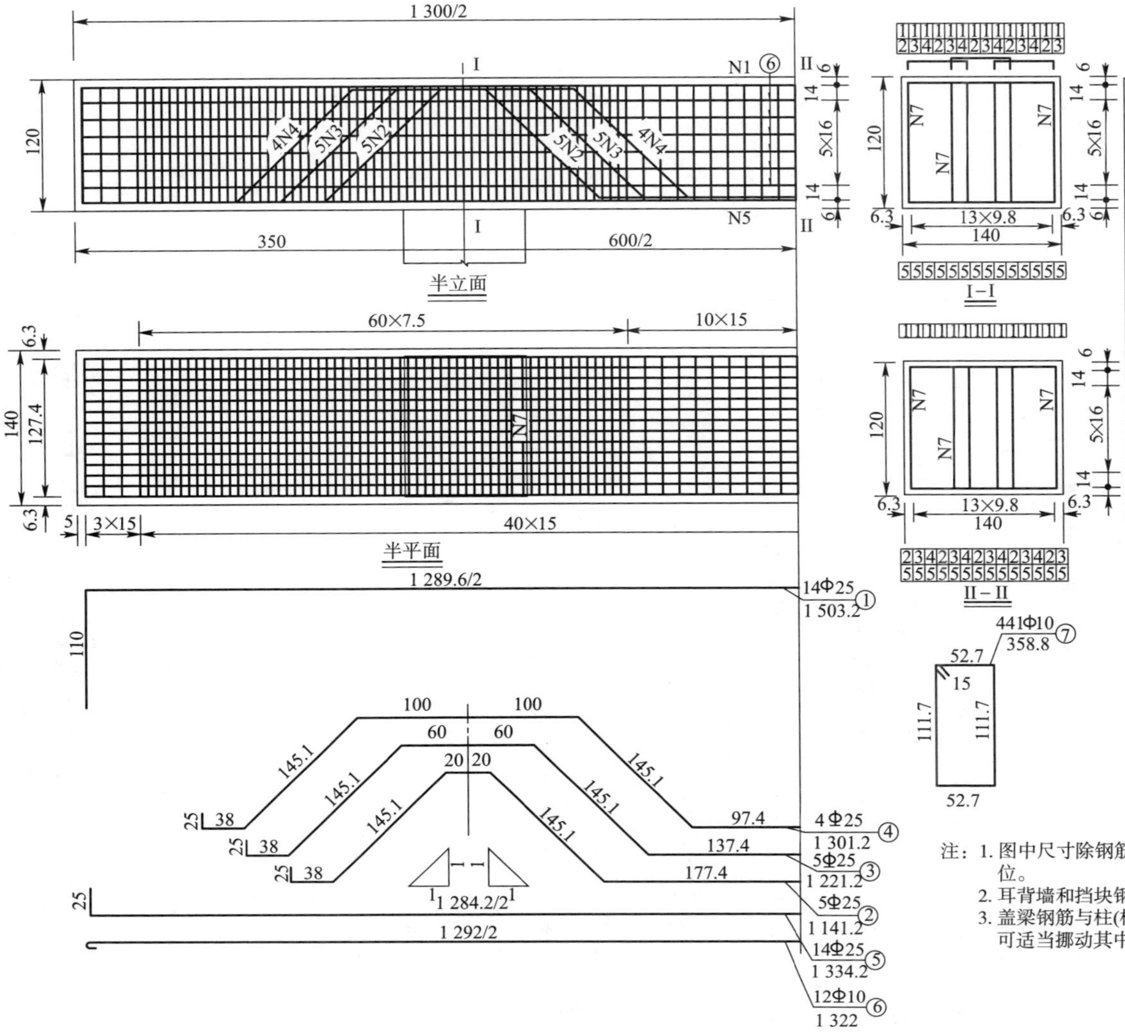

一个桥台盖梁材料数量表

编号	直径 (mm)	单根长度 (cm)	根数	共长 (m)	共重 (kg)	总重 (kg)
1	Φ25	1 503	14	210.42	810.75	
2	Φ25	1 141.2	5	57.06	219.85	
3	Φ25	1 221.2	5	61.06	235.26	2 186.11
4	Φ25	1 301.2	4	52.05	200.55	
5	Φ25	1 334.2	14	186.79	719.70	
6	Φ10	1 322	12	158.64	97.72	
7	Φ10	358.8	441	1 582.31	974.7	1 072.42

注:1. 图中尺寸除钢筋直径以"mm"计,余均以"cm"为单位。

2. 耳背墙和挡块钢筋未示,详见耳背墙、挡块钢筋构造。

3. 盖梁钢筋与柱(桩基)、耳背墙、挡块钢筋发生干扰时,可适当挪动其中一种。

图 4-2-18 桥台台帽(盖梁)钢筋图

------------------------------- 小　结 -------------------------------

桥台指的是位于桥梁两端并与路基相连接的支承上部结构和承受桥头填土侧压力的构造物。其功能除传递桥梁上部结构的荷载到基础外。还具有抵挡台后的填土压力、稳定桥头路基、使桥头线路和桥上线路可靠而平稳地连接的作用。

从梁桥桥台和拱桥桥台分别介绍。梁桥桥台分为重力式 U 形桥台、桩柱式桥台、轻型桥台,其中轻型桥台又分为薄壁轻型桥台、支撑梁轻型桥台、框架式桥台。拱桥桥台分为重力式 U 形桥台、组合式桥台和轻型桥台,其中轻型桥台又分为八字形轻型桥台、U 字形轻型桥台、前倾式轻型桥台、背撑式桥台、靠背式框架桥台、履齿式桥台和屈膝式桥台。

【学习效果评价】

一、选择题

1. 重力式桥台的主要特点是依靠(　　)来平衡外力而保持其稳定。

　　A. 台后土压力　　　　B. 自身质量　　　　C. 台内填土　　　　D. 锥坡填土

2. 下列哪一种桥台形式不属轻型桥台(　　)?

　　A. 组合式桥台　　　　B. 靠背式桥台　　　　C. 背撑式桥台　　　　D. 屈膝式桥台

3. 重力式桥台和重力式桥墩所考虑的荷载基本一样,不同的是(　　)。

　　A. 桥台还应考虑车辆荷载引起的土侧压力

　　B. 桥台不需考虑纵向风力,只考虑横向风力

　　C. 桥台不需考虑船只、漂流物的撞击力

　　D. 桥台只作顺方向的偏心距和稳定性验算

4. 下列桥台中属于梁桥轻型桥台的有(　　)。

　　A. 组合式桥台　　　　　　　　　　B. 前倾式轻型桥台

　　C. U 形桥台　　　　　　　　　　　D. 框架式桥台

二、综合题

1. 简述桥台的作用。

2. 简述重力式桥台的特点和适用范围。

3. 梁桥桩柱式桥台和轻型桥台在构造上和受力上各有什么特点?比较各自的适用范围。

4. 简述拱桥桥台的分类。

5. 简述拱桥轻型桥台的分类、各自构造特点及适用范围。

学习项目3　墩 台 施 工

学习目标:熟悉墩台定位测量常用方法,掌握混凝土墩台身施工工艺流程及支座安放、墩

台附属工程施工方法,了解高墩的施工方法。

能力目标:具有一般混凝土墩台施工的能力。

学习指导:本学习项目是单元二中"混凝土的施工工艺"和"钢筋"在墩台施工中的具体应用,注意相互结合。

学习情境 3.1　墩台定位测量

在桥梁施工测量中,测设墩、台中心位置的工作称为桥梁墩台定位。

3.1.1　直线桥梁的墩、台定位

直线桥梁的墩、台定位,是根据已确定的桥轴线控制桩的里程桩号和桥梁墩、台的设计桩号,算出它们之间的距离,以此距离确定墩、台的中心位置,见图 4-3-1。位于直线段上的桥梁,其墩、台中心一般都位于桥轴线的方向上,知道了桥轴线控制桩 A、B 及各墩、台中心的桩号,由相邻两点的桩号相减,即可求得其间的距离。墩、台定位的方法,可视河宽、河深及墩、台位置等具体情况而定。根据条件可采用直接丈量法、光电测距法或方向交会法。

1) 直接丈量法

当桥墩台位于地势平坦、可以通视、人可以方便通过的地方,且用钢尺可以丈量时,可采用这种方法。丈量前钢尺要检定,且在测设前应将尺改正数、温度改正数及倾斜改正数考虑在内,将已知长度转化为钢尺丈量长度。为了保证丈量精度,施测时的钢尺拉力应与检定时的钢尺拉力相同。测设墩、台的顺序最好从一端到另一端,并在终端与桥轴线的控制桩进行校核,也可从中间向两端测设。因为按照这种顺序,容易保证每一跨都满足精度要求。只有在不得已时,才从桥轴线两端的控制桩向中间测设,因为这样容易将误差积累在中间衔接的一跨上。所以如果这样做,一定要对衔接的一跨设法进行校核。

2) 光电测距法

光电测距是采用全站仪或测距仪直接测距来定位桥梁墩台位置,它具有快捷、简便、精确的特点。放样时可将全站仪安置在桥轴线的一个控制桩上,并后视另一个控制桩,这样就确定了桥轴线的方向。在桥轴线上移动棱镜,测出各墩台与控制桩之间的距离,从而定出墩台的中心位置。如果桥轴线上遇有不通视,也可将仪器置于桥位附近与墩台能够通视的其他控制点上,采用坐标放样的方法进行测设。

3) 方向交会法

如图 4-3-2 所示,AB 为桥轴线,C、D 为桥梁平面控制网中的控制点,P_i 为第 i 个桥墩设计的中心位置(待测设的点)。A、C、D 三点上各安置一台经纬仪。A 点上的经纬仪瞄准 B 点,定出桥轴线方向;C、D 两点上的经纬仪均先瞄准 A 点,并分别测设根据 P_i 点的设计坐标和控制点坐标计算的 α、β 角,以正倒镜分中法定出交会方向线。

理论上,从 C、A、D 指来的三条方向线是交于一点的,该交点就是要测设的桥墩中心位置。

但实际上由于测量误差的存在,三条方向线一般不是交于一点,而是构成误差三角形 $\triangle P_1 P_2 P_3$。如果误差三角形在桥轴线上的边长($P_1 P_3$)在容许范围之内(对于墩底放样为 2.5cm,对于墩顶放样为 1.5cm),则取 C、D 两点指来的方向线的交点 P_2 在桥轴线上的投影 P_i 作为桥墩放样的中心位置。

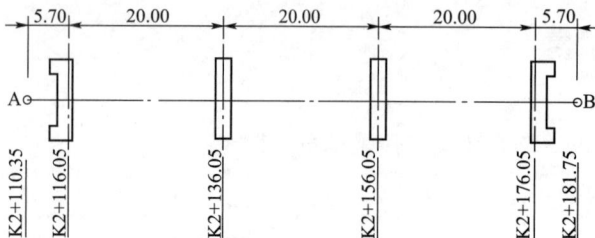

图 4-3-1　直线桥梁的墩、台定位(尺寸单位:m)

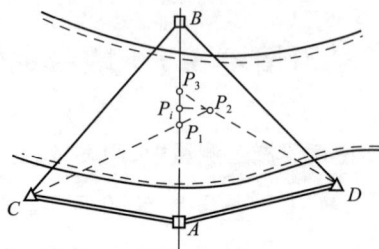

图 4-3-2　方向交会法的误差三角形

在桥墩施工中,随着桥墩的逐渐筑高,中心的放样工作需要重复进行,且要求迅速而准确。为此,在第一次求得正确的桥墩中心位置 P_i 以后,将 CP_i 和 DP_i 方向线延长到对岸,设立固定的瞄准标志 C' 和 D',见图 4-3-3。以后每次作方向交会放样时,从 C、D 点直接瞄准 C' 和 D' 点,即可恢复点的交会方向。

3.1.2　曲线上桥梁的墩、台定位

在整个路线上,处于各种平面曲线上的桥梁并不少见,曲线桥由于桥梁设计方法不同而更复杂些,曲线桥的上部结构一般有连续弯梁和简支直梁等形式,但下部一般都是利用曲线桥梁墩、台中心放样的方法,主要有偏角法、支距法、坐标法、交会法和综合法,见图 4-3-4。

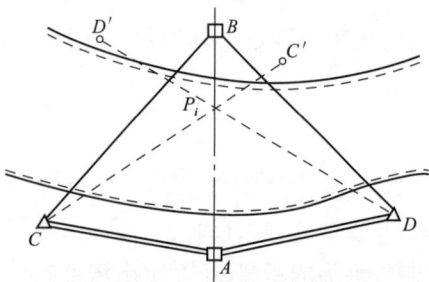

图 4-3-3　方向交会法的固定瞄准标志

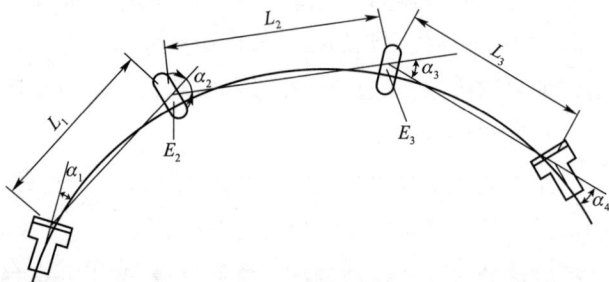

图 4-3-4　曲线桥的布置

1)偏角法

如图 4-3-5 所示,在桥梁设计中,梁中心线的两端并不位于路线中线上,而是向外侧移动了一段距离 E,这段距离 E 称为偏距,墩台中心距离为 L。定位时自桥梁一端的台后开始,按顺序逐个墩台量取墩台中心距离 L 和偏角,最后闭合至另一台后的控制点上。

2)坐标法

沿桥中线附近布设一组导线,根据各墩、台中心的理论坐标与邻近的导线点坐标差(应为同一坐标系),求出导线点与墩、台中心线连线的方位和距离。置镜该导线点拨角测距,即可

定出墩、台中心,见图4-3-6,并可用偏角法进行复核。

3)交会法

位于水中的曲线桥墩台中心,可采用交会法测定。

4)综合法

桥梁一部分为直线,一部分为曲线,且曲线在岸上,可采用综合法。

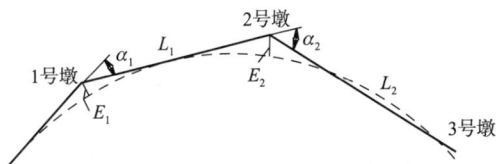

图4-3-5　偏角法测定墩台位置

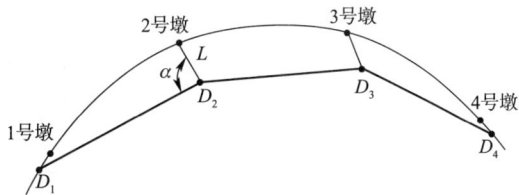

图4-3-6　坐标法测定墩台位置

学习情境3.2　混凝土墩台施工

就地浇筑的混凝土墩台,其施工有两个主要工序:一是制作与安装墩台模板;二是浇筑混凝土。

3.2.1　墩台模板

模板一般采用钢材、胶合板和其他符合设计要求的材料制成。浇筑混凝土前,模板应涂刷脱模剂,外露面混凝土模板的脱模剂应采用同一种品种,不得使用废机油等油料,且不得污染钢筋及混凝土的施工缝处。重复使用的模板应经常检查、维修。

常用的模板类型有固定式模板、拼装式模板、整体吊装模板、组合式定型钢模板和滑升模板等。

1)固定式模板

模板一般由木材、竹材、钢料或其他符合设计要求的材料制成。其各部件均在现场加工制作和安装。固定式模板主要由立柱、肋木、壳板、撑木、拉杆、钢箍、枕木与铁件等组成。其构造见图4-3-7。

固定式模板的优点:整体性好,模板接缝少,适应性强,能根据墩台形状进行制作和组装,不需起重设备,运输安装方便。

固定式模板的缺点:重复使用率很低,材料消耗量大,装拆、清理费时费工,不经济。

固定式模板一般只宜用于中小规模的墩、台。

2)拼装式模板

拼装式模板,是由各种尺寸的标准模板利用销钉联结,并与拉杆、加劲构件等组成墩、台所需形状的模板。模板在厂内加工制造。可用钢材或木材加工制作。

拼装式模板具有以下优点:

板面平整,尺寸准确,体积小,质量小,拼装容易,运输方便。在同类墩台较多时,待混凝土达到拆模强度后,可以整块拆下,直接或略加修整即可周转使用。

为了加快模板的装拆速度,在支模前宜将小块标准模板组装成若干大小相同的板扇。板扇的大小应按墩、台表面形状和吊装能力而定,见图4-3-8。

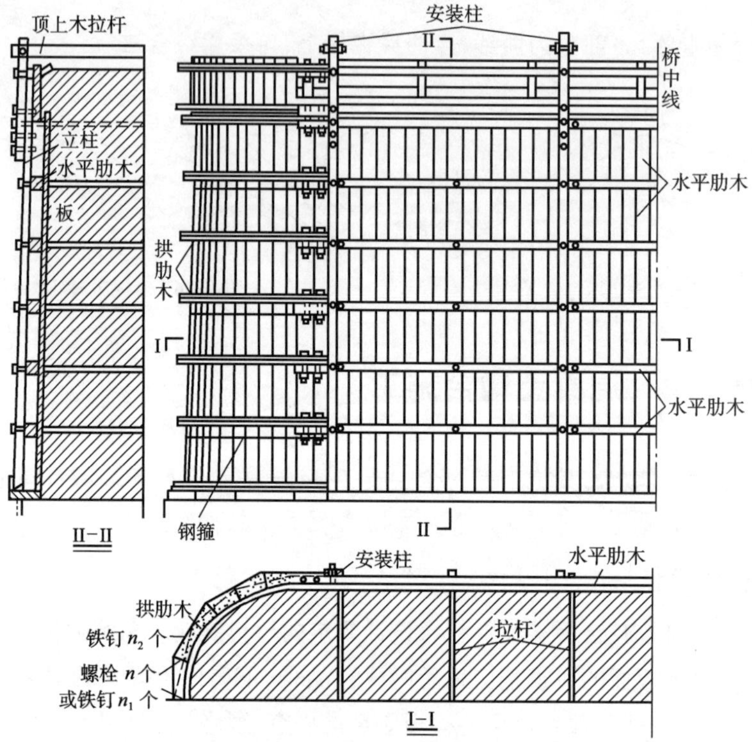

图 4-3-7 固定式圆端形模板构造

3) 整体吊装模板

整体吊装模板,是将墩台模板沿高度水平分成若干节,每一节的模板预先组装成一个整体,在地面拼装后吊装就位。节段高度可视墩台尺寸、模板数量、起吊能力及灌注混凝土的能力而定,一般为 3~5m。模板安装完后在浇筑第一层混凝土时,应在墩、台内预埋支撑螺栓,以支撑第二层模板和安装脚手架。整体吊装模板常用钢板和型钢加工而成。

整体吊装模板具有以下优点:安装时间短,施工进度快,利于提高施工质量;将拆装模板的高空作业改为平地操作,施工安全;模板刚度大,可少设拉筋,节约钢材;可利用模板外框架作简易脚手架;结构简单,装拆方便,可重复使用。

整体吊装模板的主要缺点:需要一套吊装设备。

4) 组合式定型钢模板

组合式定型钢模板是桥梁施工中常用的模板之一,见图4-3-9。可以按照常见的墩台形式按一定模数设计制造组合钢模板。组合式钢模板可以进行常规尺寸的拼装,具有强度高、刚度大、拆装方便、通用性强、周转次数多、能大量节约材料等优点。

对于尺寸较大的构件,可直接将单块模板组装成结构物所需的模板,不用吊装机械,拆装方便。但模板整体性差,刚度小。

图 4-3-8　拼装式模板

图 4-3-9　组合式定型钢模板

1-中纵肋;2-中横肋;3-面板;4-横肋;5-插孔销;6-纵肋;

7-凸棱;8-凸预制构件的模板拼装;9-销形卡孔;10-钉子孔

3.2.2　墩身施工

桥墩施工工艺流程见图 4-3-10。

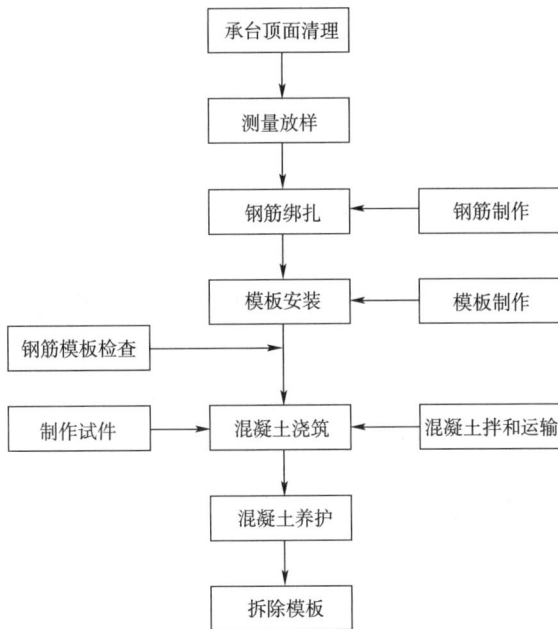

桥墩

图 4-3-10　桥墩施工工艺流程图

1) 承台顶面清理

将承台顶面冲洗干净,凿除混凝土结合面表面浮浆,整修连接钢筋。

2) 钢筋加工和绑扎

钢筋加工应严格按照施工图纸和规范要求进行。钢筋骨架在钢筋场地集中加工成形,然后运到现场进行安装。钢筋骨架在安装前,在底部应加好垫块,在侧面绑好垫块,以保证应有的保护层厚度。桥墩钢筋绑扎见图4-3-11。

3)模板拼装

墩身模板应具有必需的强度、刚度和稳定性,能可靠地承受施工过程中可能产生的各项荷载,保证结构物各部分形状、尺寸准确。同时要保证模板板面平整,接缝紧密不漏浆。

图4-3-11 桥墩钢筋绑扎

模板拼装前,应先将表面用磨光机打磨平,清扫干净,涂刷脱模剂。模板安装好后,检查其位置、尺寸、高程符合要求后进行加固,保证模板在浇筑混凝土过程中受力后不变形、无移位。模板内干净无杂物,拼装平整严密,支架结构立面、平面均安装牢固,支架立柱在两个互相垂直的方向加以固定,支架支承部分应安置于稳固地基上。

钢筋骨架应绑扎、焊接牢固,保证在灌注混凝土过程中不发生任何松动。检查模板的位置和尺寸,确保其位置正确且不发生变形。

4)混凝土浇筑

如图4-3-12所示。浇筑前,对支架、模板、钢筋和预埋件进行检查合格后,方可进行;运至现场浇筑的混凝土如有离析现象或坍落度不符合要求需要重新搅拌均匀、满足坍落度要求方能入模。混凝土采用搅拌站集中拌和,混凝土输送车运输,用滑槽、串筒送混凝土灌注部位。

采用插入式振捣棒振捣,应插入下层混凝土8cm左右,插入间隔小于其1.5倍作用半径,不得漏振和过振。每一层应边振动边逐渐提高振捣棒,并避免碰撞模板。

浇筑过程中,应设专人负责检查支架、模板及钢筋和墩柱预埋钢筋的稳定情况,发现问题,应立即处理。浇至设计高程后,振捣时观察到混凝土不再下沉,表面泛浆、水平、有光泽,即可缓慢抽出振捣棒,以防止混凝土内产生空洞。

5)混凝土的养护

混凝土浇筑完毕后,应立即对其进行覆盖,洒水养护。养护时间一般为7天。

6)混凝土拆模

如图4-3-13所示。混凝土达到拆模强度要求后方可拆模。拆模后仍按规定要求继续养护,直至达到要求。

3.2.3 墩台顶帽施工

墩台顶帽位置、高程及垫石表面平整度等,均应符合设计要求,以避免桥跨结构安装困难;

或使顶帽、垫石等出现裂缝,影响墩台的正常使用功能与耐久性。墩台支承垫石和墩顶预埋件位置应严格控制。墩台顶帽与支承垫石一般分开浇筑,浇筑支承垫石混凝土时,注意预留孔的位置。顶帽排水坡在混凝土初凝前应人工抹平压光,之后进行覆盖洒水养护。

图 4-3-12 桥墩混凝土浇筑

图 4-3-13 桥墩混凝土拆模

1)墩台顶帽放样

墩台混凝土(或砌石)灌注至离墩台顶帽 30～50cm 高度时,需测出墩台纵横中心线,并开始竖立墩台顶帽模板,安装锚栓孔或安装支座垫板、绑扎钢筋等。墩台顶帽放样时,应反复核实,以确保墩台顶帽中心、支座垫石等位置与水平高程等不出差错。

2)墩台顶帽模板

墩台顶帽是支撑上部结构的重要部分,其尺寸和水平高程的准确度要求较严,浇筑混凝土应从墩台顶帽下 30～50cm 处至墩台顶帽顶面一次浇筑,以保证墩台顶帽底有足够厚度的紧密混凝土。

图 4-3-14 为混凝土桥墩墩帽模板图,墩帽模板下面的一根拉杆可利用墩帽下层的分布钢筋,以节省铁件。

桥台顶帽背墙模板应特别注意纵向支撑或拉杆的刚度,防止浇筑混凝土时发生鼓肚,侵占梁端空间。

3)钢筋和支座垫板的安设

墩台顶帽钢筋绑扎应遵循有关规定。支座垫板的安设一般采用预埋支座垫板和预留锚栓孔两种方法。前者须在绑扎墩台顶帽和支座垫石钢筋时,将焊有锚固钢筋的钢垫板安设在支座的准确位置上,即将锚固钢筋和墩台顶帽骨架钢筋焊接固定,同时,用木架将钢垫板固定在墩台顶帽

图 4-3-14 混凝土桥墩墩帽模板图

上,此法在施工时垫板位置不易准确,应经常校正;后者须在安装墩台顶帽模板时,安装好预留孔模板,在绑扎钢筋时注意将锚栓孔位置留出,此法安装支座施工方便,支座垫板位置准确。

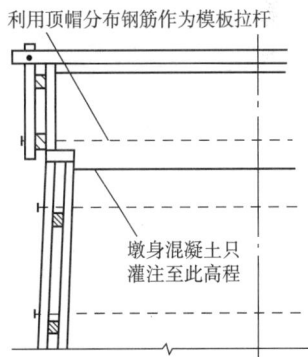

学习情境 3.3 高墩施工

公路通过深沟宽谷或大型水库时,采用高桥墩能使桥梁更为经济合理,不仅可以缩短线路,节省造价,而且可以提高运营效益,减少日常维护工作。

3.3.1 世界高墩发展概况

1)国内高墩发展概况

在新中国成立以后,尤其是改革开放以后,我国公路桥梁建设事业得到了迅猛发展。西部大开发十余年来,西部山区的公路建设取得了举世瞩目的成就。西部地区的初步调查表明:在已建成或正在设计规划中的高等级公路中,墩高超过40m的高墩桥梁占桥梁总数的40%以上。以下列举几个我国已建成的比较典型的高墩桥梁,见表4-3-1。

我国著名高墩桥梁实例表   表4-3-1

序 号	所在地与桥名	墩高(m)	桥墩形式	上部结构形式	主跨(m)
1	四川腊八斤沟特大桥	182.5	钢管混凝土组合柱	连续刚构	200
2	湖北龙潭河大桥	179	双肢变截面空心墩	连续刚构	200
3	云南红河大桥	121.5	双肢变截面空心墩	连续刚构	265
4	贵州乌江大桥	151	双薄壁空心墩	连续刚构	200
5	贵州虎跳河大桥	151	双柱矩形薄壁墩	连续刚构	225
6	山西仙神河大桥	150.1	变截面薄壁空心单墩	部分斜拉桥	136

雅(安)西(昌)高速公路的一个重要工程——腊八斤沟特大桥10号桥墩于2009年12月20日顺利封顶,高182.5m,有着"亚洲第一高墩"美誉,见图4-3-15。该桥墩形式采用"钢管混凝土组合柱",钢管柱内采用了目前最高等级的C80混凝土。图4-3-16~图4-3-19为国内著名的几座高墩桥梁。

图4-3-15 四川腊八斤沟特大桥高墩

图4-3-16 云南红河大桥高墩

图 4-3-17　湖北龙潭河大桥高墩

图 4-3-18　贵州虎跳河大桥高墩

2）国外高墩发展概况

国外百米以上的高墩桥梁建设早于我国很多年。许多高度工业化的发达国家在公路桥梁建设中特别强调质量意识与环境协调的重要性，在桥梁设计中注意桥梁的整体美观，桥型不拘一格，在高桥墩的设计上更加注重桥梁与大自然及周围环境景观的协调，见表 4-3-2。

国外著名高墩桥梁实例表

表 4-3-2

序 号	桥 名	国 名	墩高（m）
1	米约大桥	法国	245
2	科赫塔尔桥	德国	183
3	戈尔谢克西奥	奥地利	160
4	种赫尔	西德	149
5	欧罗巴	奥地利	146
6	拉奥	奥地利	145

号称世界上最高的法国米约高架桥，最高点距离地面 343m，创下了桥面距地面最高的世界纪录。法国塔恩河河谷的云雾从米约高架桥下穿过，整体景观显得雅致、和谐而精致，设计者还充分考虑到周围景致的壮观和逶迤，被誉为"世界桥梁之母"（见图 4-3-20）。

图 4-3-19　山西仙神河大桥高墩

图 4-3-20　法国米约高架桥

3.3.2 高墩的结构类型

从结构外形上讲,连续刚构桥桥墩有竖直双薄壁、竖直单薄壁、V 形、X 形、Y 形墩;从墩身的截面形式来划分,一般可分为实体桥墩、空心桥墩;按受力后变形特征,可分为刚性墩和柔性墩;按建筑材料,可分为混凝土墩、钢筋混凝土墩、预应力混凝土墩和钢桥墩等。

1) 实体桥墩

实体桥墩是指桥墩由实体结构组成,又称重力式桥墩。这类桥墩的特点主要是依靠自身重力(包括上部结构重力)来平衡外力以保证桥墩的稳定,其体积和自重较大。

实体桥墩断面形式主要有圆形、方形(矩形)、尖端形、工字形、圆端形等。圆端形断面适合水流通过,是广泛使用的一种断面形式。

实体桥墩的断面形式如图 4-3-21 所示。

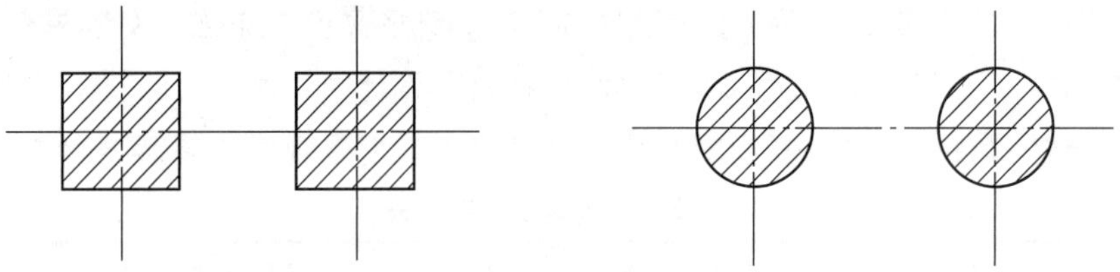

a) 双柱矩形墩　　b) 双柱圆柱墩 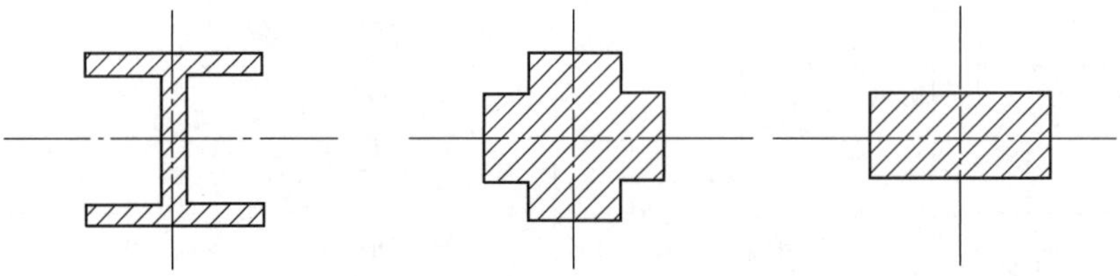　　c) 工字形墩　　d) 十字墩　　e) 独柱矩形墩

图 4-3-21　实体桥墩断面形式

2) 空心桥墩

空心桥墩是墩身为空腔体的桥墩,是实体桥墩向轻型化发展的一种较好的结构形式,多为混凝土或钢筋混凝土结构,广泛应用于高桥墩。这种桥墩可以大量节省墩身体积,一般混凝土桥墩可节省圬工 20% ~ 30%;钢筋混凝土空心桥墩可节省 50% 以上。墩身壁厚混凝土不小于 50cm,钢筋混凝土不小于 30cm。

空心桥墩的断面形式见图 4-3-22。

另外,钢筋混凝土空心桥墩一般要设横隔板、通风孔、检查孔及扶梯等。对于较高的空心桥墩,可采用预应力拼装的薄壁空心桥墩。

总之,桥墩形式的选取要综合考虑上部结构类型、跨径、墩高、荷载等参数,通过计算、分析、比较后确定。一般来说,桥墩形式的选取有以下原则:

当墩高相差不大时,墩高 35m 以下,可选用双柱式或矩形薄壁墩;墩高 35 ~ 50m,选用矩形薄壁墩;墩高 50 ~ 60m,可将矩形薄壁墩与空心薄壁墩进行比较后选用;墩高 60m 以上,选用空心薄壁墩为宜;墩高100m左右,可将空心薄壁墩与双壁式墩进行综合比较后选用。当墩高相差很大时,还应具体问题具体分析,在经过计算综合比较后选取合适的断面形式。

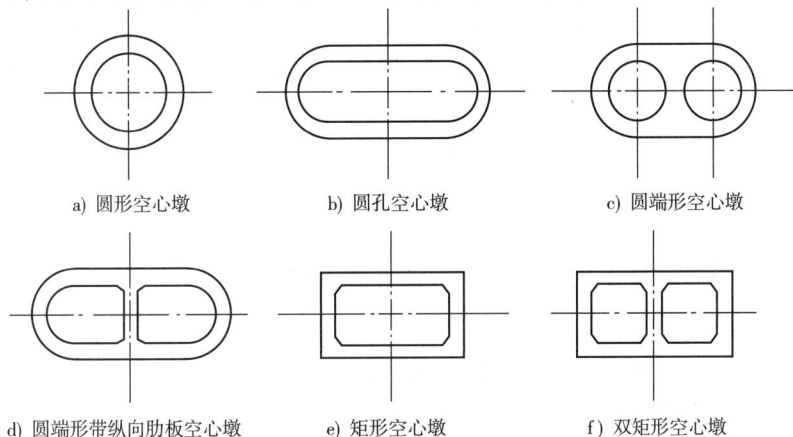

a) 圆形空心墩　　　　b) 圆孔空心墩　　　　c) 圆端形空心墩

d) 圆端形带纵向肋板空心墩　　　e) 矩形空心墩　　　f) 双矩形空心墩

图 4-3-22　空心桥墩断面形式

3.3.3　高墩施工

高桥墩的施工设备与一般桥墩所用设备大体相同,但其模板却另有特色。一般有滑模、爬模、翻模等几种。

1) 滑模施工

(1) 滑模施工原理

滑模施工的基本原理是:利用混凝土初期(4~8h)强度,脱模后在混凝土保持自立、不发生塑性变形的情况下使滑模得以连续滑升。滑模施工的基本环节是模板滑升—在滑空的模板内分层绑扎钢筋—灌注混凝土—模板滑升,然后再循环,直至设计高程。滑模施工的特点:施工速度快,省工省时工效高;能确保结构整体性;但施工结构复杂,设备投入量大,而且工艺要求严格,混凝土质量难以控制,易形成表面龟裂纹。目前实际工程中采用滑模施工的往往是已经有施工经验、技术熟练、有现成设备的施工队伍。如果没有该工艺施工经验的队伍,多倾向采用翻模施工。

(2) 滑模系统组成

滑模系统一般由模板、吊架、工作平台和滑升动力系统组成,如图4-3-23所示。模板可分木模、钢模和钢木混合模板。吊架由吊杆、横杆和脚手板组成,设置吊架的目的是为检查混凝土质量、抹面养生、钢筋绑扎等作业提供操作场地。工作平台是滑模施工中混凝土灌注、振捣、钢筋焊接、顶杆接长以及模板提升等项作业的操作场地,它一般是由纵横梁组成的平面板架结构,质量轻,刚度大。

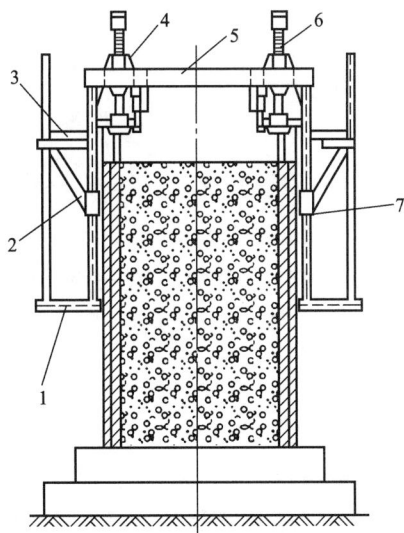

图 4-3-23　滑模系统组成

1-吊架;2-模板;3-操作平台;4-千斤顶;5-顶架;6-支撑杆;7-维圈

提升系统包括液压千斤顶、液压控制台、顶杆等,是模板提升的动力设备。另外还有控制系统,墩中线控制系统一般采用自动安平激光铅直仪。

(3) 滑模施工工艺流程

图 4-3-24 为墩身滑模施工工艺流程图。

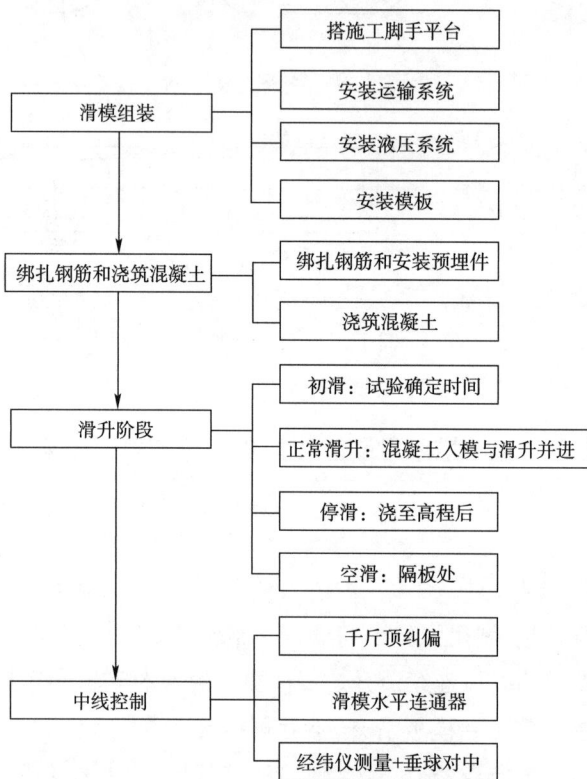

图 4-3-24　墩身滑模施工工艺流程图

(4) 滑模的特点

①滑模的优点。

a. 施工进度快。在一般气温下,每昼夜平均进度可达 5～6m。

b. 采用干硬性混凝土,混凝土质量好,可提高墩台质量。

c. 节约木材和劳力。

d. 以墩身为支架,墩身混凝土的浇筑随模板缓慢滑升连续不断进行,故而安全可靠。

②滑模的缺点。

a. 由于滑模是在混凝土强度还较低的情况下脱模的,故有可能使混凝土表面出现变形或环向沟缝,有时会因水平力的作用使得滑模产生旋转。

b. 滑模在动态下浇筑混凝土,提升操作频繁,因而对中线的水平控制要求严格,施工中稍有不当就会发生中线水平偏差。

c. 由于滑模脱模快,对混凝土防冻十分不利,故一般不适宜于冬季施工。

d. 滑模施工需要大量圆钢作为支承顶杆。圆钢一般都埋入混凝土内,难于回收。

滑模适用于较高的墩、台和悬索桥、斜拉桥的索塔施工。

(5) 滑模浇筑混凝土施工要点

①滑模施工时对混凝土拌和、浇筑、振捣及养生的要求。

a. 混凝土浇筑时应分层、分段对称进行,分层厚度以 20~30cm 为宜,浇筑后混凝土表面距模板上缘宜有 10~15cm 的距离。

b. 混凝土入模时,要均匀分布,应采用插入式振动器捣固,振捣时应避免触及钢筋及模板,振动器插入下一层混凝土中的深度不得超过5cm。

c. 混凝土脱模时强度应为 0.2~0.5MPa,以防在其自重压力下坍塌变形。

d. 混凝土可掺入一定数量的早强剂,其掺入量应根据气温、水泥强度等级经试验选定。

e. 混凝土脱模后 8 h 左右开始养生,用吊在下吊架上的环绕墩身的带小孔的水管来进行。养生水管设在距模板下缘 1.8~2.0m 处效果较好。

②滑模提升时的施工要求。

a. 模板提升时应做到垂直、均衡一致,顶架间高差不大于20mm,顶架横梁水平高差不大于5mm。

b. 滑模提升高度应等于混凝土浇筑厚度。由于滑模提升操作频繁,混凝土浇筑是在"动态"下完成,所以对结构中线的控制十分严格,稍不注意就会造成中线偏差。

c. 在滑模正常施工中,各主要工序(如钢筋绑扎、浇筑混凝土、提升模板)要紧密配合,并同时穿插进行下列工作:及时检查中线水平、调整千斤顶升差、支撑杆接长、预埋铁件、预留孔洞、支撑杆加固、特殊部位处理和混凝土表面修饰等。

d. 滑升中如发现偏扭时,应查明原因,逐渐纠正,每次纠正量不宜过大。

e. 滑升中要及时清理粘在模板内侧的混凝土,以免结硬,影响滑升。

f. 滑升时间需要试验来确定,过早和过晚都不好。过早容易造成混凝土坍塌,过晚混凝土摩阻力大,滑升困难。

g. 滑模施工要求连续作业,一般情况下不得随意停工。若不得已停工,应注意避免混凝土与模板黏结。

③滑模施工中的安全措施及质量检查。

a. 滑模施工是高空作业,要对施工人员进行经常的安全教育,严格执行高空作业安全制度和规定。要经常检查并保障支承工作台及上、下吊架铁木结构的可靠性和周围栏杆的牢固性。

b. 模板提升过程中,容易产生偏移和扭转,为了保证质量,在正常施工中,每天要用仪器测量墩中线和拱架水平度 1~2 次。每次提升后要用水平尺检查各个顶架本身的水平度和顶架横梁的水平度等,如发现偏移和扭转应及时纠正。

c. 对已脱模的混凝土,如发现有坍塌、缺棱掉角、蜂窝麻面等现象,要及时进行修补抹平,严重者,须将混凝土全部清除,重新浇筑。

2)爬模施工

爬模是在滑模基础上发展起来的,这种模板相对节省劳力、易于保证质量,而且有定型产品,各部分环节设计周到。一般只要提供墩身结构图,专业厂家均可以提供爬模设计及施工工艺。

(1)爬模施工原理

爬模的原理是"以凝固的混凝土墩壁为承重主体,以内爬支脚机构的上下爬架及顶升液压缸为爬升设备的主体。通过液压缸活塞与缸体间一个固定一个上升,上下爬架也是一个固定一个做相对运动,从而达到爬架和外套架、下爬架和内爬架交替爬升,最后形成爬模结构整体的上升"。

(2)爬模系统组成

爬模系统(见图4-3-25)一般包括工作平台、塔吊、L形支架、内外套架、内外支脚机构、液压顶升和模板体系。各部分的具体构造根据不同的桥墩情况和施工设备,爬模的构造和施工工艺也会不同。比如爬升系统,也可以不采用液压爬模,而改为手拉葫芦提升。但无论怎么变化,工作平台、爬架、爬升系统和模板系统这四部分不可缺少。

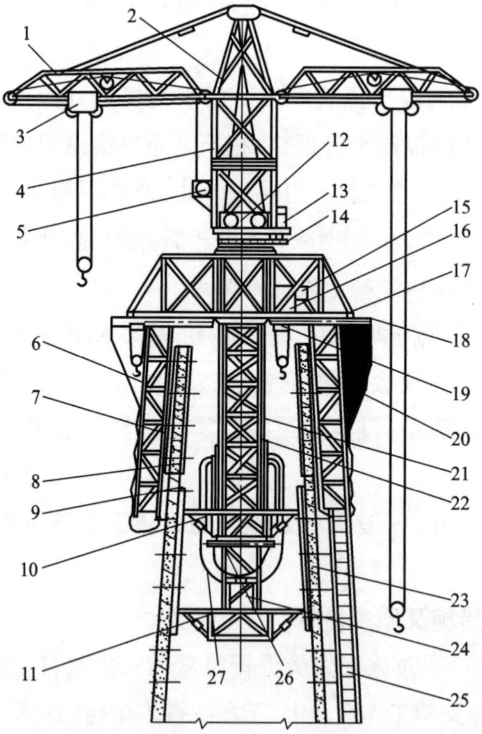

图 4-3-25 爬模系统组成

1-塔吊吊架;2-吊臂;3-小车;4-塔吊井架;5、19-电动葫芦;6-外挂 L 支架;7-外模板;8-内模板;9-附壁爬靴支座;10-上爬升梁;11-下爬升梁;12-卷扬机;13-回转机构;14-回转支撑;15-控制箱;16-配电柜;17-网架工作平台;18-导轨;20-安全网;21-外套架;22-内井架;23-模板拉杆;24-液压泵站;25-爬梯;26-顶升液压缸;27-油管

（3）爬模施工工艺流程图

爬模施工工艺流程见图4-3-26。

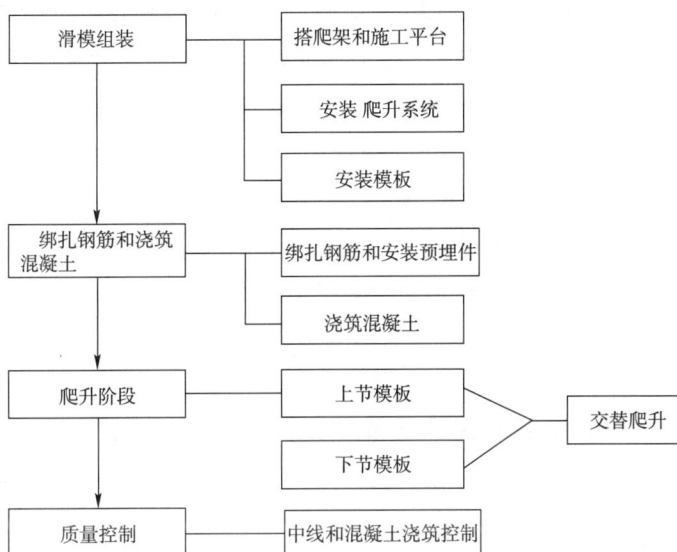

图4-3-26　爬模施工工艺流程图

图4-3-27为某桥高墩爬模施工工程照片。

图4-3-27　某桥高墩爬模施工工程照片

3）翻模施工

翻模施工是目前应用最广泛的桥墩施工方法,尤其初次接触桥墩施工的施工队伍一般都选择翻模施工,主要原因是翻模施工不需要复杂的施工设备,具有投资较小、节约劳力、安全可靠性好、易于保证质量等优点。翻转模板是一种特殊的钢模板,一般由2~3层模板组成一个基本单元。每层模板均自成体系,自身与墩身锚固在一起,以方便翻转。上层模板及浇筑混凝土主要支撑在下一层模板上,当混凝土达到强度后,将下层模板拆除,翻转到顶层拼装。然后周而复始地重复上述工序,一直到设计高程。

159

(1) 翻模施工原理

翻模施工的原理与滑模、爬模不一样,它的模板既不是滑升也不是爬升,而是翻升,即模板交替翻转上升。即先用 A、B 层模板在基础顶而浇筑部分混凝土墩身,建立起工作平台,将顶杆装置支撑于墩身混凝土内,并用千斤顶将作业平台提升至一定高度。平台上悬挂吊架,利用辐射梁上的滚轮对模板进行拆卸、收坡、提升、安装以及钢筋绑扎等工作。混凝土的灌注、捣固、纵横向中线的位移及高程控制等作业则在工作平台上进行。模板设 A、B、C 三层,循环交替翻升。开始施工时,必须将 A、B 两层混凝土灌注完毕后才可从第一层开始翻升,即利用辐射梁上的倒链滑车作提升设备,将第一层模板最下端一层拆卸后提升至新组装位置进行安装与校正、绑扎钢筋、灌注混凝土,如此循环上升,直至完成整个墩身的施工。

(2) 翻模系统组成

翻模施工由工作平台、顶杆及提升设备、内外吊架和模板系统等四个部分组成,见图4-3-28。

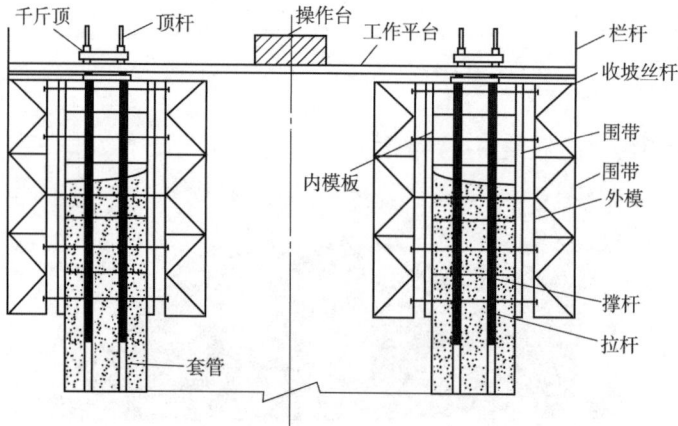

图 4-3-28　翻模系统组成

①工作平台。

工作平台由辐射梁、内外钢环、步板梁、栏杆及扶手等组成,各部件之间采用螺栓连接。工作平台既是工人进行混凝土灌注、捣固、吊架悬挂和中线水平控制等作业及堆放小型料具的场地,又是提升架、吊架等的支撑结构,还可以在工作平台操作面上,通过控制各千斤顶,使工作平台随千斤顶的爬升而提升。

②顶杆和提升设备。

顶杆设于套管内,套管与辐射梁相连,沿圆周共布置 24 根(12 组),可在墩底实心段内预设或在第三层安装,预设或安装必须考虑铁靴和套管的设置,以保证顶杆在墩身混凝土浇筑完毕后的顺利拆除。顶杆通过多次丝杆对接,随套管的不断提升一直将作业平台顶至墩顶。提升设备由千斤顶、操纵台、分油器组成,是工作平台提升的动力设备。

③内外吊架。

吊架为拆装模板和混凝土养生提供作业面。吊架为活动式,可在人力作用下沿辐射梁移动,外吊架的外侧焊制栏杆。根据墩身情况安装固定或活动扶手。

④模板系统。

模板系统是翻模的重要组成部分,由外模和内模两部分组成,外模分固定和抽动两种类型,固定模板分固定1和固定2两种规格,抽动模板分大、中、小三种规格。该模板的特点就是用固定模板和抽动模板的不同组合来解决墩身收坡的变截面问题。为保证桥墩的施工质量,圆端部分采用曲率可调模板(在模板的板肋上设置几组对丝调节螺栓,通过拉动或推动板肋来调节面板的曲率),墩身外形山型钢围带(用于直板段)和扁钢柔性围带(圆端段)保证。内模分为固定、抽动和错动三种模板类型,采用型钢支撑围带,模板之间用螺栓连接,内模板间采用圆钢作为拉筋撑木使之成为整体。模板拆装翻升由人力借助倒链滑车完成。

(3)翻模施工工艺流程

翻模施工工艺流程见图4-3-29。

对于变截面桥墩,应在爬模和翻模中选择。爬模和翻模相比,爬模材料需要量大,但安全和适应性上比翻模好。如果经济性放第一位,选择翻模有优势。翻模可重复使用,投资节省。

(4)翻模施工质量控制

①墩身垂直度控制。

液压顶升平台在提升过程中必须做好中心和高程的控制,注意观测两侧平台的中心和墩身中心的偏离值,并及时进行调整,使平台中心与墩中心不发生偏离。用水平仪在每根顶杆上抄同一高程线,并在此加设千斤顶限位卡,提升平台时让所有千斤顶顶环都顶在限位卡上,保证平台水平。

②坡率控制。

为保证墩身外观质量,外模采用抽动模板收坡。这不但避免了其他各类模板靠面板相互搭接错动收坡而使墩身表面产生不规则错台现象,而且操作简单,收坡尺寸准确,模板安装校正时间短。

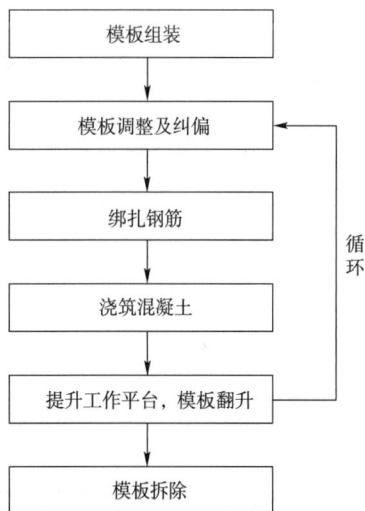

图4-3-29　翻模施工工艺流程图

③翻模时机的把握。

翻模时机应与混凝土凝固程度相适应,同时使支承杆不发生失稳,但停滑时间过长,会导致模板与混凝土黏结、滑升时出现裂缝。一般当出模混凝土贯入阻力达到0.5～3.5Pa,或手摸有硬的感觉(手指按出深度1mm左右印子时)即可滑升。

4)三种模板技术经济性比较

三种模板技术经济性能指标见表4-3-3。

三种模板技术经济性能指标   表 4-3-3

名　称	滑　模	爬　模	翻　模
可操作性	简单方便	简单方便	简单方便
安全性	较安全	安全	安全性稍差
经济性	节省材料,但设备投入大	材料需要量大	节省材料
适用性	最好是等截面或截面变化较小的桥墩,适合高墩施工	适用性强,等截面、变截面均可,特别适合高空心墩	适用性强,等截面、变截面均可,高低墩均可

目前实际工程中,三种模板应用相比,爬模和翻模比滑模多。爬模与翻模相比,翻模应用要多。翻模应用多的主要原因是投资小,如果单从技术角度讲,专业厂家生产的爬模施工质量肯定要优于翻模。对于重要高墩,如果资金容许,采用专业厂家生产的自爬升模板是较好的选择。

实际桥墩施工也不单纯采用一种方法,有时是两种方法的结合。比如沙特一座大桥的桥墩施工就是采用爬模和翻模结合技术施工的,取得了良好的效果。

学习情境 3.4　支座安放

梁桥在桥跨结构和墩台之间须设置支座。

3.4.1　钢筋网的设置

实体墩、台在支座下面应设置钢筋网,顶帽的其余部分大、中桥梁应设置构造钢筋,并与墩、台身钢筋相连。

3.4.2　支座垫板的安设

在墩台帽上的支座垫板的安设一般采用预埋支座垫板和预留锚栓孔两种方法。

1)预埋支座垫板

图 4-3-30　预埋支座垫板

在绑扎墩台帽和支座垫石的钢筋时,将焊有锚固钢筋的钢垫板安设在支座的准确位置上,其固定方法是将锚固钢筋和墩、台帽骨架钢筋焊接牢固,同时可将钢垫板作一木架,固定在墩、台帽模板上,见图 4-3-30。此法在施工时垫板位置不易准确,在浇筑混凝土时极易变位,因此,在施工过程中,应经常检查和校正其中线和水平高程是否符合规定。

2)预留锚栓孔

在安装墩台帽模板时,安装好预留孔模板,在绑扎钢筋时注意将锚栓孔位置留出。此法安装支座施工方便,支座垫板位置准确。锚栓孔模板可在支座垫石模板上放线定位。支座垫石混凝土强度达 2.5MPa，即可撤除锚栓孔模板。

3.4.3　支座的安装

支座是设立在上部结构和下部结构之间的传力设施，其目的是在保证上部结构在墩台帽上的面积受力均匀，并适应在温度变化下水平胀缩的影响。支座根据上部结构跨径的大小而选用不同的形式，一般跨径在 12m 以下的公路桥梁不用专门的支座，墩台帽上只设置厚约1cm 的石棉或油毛毡垫层。跨径大于 12m 时，需设置支座，比较通用的支座形式有橡胶支座、弧形支座和摆柱式支座三种。

1) 橡胶支座

梁式桥桥跨的两端设置支座的主要作用，是将桥跨结构上的全部荷载(包括恒载和活载)可靠地传递到桥墩台上去，同时保证结构在活载、温度变化、混凝土收缩和徐变等因素作用下的自由变形，以使上下部结构的实际受力情况符合结构的静力图示。

由于橡胶支座的适用范围广，能适应宽桥、曲线桥和斜交桥的上部结构在各个方向的变形，故橡胶支座目前不仅在中小跨径公路、城市桥梁及铁路桥梁上得到广泛应用，而且也在大跨径的桥梁上大量使用。

橡胶支座有普通板式橡胶支座、四氟板式橡胶支座、圆板坡形橡胶支座、球形橡胶支座、盆式橡胶支座等类型。

下面介绍几种常用的橡胶支座安装施工要点。

(1) 普通板式橡胶支座的安装

①支承垫石的设置。

a. 为了保证工程安装质量以及安装、调整和更换支座的方便，必须在墩台顶设置支承垫石，见图4-3-31。

a)绑扎支承垫石钢筋 　　　b)墩顶支承垫石布置

图 4-3-31　支承垫石

b. 支承垫石的平面尺寸大小应能承受上部结构荷载为宜，一般长度与宽度应比橡胶支座大10cm 左右。垫石的高度要大于6cm，使梁底与桥墩顶有足够的空间，以便安置千斤顶，更换支座。

c. 支承垫石内应布置钢筋网，竖向钢筋与墩台内钢筋焊接在一起。支承垫石要求表面平整但不光滑。

    d. 各支承垫石顶面高程应符合设计要求。

    ②预制梁橡胶支座的安装(见图4-3-32)。

安装好预制梁橡胶支座的关键在于保证梁底在垫石顶面的平行、平整,使其和支座上、下表面全部密贴,不得出现偏压、脱空和不均匀支承受力现象。

施工程序如下:

    a. 处理好支承垫石,使支承垫石高程一致。

    b. 预制梁与支座接触的底面要保持水平和平整。当有蜂窝浆和倾斜度时,要预先用水泥砂浆捣实、整平。

    c. 使支座和支承垫石按设计要求准确就位。

    d. 架梁落梁时要平稳,防止压偏或产生初始剪切变形。

    e. 钢筋混凝土垫块或厚钢板要用环氧树脂砂浆和梁筋底贴合黏结。

    f. 落梁后,一般情况下支座顶面与梁面保持水平。

(2)四氟板式橡胶支座的安装

当梁端的伸缩量很大,单靠橡胶的剪切变形很难满足要求时,必须改用变位量大的活动支座四氟板式橡胶支座,即在普通板式橡胶支座的表面粘贴一层聚四氟乙烯板,聚四氟乙烯板与粘贴在梁底支座钢板下的不锈钢板之间形成摩擦系数很小的滑动面,靠滑动来满足大的纵向变位。图4-3-33为四氟板式橡胶支座。

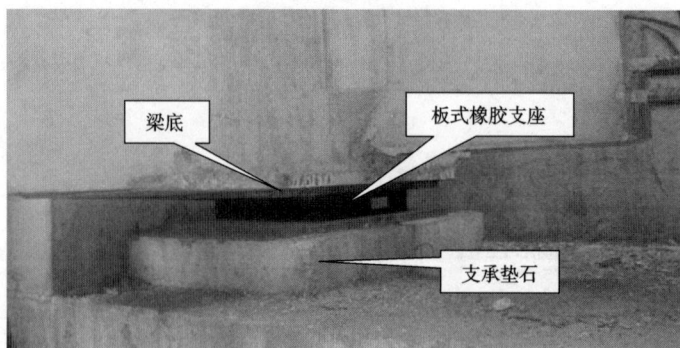

图 4-3-32　预制梁橡胶支座安装

图 4-3-33　四氟板式橡胶支座

    ①聚四氟乙烯板安装。

    a. 与垫石连接分两种情况:一种是直接与垫石连接,可用环氧砂浆调平、黏结,注意不得有脱空及压偏现象;另一种是在垫石顶部设置预埋钢板,并且与垫石中的钢筋网连接,在钢板中心位置应设置比支座平面尺寸大5mm的凹槽,凹槽深度为5mm。

    b. 与梁体的连接

现浇梁施工,可采用上钢板焊接锚固钢筋就地浇筑,同梁体连接。预制梁施工,上钢板可采用环氧树脂砂浆与梁体黏结。梁底有预埋钢板的,可采用螺栓连接和焊接方法连接。

②四氟板式橡胶支座的安装注意事项。

a. 四氟板式橡胶支座安装施工方法与普通板式支座基本相同。四氟板式支座属于活动支座,是和固定支座(普通板式支座)配套使用的,安装时一定要按滑动方向要求安装。

b. 四氟板上的凹坑内,安装时涂上不易发挥的"295硅脂",以降低摩擦系数。

c. 与四氟板接触的不锈钢板不允许有损伤拉毛现象,以免损伤四氟板,导致摩擦系数增大。

d. 落梁时,为防止梁体与支座发生纵横向滑移,宜用木制三角垫块在梁体两侧加以定位,等落梁工作完毕后拆除。

e. 为防止梁体的横向移动,在支座或上部构造两侧需设防滑挡块。

f. 支座与不锈钢板的相对位置要视安装温度而定。若不锈钢板有足够的长度,则任何季节都可按春秋季节支座距不锈钢板的中心位置安置。

g. 上部结构为连续结构时,为提高固定端橡胶支座的可靠度,防止固定支座的纵横向滑移,可设置防爬装置。

(3)圆板坡形橡胶支座的安装

圆板坡形橡胶支座是在圆板橡胶支座的基础上改制成的一种楔状坡形支座,斜坡的角度依据桥梁的纵横坡制造,它能适应各种桥梁的纵横坡,大大方便了桥梁的设计与施工,并有效解除了梁、支座、墩台三者之间的脱空现象,与球冠圆板支座相比,有不受桥梁纵横坡角度限制的好处。

圆板坡形橡胶支座的布置方式:

①当支座底部斜放在盖梁斜面上时,盖梁可做成标准横坡,支座上坡面的坡度只考虑纵坡即可。此时应在盖梁端部设横向水平挡块,挡块与边梁之间应设置滑动减振块,有效约束横桥向水平力产生的初始剪切变形;当无水平挡块时,横桥向产生的初始剪切变形位移量与纵桥向位移量的合成值是橡胶支座的总位移量。

②当支座底部水平放置时,支座上坡面坡度应按其合成坡选择,板梁上面可做成标准的横坡。相邻两个支座高程可做成一个水平面,微小的高程差,用环氧砂浆找平或用不同厚度(特殊设计厚度)的橡胶支座找平;滑板支座可用不同厚度的组合滑动钢板来找平。

③当支座底部水平放置时,支座上坡面只适应纵坡即可,横坡可用铺装层找平。板梁上部可做成台阶式横坡。

(4)球形橡胶支座的安装

图4-3-34为球形橡胶支座(QZ系列),其安装步骤如下:

①安装支座板及地角螺栓:在下支座板四角用钢楔块调整支座水平,并使下支座板顶面高出桥墩顶面20~50mm,找正支座纵、横向中线位置,使之符合设计要求。用环氧砂浆灌注地角螺栓孔及支座底面垫层。

②环氧砂浆硬化后,拆除支座四角临时钢楔块,并用环氧砂浆填满抽出楔块的位置。

③在梁体安装完毕后,或现浇混凝土梁体形成整体并达到设计强度后,在张拉梁体预应力之前,拆除上、下支座连接板,以防止约束梁体正常转动。

图 4-3-34　球形橡胶支座(QZ 系列)

④拆除上、下支座连接板后,检查支座外观,并及时安装支座外防尘罩。

⑤当支座与梁体墩台采用焊接连接时,应先将支座准确定位后,用对称间断焊接将下支座板与墩台上预埋钢板焊接,焊接时应防止烧伤支座及混凝土。

(5)盆式橡胶支座的安装

①在支座设计位置处画出中心线,同时在支座顶、底板上也标出中心线。

②将地脚螺栓穿入底板(顶板)地脚螺栓孔并旋入底柱内,底板和底柱之间垫以直径略大于底柱直径的橡胶垫圈。

③支座就位对中并调整水平后,用环氧砂浆或高强度砂浆灌注地脚螺栓孔及支座底板垫层。待砂浆硬化后拆除调整支座水平用的垫块,并用环氧砂浆填满垫块位置,环氧砂浆要求灌注密实。

④当支座采用焊接连接时,在支座顶、底板相应位置处预埋钢板,支座就位后用对称断续方式焊接。焊接时注意防止温度过高时对橡胶板、聚四氟乙烯板的影响。焊接后要在焊接部位做防锈处理。

⑤T 梁采用盆式支座,施工安装时应在梁端采取临时支撑措施,以防 T 梁侧倾。待两片 T 梁间横隔板焊成整体后,方可拆卸临时支撑。

⑥活动支座开箱后,要注意对聚四氟乙烯板和不锈钢滑板的保护,防止划伤和脏物黏附于不锈钢滑板与聚四氟乙烯滑板表面,并注意检查硅脂是否注满。

⑦连续梁桥等在实行体系转换切割临时锚固装置时,必须采取隔热措施,以免损坏橡胶板和聚四氟乙烯板。

图 4-3-35 为正在安装中的盆式橡胶支座。

图 4-3-35　正在安装中的盆式橡胶支座

2) 弧形支座

弧形支座又称切线支座,是由一块表面平整的上摆钢板和一块表面呈弧形的下摆钢板组成,上摆钢板背面焊接一条由粗钢筋弯成的锚栓,在上部结构浇筑时,预先安放并浇筑在上部结构的梁底。下摆钢板设置于墩台帽上。

弧形支座适用于跨径在 13～20m 的梁式公路桥,支座顺桥方向尺寸一般为 14cm 左右,横桥方向则根据上部结构需要及荷载而定。

3）摆柱式支座

在跨径大于 20m 的梁式桥上,由于受温度变化的影响较大,除固定支座可仍采用弧形支座外,其活动支座应采用伸缩范围较大的摆动式支座。摆柱式支座由上下钢板及两端具有弧形光面的摆轴组成,摆轴的两端为弧形钢板,中部为 C50 钢筋混凝土,摆轴借助侧面的齿扣套入上下钢板的凹槽而就位。图 4-3-36 为钢筋混凝土摆柱式支座。

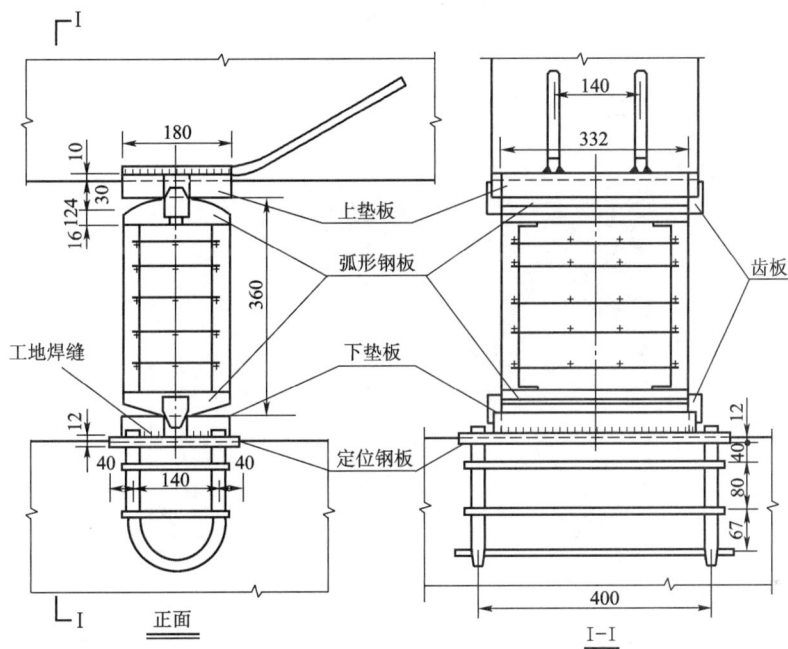

图 4-3-36　钢筋混凝土摆柱式支座(尺寸单位:mm)

摆柱式支座的安装与弧形支座基本相同,也在墩台帽内预设垫板锚栓,然后进行焊接较方便。由于整套支座较高,随梁安装时,必须保持上摆、摆轴及下摆的中心一致,并用小段圆钢临时搭焊成一体,安装完成后再将搭焊的钢筋除去。

3.4.4　支座安装的容许偏差

支座安装的质量标准见表 4-3-4。

支座安装规定值或允许偏差　　　　　　　　　　　　表 4-3-4

检 查 项 目		规定值或允许偏差
支座中心与主梁中线(mm)		应重合,最大偏差 <2
高程		符合设计要求
支座四角高差（mm）	承压力 ≤5 000kN	<1
	承压力 >5 000kN	>2

检 查 项 目		规定值或允许偏差
支座上下各部件纵轴线		必须对正
活动支座	顺桥向最大位移(mm)	±250
	双向活动支座横桥向最大位移(mm)	±25
	横轴线错位距离(mm)	根据安装时的温度与年平均最高、最低温差计算确定
	支座上下挡块最大偏差的交叉角	必须平行 < 5°

学习情境 3.5 墩台附属工程施工

3.5.1 桥台锥体护坡施工要点

锥体护坡示例如图 4-3-37 所示。

图 4-3-37 桥台实心六棱块锥体护坡

(1)在大孔土地区,应检查护坡基底及护坡附近有无陷穴,并彻底进行处理,保证护坡稳定。

(2)锥体填土应按高程及坡度填足,砌筑片石厚度不够时再将土挖去。

(3)护坡基础与坡脚的连接面应与护坡坡度垂直,以防坡脚滑走。

(4)护坡拉线时,坡顶应预先放高 2～4cm,使护坡随同锥体填土沉陷后,坡度仍符合规定。

(5)锥体应以渗水性土壤填筑,确有困难时,除严寒地区外,可用一般黏性土填筑。

(6)护坡与路肩或地面的连接必须平顺,以利排水,并避免砌体背后冲刷或渗透坍塌。

3.5.2 台后填土要求

(1)台背填土应与桥台砌筑协调进行。填土应尽量选用渗水土,如黏土含量较少的砂质土,含水率要适量,在北方冰冻地区,要防止冻胀。如遇软土地基,为增加土抗力,台后适当长度内的填土可采用石灰土。

(2)台背填土顺路线方向长度,一般应自台身起,底面不小于桥台高度加 2m,顶面不小于 2m。

（3）天然地面较低，填土高度较高时，填土的夯实长度应长些。其填土顶面长度一般按紧靠桥台一孔跨径的 1/5 考虑。

（4）填土应分层夯实，每层松土厚 20~30cm，一般应夯 2~3 遍，夯实后厚 15~20cm，使密实度达 85%~90%，并应作密实度测定。

（5）石砌圬工桥台台背与土接触面应涂抹两道热沥青或用石灰三合土、水泥砂浆胶泥做不透水层作为台后防水处理。

（6）梁式桥的轻型桥台台后填土，应在桥面完成后，在两侧平衡地进行。

3.5.3 桥头搭板的施工要点

1）桥头搭板的作用

桥头搭板是一种用于防止桥端连接部分沉降而采取的措施。它搁置在桥台或悬臂梁板端部和填土之间，随着填土的沉降能够转动。车辆行驶时可起到缓冲作用，即使台背填土沉降也不至于产生凹凸不平。

2）桥头搭板的设置位置

桥头搭板近台端多数布设在沥青混凝土表面层的下面或平路面基层顶面，也有的为改善搭板处的行车条件采用下置式，即布设在路面底基层下面，按单段式设计。在搭板下现浇一段厚为 16cm 或 20cm 水泥稳定碎石或卵石砾石垫层，垫层横向宽出搭板各 50cm，搭板远端长出 50cm，以1:3（纵横比）坡度与路面底基层衔接。在牛腿或台背上垫一层厚油毛毡，然后将近台端搭板搁在上面，如图 4-3-38 所示。

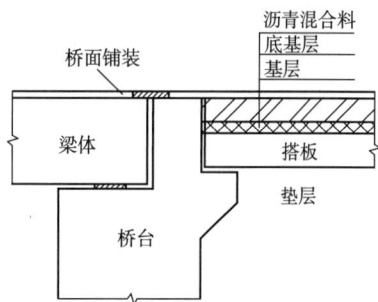

图 4-3-38 桥台搭板的设置

3）桥头搭板施工工艺流程

施工准备→测量放样→挖填整平原地面→浇筑垫层混凝土→钢筋加工、安装→模板打磨、涂抹脱模剂→安装模板→断缝设置→模板加固、线形调整、高程测量→浇筑混凝土→拆模养护→切缝塞缝。

3.5.4 桥台后泄水盲沟施工

（1）地下水较多时，泄水盲沟以片石、碎石或卵石等透水材料砌筑，并按坡度设置，沟底用黏土夯实。盲沟应建在下游方向，出口处应高出一般水位 0.2m。平时无水的干河沟应高出地面 0.3m。

（2）如桥台在挖方内，横向无法排水时，泄水盲沟在平面上可在下游方向的锥体填土内折向桥台前端排水，在平面上呈 L 形。

（3）地下水较大时，盲沟施工时应注意下列事项：

①盲沟所用各种填料应洁净、无杂质，含泥量应小于 2%。

②各层的填料要求层次分明，填筑密实。

③盲沟应分段施工,当日下管填料应一次完成。

④盲沟滤管一般采用无砂混凝土管或有空混凝土管,也可用短节混凝土管,但应在接头处留 1~2cm 间隙,供地下水渗入。

⑤盲沟滤管基底应用混凝土浇筑,并与滤管密贴,纵坡应均匀,无向坡;管节应逐节检查,不合格者不得使用。

⑥管道安装完毕后,应将管内砂浆残渣、杂物清除干净。

— — — — — — — — — 小　　结 — — — — — — — — —

桥梁施工测量中,测设墩、台中心位置的工作称为桥梁墩、台定位。直线桥梁的墩、台定位根据条件可采用直接丈量法、光电测距法或方向交会法。曲线上桥梁的墩、台定位主要有偏角法、支距法、坐标法、交会法和综合法。

混凝土墩台有预制拼装和就地浇筑两种,大多数采用后者。其主要施工工序有两步:一是制作与安装墩台模板;二是浇筑混凝土。常用的模板类型有固定式模板、拼装式模板、整体吊装模板、组合式定型钢模板和滑升模板等。

公路通过深沟宽谷或大型水库,采用高桥墩能使桥梁更为经济合理。从结构外形上讲,连续刚构桥桥墩有竖直双薄壁、竖直单薄壁、V 形、X 形、Y 形墩;从墩身的截面形式来划分,一般可分为实体桥墩、空心桥墩;按受力后变形特征分为刚性墩和柔性墩;按建筑材料分为混凝土墩、钢筋混凝土墩、预应力混凝土墩和钢桥墩等。高桥墩的模板却另有特色。一般有滑模、爬模、翻模等几种。

梁桥在梁和墩台之间须设置支座。在墩台帽上的支座垫板的安设一般采用预埋支座垫板和预留锚栓孔两种方法。目前在桥梁工程上广泛采用的橡胶支座有普通板式橡胶支座、四氟板式橡胶支座、圆板坡形橡胶支座、球形橡胶支座、盆式橡胶支座等类型。

【知 识 拓 展】

1. 普通桥墩施工——妙门特大桥

妙门特大桥位于广东省,该桥中心里程为 DK262+400.30,全长 734.28m,孔跨布置为 22m× 32m 简支箱梁。桥台桩基础 ϕ1.25m,计 18 根,总长 405m,桥墩桩基础 ϕ1.25m,计 162 根,总长 3 103m;平均桩长度约 19.48m,最大桩长 35m。桥台采用双线矩形空心桥台,桥墩采用双线实心墩,平均墩高 13.38m,最大墩高 16.5m。梁部为 32m 后张法预应力混凝土双线简支箱形梁。

图 4-3-39 为该桥其中一圆端形桥墩施工过程。

2. 高墩施工——贵州北盘江大桥

贵州水盘(六盘水至盘县)高速公路跨越北盘江峡谷,北盘江大桥桥址处山高谷深、地形地质复杂,施工运输条件极其困难,经多方案比选,大桥采用连续刚构方案,桥跨布置为 85m+

$220m + 290m + 220m + 85m$。

a) 绑扎桥墩钢筋

b) 立桥墩模板

c) 浇筑混凝土

图 4-3-39　圆端形桥墩施工过程

北盘江大桥桥型为特大跨、特高墩预应力混凝土斜腿连续刚构桥,引桥为 30m T 形梁,桥高(桥面至承台)170m。桥址区抗震设防烈度为 6 度,大桥高墩稳定、抗风、抗震问题突出,特大跨斜腿连续刚构上部构造设计、施工技术难度大。

北盘江斜腿连续刚构桥型是一种在常规连续刚构形式上的新改型,其主要思路是通过在箱梁根部附近设置斜腿,加大根部区域的结构刚度,从而提高其跨越能力。

(1)下部墩身

全桥主墩为 6、7、8、9 号桥墩(见图 4-3-40),其中 7、8 号(见图 4-3-41)为主悬浇 T 主墩,6、9 号(见图 4-3-42)为次悬浇 T 主墩,主墩的高度分别为 75m、88m、141m、68m,均采用双肢薄壁空心截面。墩柱纵向尺寸 4.5m,净距 17m,比例为 1:1.56,斜腿高度 7.5m,斜腿与墩柱纵向尺寸比例 1:1.67,尺度均衡、比例协调;墩柱横桥向按 1:100 比例放坡增加墩底尺寸,满足结构横向抗风需要,同时又获得稳固、安全的视觉效果。

(2)主悬浇 T 箱梁

设置斜腿段箱梁上弦高度 6~5m,斜腿高度 7.5m;箱梁跨中高度 4.5m;斜腿至梁顶高度 35m;箱梁高度及梁顶至斜腿底缘距离按 2.5 次抛物线变化。箱梁浇筑节段为 18m(0 号段)$+11 \times 4m$(上弦区段)$+4 \times 3m$(汇合段)$+4 \times 3.5m+5 \times 4m+10 \times 4.5m$,斜腿浇筑节段划分与上弦箱梁对应,为$11 \times 4m$。主悬浇 T 箱梁顶板厚 0.28m,底板厚度由跨中 0.32m 按二次抛物线变化至 1.2m(汇合段);箱梁腹板厚度 0.8~0.45m,分两次过渡。

图 4-3-40　贵州北盘江大桥桥墩

图 4-3-41　8 号主墩上下弦合龙

图 4-3-42　9 号主墩施工

(3)次悬浇 T 箱梁

次悬浇 T 箱梁最大悬臂长度 74m,箱梁根部高度 10m,跨中高度 4.5m;箱梁高度按二次抛物线变化。箱梁浇筑节段为 14m(0 号段)$+73.5+5 \times 4m+5 \times 4.5m$。次悬浇 T 箱梁顶板厚 10.28m,底板厚度由跨中 0.32m 按二次抛物线变化至根部 0.9m;箱梁腹板厚度 0.7~0.45m,分两次过渡。全桥箱梁顶宽 10.5m,底宽 6.5m,顶板悬臂长 2m,悬臂端部厚 0.2m,根部厚 0.65m,箱梁顶设有 2% 的横坡。

【学习效果评价】

综合题

1. 就地浇筑混凝土墩台模板有哪些类型?

2. 直线桥梁墩台定位测量有哪些方法?

3. 桥墩施工工艺流程是什么?

4. 分析滑模的优点和缺点。

5. 滑模浇筑混凝土施工要点是什么？

6. 分别简述爬模和翻模系统组成。

7. 分别简述爬模和翻模施工要点。

8. 简述比较常用支座的类型及构造特点。

9. 简述桥墩、台附属工程施工要点。

单元5　混凝土梁式桥

摘要：本单元重点介绍混凝土梁式桥的构造和常用施工方法，使学生具备正确识读梁式桥施工图和根据施工图及相关要求正确施工的能力。

素质目标：通过典型梁桥施工案例，培养学生创新和严谨求实的科学精神、良好的职业责任和工匠精神，增强爱国主义和民族自豪感。通过参观学习，感受大桥的雄伟风姿，感受工地技术人员的敬业，最大限度激发学生敬业精神和职业归属感。

学习项目1　混凝土梁式桥构造

学习目标：理解混凝土（包括钢筋混凝土和预应力混凝土）梁式桥的受力特点，掌握其构造特点。

能力目标：能够正确分析判断简支梁桥和连续梁桥；能够描述各类常见梁式桥构造特征。

学习指导：梁式桥是使用较广泛的一种桥梁，不同桥型的构造特点应结合其受力特点来理解。另外，还应广泛搜集并了解各类梁式桥的实例，以使对构造的理解更加深入。

引言

主梁是梁式桥的主要承重结构，梁式桥按照主梁的静力体系可分为简支梁桥、连续梁桥和悬臂梁桥；按照主梁的截面形式可分为板桥、肋梁桥和箱形梁桥。

板桥结构简单，但跨越能力小。钢筋混凝土简支实心板桥的跨径只用于 5～8m，连续空心板桥的跨径用到10～16m，预应力混凝土简支空心板的跨径用到 16～32m。肋梁桥跨越能力较大，钢筋混凝土简支肋梁桥的常用跨径为 13～20m，预应力混凝土简支肋梁桥的常用跨径在25m 以上，最大可以做到 50m。箱形梁桥常采用预应力混凝土或者钢材建造，其跨越能力更强，四川乐(山)自(贡)高速公路岷江特大桥主桥即为预应力混凝土连续箱梁桥，跨度达到 180m。

学习情境1.1　钢筋混凝土简支板桥构造

板桥是小跨径桥梁常用形式之一，由于它在建成以后外形上像一块薄板，故习惯称之为板桥。常采用简支板桥、连续板桥或悬臂板形式，可以采用钢筋混凝土或预应力混凝土建造。这里重点学习钢筋混凝土简支板桥构造。

1.1.1　钢筋混凝土板桥的特点

1）优点

(1)外形简单，制作方便，既便于现场整体浇筑，又便于进行工厂化成批生产；

（2）建筑高度小，适用于桥下净空受限制的桥梁；

（3）做成装配式板桥的预制构件时，质量不大，架设方便。

2）缺点

钢筋混凝土板桥的主要缺点是跨径小。跨径超过一定长度时，截面便要显著加高，从而导致自重大，截面材料使用上不经济。

1.1.2 板桥的分类

钢筋混凝土板桥可按照以下分类方法进行分类：

（1）按照板桥的横截面形式分实体矩形板桥、矮肋式板截面板桥，见图 5-1-1。

（2）按照板桥的施工方法分装配式板桥、整体式板桥。

（3）按照板的静力体系分简支板桥、悬臂板桥、连续板桥。

1.1.3 简支板桥的构造

1）整体式简支板桥

整体式简支板桥具有整体性能好，横向刚度大，而且易于浇筑

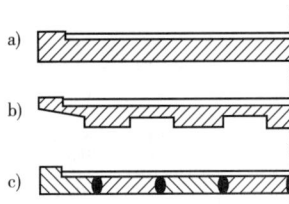

图 5-1-1 板桥横截面

成各种形状的优点。常用于 4~8m 跨径或不规则桥梁。

整体式简支板桥的横截面一般都设计成等厚度的矩形截面，见图 5-1-2a)，有时为了减小自重也可将受拉区稍加挖空做成矮肋式板桥，见图 5-1-2b)。

（1）整体式矩形实心板

具有形状简单、施工方便、建筑高度小、结构整体刚度大等优点；但施工时需现浇混凝土，受季节气候影响，又需模板与支架。从受力要求看，截面材料不经济、自重大，所以只在小跨板桥使用。

（2）矮肋式板截面

为了减轻自重，也可将截面受拉区稍加挖空做成矮肋式的板截面。

2）装配式简支板桥

常用的装配式简支板桥按其截面形式主要有实心板和空心板两种。

（1）矩形实心板桥

矩形实心板桥是目前采用最广泛的形式，其跨径通常不超过 8m，板厚为 0.16~0.36m。这种板桥具有形状简单、施工方便、建筑高度小等优点，因而容易推广使用。其横剖面构造如图 5-1-3 所示。

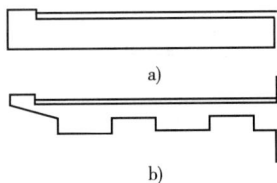

图 5-1-2 整体式简支板桥

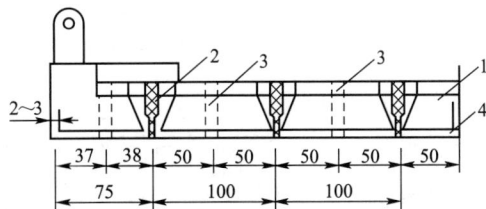

图 5-1-3 装配式简支实心板横剖面构造（尺寸单位：cm）

1-预制板；2-接缝；3-预留孔；4-垫层

（2）矩形空心板桥

为减轻自重,在跨径 6～13m 三种钢筋混凝土板桥标准图中,采用空心板截面,相应板厚为 0.4～0.8m。空心板较同跨径的实心板质量小,运输安装方便,装配式预制空心板截面中间挖空形式很多,如图 5-1-4 所示,为几种常用的空心板截面形式。

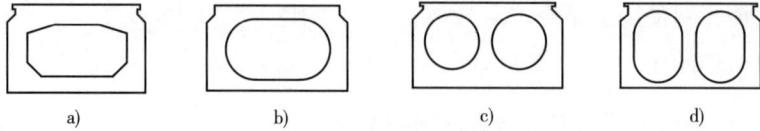

| a) | b) | c) | d) |

图 5-1-4 空心板截面形式

学习情境 1.2 钢筋混凝土简支梁桥构造

钢筋混凝土简支梁桥常见截面形式为 T 形,有时也采用箱形或 II 形截面。一般采用预制装配法施工,只在少数如异形、变宽截面等场合下采用整体浇筑法。这里我们主要学习常见装配式 T 形梁桥上部构造。

如图 5-1-5 所示就是典型的装配式 T 形简支梁桥上部构造概貌,它由几片 T 形截面的主梁并列在一起装配连接而成。T 形梁的顶部翼板构成行车道板,与主梁梁肋垂直相连的横隔梁的下部以及 T 梁翼板的边缘均设焊接钢板连接构造,将各主梁连成整体,这样就能使作用在行车道板上的局部荷载分布给各片主梁共同承受。

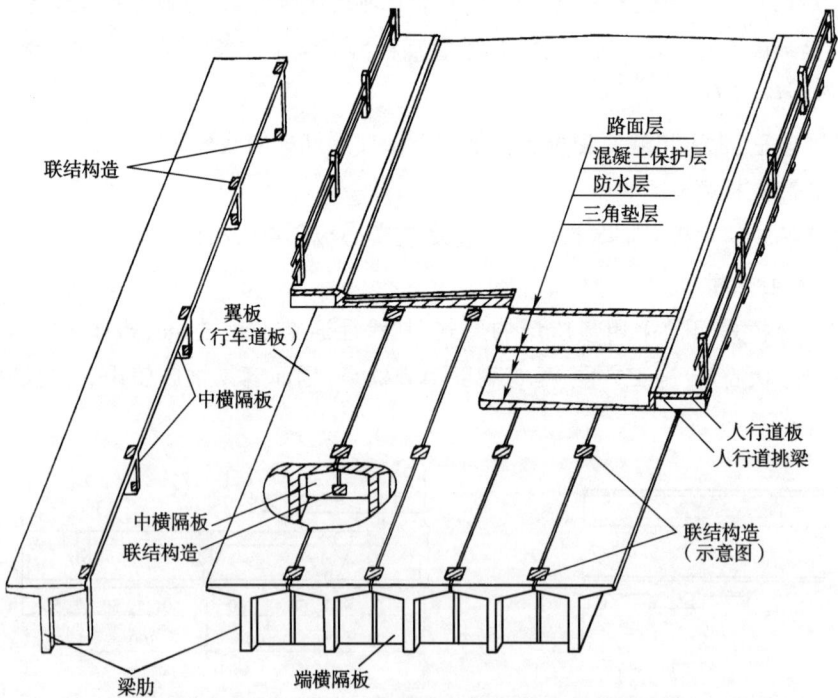

图 5-1-5 装配式 T 形简支梁桥上部构造概貌

1.2.1　布置

1)主梁布置

对于跨径大一些的桥梁,如果建筑高度不受限制,则适当加大主梁间距减少片数,钢筋混凝土的用量会少些,这样就比较经济;但此时桥面板的跨径增大,悬臂翼缘板端部较大的挠度对引起桥面接缝处纵向裂缝的可能性也大些。同时,构件质量的增大也使运输和架设工作趋于复杂。主梁间距一般均在 1.5～2.2m。我国已拟定的标准跨径为 10m、13m、16m 和 20m 的四种公路梁桥标准设计采用的梁高相应为 0.9m、1.1m、1.3m、1.5m,常用的梁肋宽度为 15～18cm。翼板的厚度应满足强度和构造最小尺寸的要求。根据受力特点,翼板通常都做成变厚度的,即端部较薄,向根部逐渐加厚。

2)横隔梁布置

横隔梁在装配式 T 形梁桥中起着保证各根主梁相互连接成整体的作用,它的刚度越大,桥梁的整体性越好。T 形梁的端横隔梁是必须设置的,它不但有利于制造、运输和安装阶段构件的稳定性,而且能显著加强全桥的整体性;有中横隔梁的梁桥,荷载横向分布比较均匀,且可以减轻翼板接缝处的纵向开裂现象。当 T 形梁的跨径稍大时,可在跨径内增设 1～3 道横隔梁,间距采用 5～6m 为宜,跨中横隔梁的高度通常做成主梁高度的 3/4 左右,梁肋下部呈马蹄形加宽时,横隔梁延伸至马蹄的加宽处,且宜做成上宽下窄和内宽外窄的楔形,以便脱模。横隔梁的肋宽常采用 12～16cm。

图 5-1-6 为墩中心距 20m,汽车荷载按旧规范《公路工程技术标准》(JTJ 01—1988)[1]设计的装配式 T 形梁桥的纵、横截面主要尺寸。

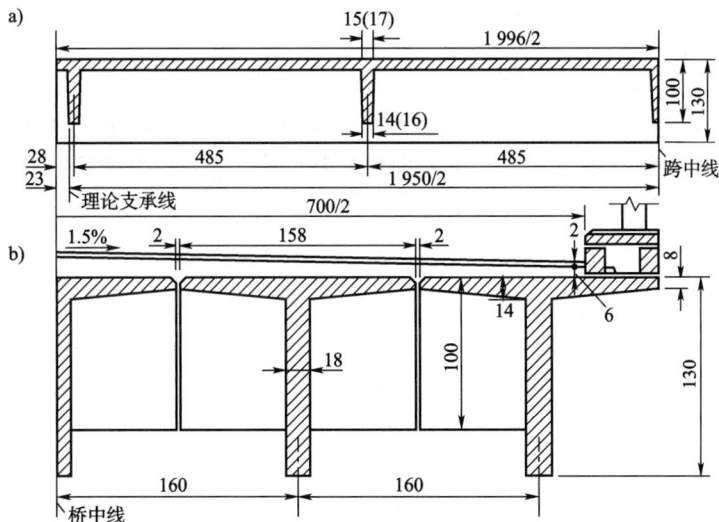

图 5-1-6　装配式 T 形梁桥纵、横截面主要尺寸(墩中心距离 20m)(尺寸单位:cm)

---

[1]　现行版本的规范号为 JTG B01—2014。

1.2.2　构造

1) 主梁钢筋构造

(1) 一般构造

装配式 T 形简支梁桥的钢筋可分为纵向主钢筋、架立钢筋、斜钢筋、箍筋和分布钢筋等几种。

简支梁承受正弯矩作用,故抵抗拉力的主钢筋设置在梁肋的下缘。随着弯矩向支点处减小,主钢筋可在跨间适当位置处切断或弯起。为保证主筋在梁端有足够的锚固长度和加强支承部分的强度,至少有 2 根且不少于总数 1/5 的下层受拉主钢筋通过支点处,梁两外侧的主钢筋应伸出端支点以外,并弯成直角顺梁高延伸至顶部与顶层纵向架立钢筋相连,两侧之间的其他未弯起钢筋,伸出支承截面以外的长度,不应小于 10 倍钢筋直径(环氧树脂涂层钢筋为 12.5 倍钢筋直径),HPB235 钢筋应带半圆钩。

由主钢筋弯起的斜向钢筋用来增强梁体的抗剪强度,当无主钢筋弯起时,尚需配置专门焊于主筋和架立筋上的斜钢筋。斜钢筋与梁的轴线一般布置成 45°角。弯起钢筋的末端应留有锚固长度:受拉区不应小于 20 倍钢筋直径,受压区不应小于 10 倍钢筋直径,环氧树脂涂层钢筋增加 25%,HPB235 钢筋应设置半圆弯钩。

为了防止 T 形梁肋侧面因混凝土收缩等原因而导致裂缝,因此在梁的两侧需要设置直径为 6～8mm 的纵向防裂分布钢筋,每腹板内钢筋截面面积 $A_s = (0.001～0.002)bh$,其中 b 为梁肋宽度,h 为梁的高度,其间距在受拉区不应大于腹板宽度,且不应大于 200mm,在受压区不应大于 300mm。在支点附近剪力较大区段和预应力混凝土锚固区段,分布钢筋间距宜为 100～150mm。

箍筋的主要作用也是增强主梁的抗剪强度。其间距不应大于梁高的 1/2 且不大于 400mm。当所箍钢筋为按受力需要的纵向受压钢筋时,不应大于所箍钢筋直径的 15 倍,且不应大于 400mm。在钢筋绑扎搭接接头范围内的箍筋间距,当绑扎搭接钢筋受拉时不应大于主钢筋直径的 5 倍,且不大于 100mm;当搭接钢筋受压时不应大于主钢筋直径的 10 倍,且不大于 200mm。在支座中心向跨径方向长度相当于不小于 1 倍梁高范围内,箍筋间距不宜大于 100mm。近梁端第一根箍筋应设置在距端面一个混凝土保护层距离处。

架立钢筋布置在梁肋的上缘,主要起固定箍筋和斜筋并使梁内全部钢筋形成立体或平面骨架的作用。

为了防止钢筋受到大气影响而锈蚀,并保证钢筋与混凝土之间的黏着力充分发挥作用,钢筋到混凝土边缘需要设置保护层。普通钢筋和预应力直线形钢筋的最小混凝土保护层厚度(钢筋外缘或管道外缘至混凝土表面的距离)不应小于钢筋公称直径,后张法构件预应力直线形钢筋不应小于其管道直径的 1/2,且应符合表 5-1-1 的规定。

当受拉区主筋的混凝土保护层厚度大于 50mm 时,应在保护层内设置直径不小于 6mm、间距不大于 100mm 的钢筋网。

普通钢筋和预应力直线形钢筋最小混凝土保护层厚度（单位：mm）　表 5-1-1

序号	构 件 类 别	环境类别		
		I	II	III、IV
1	基础、桩基承台：(1)基坑底面有垫层或侧面有模板(受力主筋) (2)基坑底面无垫层或侧面无模板(受力主筋)	40 60	50 75	60 85
2	墩台身、挡土结构、涵洞、梁、板、拱圈、拱上建筑(受力主筋)	30	40	45
3	人行道构件、栏杆(受力主筋)	20	25	30
4	箍筋	20	25	30
5	路缘石、中央分隔带、护栏等行车道构件	30	40	45
6	收缩、温度、分布、防裂等表层钢筋	15	20	25

注：对于环氧树脂涂层钢筋，可按环境类别 I 取用。

为了使混凝土的粗集料能填满整个梁体，以免形成灰浆层或空洞，以及在浇筑混凝土时，振动器可以顺利插入各主钢筋间横向净距和层与层之间的竖向净距，当钢筋为三层以下时，不应小于 30mm，当钢筋为三层以上时，不应小于 40mm，并不小于钢筋直径的 1.25 倍。

在装配式 T 形梁中，可将钢筋叠置，并与斜筋、架立钢筋一起用侧面焊缝焊接成钢筋骨架（见图 5-1-7）。侧面焊缝设在弯起钢筋的弯折点处，并在中间直线部分适当设置短焊缝。焊接钢筋骨架的弯起钢筋，除用纵向钢筋弯起外，也可用专设的弯起钢筋焊接。斜钢筋与纵向钢筋之间的焊接，宜用双面焊

图 5-1-7　焊接骨架图

缝，其长度应为 5d（d 为钢筋直径），纵向钢筋之间的短缝应为 2.5d；当必须采用单面焊缝时，其长度加倍。焊接骨架的钢筋层数不应多于六层，单根钢筋直径不应大于 32mm。

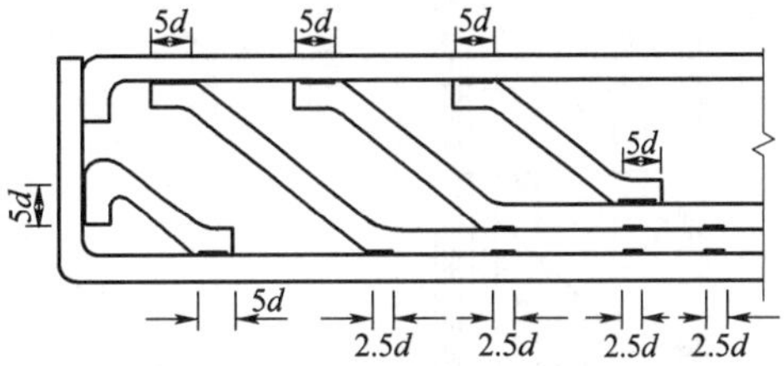

T 形梁翼缘板内的受力钢筋沿横向布置在板的上缘，以承受悬臂负弯矩，在顺主梁跨径方向还应设置少量的分布钢筋。行车道板内主筋的直径不小于 10mm，人行道板内的主钢筋直径不应小于 8mm，在简支板跨中和连续板支点处，板内主钢筋间距不应大于 200mm。

（2）主梁钢筋构造实例

下面介绍一种墩中距 20m 的装配式 T 形梁的钢筋构造实例（见图 5-1-8），主梁和横隔梁的布置以及主要尺寸见图 5-1-6。

此 T 形梁全长为 19.96m，即当多跨布置时，在墩上相邻梁的梁端之间留有 4cm 的伸缩缝。全桥设置 5 道横隔梁，支座中心至主梁梁端的距离为 0.23m。

2）横隔梁钢筋构造

在设有端横隔梁和中横隔梁的装配式 T 形梁桥中，均借助横隔梁的接头使所有主梁连接

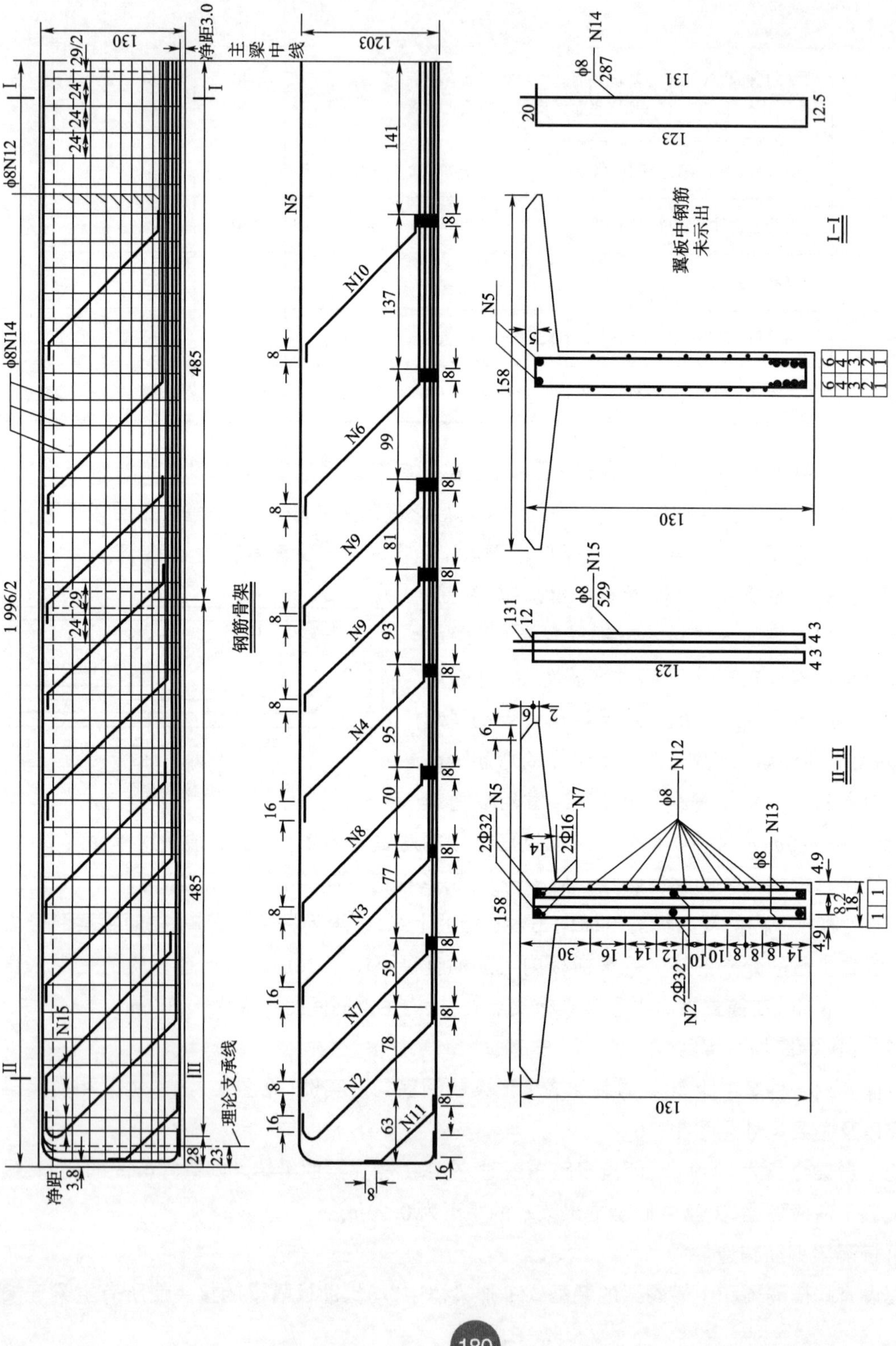

图 5-1-8 墩中距 20m 的装配式 T 形梁的钢筋构造实例（尺寸单位：cm）

成整体。图5-1-9为常用的中主梁中横隔梁的构造形式。在横隔梁靠近下部边缘的两侧和顶部的翼板内均埋有焊接钢板 A 和 B,焊接钢板则预先与横隔梁的受力钢筋焊在一起做成安装骨架。当 T 梁安装就位后即在横隔梁的预埋钢板上再加焊盖接钢板使连成整体。端横隔梁的焊接钢板接头构造与中横隔相同。

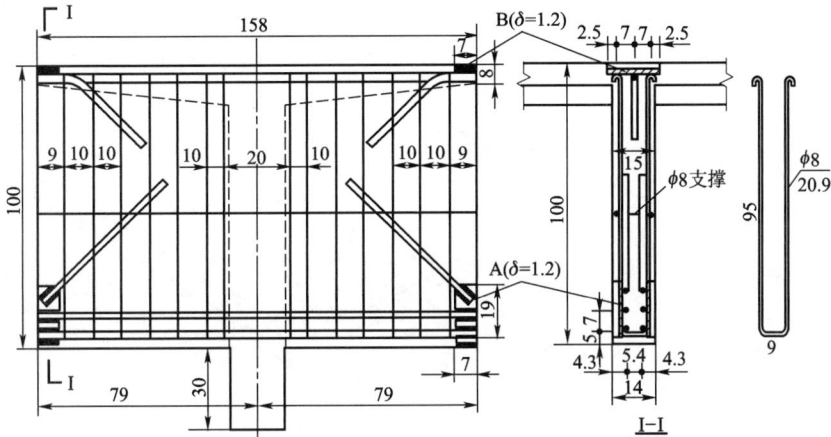

图5-1-9　主梁和横隔梁的布置及主要尺寸(跨径20m)(尺寸单位:cm)

学习情境 1.3　预应力混凝土简支梁桥构造

当跨径大于 20m,特别是 30m 以上的跨径梁桥,往往采用预应力混凝土结构。目前,公路上预应力混凝土简支梁的跨径已做到 50～60m。我国已为 25m、30m、35m 和 40m 跨径编制了后张法装配式预应力混凝土简支梁桥的标准设计。

预应力混凝土简支梁桥的横截面类型基本上与钢筋混凝土梁桥相似,通常也做成 T 形、Ⅱ形。有时为了提高单梁的抗扭刚度并减小混凝土截面,也采用箱形。箱形截面梁的跨度可以比 T 梁大很多。

图5-1-10 为一孔典型的装配式预应力混凝土简支梁桥上部构造概貌。

下面将从构造布置、截面尺寸、配筋特点等方面介绍预应力混凝土简支 T 梁桥的构造。

1.3.1　构造布置及截面尺寸

图5-1-11 是跨径为 30m、桥面净空为净-7 + 2 × 0.75m 人行道的预应力混凝土 T 形梁构造布置图。

我国1973 年编制的公路桥涵标准图中,无论是钢筋混凝土还是预应力混凝土 T 梁,主梁间距全部采用 1.6m,并根据桥面净空和人行道宽度的不同而在横截面内相应采用 5、6 和 7 片主梁。1983 年编制的公路桥涵标准图中,主梁间距采用 2.2m。

当吊装质量不受控制时,对于较大跨径的 T 梁,宜推荐较大的主梁间距(1.8～2.5m)。为了防止桥面和翼缘开裂,主梁间距也不宜过大,但如桥面板施加横向预应力时,主梁间距还可适当加大。

预应力混凝土简支 T 形梁的梁肋下部通常要加宽做成马蹄形,以便钢丝束的布置和满足承受很大预压力的需要。为了配合钢丝束的弯起,在梁端能布置钢丝束锚头和安放张拉千斤顶,在靠近支点处腹板也要加厚至与马蹄同宽,加宽范围最好达一倍梁高(离锚固端)左右,这样就形成了沿纵向腹板厚度发生变化、马蹄部分也逐渐加高的变截面 T 形梁,见图5-1-11。

图 5-1-10　装配式预应力混凝土简支梁桥上部构造概貌

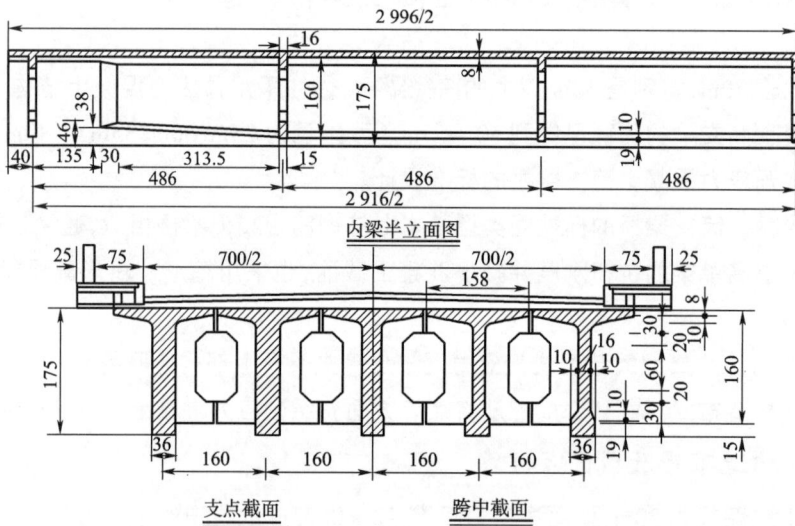

图 5-1-11　跨径 30m 预应力混凝土 T 形梁构造布置图(尺寸单位:cm)

沿纵向的横隔梁布置基本上与钢筋混凝土梁桥相同。但当主梁跨度大、梁较高的情况下,为了减小质量而往往将横隔梁的中部挖孔(见图5-1-11)。

1.3.2　配筋特点

预应力混凝土梁内的配筋,除主要的纵向预应力筋外,尚有架立钢筋、箍筋、水平分布钢筋、承受局部应力的钢筋和其他构造钢筋等。

1）纵向预应力筋布置

预应力混凝土简支梁中所采用的预应力主筋布置图式如图 5-1-12 所示。所有图式的共同特点：主筋在跨中均靠近梁的下缘布置，以对混凝土施加的压力来抵消荷载引起的拉应力。

全部主筋直线形布置（见图 5-1-12a）构造最简单，它仅适合于先张法施工的小跨度梁。其主要缺点是支点附近无法平衡的张拉负弯矩会在梁顶出现过高的拉应力。

对于长度较大的后张法梁，如采用直线形预应力筋时，为了减小梁端附近的负弯矩并节省钢材，可将主筋在梁的中间截面处截断（见图 5-1-12b），这种布置的主要优点是主筋最省，张拉摩阻力也小，但预应力筋没有充分发挥抗剪作用，且梁体在锚固处的受力和构造也较复杂。

当预应力筋数量不太多，能全部在梁端锚固时，为使张拉工序简便，通常都将预应力筋全部弯至梁端锚固（见图 5-1-12c），这种布置的预应力筋弯起角不大，对减小摩阻损失有利。

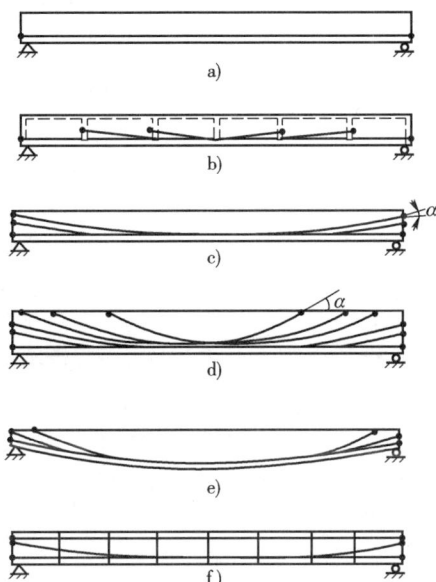

图 5-1-12　简支梁纵向预应力筋布置图示

对于钢束根数较多的情况，或者当预应力混凝土梁的梁高受到限制，以致不能全部在梁端锚固时，就必须将一部分预应力筋弯出梁顶（见图 5-1-12d）。这样的布置方式能缩短预应力筋长度，节约钢材，对于提高梁的抗剪能力也更有利。

图 5-1-12e）是大跨度桥梁为了减小自重而配合荷载弯矩图形设计的变高度鱼腹形梁，这种构造因模板结构，施工和安装较复杂，一般很少采用。

图 5-1-12f）表示预应力混凝土串联梁，梁顶附近的直线形预应力筋是为防止在安装过程中梁顶出现拉应力而布置的。

2）其他钢筋的布置

预应力混凝土梁与钢筋混凝土梁一样，要按规定的构造要求布置箍筋、架立筋和纵向水平分布钢筋等。

图 5-1-13 为梁端锚固区（约等于梁高的长度内）非预应力钢筋构造。加强钢筋网的网格约为 $10\text{cm} \times 10\text{cm}$。锚具下设置厚度不小于 16mm 的钢垫板与相配的螺旋筋，以提高混凝土的抗裂性。由于预应力混凝土梁肋承受的主拉应力较小，一般可不设斜筋。此外，对于预应力筋比较集中的下翼缘（下马蹄）内必须设置闭合式或螺旋形的加强箍筋，其间距不大于 15cm。制孔管的直径应比预应力筋直径大 10mm，采用铁皮套管时应大 20mm，管道间的最小净距主要由浇筑混凝土的要求所确定，在有良好振捣工艺时（例如同时采用底振和侧振），最小净距不

小于4cm。

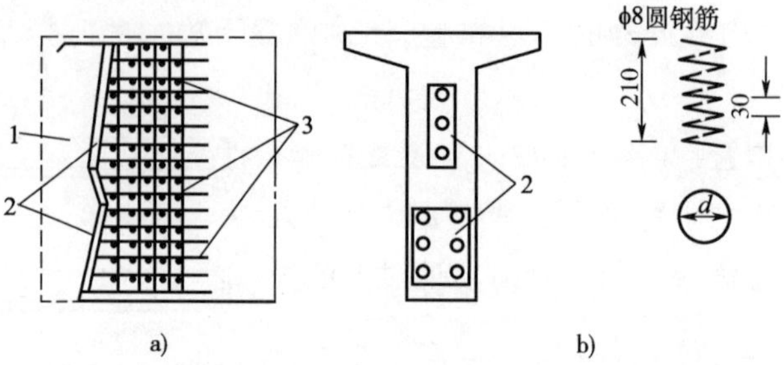

图5-1-13 梁端锚固区非预应力钢筋构造(尺寸单位:mm)
1-后浇封头混凝土;2-垫板;3-钢筋网(直径8mm,间距10cm)

在预应力混凝土简支梁中,将无预应力的钢筋与预应力筋协同配置,这样往往能达到经济合理的效果。

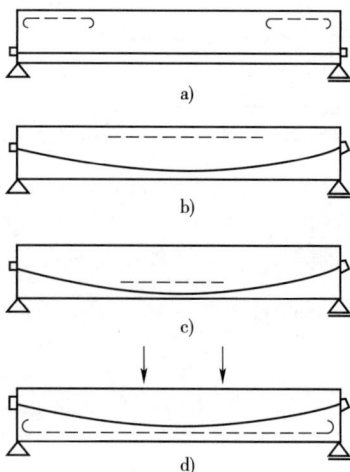

图5-1-14 无预应力纵向受力钢筋
(虚线)的布置

图5-1-14a)表示当梁中预应力筋在两端不便弯起时,为了防止张拉阶段在梁端顶部可能开裂而布置的受拉钢筋。

对于自重比恒载与活载小得多的梁,在预加力阶段跨中部分的上翼缘可能会开裂而破坏,因而也可在跨中部分的顶部加设无预应力纵向受力钢筋(见图5-1-14b),这种钢筋在运营阶段还能加强混凝土的抗压能力,在破坏阶段则可提高梁的安全度。

图5-1-14c)为在跨中部分下翼缘内设置的钢筋,多半是在全预应力梁中为了加强混凝土承受预加压力的能力。

对于部分预应力梁也往往利用通常布置在下翼缘的纵向钢筋来补足极限强度的需要(见图5-1-14d)。并且这种钢筋对于配置不黏结预应力筋的梁能起分布裂缝的作用。

1.3.3 装配式预应力混凝土梁的构造示例

图5-1-15为墩中心距30m的装配式预应力混凝土简支梁标准设计构造示例。此梁的全长为29.96m,计算跨径为29.16m。梁肋中心距为标准尺寸1.60m。在横截面上,可以用5~7片主梁来构成净-7、净-9,并附不同人行道宽度的桥面净空。主梁采用带马蹄的T形截面,梁高为1.75m,高跨比为1/16.7。厚16cm的梁肋在梁端部分(约等于梁高的长度内)加宽至马蹄全宽36cm,以利预应力筋的锚固。在截面设计中将所有混凝土内角做成半径为5cm的圆角,以利脱模。T形梁预应力采用了7根24φ5高强钢丝束,钢丝极限强度为1 600×10³kPa,全部钢丝束均以圆弧起弯并锚固在梁端厚2cm的钢垫板上。

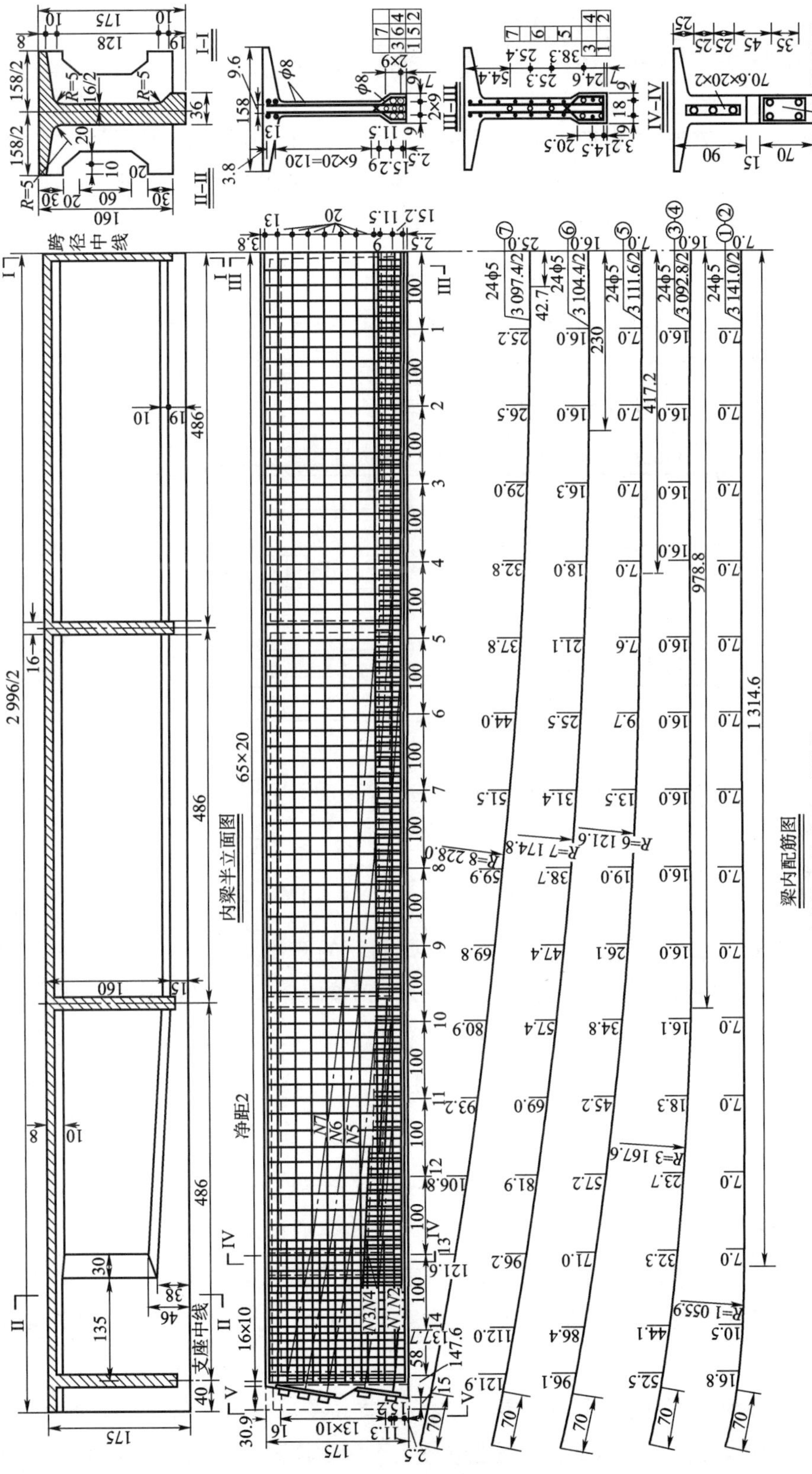

梁内配筋图

一片主梁(中梁)主要工程数量:
1.C40混凝土:18.10m³; 2.碳素钢丝:802kg; 3.Ⅰ、Ⅱ级钢筋:1 783.6kg; 4.其他钢材:594kg; 5.安装重量:45.25t。
3.1、Ⅱ级钢筋均为钢束坐标值(图中所示钢束坐标均为钢束中心至梁底距离)
钢束竖向坐标值(图中所示钢束坐标均为钢束中心至梁底距离)

图 5-1-15 墩中心距30m的装配式预应力预应混凝土简支梁标准设计构造示意例(尺寸单位:mm)

学习情境1.4 预应力混凝土连续梁桥构造

预应力混凝土简支梁桥,由于构造简单,预制和安装方便,在桥梁建设中得到了广泛使用。但随着高等级公路的迅速发展,行车平顺性和舒适度要求越来越高,连续梁桥以其结构刚度大、变形小、伸缩缝少和行车平稳舒适等突出优点得到了迅速的发展。

1.4.1 受力特点

现将三跨连续梁桥在荷载作用下产生的梁体截面内力与简支梁做一比较(见图5-1-16),当跨度 l 和恒载集度 q 相同的情况下,连续梁内力的分布要比同跨度的简支梁合理。这是由于连续梁支点负弯矩的存在,使跨中正弯矩值显著减小。

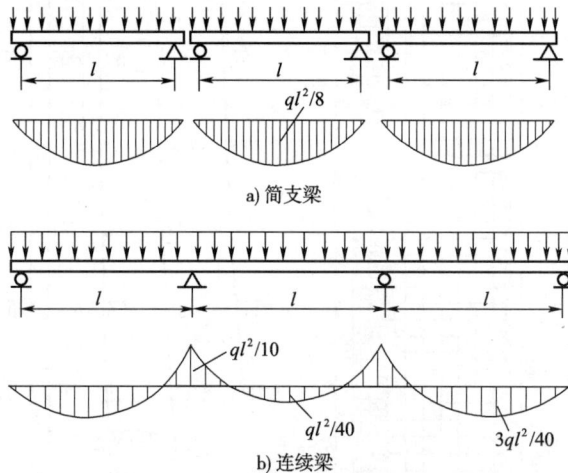

图5-1-16 连续梁与同跨度简支梁的弯矩比较

对于预应力混凝土连续梁来说,控制设计的常是弯矩的变化值,它影响预应力钢筋的布置,即必须以各个截面的最大正、负弯矩的绝对值之和(即按内力变化幅值)布置预应力筋。

在连续梁中,可以变化相邻跨长的比值,调整各控制截面的弯矩变化幅值,以利于布筋。

1.4.2 预应力混凝土连续梁的构造

1)横截面形式和特点

当桥梁的设计方案选定预应力混凝土连续梁桥后,首先要进行桥梁的总体布置和确定结构构造。预应力混凝土连续梁桥的布置与构造,除考虑桥梁的技术经济指标,跨越性质和水文、地质等条件外,还应考虑施工方法。不同的施工方法和施工设备,对桥梁的上下部构造和预应力钢筋的布置有不同的要求。因此,在确定桥梁构造的同时,必须涉及施工方法和施工条件。

预应力混凝土连续梁桥的截面形式很多,一般应根据桥梁的总体布置、跨径、宽度、梁高、支承形式和施工方法等方面综合确定。合理地选择主梁的截面形式对减轻桥梁自重、节约材料、简化施工和改善截面受力性能十分重要。预应力连续梁桥横截面形式主要有板式、肋梁式和箱形截面。其中,板式、肋梁式截面构造简单、施工方便;箱形截面具有良好的抗弯和抗扭性能,是预应力混凝土连续体系梁桥的主要截面形式。

（1）板式和 T 形截面

板式截面分为实体截面和空心截面分别如图 5-1-17a)、b) 和 c)、d) 所示。矩形实体截面使用较少,曲线形整体截面近年相对使用较多。实体截面多用于中小跨径,且多为有支架现浇施工,此时跨中板厚为 1/28 ~ 1/22 跨径,支点板厚为跨中的 1.2 ~ 1.5 倍;空心截面常用于跨径 15 ~ 30m 的连续梁桥,板厚一般为 0.8 ~ 1.5m,亦用有支架现浇为主。肋式截面预制方便,常用于预制架设施工,并在梁段安装后经体系转换为连续梁桥。常用跨径为 25 ~ 50m,梁高取 1.3 ~ 2.6m,如图 5-1-17e) 所示。

（2）箱形截面

当连续梁桥的跨径为 40 ~ 60m 或更大时,主梁多采用箱形截面,其构造布置灵活,常用的箱形截面有单箱单室、单箱双室和分离式双箱单室等几种,第一种应用得较多。单箱单室截面的顶板宽度一般小于 20m,见图 5-1-18a);单箱双室的约为 25m,见图 5-1-18b);双箱单室的可达 40m 左右,见图 5-1-18c)。等高度箱梁可采用直腹板或斜腹板,变高度箱梁宜采用直腹板。

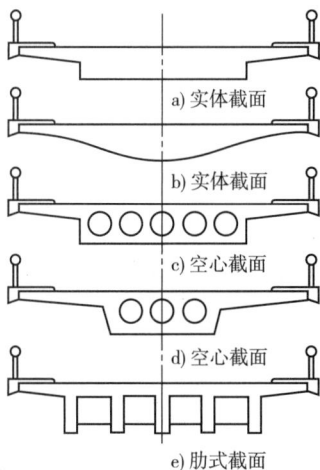

图 5-1-17　板式和肋式截面

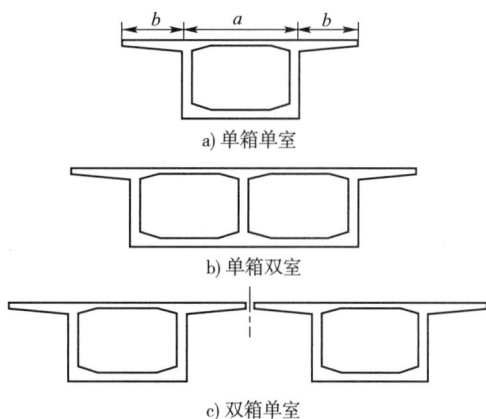

图 5-1-18　箱形截面

2）立面形式和特点

（1）等截面连续梁桥

①力学特点。

除了简支—连续法施工的连续梁桥,超静定结构的连续梁在结构重力和活载作用下,支点截面设计负弯矩一般比跨中截面设计正弯矩大,但在跨径不大时这个差值不是很大,可以考虑采用等截面形式,并采取一定的构造措施予以调节,从而简化主梁的构造。

②构造特点。

等截面连续梁桥可选用等跨和不等跨两种布置方式,如图 5-1-19 所示。

等跨布置的跨径大小主要取决于经济条件和施工设备条件,高跨比一般为 $1/25 \sim 1/15$;在顶推施工的等截面连续梁桥中,梁高与顶推跨径之比一般为 $1/17 \sim 1/12$。当标准跨径较大时,有时为减少边跨正弯矩,将边跨跨径取小于中跨的结构布置,一般边跨与中跨长之比在 $0.6 \sim 0.8$。

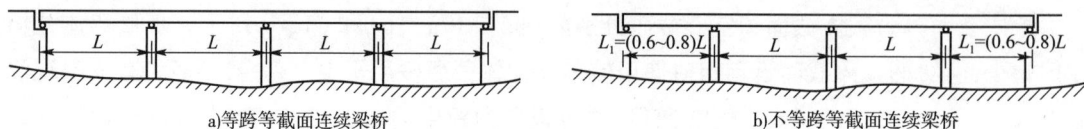

a)等跨等截面连续梁桥   b)不等跨等截面连续梁桥

图 5-1-19   等截面连续梁桥

当标准跨径不能满足通航或桥下交通要求而需要加大个别跨的跨径时,常常不需改变高度,而是采用增加钢筋束和调整截面尺寸的方式予以解决,使桥梁外观仍保持等截面布置。这样做既使桥梁的立面协调一致,又能减少构件及模板的规格。

③适用范围及特点。

a. 桥梁一般采用中等跨径,以 $40 \sim 60m$ 为宜(国外也有达到 $80m$ 的跨径)。这样,可以使主梁构造简单,施工快捷。

b. 立面布置以等跨径为宜,也可以采用不等跨布置。

c. 适用于有支架施工、逐孔架设施工、移动模架施工及顶推法施工。

(2)变截面连续梁桥

①力学特点。

当连续梁的主跨跨径接近或大于 $70m$ 时,若主梁仍采用等截面布置,在结构重力和活载作用下,主梁支点截面设计负弯矩将比跨中截面的设计正弯矩大得多,从受力上讲就显得不太合理且不经济。因此,主梁采用变截面形式才更符合受力要求,高度变化基本上与内力变化相适应。

②构造特点。

变截面形式的大跨径预应力混凝土梁桥,立面一般采用不等跨布置。但多于三跨的连续梁桥,除边跨外,其中间各跨一般采用等跨布置,以方便悬臂施工。对于多于两跨的连续梁桥,其边跨一般为中跨的 $3/5 \sim 4/5$,如图 5-1-20a)所示。当采用箱形截面的三跨连续梁时,边孔跨径甚至可减少至中跨的 $1/2 \sim 7/10$。有时为了满足城市桥梁或跨线桥的交通要求而需增大中跨跨径时,可将边跨跨径设计成仅为中跨的 $1/2$ 以下,在此情况下,端支点上将出现较大的负反力,故必须在该位置设置能抵抗拉力的支座以消除负反力,如图 5-1-20b)所示。

③适用范围及特点。

a. 当连续梁的主跨跨径达到 $70m$ 及以上时,从结构受力和经济的角度出发,主梁采用变截面布置比较符合梁的内力变化规律。

b. 适合悬臂法施工(悬臂浇筑和悬臂拼装两种),施工阶段的主梁内力与运营阶段的主梁内力基本一致。

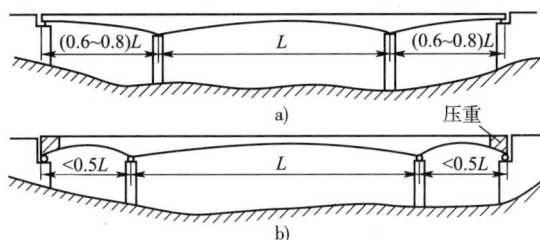

图 5-1-20　变截面连续梁桥

c. 采用变截面,外形美观,可节省材料并增大桥下净空高度。

(3)V 形支撑连续梁桥

V 形墩连续梁桥又称 V 形支撑连续梁桥(见图 5-1-21),它兼有连续梁桥和斜腿刚架桥的受力特点。

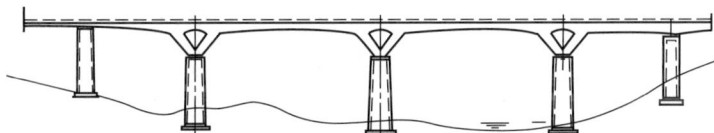

图 5-1-21　V 形支撑连续梁桥简图

采用 V 形墩便于上部箱梁悬臂浇筑时临时支架的布置,并可一次拼成两个单独的挂篮,避免了挂篮的解体。

采用 V 形墩悬臂浇筑时,施工中有两个支点,具有较大的抗弯能力并能承担施工弯矩。施工弯矩较大时,只要稍微加固就可承受拉力。

另外,采用 V 形墩,无论梁部结构还是下部结构,工程量都较省,结构形式也轻巧美观。但斜腿施工较复杂,需用较多的临时材料。

V 形斜撑与水平的夹角,依桥下净空要求和总体布置确定,但通常取用大于 45°的角。斜撑的截面形式可采用矩形、弓形和箱形。

V 形墩的支座可布置在 V 形斜撑的顶部或底部。支座布置在斜撑的顶部,斜撑是桥墩的一个组成部分;支座布置在斜撑的底部,或采用斜撑与承台刚接而不设支座时,斜撑与主梁固结,斜撑成为上部结构的组成部分。

3)预应力筋的布置

连续梁桥主梁的内力主要有三个,即纵向受弯、受剪及横向受弯。通常所说的三向预应力就是为了抵抗上述三个内力。纵向预应力抵抗纵向受弯和部分受剪,竖向预应力抵抗受剪,横向预应力则抵抗横向受弯。预应力筋数量和布筋位置都需要根据结构在使用阶段的受力状态予以确定,同时,也要满足施工各阶段的受力需要。施工方法不同,施工阶段的受力状态差别很大,因此,结构配筋必须结合施工方法考虑。

(1)纵向预应力筋

沿桥跨方向的纵向预应力筋又称为主筋,是用以保证桥梁在结构重力和活载作用下纵向跨越能力的主要受力钢筋,可布置在顶板、底板和腹板中。预应力混凝土连续梁桥中纵向预应力筋的布置方式多种多样,与所采用的施工方法及预应力筋的种类等有密切的关系。

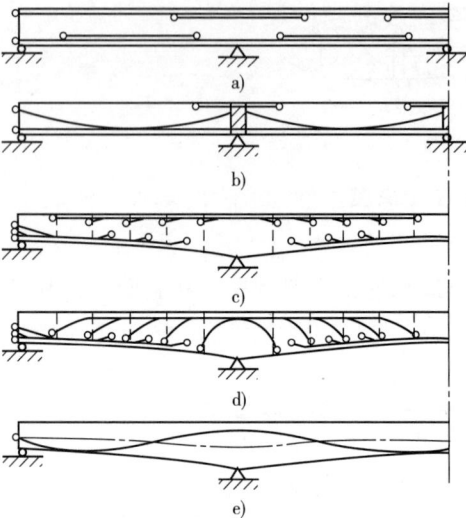

图 5-1-22　预应力筋布置

图 5-1-22a)表示采用顶推法施工的直线形预应力筋布置方式。上、下的通束使截面接近轴心受压,以抵抗顶推过程中各截面承受的正负弯矩的交替变化。待顶推完成后,再在跨中的底部和支点的顶部增加局部预应力筋,用来满足运营荷载下相应的内力要求。有时按设计还在跨中的顶部和支点附近的底部设置局部的施工临时束,待顶推完成后即予卸除。

图 5-1-22b)表示采用先简支后连续施工方法的预应力筋布置方式。待墩上接缝混凝土达到强度后,用设置在接缝顶部的局部预应力筋来建立结构的连续性。

图 5-1-22c)、d)表示采用悬臂施工方法的预应力筋布置方式。梁中除负弯矩区和正弯矩区各需布顶部和底部预应力筋外,在有正、负弯矩交替作用的区段内,顶、底板中均需设置预应力筋。图 5-1-22c)为直线布束方式,即顶板预应力筋沿水平布置并锚固在梗肋处,此种布束方式可减少预应力筋的摩阻损失,并且穿束方便,也改善了腹板的混凝土浇筑条件。水平预应力筋的设计和构造仅由弯曲应力决定,而抗剪强度则由竖向预应力筋来提供。图 5-1-22d)为顶板预应力筋在腹板内弯曲并下弯锚固在腹板上,以减小外荷载所产生的剪力。此时腹板应具有足够的厚度以承受集中的锚固力。

图 5-1-22e)表示整根曲线形通束锚固于梁端的布置方式,一般用于整联现浇的情形。在此情况下,若预应力筋既长且弯曲次数又多,这就显著加大了预应力筋的摩阻损失,因而预应力筋不宜过长或连长。

预应力筋的布置要考虑到张拉操作的方便。当需要在梁内、梁顶或梁底锚固预应力筋时,应根据预应力筋锚固区的受力特点给予局部加强,以防开裂损坏。

(2)横向预应力筋

横向预应力筋是用以保证桥梁的横向整体性、桥面板及横隔板横向抗弯能力的主要受力钢筋,一般布置在顶板和横隔板中。图 5-1-23 为对箱梁截面的顶板施加横向预应力的预应力筋构造。

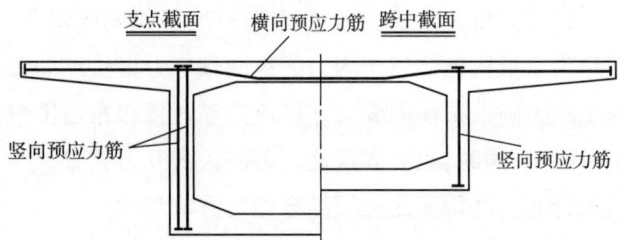

图 5-1-23　施加横向预应力的预应力筋构造

小 结

桥梁的构造要求是桥梁的使用、建造、结构力学性能等要求在桥梁结构中的体现,本学习项目按桥型介绍其构造特点。不同桥型的构造特点应结合其受力特点来体会和理解。

板桥是小跨径钢筋混凝土桥中最常用的桥型之一。板桥可分为整体式板桥和装配式板桥。整体式板桥的横截面一般都设计成等厚度的矩形截面,有时为了减小自重,也可将受拉区稍加挖空做成矮肋式板桥。装配式空心板桥在小跨径公路桥梁中应用很广泛。

对于中、小跨径的桥梁,钢筋混凝土简支梁和预应力混凝土简支梁是应用最广泛的桥型。目前国内外所采用的钢筋混凝土简支梁和预应力混凝土简支梁绝大部分采用装配式结构。简支梁桥常见截面形式有T形、箱形、Π形。

普通钢筋混凝土和预应力混凝土简支梁桥的经济跨径一般分别不超过20m和40m。当跨径超出此范围时,其跨中弯矩将会迅速增大,从而导致梁的截面尺寸和自重显著增加,这样不但因材料耗用量大而不经济,并且也由于很大的安装质量给装配式施工造成很大的困难。因此,对于较大跨径的桥梁应采用能减少跨中弯矩值的其他体系桥梁,例如连续梁桥。预应力连续梁按照横截面形式分板式、T形截面和箱形截面。按照立面形式分等截面连续梁和变截面连续梁。等截面连续梁可选用等跨和不等跨两种布置方式。变截面连续梁一般采用不等跨形式。

【学习效果评价】

综合题

1. 简述钢筋混凝土板桥的特点及横截面形式。
2. 简述钢筋混凝土梁桥的特点及横截面形式。
3. 简述预应力混凝土简支梁桥截面构造特点。
4. 简述预应力混凝土连续梁的横截面形式和特点。
5. 简述预应力混凝土连续梁的立面形式和特点。
6. 空心板和箱形梁的区别有哪些?

学习项目2 混凝土梁式桥施工图识读

学习目标:掌握常见简支板桥、简支梁桥施工图识读方法,熟悉连续箱梁施工图识读。

能力目标:能够根据施工图纸正确识读构件的外形尺寸和内部的钢筋布置,并且计算出相应的混凝土量和钢筋量。

学习指导:多观察桥梁构件实体,结合梁式桥的构造及受力特点,锻炼空间想象能力,逐步具备实体转化为施工平面图,同时平面图又转化为实体的能力。

学习情境 2.1　钢筋混凝土简支板施工图识读

2.1.1　整体式钢筋混凝土简支板桥

图 5-2-1 为标准跨径 6m,桥面净宽 7.5m,两边有 0.25m 的安全带,汽车荷载按旧规范《公路工程技术标准》(JTJ 01—1998)设计的整体式简支板桥的构造。

该板计算跨径为 5.69m,板厚 36cm,约为跨径的 1/18。纵向主筋直径为 18mm,在中间 2/3 的板宽内间距 125cm,其余两侧的间距为 11cm。主筋在跨径两端 1/6~1/4 的范围内成 30°弯起,分布钢筋按单位板宽上主筋面积的 15% 配置,直径为 10mm,间距为 20cm。

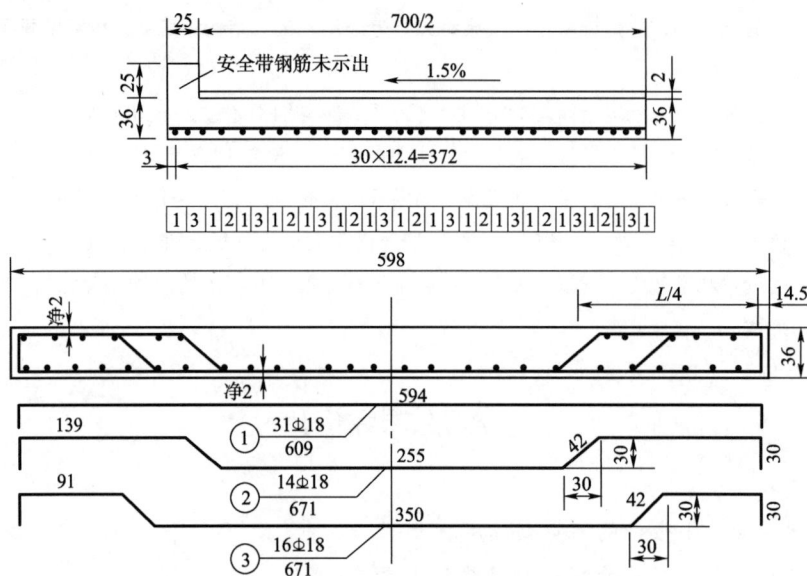

图 5-2-1　整体式简支板桥的构造(尺寸单位:cm)

2.1.2　装配式钢筋混凝土矩形实心板构造

图 5-2-2 是标准跨径为 6m,行车道宽 7m,两边有 0.75m 的人行道,汽车荷载按旧规范《公路工程技术标准》(JTJ 01—1988)设计的装配式矩形板桥构造。块件安装后在企口缝内填筑小石子混凝土,并浇筑厚 6cm 的防水混凝土铺装层使之连接成整体,为了加强预制板的连接,将板中的箍筋伸出预制板顶面,待板安装就位后将这段钢筋放平,并与相邻预制板中的箍筋相互搭接,以铁丝绑扎,然后浇筑于混凝土铺装层中。

2.1.3　装配式钢筋混凝土矩形空心板施工图识读——某钢筋混凝土空心板桥工程实例

1)工程概况

本桥为某高速公路原桥加宽,上部结构采用 8m 钢筋混凝土空心板。设计汽车荷载为公路Ⅰ级。桥梁起点里程为 K8 +064.96,终点里程为 K8 +089.04,桥梁全长为 24.08m,桥面宽

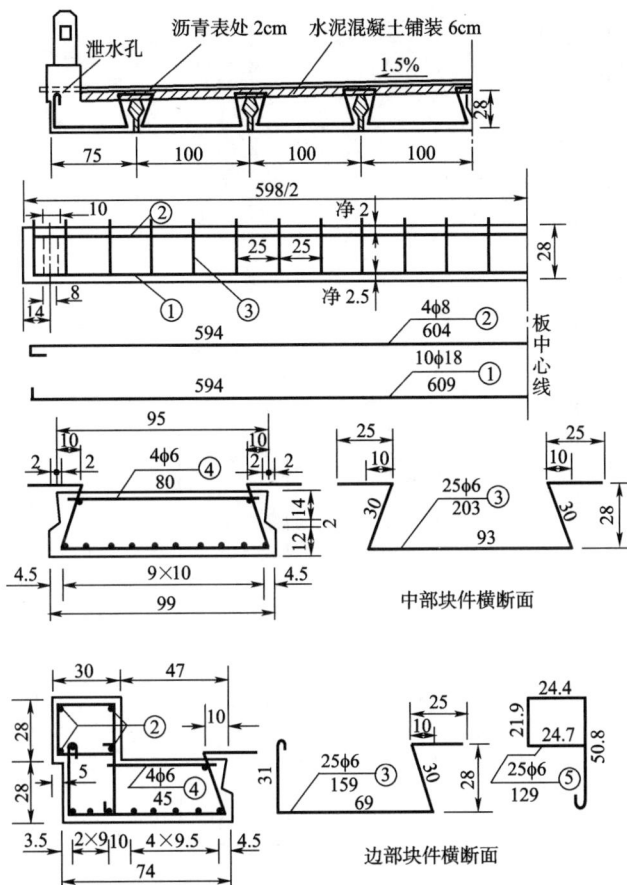

图 5-2-2　装配式矩形实心板构造(尺寸单位:cm)

度为 8m,钢筋采用 HPB235 光圆钢筋和 HRB335 带肋钢筋。

2)钢筋混凝土空心板施工图识读

(1)空心板构造

该空心板桥(见图 5-2-3)的标准跨径为 8m,板长 796cm,板厚 45cm,底板宽 99cm,厚 15cm,顶板宽 85cm,厚 10cm,内模为两个直径 20cm 圆形截面。

(2)空心板钢筋布置图

空心板钢筋布置见图 5-2-4。

N1 钢筋为主钢筋,主要承受拉力的作用。直径为 25mm,两端设直角弯钩,每根长 854.5cm,共 7 根。

N2 和 N3 钢筋既是主钢筋承受拉力,又是弯起钢筋,在弯起部位承受剪力作用。直径均为 25mm,根数均为 2 根,N2 钢筋每根长 879.5cm,N3 钢筋每根长 798.5cm。

N4 钢筋为吊环,用来吊装梁体。直径为 20mm,每根长 161.6cm,共 4 根。

N5 钢筋是架立筋,与主筋和箍筋形成钢筋骨架。直径为 10mm,每根长 792cm,共 10 根。

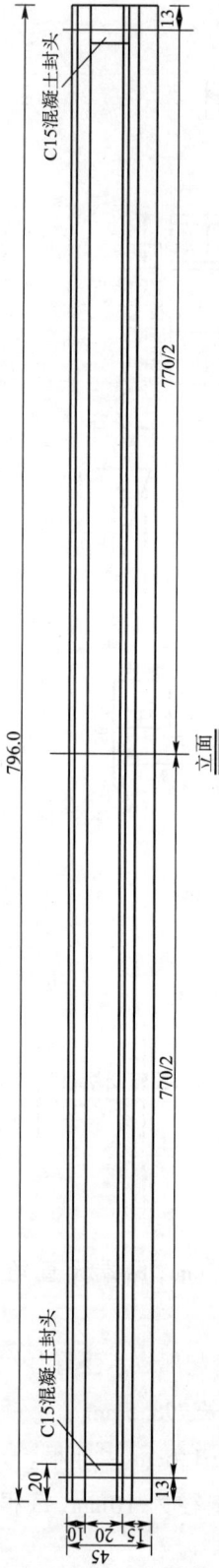

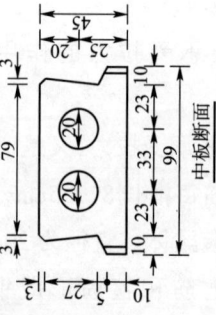

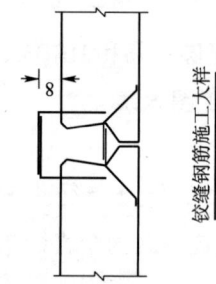

一块板混凝土数量表

项目	C30混凝土 (m³)	C15混凝土封头 (m³)	C30混凝土铰缝 (m³/道)
中板	2.60	0.025	

注: 1. 本图尺寸均以"cm"为单位。
    2. 预埋铰缝钢筋见板钢筋构造图。
    3. 本图板底三角垫块示意示出，具体
       详见有关图纸。

铰缝钢筋施工大样

中板断面

图 5-2-3 跨径 8m 钢筋混凝土空心板一般构造图

一块中板钢筋明细表

编号	钢筋直径(cm)	单根长度(cm)	根数	总长(m)	单位重(kg/m)	共重(kg)
N1	Φ25	854.5	7	59.82	3.85	230.31
N2	Φ25	879.5	2	17.59		67.72
N3	Φ25	798.5	2	15.97		61.48
N4	Φ20	161.6	4	6.46	2.47	15.96
N5	Φ10	792.0	10	79.2	0.617	48.87
N6	Φ10	140	40	56		34.55
N7	Φ10	112.0	40	44.8		27.64
N8	Φ12	109.7	40	43.88	0.888	38.97
N9	Φ10	173.6	56	97.21	0.617	59.98
N10	Φ10	137.2	56	76.83		47.4
合计(kg)	HPB235钢筋:257.41　HRB335钢筋:375.47					

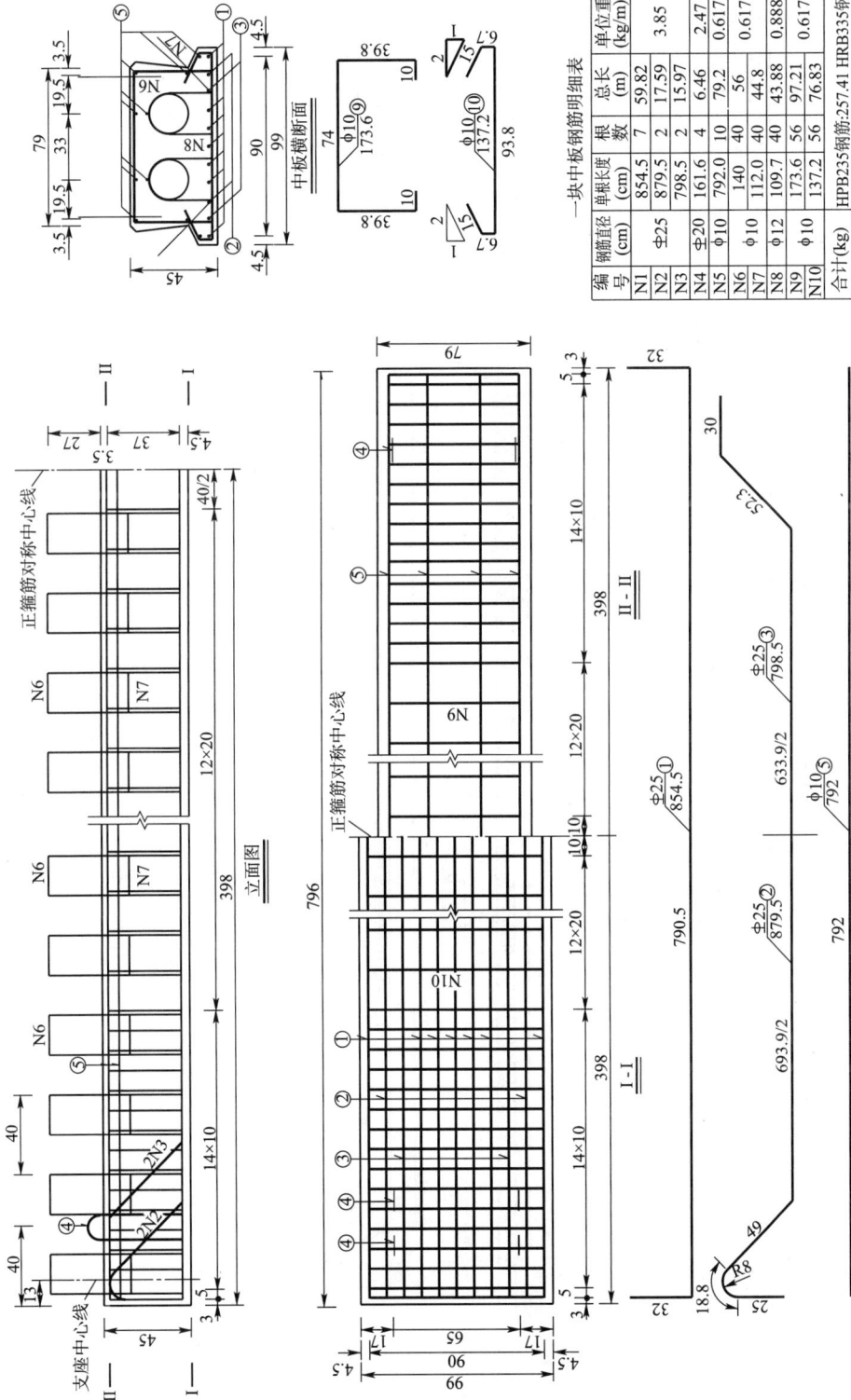

图5-2-4　跨径8m钢筋混凝土空心板钢筋布置图(尺寸单位:cm)

195

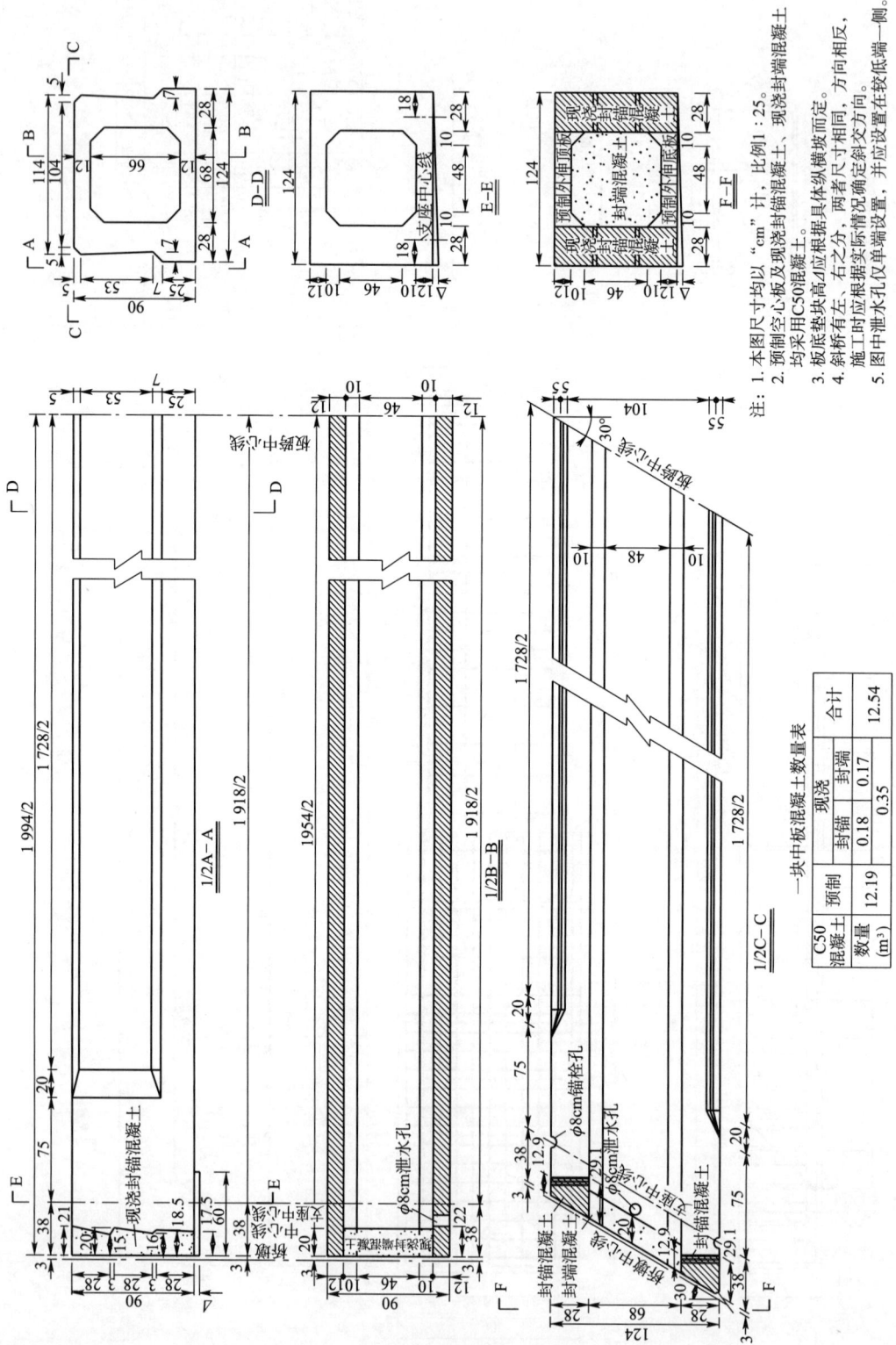

图 5-2-5 空心板梁一般构造图

注：
1. 本图尺寸均以"cm"计，比例1∶25。
2. 预制空心板及现浇封端混凝土、现浇封端混凝土均采用C50混凝土。
3. 板底垫块高度h应根据具体尺寸纵坡而定。
4. 斜桥有左、右之分，两者尺寸相同，方向相反，施工时应根据实际情况确定斜交方向。
5. 图中泄水孔仅单端设置，并应设置在较低端一侧。

一块中板混凝土数量表

C50混凝土	预制	现浇		合计
		封锚	封端	
数量(m³)	12.19	0.18	0.17	12.54
		0.35		

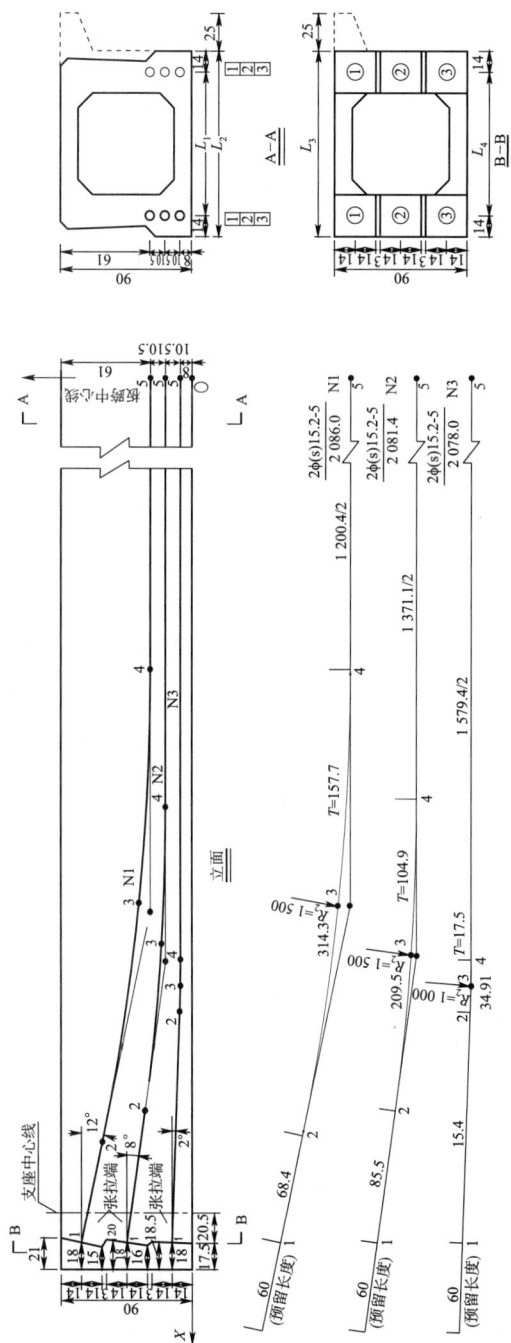

图 5-2-6 空心板钢束布置图

注：
1. 本图尺寸除钢绞线直径以"mm"计，其余均以"cm"计，比例1:25。
2. 预应力钢束竖向坐标值为钢束重心至梁底距离。
3. 钢绞线选用φ(s)15.2-5（GB/T 5224—2003）标准值，其技术性能必须符合国标《预应力混凝土用钢绞线》，其 $f_{pk}=1\,860$MPa，控制张拉应力为$0.72f_{pk}=1\,339$MPa；每束钢绞线的张拉力为930.6kN，两端张拉，千斤顶型号为YCW100B。
4. 斜桥有左、右之分，两者尺寸相同，方向相反，施工时应根据实际情况确定斜交方向。
5. 竖弯曲线要素图例：
6. 预制板须在预制14天及强度达100%后方可张拉，钢绞线应左右对称张拉，张拉顺序为N1、N2、N3号束。
7. □表示预应力束位置，○表示预应力束通过位置。
8. 本图适用于中板I、中板II和边板I。

参数表

名称	边板	中板I	中板II	中板III
L_1(cm)	96.5	96	87-139	96-149
L_2(cm)	124.5	124	115-167	124-177.5
L_3(cm)	96.5	96	87	96
	边板		139	149.5
L_4(cm)		124	115	124	177.5

钢束竖弯曲线要素表及一块板钢绞线材料数量表

束编号	竖弯曲线		竖弯		直径(mm)	束数	每束长度(cm)	单端延伸量(cm)	共长(m)	共重(kg)
	α(°)	R(cm)	T(cm)							
1	12	1 500	157.7		φ(s)15.2-5	2	2 086.0	6.44	41.7	687.6
2	8	1 500	104.9		φ(s)15.2-5	2	2 081.4	6.51	41.6	
3	2	1 000	17.5		φ(s)15.2-5	2	2 078.0	6.63	41.6	

φ[内]55mm 波纹管长度(m)	15-5型锚具 (束)
117.7	12

预应力钢束坐标表

束编号	坐标	张拉端 (1)	起点 (2)	曲中 (3)	终点 (4)	跨中 (5)
1	X	979.0	912.1	757	600.2	0.00
	Y	76.00	61.8	37.2	29.00	29.00
2	X	979.0	894.3	790.2	685.6	0.00
	Y	45.00	33.1	22.2	18.50	18.50
3	X	979.0	826.4	807.2	789.7	0.00
	Y	14.00	8.6	8.3	8.00	8.00

立面

2φ(s)15.2-5 2 086.0 N1
2φ(s)15.2-5 2 081.4 N2
2φ(s)15.2-5 2 078.0 N3

支座中心线 张拉端 预留长度

N6 钢筋是空心板与桥面铺装连接钢筋。直径为 10mm,每根长 140cm,共 40 根。

N7 钢筋是铰缝连接筋,伸出部分预制时紧贴侧模,安装时扳出。直径为 10mm,每根长 112cm,共 40 根。

N8 钢筋是固定内模钢筋,每 40cm 设一道,其下端钩在 N10 钢筋上并与之绑扎。直径为 12mm,每根长 109.7cm,共 40 根。

N9 和 N10 钢筋组成空心板箍筋。

学习情境 2.2　预应力混凝土简支空心板施工图识读

2.2.1　预应力混凝土空心板构造

该空心板桥标准跨径 20cm,板长分别为 1 994cm、1 954cm、1 918cm,板厚 90cm。底板宽 124cm,厚 12cm,顶板宽 114cm,厚 12cm,内模宽 68cm,高 66cm,并且有四个 10cm×10cm 倒角(见图 5-2-5)。

2.2.2　预应力筋布置图

(1)本图 N1、N2、N3 为预应力筋,分别有两根,共 6 根,为主要受力钢筋,承受拉力的作用。

(2)N1 每束长度为 2 086cm,N2 每束长度为 2 081.4cm,N3 每束长度为 2 078cm。具体布置见图中预应力钢束坐标表,预应力钢束竖向坐标值为钢束重心至梁底距离(见图 5-2-6)。

学习情境 2.3　预应力混凝土简支 T 形梁施工图识读

2.3.1　装配式预应力混凝土 T 形梁的构造示例 1

图 5-2-7 是墩中心距 30m 的装配式预应力混凝土简支梁标准设计的构造示例,与图 5-1-11 配套。

此梁的全长为 29.96m,计算跨径为 29.16m。汽车荷载按旧规范《公路工程技术标准》(JTJ B01—1998)设计。梁肋中心距为标准尺寸 1.60m。在横截面上,可以用 5~7 片主梁来构成净-7、净-9 并附不同人行道宽度的桥面净空。主梁采用带马蹄的 T 形截面,梁高为 1.75m,高跨比为 1/16.7。厚 16cm 的梁肋在梁端部分(约等于梁高的长度内)加宽至马蹄全宽 36cm,以利预应力筋的锚固。在截面设计中将所有混凝土内角做成半径为 5cm 的圆角,以利脱模。T 形梁预应力采用了 7 根 24φ5 高强钢丝束,钢丝极限强度为 1 600×10³kPa,全部钢丝束均以圆弧起弯并锚固在梁端厚 2cm 的钢垫板上。

2.3.2　装配式预应力混凝土 T 形梁的构造示例 2

读图 5-2-8 时首先阅读图注。从图注中可了解施工技术要求等各项内容。然后再看图中安排了哪些视图,按照投影关系及形体分析方法,逐步读懂各部分的形状、尺寸大小及所用材

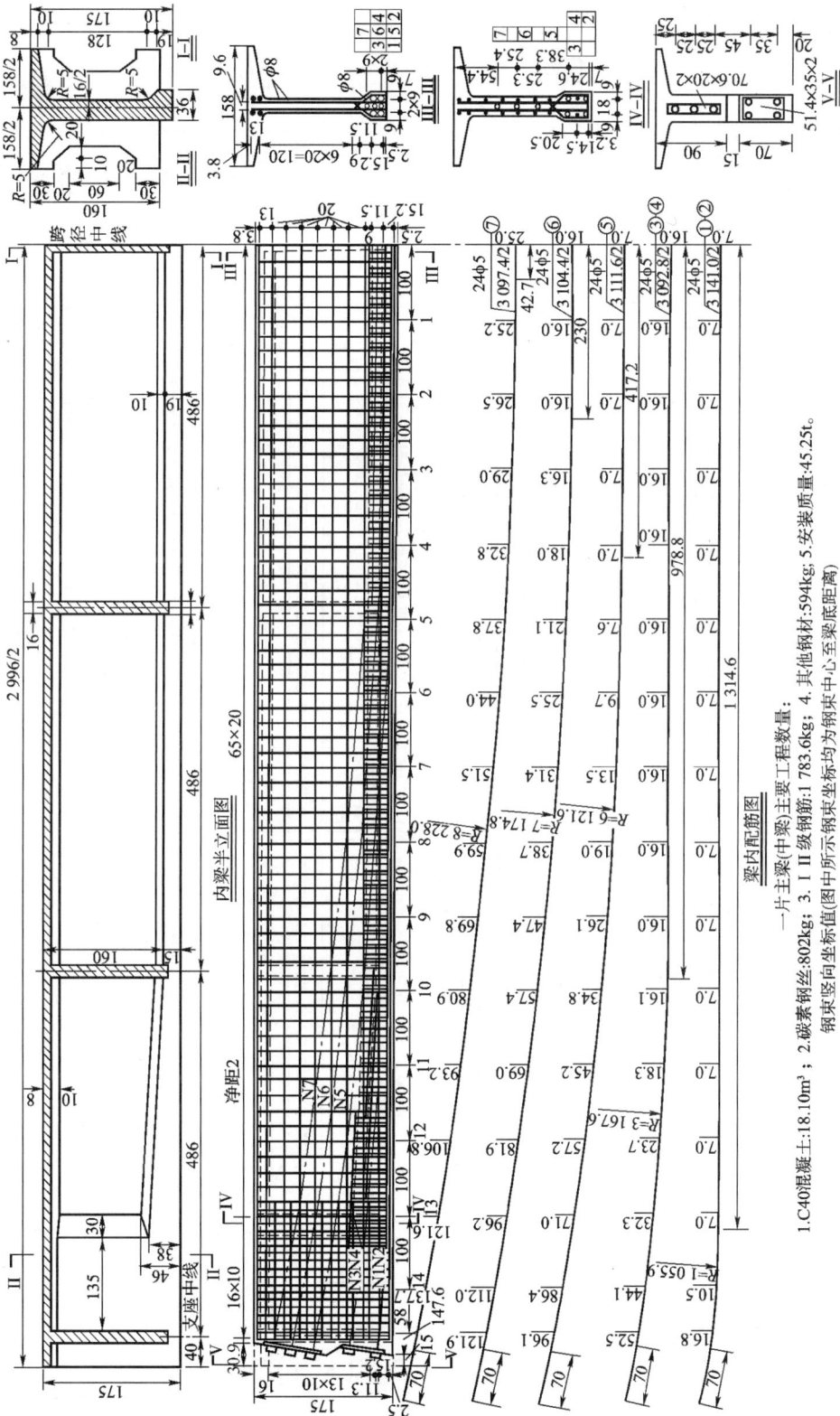

图 5-2-7　墩中心距 30m 的装配式预应力混凝土简支梁标准设计的构造示例（尺寸单位：cm）

梁内配筋图

一片主梁(中梁)主要工程数量：

1.C40混凝土:18.10m³；2.碳素钢丝:802kg；3.Ⅰ Ⅱ级钢筋:1 783.6kg；4. 其他钢材:594kg；5.安装质量:45.25t。

钢束竖向坐标值(图中所示钢束坐标均为钢束中心至梁底距离)

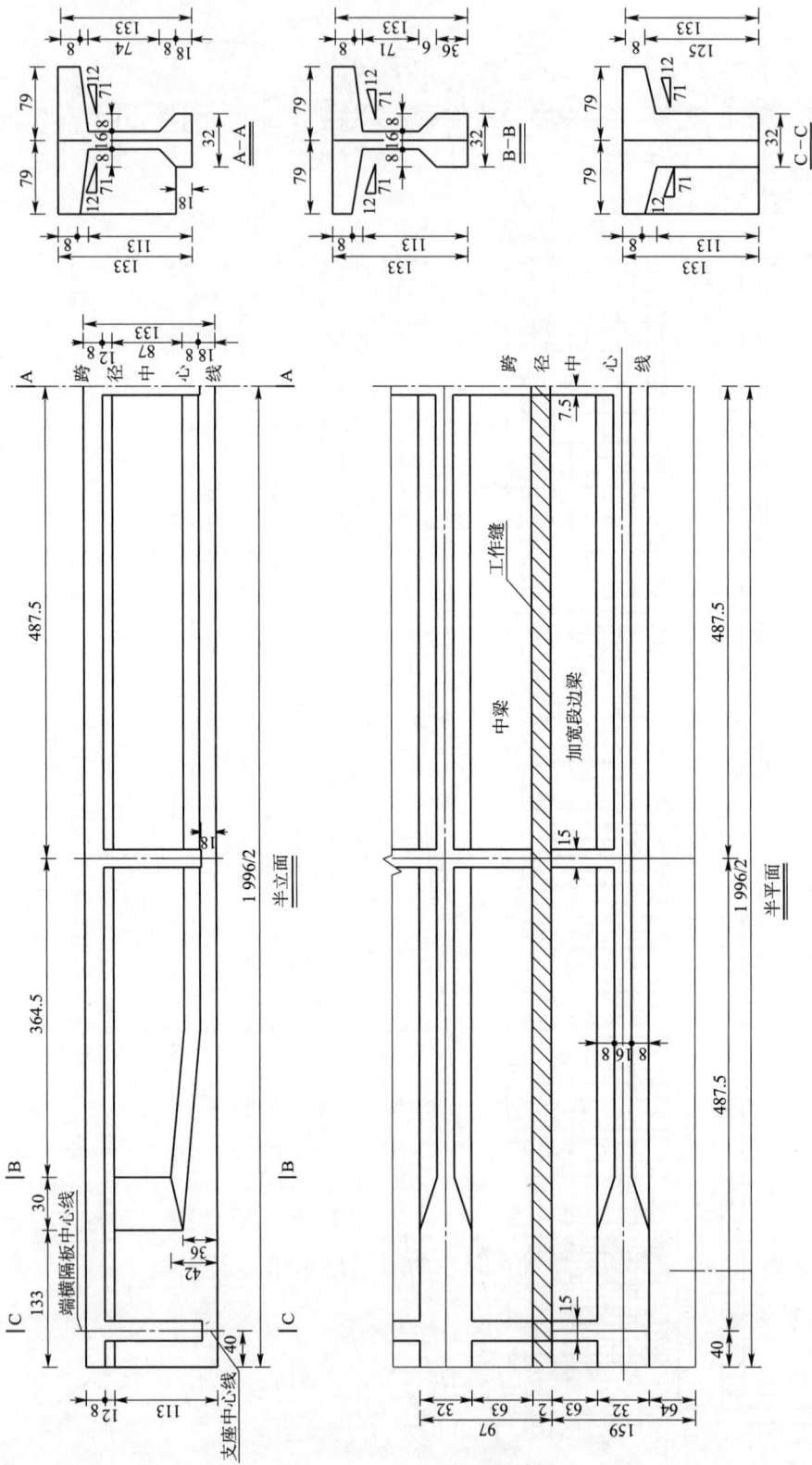

图 5-2-8 装配式预应力混凝土 T 形梁构造

注:1. 本图尺寸均以"cm"计。
2. 桥面板上的横坡采用混凝土铺装层找平。
3. 原桥边梁翼缘板凿除20mm,露出钢筋与加宽部分钢筋连接,再现浇混凝土。

料等。该 T 形梁标准跨径为 20m,图中尺寸单位为"cm"。视图有半立面、半平面及三个剖面(分别为 A-A、B-B、C-C)。

由立面图可知,梁长 1 996cm,一片梁分别有两个端横隔板和三个中横隔板,端横隔板中心即支座中心,位置距梁端 40cm,第一个中隔板距梁端 527.5cm,跨中横隔板中心距第一个中隔板 487.5cm。

由半平面图可知,一孔梁有四片 T 形梁,包括两片边梁,两片中梁。

图 5-2-8 中有三个剖面图,A-A 在跨中剖,B-B 在梁变截面处剖,C-C 在梁端横隔板处剖。所剖位置不同,尺寸也不同,故该 T 形梁为变截面梁。由 A-A 剖面可知,梁肋宽 16cm,马蹄形下翼缘高为 18cm;由 B-B 剖面可知,梁肋宽仍是 16cm,但马蹄形下翼缘高为 36cm;由 C-C 剖面可知,梁肋宽与马蹄形下翼缘都为 32cm。

学习情境2.4　预应力混凝土连续箱梁施工图识读

箱梁结构尺寸大,配筋复杂,读图难度大。这里我们结合某连续箱梁桥工程实例来学习。

2.4.1　连续箱梁概述

某桥第四联起点桩号为 K0 + 377.053,终点桩号为 K0 + 522.053,孔径布置为 40m + 65m + 40m。桥梁分跨线就是设计线的径向线。

1)技术标准

(1)设计荷载。公路 I 级。

(2)地震烈度。抗震设防烈度为 7 度,地震动峰值加速度为 0.40g。

2)适用环境

本设计图预应力混凝土箱梁的设计基准期为 100 年,适用环境类别为 I 类(对应环境条件为温暖或寒冷地区的大气环境、与无侵蚀性的水或土接触的环境)。

3)材料要求

各主要材料的订购采购必须符合有关规范要求,使用前应根据有关质量标准严格监测并遵照有关规范施工。

(1)混凝土。上部结构采用高强度等级混凝土,因而必须仔细研究确定施工工艺和选用的材料,进行高强混凝土最佳配合比设计与试验,控制质量、控制标准和检测方法,并严格执行;为保证全桥颜色的一致性,建议采用同一厂家同一品牌的水泥用料。主梁梁体混凝土耐久性要求:最大水灰比 0.50,最小水泥用量 350kg/m³,最大氯离子含量 0.06%,最大含碱量 1.8kg/m³。

(2)钢材。普通钢筋、预应力钢材和锚具应按设计技术指标进行购货,并按照《公路桥涵施工技术规范》(JTG F50—2011)有关要求,进行严格验收和检验。

2.4.2　连续箱梁构造图识读

本桥(见图 5-2-9)上部构造为变截面预应力混凝土连续箱梁。箱梁采用单箱两室断面,

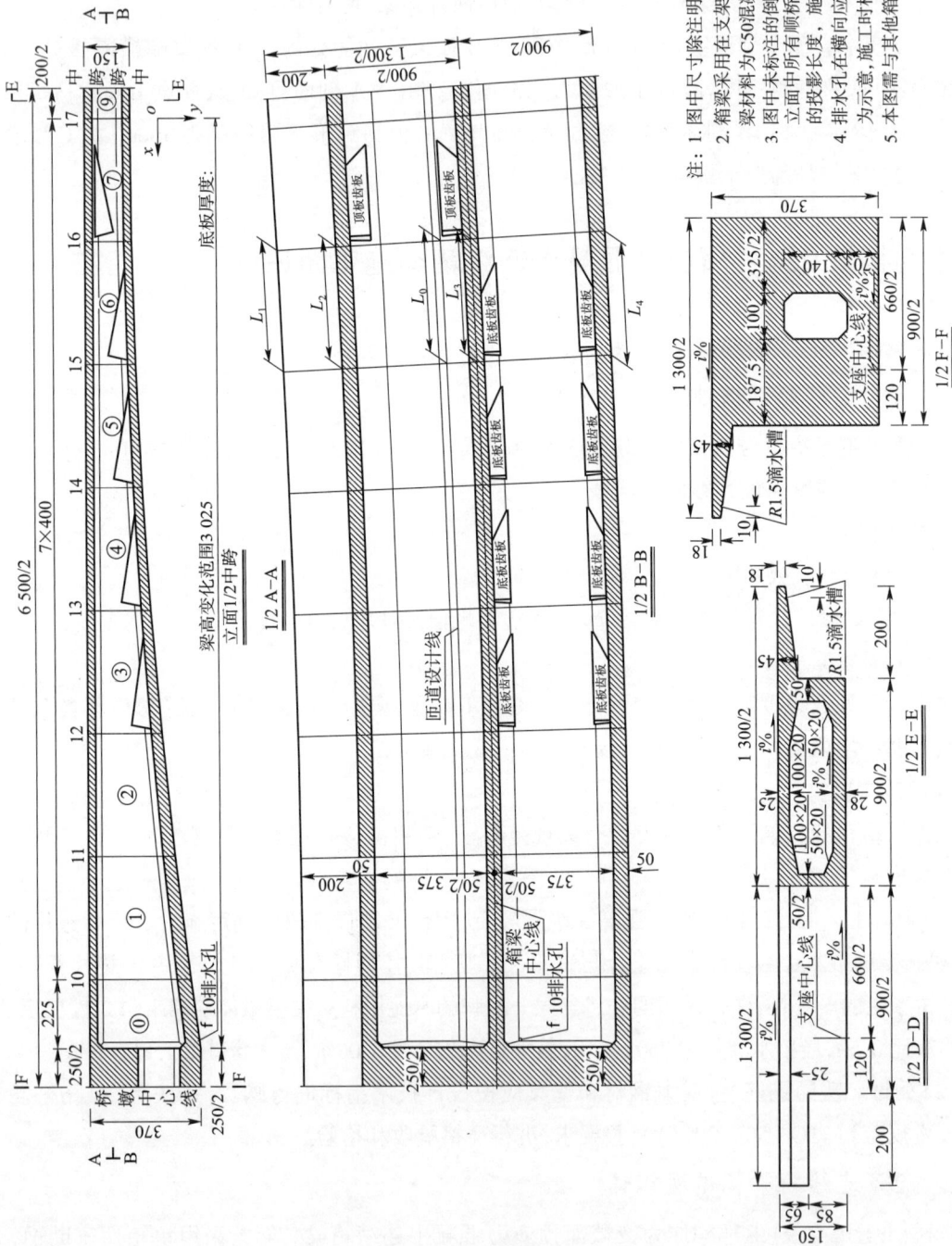

注: 1. 图中尺寸除注明的外,余均以"cm"为单位。
2. 箱梁采用在支架上分块浇筑的施工方法,箱梁材料为C50混凝土。
3. 图中未标注的倒角的尺寸均为20cm×20cm。立面中所有顺桥向尺寸均为在匝道设计线上的投影长度,施工时需注意平曲线的影响。
4. 排水孔在横、施工时根据实际情况确定其位置,图中位置仅为示意,施工时根据实际情况确定其位置。
5. 本图需与其他箱梁构造图配纸配合使用。

底板厚度:

梁高变化范围3 025

立面1/2中跨

1/2 A—A

匝道设计线

箱梁中心线

1/2 B—B

顶板齿板

底板齿板

L_1 L_2 L_0 L_3 L_4

支座中心线

R1.5滴水槽

1/2 F—F

1/2 E—E

1/2 D—D

支座中心线

R1.5滴水槽

f 10排水孔

桥墩中心线

图 5-2-9 某连续箱梁构造图

跨中和边支点处梁高 1.5m,墩顶处梁高 3.7m。箱梁顶板横坡与桥面横坡一致,箱梁腹板垂直于大地水平面,箱梁顶底板平行设置。主梁按全预应力构件设计。

图 5-2-9 为连续箱梁中跨,跨度 65m,底板宽 900cm,顶板宽 1 300cm,从支点到跨中梁体截面与内模截面都是变化的。

支点底板厚 70cm,顶板厚 160cm,内模尺寸为 100cm × 110cm,且内模有四个倒角,梁高 370cm。

跨中底板厚 28cm,顶板厚 25cm,内模尺寸为 375cm × 97cm,且内模有四个倒角,梁高 150cm。

学习项目 3　混凝土梁式桥施工

学习目标:掌握就地浇筑施工法支架的类型及施工方法;掌握先张法、后张法和悬臂施工的施工方法;熟悉桥梁的架设方法;熟悉桥面附属工程施工方法。

能力目标:熟悉常用施工方法,具有混凝土梁式桥施工的基本能力。

学习指导:本项目内容复杂,实践性很强,除课堂教学外,更应重视实践教学环节,多观察,多动手,勤思考,熟悉施工规范,以期在未来的工作中,灵活运用专业知识解决现场实际问题。

引言

在桥梁施工中,合理地选择施工方法,正确地组织施工和科学地进行管理具有十分重要的意义。混凝土简支梁桥常用的施工方法有两种,即就地浇筑法和预制安装法。无论采用哪种施工方法进行施工,对于混凝土梁式桥结构本身来说,都必须经过以下的基本施工工艺流程才能成型:支立模板→钢筋骨架成型→浇筑及振捣混凝土→养护及拆除模板。

就地浇筑法是一种传统的制梁方法,制梁时需在桥位处搭设支架和模板,然后在支架上浇筑混凝土,达到强度后拆除模板、支架,最终形成混凝土梁。

预制安装法是指把提前做好的预制梁运输到施工现场,采用一定的方法进行安装、架设。其施工过程包括梁的预制、运输和安装架设三部分。

混凝土连续梁桥可以采用就地浇筑施工、悬臂施工、逐孔施工、顶推施工等方法。

悬臂施工包括悬臂浇筑和悬臂拼装两种方法,是以桥墩为中心,向两岸对称,逐节悬臂接长的一种施工方法。

逐孔施工是从桥梁一端开始,采用一套施工设备或一、二孔施工支架逐孔施工,周期循环,直到全部完成逐孔施工法,从施工技术方面可分为三种类型:采用整孔吊装或分段吊装逐孔施工;用临时支承组拼预制节段逐孔施工;使用移动支架逐孔现浇施工,此法亦称移动模架法。

顶推施工是在沿桥纵轴方向的台后设置预制场地,分节段预制梁体,并用纵向预应力筋将预制节段与施工完成的梁体连成整体,然后通过水平千斤顶施力,将梁体向前顶推出预制场地,然后继续在预制场进行下一节段梁的预制,直至施工完成。

本学习项目将对最常见的就地浇筑法、预制安装法和悬臂浇筑法以及桥梁的架设和桥面附属工程施工的具体过程进行介绍。

学习情境3.1　就地浇筑施工

3.1.1　概述

1)就地浇筑施工

所谓就地浇筑施工,就是在桥孔位置搭设支架(见图5-3-1),在支架上安装模板,绑扎及安装钢筋骨架,并在现场浇筑混凝土和施加预应力的施工方法。适用于小跨径、交通不便地区、较宽的异形桥、弯桥等复杂的混凝土结构,又因近年来临时钢构件和万能杆件的大量应用,在其他施工方法都比较困难时,或经过比较,施工方便、费用较低时,也常在大、中跨径桥梁中采用就地浇筑的施工方法。

图 5-3-1　就地浇筑施工

2)就地浇筑施工的特点

(1)桥跨结构的整体性好。

(2)不需要预制场地、大型起吊设备和运输设备。

(3)需要使用大量施工支架,跨河桥搭设支架影响河道的通航与排洪,施工期间支架可能受到洪水和漂浮物的威胁。

(4)施工工期长,费用高,施工质量不容易控制,施工管理复杂。

(5)对支架的基础要求比较高。

3)就地浇筑钢筋混凝土简支梁桥的施工工序

采用就地浇筑法施工的钢筋混凝土简支梁的施工工序如图5-3-2所示。

3.1.2　支架

就地浇筑混凝土梁桥的上部结构,首先应在桥孔位置搭设支架,用以支撑模板和混凝土以

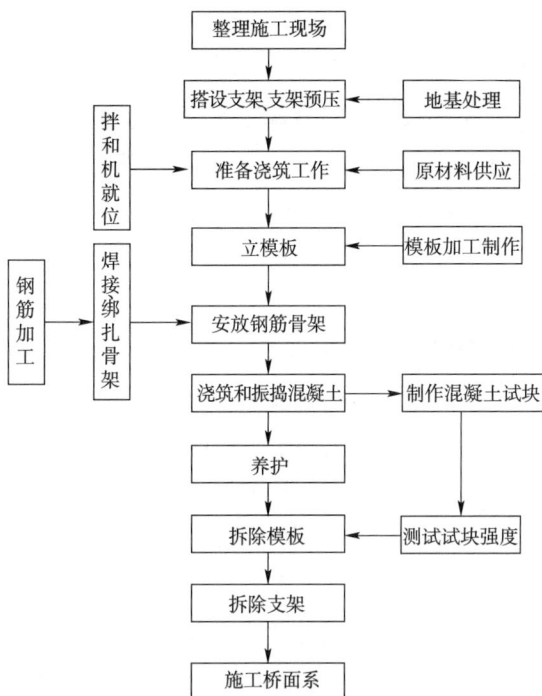

图 5-3-2　就地浇筑钢筋混凝土简支梁施工工序

及其他施工荷载。

1) 常用的支架形式

为了完成钢筋混凝土简支梁桥的就地浇筑施工,首先应根据桥孔跨径、桥孔下面覆盖土层的地质条件、水的深浅等因素,合理地选择支架形式。

(1) 支架按照构造分类

①立柱式支架,如图 5-3-3a)、b) 所示,可用于旱桥、不通航河道以及桥墩不高的小桥施工。

②梁式支架,如图 5-3-3c)、d) 所示,钢板梁适用于跨径小于 20m,钢桁梁适用于跨径大于 20m 的情况。

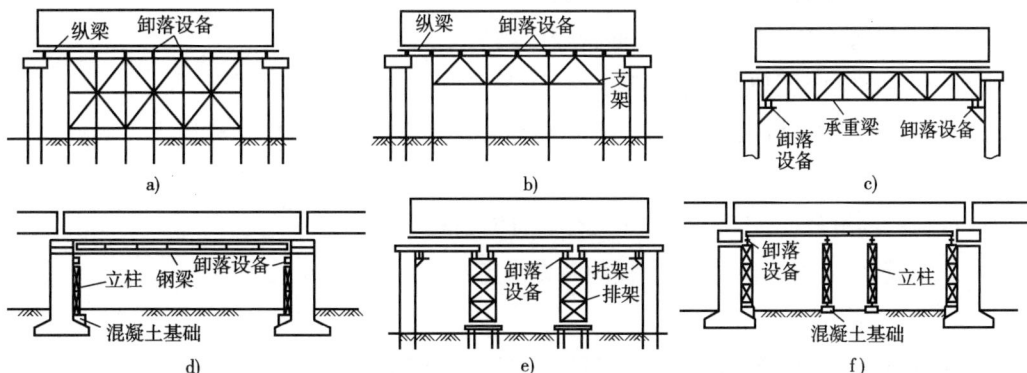

图 5-3-3　支架形式

③梁—柱式支架,如图 5-3-3e)、f) 所示,适用于桥墩较高、跨径较大且支架下需要排洪的

情况。

（2）支架按照材料分类

①满布式木支架，主要适用于跨度和高度都不大的工程量较小的引桥、通道、立交桥。由于我国木材资源日趋匮乏，使用木支架费工多，安全可靠性差，重复利用率低，成本高，因此，木支架在桥梁建设中已逐步被品种繁多的钢支架所代替。

②轻型钢支架，主要适用于桥下地面较平坦、有一定承载力的梁桥，为节省木料，宜采用轻型钢支架。

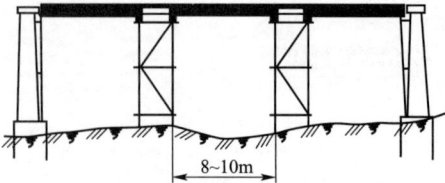

图 5-3-4　钢木混合结构支架

③钢木混合结构支架，为加大支架跨径，减少排架数量，支架的纵梁可采用工字钢，支架多用木框架结构，以加强支架的承载力及稳定性。如图 5-3-4 所示。

④万能杆件拼装支架，用万能杆件可拼装成各种跨度和高度的支架，其跨度须与杆件本身长度成倍数。

2）支架的基础

为了保证现浇的梁体不产生大的变形，除要求支架本身具有足够的强度、刚度以及具有足够的纵、横、斜三个方向的连接杆件来保证支架的整体性能外，支架的基础必须坚实可靠，以保证其沉陷值不超过施工规范的规定。

3）支架的预拱度

为了使上部结构在卸架后能获得满意的设计规定的外形，必须在施工时设置一定数值的预拱度。根据梁的变形和支架的变形所计算出来的预拱度之和就是简支梁预拱度的最高值，它应设置在跨径的中点。其他各点的预拱度则按直线或二次抛物线比例进行分配，在两端的支点则为零。

3.1.3　模板

1）对模板的要求

模板是供浇筑混凝土用的临时结构物，它不仅关系到梁体尺寸的精度，而且对工程质量、施工进度和工程造价有直接影响。因此模板应满足下列要求：

（1）具有足够的强度和稳定性，能可靠地承受施工中的各项荷载。

（2）具有足够的刚度，在施工中不变形，保证结构的设计形状、尺寸和模板各部件之间相互位置的准确性。

（3）模板的接缝严密，不漏浆，施工操作方便，保证安全。

（4）制作便利、装拆方便，提高模板的周转使用率。

2）模板的支立

钢筋混凝土空心板结构较少采用现场整体浇筑的施工工艺，其原因之一是板的高度较矮，从板孔中拆除内模不方便。钢筋混凝土实心板的模板比较简单，所以这里着重介绍带肋梁（如 T 梁、箱梁）的模板。

　　跨径不大的带肋梁模板，一般用木料制作，安装时，首先在支架纵梁上安装横木，横木上钉底板，然后在其上安装肋梁的侧模板和桥面板底板。如图5-3-5a) 所示。当肋梁的高度较高时，其模板一般采用框架式，这时，梁的侧模及桥面板的底模，可用木板或镶板钉在框架上，框架式模板构造如图5-3-5b) 、c) 所示。

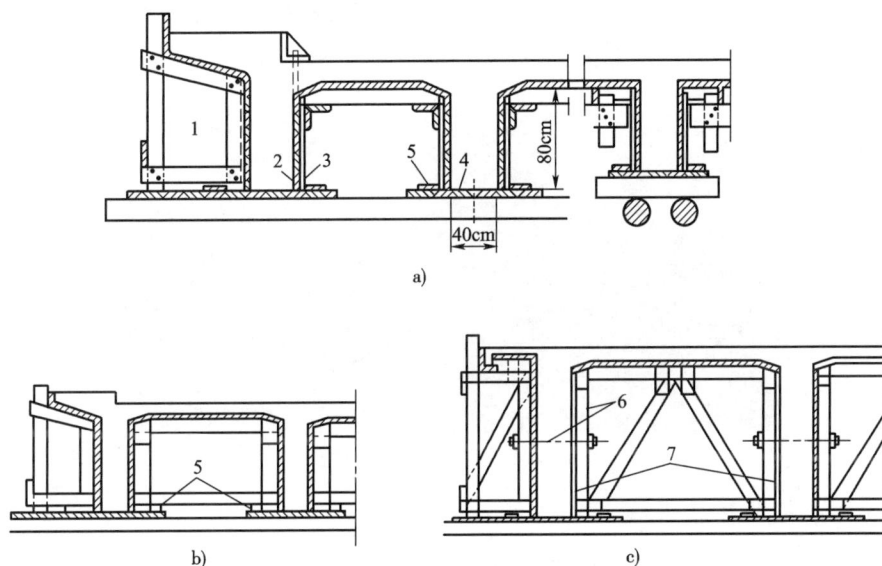

a)

b)

c)

图5-3-5　框架式模板

1-小柱架;2-侧面镶板;3-肋木;4-底板;5-压板;6-拉杆;7-侧板

　　3) 模板和支架的拆除

梁桥模板和支架的拆除，应对称、均匀和有顺序地进行。

模板和支架拆除的有关要求见表5-3-1。

模板和支架拆除要求　　　　　　　　　　　　　　表5-3-1

项　目	拆除注意要点
非承重侧模板的拆除	应在混凝土强度能保证其表面及棱角不因拆除模板面受损坏时拆除。一般当混凝土抗压强度达到2.5 MPa时可拆除模板
承重模板、支架的拆卸	钢筋混凝土结构的承重模板、支架,应在混凝土强度能承受其自重力及其他可能的叠加荷载时,方可拆除;一般跨径等于或小于3m的梁,板达到设计强度的70%时方可拆除。如设计上对拆除承重模板、支架另有规定,应按照设计规定执行
卸落支架的程序	应按设计所规定的要求进行。如无设计规定时,应详细拟定卸落程序,分若干个循环卸完,卸落量开始宜小,以后逐渐增大,在纵向应对称、均衡卸落。在拟定卸落程序时应注意以下几点: 　　(1) 在卸落前应在卸架设备(如简单木楔和组合木楔等)上画好每次卸落量的标记; 　　(2) 简支梁、连续梁宜从跨中向两支座依次循环卸落;悬臂梁宜先卸挂梁及悬臂的支架,再卸无铰跨内的支架
墩台模板的拆除	桥墩、台模板宜在其上部结构施工前拆除。拆除模板、卸落支架时,不允许用猛力敲打和强扭等粗暴方法进行
其他注意事项	模板、支架拆除后,应将其表面灰浆、污垢清除干净,并应维修整理,分类妥善存放,防止变形开裂

3.1.4 钢筋骨架

钢筋混凝土结构中,常用钢筋的直径一般为 6 ~ 40mm。钢筋骨架都要通过钢筋整直→切断→除锈→弯曲→焊接或者绑扎等工序以后才能成型。除绑扎工序外,每个工序都可应用相应的机械设备来完成。对于就地现浇的结构,焊接或者绑扎的工序多放在现场支架模板上来完成,其余均可在工地附近的钢筋加工场地来完成(见图 5-3-6)。

图 5-3-6　现场钢筋骨架绑扎

3.1.5 浇筑及振捣混凝土

该施工过程包括混凝土搅拌、运输、浇筑、振捣密实四个工序。

1) 混凝土的搅拌

混凝土的砂石配合比及水灰比均应通过设计和试验室的试验来确定,混凝土的拌制通常以机械为主、人工为辅。

(1)机械拌制

机械拌制靠搅拌机完成,常用的机械有自落式和强制式搅拌机两种。

对于大桥或特大桥以及混凝土数量较多时,应设置混凝土拌和站,各种混凝土采用集中拌和,电子计量,这有利于混凝土的质量控制。

(2)人工拌制

速度慢,劳动强度大,仅用于小量的辅助或修补工程。

2) 混凝土的运输

(1)混凝土无论是采用汽车运输还是搅拌车运输,都应以最短的距离迅速地从拌制地点运到现场,避免离析、泌水和坍落度不符合要求。其运输时间不宜超过表 5-3-2 的规定。

混凝土拌和物运输时间限制　　　　　　　　　　　　　　　表 5-3-2

气温(℃)	一般汽车运输(min)	搅拌车运输(min)
20 ~ 30	30	60
10 ~ 19	45	75
5 ~ 9	60	90

注:表列时间是指从加水搅拌至入模时间。

（2）采用泵送混凝土应符合下列规定：

①混凝土的供应必须保证混凝土输送泵能连续工作。

②输送管线宜直，转弯宜缓，接头应严密，如管道向下倾斜，应防止混入空气，产生阻塞。

③泵送前应先用水泥浆润滑输送管道内壁。混凝土出现离析现象时，应立即用压力水或其他方法冲洗管内混凝土，泵送间歇时间不宜超过15min。

④在泵送过程中，收料斗内应具有足够的混凝土，以防止吸入空气产生阻塞。

3）混凝土的浇筑（见图5-3-7）

浇筑前，应先自检，然后会同监理工程师对模板、钢筋以及预埋件的位置进行检查。

（1）混凝土的浇筑速度

为了保证浇筑混凝土的整体性，防止在浇筑上层混凝土时破坏下层混凝土，浇筑层次的增加需有一定的速度，须使上一层的浇筑能在先浇筑的一层混凝土初凝以前完成。

（2）混凝土的浇筑顺序

在考虑主梁混凝土的浇筑顺序时，不应使模

图5-3-7　现场浇筑混凝土

板和支架产生有害的下沉；为了使混凝土振捣密实，应采用相应的分层浇筑；当在斜面或曲面上浇筑混凝土时，一般应从低处开始。可根据具体情况采用水平分层、斜层和单元浇筑的方法。

①水平分层浇筑。

对于跨径不大的简支梁桥，可在钢筋全部绑扎或焊接完成后，将梁和板沿一跨全长内水平分层浇筑，在跨中合龙，如图5-3-8所示。分层的厚度视振动器的能力而定，一般为0.15～0.3m。上、下层同时浇筑时，上层与下层的前后浇筑距离应保持1.5m以上，在倾斜面上浇筑混凝土时，应以最低处开始逐层扩展升高，并保持水平分层。为避免支架不均匀沉陷的影响，浇筑工作应尽量快速进行，以便在混凝土失去塑性以前完成。

②斜层浇筑。

跨径不大的简支梁桥混凝土的浇筑，还可用斜层法从主梁两端对称向跨中进行，并在跨中合龙。采用斜层浇筑方法，可使浇筑面积减少，从而减少每小时混凝土浇筑量。如图5-3-9所示。

较大跨径的简支梁桥，可用水平分层或斜层法先浇筑纵横梁，待纵横梁浇筑完毕后，再沿桥的全宽浇筑桥面板混凝土。在桥面板与纵横梁间应按设置工作缝处理。

③单元浇筑法。

当桥面较宽且混凝土数量较大时，可分成若干纵向单元分别浇筑。每个单元的纵横梁可沿其长度方向水平分层浇筑或用斜层法浇筑，在纵梁间的横梁上设置工作缝，并在纵横梁浇筑完成后填缝连接。之后桥面板可沿桥宽全面积一次浇筑完成,不设工作缝。桥面板与纵横梁间设置水平工作缝。

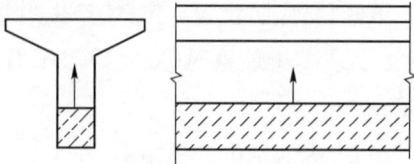

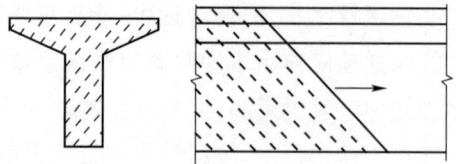

图 5-3-8　水平分层浇筑混凝土　　　　　　图 5-3-9　斜层浇筑混凝土

4)混凝土的振捣

为了使混凝土具有需要的密实度,应对混凝土进行振捣。混凝土振捣分为人工振捣和机械振捣,确实无法使用振动器振实的部位时,方可采用人工振捣。混凝土的机械振捣设备一般分为平板式振动器、附着式振动器、插入式振动器或振动台等,可依据不同构件和不同部位的需要来选用,目的是使模板内的混凝土密实,不使混凝土内存在大的空洞、蜂窝和麻面。

采用机械振捣的混凝土,可获得较大的密实度。桥梁工地常用的机械振捣方法有以下三种。

(1)平板式振捣

即浇筑层的表面振捣,通过平板振动力传给混凝土,使之密实,适用于振捣面积较大的混凝土,如矩形板、空心板的底板和顶板。采用平板式振动器,每次振捣的有效面积应与已振部分重叠。

(2)附着式振捣

即安装在模板外部振捣,适用于薄壁构件,如 T 形梁的主梁和横隔板。振动器的布置与构件厚度有关,当厚度小于 15cm 时,可两面交错布置;当厚度大于 15cm 时,应两面对称布置。振动器布置的间距不应大于它的作用半径。

这种方法因系借助振动模板以捣实混凝土,效果并不理想,且对模板要求较高,故一般只有在钢筋过密而无法采用插入式振动器时方可采用。

(3)插入式振捣

即采用插入式振动器插入混凝土内部振捣。振捣棒插入混凝土时应垂直,不可触及模板和钢筋。插点要均匀,可按行列式或交错式进行,两点间距离以 1.5 倍作用半径为宜,如图 5-3-10 所示。作用半径可实际测得,一般为 40～50cm。振捣上一层的混凝土时应将振动器略微插入下层 3～5cm,以消除两层之间的接触面。

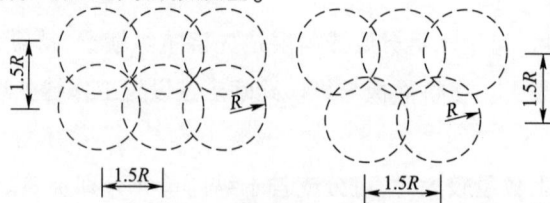

图 5-3-10　插入式振动器振捣半径

振动器的振捣时间可借肉眼观察,以混凝土不再下沉、气泡不再发生、水泥砂浆开始上浮、表面平整为止。要达到这种程度所需要的时间,平板式振动器为 25～40s,插入式振动器为 15～30s。过久的振捣所造成的危害比振捣不足更大。

3.1.6　混凝土的养护及模板拆除

1)混凝土的养护

混凝土浇筑完成后应及时进行养护,养护可分为自然养护和蒸汽养护两种。一般混凝土浇筑完成后,应在收浆后尽快予以覆盖和洒水养护。混凝土的洒水养护时间一般为 7 天,可根据空气的湿度、温度和水泥品种及掺用的外加剂等情况,酌情延长或缩短。当气温低于 5℃ 时,应采取保温措施,不得向混凝土表面洒水。

2)模板的拆除

当混凝土强度达到设计强度等级的 25% 以后,可拆除侧面模板;达到设计强度等级的 50% 后,可拆除跨径 30m 以内梁的模板;达到在桥跨结构净重作用下所必需的强度且不小于设计强度等级的 70% 以后,可拆除各种梁的模板。

为了判定混凝土强度是否已达到拆模所需的要求,要根据与构件同条件养护的混凝土试件的强度试验结果来确定。

学习情境 3.2　预应力混凝土先张梁施工

先张法的制梁工艺是在浇筑混凝土前张拉预应力筋,将其临时锚固在张拉台座上,然后立模浇筑混凝土,待混凝土达到规定性能(包括强度和弹性模量)后,逐渐放松预应力筋,这样就因预应力筋的弹性回缩通过其与混凝土之间的黏结作用,使混凝土获得预压应力。

先张法具有生产工序少、效率高、适宜工厂化大批量生产的优点。张拉预应力钢筋时,只需夹具,预应力筋自锚于混凝土中。但先张法需要专门的张拉台座,构件中预应力筋只能采用直线配筋,施加的应力较小,一般只适合于制作跨径在 25m 以内的中小跨径梁(板)。

先张法施工工艺基本流程如图 5-3-11 所示。

3.2.1　台座

台座是先张法生产的主要设备之一,承受着预应力筋的全部张拉力,故要求其应有足够的强度、刚度和稳定性。

按照台座的构造形式分为框架式、槽式和墩式。按照材料分钢筋混凝土式、钢筋混凝土和型钢组合式及钢管混凝土式等。

1)台座的组成

台座主要由底板、承力架、横梁、定位板和固定端装置组成。

图 5-3-12 为台座组成的示意图。

图 5-3-13 为某施工现场张拉台座。

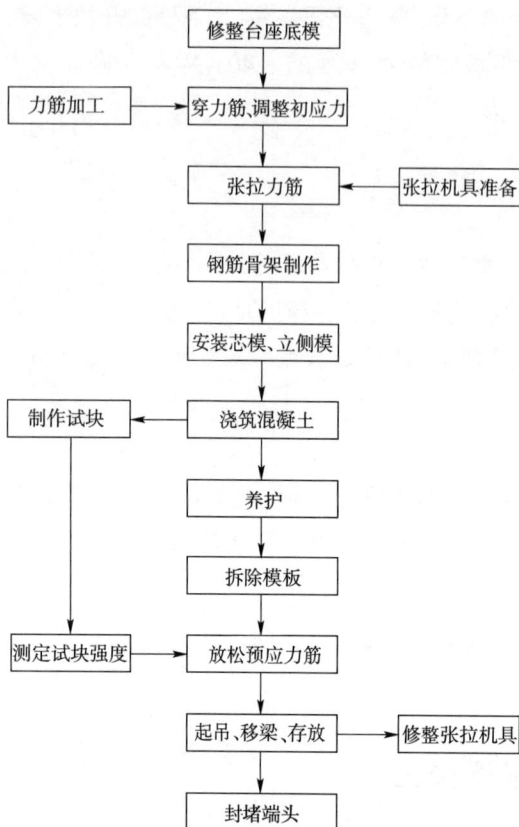

图 5-3-11　先张法施工工艺基本流程

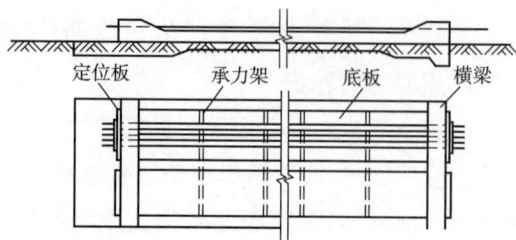

图 5-3-12　台座的组成

图 5-3-13　现场张拉台座

（1）底板

底板有整体式混凝土台面和装配式台面两种,作为预制构件的底模。其宽度由制作预应力构件的宽度决定。

（2）承力架

承力架为台座的主要受力结构,其形式有框架式、墩式、槽式等。

（3）横梁

横梁是将预应力筋的张拉力传给承力架的横向构件,常用型钢或钢筋混凝土制作。

（4）定位板

定位板用来固定预应力筋,一般是用钢板制成。孔的位置按照梁体预应力筋的位置设置,孔径比预应力筋大 $2 \sim 4mm$,以便于穿筋。

（5）固定端装置

用于固定预应力筋位置并在梁预制完成后放松预应力筋,它设在非张拉端,仅用于一端张拉的先张台座。

2）常见台座的类型

（1）框架式台座

此种台座由纵梁、横梁、横系梁组成框架,承受张拉力。一般是采用钢筋混凝土在现场整体浇筑。其中横梁也可采用装配式型钢组合梁,现场只浇筑混凝土纵梁和系梁。

(2)墩式台座

横梁直接和墩或桩基连成整体共同承受张拉力。当预制板梁的数量较少,张拉吨位较小时选用墩式台座,如图 5-3-14 所示。

(3)槽式台座

槽式台座如图 5-3-15 所示。

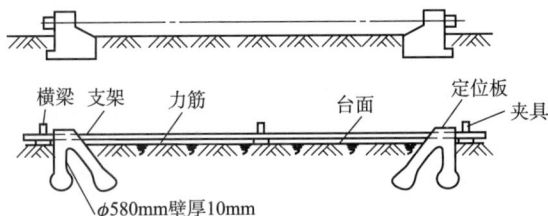

图 5-3-14　墩式台座

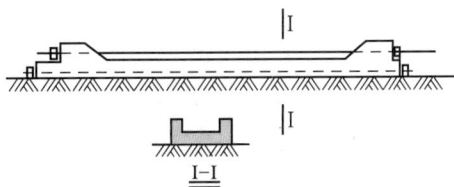

图 5-3-15　槽式台座

(4)拼装式钢管混凝土台座

具有施工迅速、方便、重复使用、节省造价的特点,铁路桥梁常采用此种形式,见图 5-3-16。

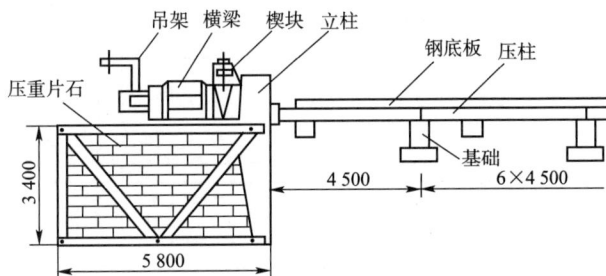

图 5-3-16　拼装式钢管混凝土台座(尺寸单位:mm)

3.2.2　模板与预应力筋制作要求

1)模板制作要求

先张梁施工时,模板的制作除满足一般要求外,还有以下要求:

(1)先张台座的混凝土底板上铺设钢板作为预制构件的底模,钢板表面要求平整光滑。

(2)端模预应力筋孔的位置要准确,安装后与定位板上对应的预应力筋孔要求均在一条中心线上。

(3)先张法制作预应力梁,预应力钢筋放松后梁压缩量为 0.1% 左右,为保证梁体外形尺寸,侧模制作要增长 0.1%。

2)预应力筋制作要求

(1)预应力筋一般常采用钢绞线和粗钢筋,其下料长度按计算长度、工作长度和原材料试验数据确定。

(2)预应力筋的切断,宜采用切断机或砂轮锯,不得采用电弧切割。

(3)粗钢筋在冷拉或张拉时,通过连接器和锚具进行,也可采用墩头钢筋和开孔的垫板代替锚具或夹具,节省钢材。

(4)预应力筋由多根钢丝或钢绞线组成时,同束内应采用强度相等的预应力钢材。编束时,应逐根理顺,绑扎牢固,防止互相缠绕。

(5)穿钢绞线,先张梁的钢绞线用向前推的方法穿束。

(6)当预应力筋为粗钢筋时,则该粗钢筋可在绑钢筋骨架的同时放入梁体。

3.2.3 预应力筋张拉程序与操作

1)张拉前的准备工作

(1)张拉机具应与锚具配套使用,在进场时进行检查和校验。千斤顶与压力表应配套校验,以确定张拉力与压力表读数之间的关系曲线。

(2)张拉机具应由专人使用和保管,并经常维护,定期校验。

(3)预应力钢材及所有锚具、夹具应有出厂合格证书,进场时应按有关要求分批进行检验。

(4)张拉前应先安装定位板,检查定位板的预应力筋孔位置和孔径大小是否符合设计要求,然后将定位板固定在横梁上。在检查预应力筋数量、位置、张拉设备和锚具后,方可进行张拉。先张法张拉布置见图5-3-17。

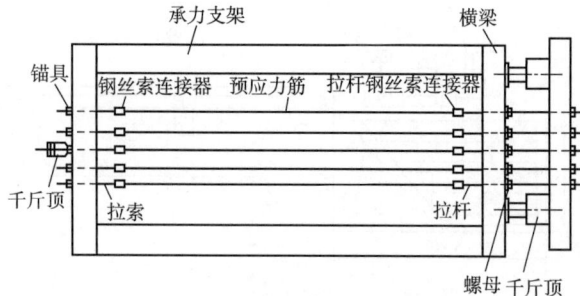

图5-3-17 先张法张拉布置图

2)张拉工艺

先张法张拉预应力筋,分单根张拉和多根张拉,单向张拉和双向张拉。

(1)单根张拉

单根张拉设备比较简单,吨位要求小,但张拉速度慢,张拉的顺序应不致使台座承受过大的偏心力,见图5-3-18。

(2)多根张拉

一般需要两个大吨位千斤顶,张拉速度快。数根预应力筋张拉时,必须使它们的初始长度一致,张拉后每根预应力筋的应力均匀。

(3)单向张拉

单向张拉时,可在预应力筋的一端选用螺栓端杆锚具和横梁、千斤顶组成张拉端;另一端选用镦粗夹具为固定端。如果预应力筋直径较小,在保证每根预应力筋下料长度精确的情况下,可两端采用镦粗夹具(见图5-3-18或图5-3-19)。

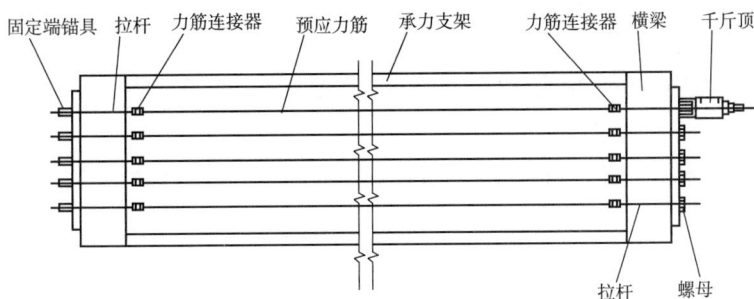

图 5-3-18 单向单根张拉示意图

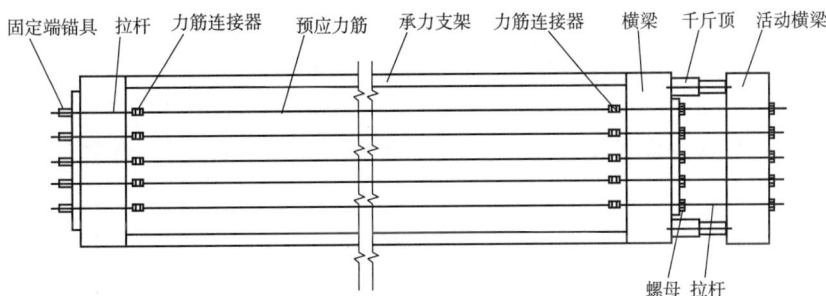

图 5-3-19 单向多根张拉示意图

(4)双向张拉

将多根张拉固定端的镦粗夹具改为夹片锚具,用小型穿心式张拉千斤顶先单根施加部分拉力,同时使每根预应力筋均匀受力,然后在另一端多根张拉到位,就是双向张拉。

3)张拉程序

先张法预应力筋张拉的程序依钢筋的类型而异。可参照表 5-3-3 的规定进行。

先张法预应力筋张拉程序 表 5-3-3

预应力筋种类		张 拉 程 序
钢丝、钢绞线	夹片式等具有自锚性能的锚具	低松弛预应力筋:0→初应力→σ_{con}(持荷 5min 锚固)
	其他锚具	0→初应力→1.05σ_{con}(持荷 5min)→0→σ_{con}(锚固)
螺纹钢筋		0→初应力→1.05σ_{con}(持荷 5min)→0.9σ_{con}→σ_{con}(锚固)

注:1. 表中 σ_{con} 为张拉时的控制应力值,包括预应力损失值。
 2. 超张拉数值超过施工规范规定的最大超张拉应力限值时,应按规范规定的限制张拉应力进行张拉。
 3. 张拉螺纹钢筋时,应在超张拉并持荷 5min 后放张至 0.9σ_{con} 时再安装模板、普通钢筋及预埋件等。

4)断丝、断筋

张拉时预应力筋的断丝、断筋数量,不得超过表 5-3-4 的规定。

先张法预应力筋断丝限制 表 5-3-4

预应力筋种类	检 查 项 目	控制数
钢丝、钢绞线	同一构件内断丝数不得超过钢丝总数的百分比	1%
螺纹钢筋	断筋	不容许

5）一般操作过程

（1）调整预应力筋长度

采用螺丝端杆锚具，拧动端头螺母，调整预应力筋长度，使每根预应力筋受力均匀。

（2）初始张拉

一般施加10%的张拉应力，将预应力筋拉直，锚固端和连接器处拉紧，在预应力筋上选定适当的位置刻画标记，作为测量伸长量的基点。

（3）正式张拉

①一端固定，一端单根张拉。张拉顺序由中间向两侧对称进行。

②一端固定，一端多根张拉。千斤顶必须同步顶进，保持横梁平行移动，预应力筋均匀受力。

③一端单根张拉，一端多根张拉。先张拉单根预应力筋，由伸长量和油表压力读数双控制。施加30%～40%的张拉力，同时使预应力筋受力均匀，先锚固一端，再张拉多根预应力筋至超张拉应力。

④持荷。按照预应力筋的类型选定持荷时间，使预应力筋完成部分徐舒，以减少钢丝锚固后的应力损失。

⑤锚固。补足或放松预应力筋的拉力至控制应力。测量、记录预应力筋的伸长量，并核对实测量与理论计算值，其误差应在±6%范围内，如不符合规定，则应找出原因及时处理。张拉满足要求后，锚固预应力筋，千斤顶至零。

⑥预应力筋伸长值校核。

a. 理论伸长值。

理论伸长值计算式如下：

$$\Delta L = \frac{P_{\mathrm{P}} L}{A_{\mathrm{P}} E_{\mathrm{P}}} \tag{5-3-1}$$

式中：P_{P}——预应力筋的平均张拉力，N，取张拉端的拉力；

　　L——预应力筋长度，mm；

　　A_{P}——预应力筋截面面积，mm^2；

　　E_{P}——预应力筋的实际弹性模量，N/mm^2。

在实际施工中，现场每一批预应力筋的弹性模量都不一样，这就要求每批预应力筋都要进行弹性模量检测。

b. 实际伸长值。

预应力筋张拉时，应先调整到初应力，该初应力宜为张拉控制应力的10%～15%，伸长值应从初应力时开始量测。预应力筋的实际伸长值除量测的伸长值外，必须加上初应力以下的推算伸长值。

预应力筋张拉的实际伸长值 ΔL_{S}（mm）计算式如下：

$$\Delta L_{\mathrm{S}} = \Delta L_1 + \Delta L_2 \tag{5-3-2}$$

式中：ΔL_1——从初应力至最大张拉应力间的实测伸长值，mm；

　　ΔL_2——初应力以下的推算伸长值，mm，可采用相邻级的伸长值。

c. 校核。

若满足：(实际伸长值 – 理论伸长值)/理论伸长值 ≤ ±6% , 即为张拉合格, 如果不符合, 则分析其原因, 采取措施后再重新张拉。

3.2.4　预应力混凝土浇筑

混凝土浇筑前除按操作规程检查外, 对先张构件还应检查台座受力、夹具、预应力筋和普通钢筋数量、位置及张拉吨位是否符合要求等。图 5-3-20 为某先张梁现场混凝土浇筑过程。

a) 混凝土浇筑前

b) 混凝土浇筑中

c) 混凝土浇筑完成

图 5-3-20　先张梁预制现场混凝土浇筑过程

混凝土浇筑除按正常操作规程办理外, 还应注意以下事项:

(1) 尽量采用侧模振捣工艺。

(2) 先张构件使用振捣棒振捣时应避免触及预应力筋, 防止发生受振滑移和断筋伤人事故, 并不得触及内模。

(3) 浇筑混凝土时应防止内模上浮和偏位, 随时检查定位箍筋和压块固定情况。

(4) 先张构件如采用蒸汽养护, 开始时恒温温度应按设计规定执行, 不得任意提高, 以免造成不可补救的预应力损失。待混凝土强度达到 10MPa 时, 可适当提高温度, 但不得超过 60℃。

3.2.5　预应力筋放松

当混凝土达到设计规定的放松强度和弹性模量(或龄期)之后, 可在台座上放松受拉预应力筋,称为放张。当设计无规定时,一般应在不低于混凝土设计强度等级值的80%、弹性模量不低于混凝土28天弹性模量的80%时进行。

螺纹钢筋放张后,可用乙炔—氧气切割,但应采取措施防止高温对其产生不利影响。钢丝放张后,可用切割、锯断或剪断的方法切断;钢绞线放张后,可用砂轮锯切断。切割后的外露端头,应用砂浆封闭或涂刷防蚀材料,防止生锈。

以下是常见的几种放张方法:

1)砂箱放松法

放松装置应在预应力筋张拉前放置在非张拉端。张拉前将砂箱活塞全部拉出,箱内装满干砂,让其顶住横梁。张拉时箱内砂被压实,承受横梁反力。放松预应力筋时,打开出砂口让砂慢慢流出,活塞缩回,逐渐放松预应力筋。

2)千斤顶放松法

在台座固定端的承力架与横梁之间,张拉前即安放两个千斤顶,待混凝土达到规定放松强度后,两个千斤顶同时回程,使拉紧的预应力筋徐徐回缩,张拉力放松(见图5-3-21)。

3)张拉放松法

(1)张拉端

在张拉端利用连接器、拉杆、双螺母放松预应力筋,如图5-3-22所示。施加应力不应超过原张拉时的控制应力,之后将固定在横梁定位板前的双螺母慢慢旋动,同一组放松的预应力筋螺母旋动的距离应相等,然后再将千斤顶回油。张拉→放松螺母→回油,反复进行,慢慢放松预应力筋。

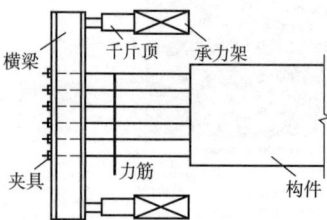

图5-3-21 千斤顶放松法

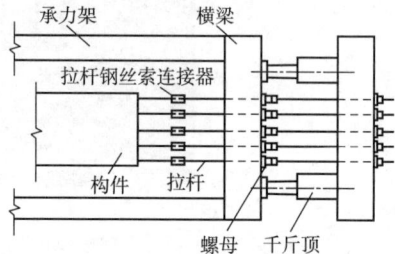

图5-3-22 张拉端张拉放松示意

(2)固定端

在台座固定端设置螺杆和张拉架,张拉架顶紧横梁让预应力筋锚固在张拉架上,如图5-3-23所示,放松时,再略微拉紧预应力筋,让其伸长一些,然后拧松螺母,再将千斤顶回油,预应力筋就慢慢回缩,张拉力即被释放。

4)滑楔放松法

张拉前将三块钢制U形滑楔(见图5-3-24)放在台座横梁与螺母之间,在中间滑模上设置螺杆、螺母顶住预应力筋。

张拉完成后,旋松螺母,因反力作用,而使中间滑楔向上滑动,将预应力筋慢慢放松。

5)手工法

手工法即采用各种手工机具将预应力筋沿构件端部锯断或剪断,此法费工费时。

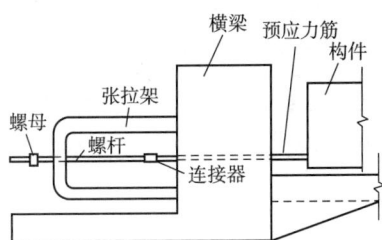

图 5-3-23　固定端张拉放松示意

图 5-3-24　滑楔

学习情境 3.3　预应力混凝土后张梁施工

预应力混凝土后张梁是指采用后张法预制的预应力混凝土梁。后张法是先浇筑构件或结构混凝土,待混凝土达到规定性能(包括强度和弹性模量)后,在构件或结构上张拉预应力筋的方法。后张法预应力施工,不需要张拉台座设备,灵活性大,广泛用于施工现场生产大型预制预应力混凝土构件和就地浇筑预应力混凝土结构。后张法预应力施工,又可分为有黏结预应力施工和无黏结预应力施工两类。

无黏结预应力混凝土中预应力筋由防锈、防腐润滑油脂等涂层包裹塑料套管而构成,与混凝土之间没有黏结力,可以永久地相对滑动,预应力全部由两端的锚具传递。

有黏结预应力混凝土的预应力筋与混凝土之间相互黏结,靠黏结力和锚具实现预应力的传递。这里介绍有黏结预应力混凝土的施工方法。

混凝土构件或结构制作时,在预应力筋部位预先留设孔道,然后浇筑混凝土并进行养护;制备预应力筋并将其穿入孔道;待混凝土达到设计要求的强度后,张拉预应力筋并用锚具锚固;最后进行孔道灌浆与封锚。这种施工方法通过孔道压浆,使预应力筋与混凝土相互黏结,提高了锚固可靠性与耐久性,广泛用于主要承重构件或结构。但需要大量锚具,且不能重复使用,施工工序多,工艺复杂。

后张法施工工艺基本流程如图 5-3-25 所示。

3.3.1　预应力筋孔道的成型

关于制孔器的几项规定:

(1)无论采用何种制孔器,都应按设计规定或施工需要预留排气、排水和压浆用的孔眼。

(2)制孔器的抽拔可由人工逐根抽拔,也可用机械(电动卷扬机或手摇绞车)分批进行抽拔。

(3)抽拔制孔器的顺序:宜先拔下层胶管,后拔上层胶管;先拔早浇筑的半根梁,后拔晚浇筑的半根梁;抽拔时先拔芯棒,后拔管。

(4)抽拔时间:梁体混凝土浇筑完后,何时进行抽拔制孔器,这是决定顺利进行抽拔和保证成孔质量的关键。如抽拔过早,则混凝土容易塌陷而堵塞孔道;如抽拔过迟,则可能拔断胶管。

预应力后张梁施工

219

```
                          ┌──────────┐
                          │ 修整底模 │
                          └────┬─────┘
                               │
┌──────────┐            ┌──────┴─────┐
│ 钢筋加工 │───────────>│ 吊装钢筋骨架│
└──────────┘            └──────┬─────┘
                               │
                        ┌──────┴──────┐
                        │ 安装固定制孔器│
                        └──────┬──────┘
                               │
                        ┌──────┴──────┐     ┌──────────┐
                        │ 立侧模、端模板│<────│ 制作模板 │
                        └──────┬──────┘     └──────────┘
                               │
┌──────────┐            ┌──────┴──────┐     ┌──────────┐
│ 制作试块 │<───────────│ 梁混凝土浇筑 │<────│ 拌制混凝土│
└──────────┘            └──────┬──────┘     └──────────┘
                               │
                        ┌──────┴──────┐
                        │  养护、拆模  │
                        └──────┬──────┘
                               │
                        ┌──────┴──────┐     ┌──────────┐
                        │  清孔穿束   │<────│ 制备钢绞线│
                        └──────┬──────┘     └──────────┘
                               │
┌──────────┐            ┌──────┴──────┐
│ 测试强度 │───────────>│ 张拉钢绞线束 │
└──────────┘            └──────┬──────┘
                               │
                        ┌──────┴──────┐     ┌──────────┐
                        │  孔道压浆   │────>│ 制作试块 │
                        └──────┬──────┘     └──────────┘
                               │
                        ┌──────┴──────┐
                        │    封锚     │
                        └──────┬──────┘
                               │
                        ┌──────┴──────┐     ┌──────────┐
                        │  移梁存放   │<────│ 测试强度 │
                        └─────────────┘     └──────────┘
```

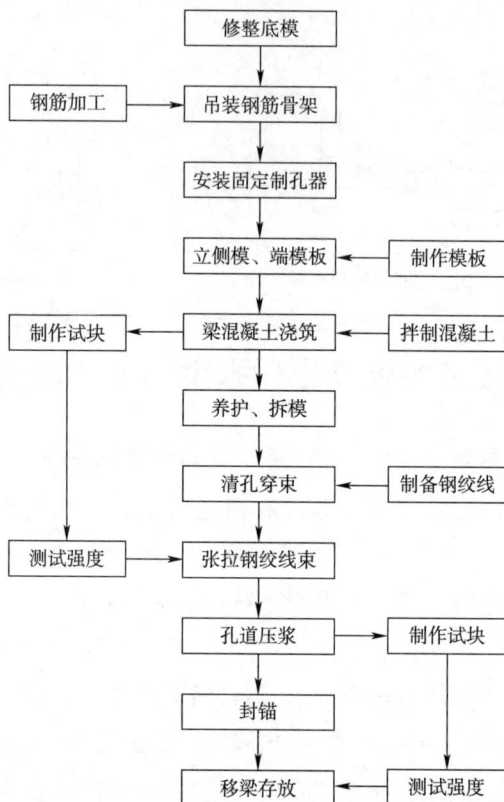

图 5-3-25　后张法施工工艺基本流程图

根据经验,抽拔式制孔器的抽拔时间可参考表 5-3-5。

抽拔式制孔器的抽拔时间　　　　　　　　　　　　　　　　　表 5-3-5

环境温度(℃)	抽拔时间(h)
30 以上	3
20 ~ 30	3 ~ 5
10 ~ 20	5 ~ 8
10 以下	8 ~ 12

3.3.2　穿束

预应力筋可在浇筑混凝土之前或之后穿入管道,穿束前应检查锚垫板和孔道,锚垫板应位置准确,孔道内应畅通,无水和其他杂物。采用的方法有人工直接穿束和机械穿束两种。

机械穿束又分为卷扬机穿束和穿束机穿束。

穿束机穿束,即将钢绞线从盘架上拉出后从孔道的一端快速地(速度为 3 ~ 5m/s)推送入孔道,当带有护头的束前端穿出孔道另一端时,留出必要的工作长度,然后用电动切线机予以截断,再将新的端头戴上护头穿第二束,直至完成所有穿束工作。

3.3.3　预应力筋的张拉

1）张拉前的准备工作

对预应力筋施加预应力之前,必须对千斤顶和油压表进行校验,计算与张拉吨位相应的油压表读数和预应力筋的理论伸长量,确定张拉顺序,完成清孔、穿束等工作,同时应对构件进行检验,外观和尺寸应符合质量标准要求。张拉时,构件的混凝土强度和弹性模量应符合设计规定,设计未规定时,混凝土的强度应不低于设计强度等级值的80%及弹性模量应不低于混凝土28天弹性模量的80%。

预应力筋张拉端的设置应符合设计要求,当设计无具体要求时,应符合下列规定:

(1)当同一截面中有多束一端张拉的预应力筋时,张拉端宜分别设置在构件的两端。

(2)预应力筋采用两端张拉时,宜两端同时张拉或先在一端张拉锚固后,再在另一端补足预应力值进行锚固。

2）张拉程序

预应力筋的张拉应符合设计要求,设计无规定时,其张拉程序可参照表5-3-6进行。

后张法预应力筋张拉程序　　　　　　　　　　表5-3-6

锚具和预应力筋类别		张　拉　程　序
夹片式等具有自锚性能的锚具	钢绞线束、钢丝束	低松弛预应力筋:0→初应力→σ_{con}(持荷5min锚固)
其他锚具	钢绞线束、钢丝束	0→初应力→1.05σ_{con}(持荷5min)→σ_{con}(锚固)
		0→初应力→1.05σ_{con}(持荷5min)→0→σ_{con}(锚固)
螺母锚固锚具	螺纹钢筋	0→初应力→σ_{con}(持荷5min)→0→σ_{con}(锚固)

注:1. 表中σ_{con}为张拉时的控制应力值,包括预应力损失值。
　　2. 两端同时张拉时,两端千斤顶升降压、划线、测伸长、插垫等工作应基本一致。
　　3. 超张拉数值超过施工规范规定的最大超张拉应力限值时,应按规范规定的限制张拉应力进行张拉。

3）分次张拉工艺

预应力梁在混凝土强度达到设计强度之前,如达到设计强度60%以上,先张拉一部分束筋,对梁体施加较低的预压应力,使梁体能承受自重荷载,提前将梁移出生产梁位。由于混凝土强度早期发展快,后期强度增长慢,故采取早期部分预施应力,可大大缩短生产周期,加快施工进度。预制梁移出生产台座后,继续进行养护,待达到混凝土设计强度后,进行其他束筋的张拉工作。

4）张拉要点

(1)应尽量减小预应力筋与孔道摩擦,以免造成过大的应力损失或使构件出现裂缝、翘曲变形。

(2)预应力筋的张拉顺序应按设计规定进行,若无规定时,可采取分批、分阶段对称张拉。

(3)张拉时,两端千斤顶升降速度应大致相等,测量伸长的原始空隙、伸长值、插垫等工作应在两端同时进行。

图5-3-26为某后张法预应力混凝土T形梁预制现场正在进行预应力筋张拉。

图5-3-26　现场张拉

5) 滑丝和断丝处理

后张预应力筋断丝及滑移不得超过表5-3-7中的控制数。

后张预应力筋断丝、滑移限制   表5-3-7

类　　别	检　查　项　目	控　制　数
钢丝束和钢绞线束	每束钢丝断丝或滑丝	1根
	每束钢绞线断丝或滑丝	1丝
	每个断面断丝之和不超过该断面钢丝总数的比例	1%
螺纹钢筋	断筋或滑移	不容许

注:1. 钢绞线断丝是指一根钢绞线内钢丝的断丝。

　　2. 超过表列控制数时,原则上应更换;当不能更换时,在许可的条件下,可采取补救措施,如提高其他束预应力筋值,但必须满足设计各阶段极限状态的要求。

出现滑丝或断丝时,可以采取以下处理措施:

(1) 钢丝束放松。

(2) 单根滑丝单根补拉。

(3) 人工滑丝放松钢丝束。

6) 预应力筋伸长值的计算与要求

预应力筋理论伸长值与实际伸长值的计算:

(1) 后张法预应力筋理论伸长值及预应力筋平均张拉力的计算

$$\Delta L = \frac{P_{\mathrm{P}}L}{A_{\mathrm{P}}E_{\mathrm{P}}} \tag{5-3-3}$$

$$\left. \begin{aligned} P_{\mathrm{P}} &= \frac{P\left[\,1 - e^{(kl+\mu\theta)}\,\right]}{kl + \mu\theta} \\[6pt] P' &= \frac{P\left[\,1 - e^{-(kL+\mu\theta)}\,\right]}{kL + \mu\theta} \end{aligned} \right\} \tag{5-3-4}$$

式中:ΔL——预应力筋理论伸长值,cm;

$\quad P_{\mathrm{P}}$——预应力筋的平均张拉力,N;

$\quad L$——从张拉端至计算截面的孔道长度,m;

$\quad A_{\mathrm{P}}$——预应力筋截面面积,mm^2;

$\quad E_{\mathrm{P}}$——预应力筋的弹性模量,MPa;

$\quad P$——预应力筋张拉端的张拉力,N;

$\quad k$——孔道每米局部偏差对摩擦的影响系数,参见表5-3-8;

$\quad \theta$——从张拉端到计算截面曲线孔道部分切线的夹角之和,rad。

$\quad \mu$——预应力筋与孔道壁的摩擦系数,参见表5-3-8。

式(5-3-3)、式(5-3-4)考虑了孔道曲线及局部偏差的摩阻影响。当为直线孔道及不考虑局部偏差的摩阻影响时,预应力筋伸长值可简化如下。

系数 k 及 μ 值表　　　　　　　　　　　　　表 5-3-8

管道成型方式	k	μ	
		钢丝束、钢绞线	螺纹钢筋
预埋铁皮管道	0.003 0	0.35	0.4
预埋钢管	0.001 0	0.25	—
抽芯成型孔道	0.001 5	0.55	0.60
预埋金属波纹管	0.001 5	0.20 ~ 0.25	0.50
预埋塑料波纹管	0.001 5	0.14 ~ 0.17	0.45

当孔道为直线时，$\theta = 0$，可简化为：

$$\Delta L = \frac{P(1 - e^{-kL})}{kA_{\mathrm{P}}E_{\mathrm{P}}} \tag{5-3-5}$$

当孔道为直线且无局部偏差的摩阻时，$P = P'$，可简化为：

$$\Delta L = \frac{PL}{A_{\mathrm{P}}E_{\mathrm{P}}} \tag{5-3-6}$$

预应力筋的弹性模量 E_{P} 取值是否正确，对理论伸长值的影响较大，据有关单位的测试资料表明，一般取 E_{P} 为 $2 \times 10^5 \mathrm{MPa}$ 较合适。对于重要工程，应提前测试。

预应力筋的张拉力 P 计算式为：

$$P = \frac{\sigma_{\mathrm{k}} A_{\mathrm{G}} nb}{1\,000} \tag{5-3-7}$$

式中：P——预应力筋的张拉力，kN；

　　　σ_{k}——预应力筋的张拉控制应力，MPa；

　　　A_{G}——每根预应力筋的截面面积，mm^2；

　　　n——同时张拉预应力筋根数；

　　　b——超张拉系数，不超张拉时为 1.0。

预应力筋的张拉控制应力应符合设计要求，且不宜超过表 5-3-9。

最 大 张 拉 应 力　　　　　　　　　　表 5-3-9

预应力钢材类别	最大张拉应力
冷拉 II ~ IV 级钢筋	$0.95R_{\mathrm{y}}^{\mathrm{b}}$
热处理钢筋、消除应力钢丝、钢绞线、冷拉钢丝	$0.8R_{\mathrm{y}}^{\mathrm{b}}$
冷拉钢丝	$0.75R_{\mathrm{y}}^{\mathrm{b}}$

注：$R_{\mathrm{y}}^{\mathrm{b}}$ 为钢材的极限抗拉强度标准值。

（2）实际伸长值的量测及计算方法

预应力筋张拉前，应先调整到初应力 σ_0（一般取控制应力的 10% ~ 25%），再开始张拉和量测伸长值。实际伸长值除张拉时量测的伸长值外，还应加上初应力以下的推算伸长值，对于后张法尚应扣除混凝土结构在张拉过程中产生的弹性压缩值。实际伸长值总量 ΔL 的计算式如下：

$$\Delta L = \Delta L_1 + \Delta L_2 - C \tag{5-3-8}$$

$$\Delta L_2 = \frac{\sigma_0 L}{E_P} \tag{5-3-9}$$

式中：ΔL_1——从初应力至最大张拉应力间的实测伸长值；

ΔL_2——初应力 σ_0 时推算伸长值；

C——混凝土构件在张拉过程中的弹性压缩值，一般情况下 C 值也可略而不计。

（3）校核

如符合：（实际伸长值－理论伸长值)/理论伸长值 ≤ ±6%，即为张拉合格，如果不符合，则分析其原因，采取措施满足要求后再继续施工。

3.3.4 孔道压浆

1）压浆目的

压浆的目的是使梁内预应力筋（束）免于锈蚀，并使预应力筋（束）与混凝土梁体相黏结而形成整体，将预应力传递到混凝土结构中。因此压浆浆液不能含有腐蚀性混合体，并应在施加预应力后，尽可能早地进行压浆作业，且应在48h内完成，否则应采取避免预应力筋锈蚀的措施。压浆浆液应具有适当的特性：

（1）为使压浆作业容易进行，灰浆应具有适当的稠度；

（2）无收缩，且应具有适当的膨胀性；

（3）应具有规定的抗压强度和黏着强度。

2）压浆工艺

（1）准备工作

压浆前，应用压力水冲洗孔道，排除孔内杂物并吹去孔内积水。

（2）水泥浆的技术条件

①孔道压浆宜采用专用压浆料或专用压浆剂配制的浆液进行压浆。专用压浆料是指由水泥、高效减水剂、膨胀剂等多种材料干拌而成的混合料。

②水泥宜采用性能稳定的低碱硅酸盐水泥或低碱普通硅酸盐水泥，水泥的强度等级不低于42.5。

③水胶比宜采用0.26～0.28，不能通过加大用水量来改善压浆浆液的流动性。

④水泥浆自调制至压入孔道的延续时间一般不宜超过40min。

（3）压浆方法

压浆是用压浆机（拌和机加水泥泵）将浆液压入孔道，并使孔道从一端到另一端充满浆液，且不使浆液在凝结前漏掉，为此需在两端锚具上或锚具附近的预制梁上设置连接带阀压浆嘴的接口和排气孔。

从压浆嘴慢慢地、均匀地压入水泥浆，这时另一端的排气孔有空气排出，直到有水泥浆流出为止,再关闭压浆和出浆口的阀门。

(4)压浆注意事项

①压浆时,对曲线孔道和竖向孔道应由最低点的压浆孔压入,由最高点的排气孔排气和泌水。比较集中和附近的孔道,宜尽量连续压浆完成,以免窜到邻孔的水泥浆凝固堵塞孔道,不能连续压浆时,后压浆的孔道应在压浆前用压力水冲洗畅通。

②压浆后应从检查孔抽查压浆的密实情况,如有不实,应及时处理和纠正。压浆过程中及压浆后48h内,结构混凝土温度不得低于5℃,否则应采取保温措施。当气温高于35℃时,压浆宜在夜间进行。

③施锚后压浆前须将预应力筋(束)露于锚头外的部分(张拉时的工作长度)截除。当采用分阶段张拉预应力筋时,应在各阶段分别制取试件,并用标准养护方法及与梁体同条件养护两种方法鉴定其强度。

(5)封锚

孔道压浆后应将锚具周围冲洗干净并凿毛,绑扎端部钢筋网和安装封锚模板,然后浇筑封锚混凝土。

封锚混凝土的强度等级应符合设计要求,一般不宜低于梁体混凝土强度等级的80%,并不宜低于C30。封锚混凝土必须严格控制梁体长度,长期外露的金属锚具,应采取防锈措施。

(6)安全技术及主要事项

①张拉现场应有明显标志,无关人员严禁入内。

②张拉或退楔时,千斤顶后面不得站人,以防预应力筋拉断或锚具、楔块弹出伤人。

③操作高压液压泵人员应戴护目镜,防止油管破裂时或接头不严时喷油伤眼。

④作业应由专人负责指挥,操作时严禁摸踩及碰撞预应力筋,在测量伸长值时,应停止开动千斤顶或卷扬机。

⑤雨天张拉时应搭设防雨棚,防止张拉设备淋雨;冬季张拉时,张拉设备应有保暖措施,防止油管和液压泵受冻,影响操作。

⑥千斤顶支架必须与梁端垫板接触良好,位置正直对称,严禁多加垫块,以防支架不稳或受力不均倾倒伤人。

⑦孔道压浆时,掌握喷浆嘴的人必须戴护目镜、穿水鞋、戴手套。喷嘴插入孔道后,喷嘴后面的胶皮垫圈须压紧在孔洞上。堵压浆孔时应站在孔的侧面,以防灰浆喷出伤人。

3.3.5 智能张拉

智能张拉是指不依靠工人手动控制,而利用计算机智能控制技术,通过仪器自动操作,完成钢绞线的张拉施工。

智能张拉技术由于智能系统的高精度和稳定性,能完全排除人为因素干扰,有效确保张拉施工质量,是目前国内预应力张拉领域最先进的工艺。

智能张拉系统由智能张拉系统平台、智能张拉仪和专用千斤顶组成。

智能张拉系统平台可以自动读取梁板参数,智能计算压力值,无线控制油泵进退油,实时无线采集油压与位移信息,张拉完成后数据自动上传,施工单位、监理单位、业主可以通过互联网在该平台上实现交互,根据用户权限对张拉过程进行全面控制和了解。

智能张拉仪为超高压动力输出装置,其作用主要是为千斤顶提供可靠、稳定的提升动力,该设备能够精准地实现程序设定的命令,通过无线通信接口与计算机进行数据交换。使用该项设备,操作人员只需输入张拉参数及控制命令,便可实现对张拉力和张拉伸长值的双重控制。在张拉过程中,实时显示张拉力和伸长值,当出现不符合规范要求的情况时,会产生声光报警并立即停止张拉。当张拉结束后,将张拉数据上传生成报表,保证了施工的真实性和准确性。

专用千斤顶自身附带电子位移传感器和压力传感器,分别用于千斤顶内缸伸长值和输出力值的测试。

学习情境 3.4 预制梁安装架设

预制梁的安装,包括起吊、纵移、横移、落梁等工序。公路梁由于质量相对轻,除采用专用架桥机外,另有多种灵活、简便的架设方法。

预制梁、板的安装,应结合施工现场条件、工程规模、桥梁跨径、工期条件、机械设备等具体情况,以安全可靠、经济简单和施工快速为原则,合理选择架梁的方法。

梁安装就位后,再进行横向联结,使各梁、板之间形成整体,共同承受荷载。

箱梁的架设

3.4.1 自行式吊机架梁

在预制梁跨径不大,质量较轻,桥不高,场内又可设置行车便道的情况下,可直接用自行式伸臂吊机(汽车吊或履带吊)架设中、小跨径的桥梁,此种架梁方法简单方便,几乎不需要任何辅助设备。

大型的自行式吊机逐渐普及,且自行式吊机本身有动力,架设迅速、可缩短工期,不需要架设桥梁用的临时动力设备,一般中小跨径的公路预制梁、板的架设安装越来越多地采用自行式吊机。此法视吊装质量、施工现场条件等条件,可以采用一台吊机架设、两台吊机架设等方法。

当预制梁质量不大,而吊机又有相当的起重能力,河床坚实无水或少水,允许吊机行驶、停搁时,可用一台吊机架设安装。

当预制梁质量较大,或者一台吊机起吊能力不够时,可采用两台吊机架梁,就是用两台自行式吊机各吊住梁、板的一端,将梁、板吊起并架设安装。此法应注意两台吊机的互相配合,见图 5-3-27。

3.4.2 跨墩龙门架架梁

本法是以平板车或轨道平车将预制梁运送至桥孔,然后用跨墩龙门架将梁吊起,再横移到设计位置落梁安装。此法适用于桥孔数多,桥墩高度不大,地形较为平坦,又需铺轨到达桥

头前架好桥梁的项目,该方法在桥下顺桥轴线方向铺设轨道,其上设置可移动支架来架梁。

1)特点

(1)架设速度较快,河滩无水时较经济。

(2)架设时不需要特别复杂的技术工艺,作业人员用得也少。

(3)龙门吊的设备费用在高桥墩施工中较高。

2)架设程序

将两台跨墩龙门吊分别设于待安装孔的前、后墩位置,预制梁运到施工现场,由两台龙门架将预制梁吊起横移,从一侧向另一侧逐片安装,见图5-3-28。当一跨安装完毕后,可通过轨道将龙门架拖拉至下一跨进行安装。

图5-3-27　两台吊机架梁

图5-3-28　跨墩龙门架架梁

搁置龙门腿的轨道基础要按承受最大压力时能保持安全的原则进行加固处理。

3.4.3　下导梁式架桥机

下导梁式架桥机由下梁、上梁、前支腿、后支腿、喂梁支腿、起重小车等组成。该架桥机下梁为导梁,上梁为吊装梁。架设时,运梁车从后部行驶至两梁之间,此时上梁的后支腿先向上折起,然后落下后支腿于已架好的梁体上。利用钢下导梁作运输通道,用运梁车将混凝土梁运到架桥机跨上方,通过靠近支腿位置的起重小车将混凝土梁提离运梁车,运梁车退出后将下导梁往前纵移一跨,让出梁体位置,上梁吊梁小车再将梁准确落到支座上。图5-3-29为JQ600型下导梁式架桥机架设箱梁。

图5-3-29　JQ600型下导梁式架桥机架设箱梁

3.4.4 双导梁架桥机

这种形式的架桥机,目前广泛用于架设路面很宽、每孔片数很多的公路桥梁,较少用于架设铁路桥,见图5-3-30。

安装程序:

(1)在桥头路堤上铺设三条轨道至桥台,在两边轨道上拼装架桥机,再将架桥机推移至安装孔。

(2)将预制梁运至架桥机后跨内,两端同时吊起。

(3)将预制梁纵移至前跨,用止轮器固定纵移小车后,用横移小行车将梁横移到设计位置下落安装就位。

(4)待第一跨的预制梁全部安装完成后,将纵移行车退到后端。再稍后移架桥机,拆除前支架与墩顶联结螺栓,把前支架挂在鼻梁上,重复上述工序进行第二跨安装。

3.4.5 装配式简支梁桥梁、板的横向联结

装配式混凝土简支梁、板横向一般由多片主梁、板组成,为了使多片装配式主梁、板能连成整体共同承受桥上荷载,必须使多片梁、板间有横向联结,且接缝施工要按设计及规范要求进行,以保证工程质量。

1)简支板桥的横向联结

装配式简支板预制时即具有企口,架设时相邻板块之间形成纵向铰缝。铰缝的施工步骤如下:

(1)将相邻两块板底部紧密接触,形成铰缝混凝土底模;

(2)将铰缝钢筋扳平,在梁板预制时紧贴着模板向上竖起(见图5-3-31),并进行焊接或绑扎牢固;

图5-3-30 双导梁架桥机架梁

图5-3-31 简支板桥铰缝钢筋

(3)用水将缝内冲洗干净,并使其充分湿润;

(4)浇筑混凝土。在相邻板间的企口中浇筑铰缝混凝土,铰缝混凝土应采用C30以上细集料混凝土,施工时注意插捣密实。

简支板桥的横向联结应保证牢固可靠,在各种荷载作用下不松动、不解体,以保证各预制装配式板通过企口混凝土铰缝联结成整体,共同承受车辆荷载。

2)简支梁桥的横向联结

装配式混凝土简支梁,待各预制梁在墩台安装就位后,也必须进行横向联结施工,把各片主梁连成整体,才能作为整体桥梁共同承担荷载。实践证明,横向联结刚度越大,各主梁共同受力性能越好,因此,必须重视横向联结施工。

装配式梁桥的横向联结可分成横隔梁的联结和翼缘板的联结两部分。

(1)横隔梁的联结

通常在设有横隔梁的简支梁桥中,均通过横隔梁的接头把所有主梁联结成整体,接头要有足够的强度,以保证结构的整体性,并在运营过程中不致因荷载反复作用和冲击作用而发生松动。横隔梁接头通常有扣环式、焊接钢板和螺栓接头等形式。

①扣环式接头。

扣环式接头是在梁预制时,在横隔梁接头处伸出钢筋扣环 A,待梁安装就位后,在相邻构件的扣环两侧安装上腰圆形的接头扣环 B,再在形成的圆环内插入短分布筋后现浇混凝土封闭接缝,接缝宽度为 0.2~0.6m。通过接缝混凝土将各主梁连成整体,见图 5-3-32a)。

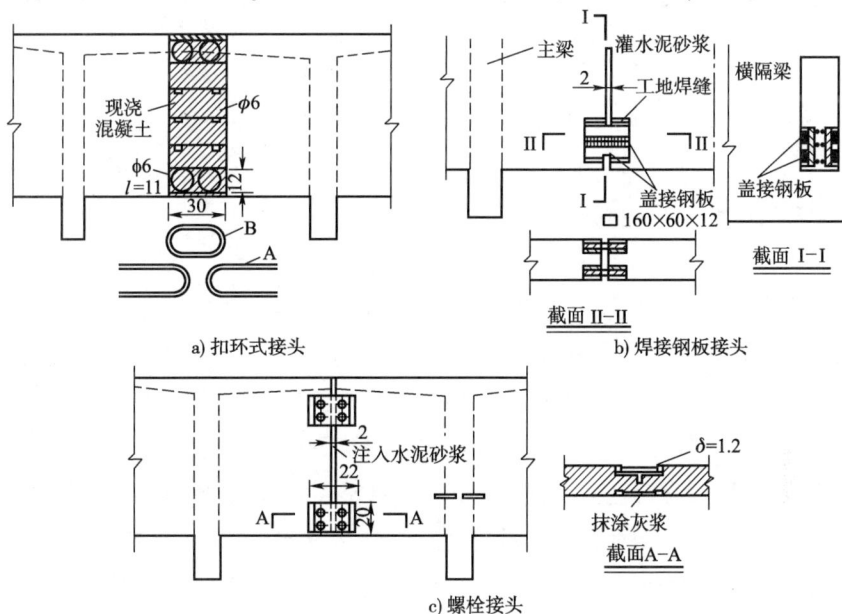

图 5-3-32 横隔梁的横向联结(尺寸单位:mm,其余单位为 cm)

②焊接钢板接头。

在横隔板接头处下端两侧和顶部的翼缘内预埋接头钢板(应焊在横梁主筋上),当 T 形梁安装就位后,在横隔的预埋钢板上再加焊盖接钢板,将相邻 T 形梁联结起来,并在接缝处灌水泥浆封闭,见图 5-3-32b)。

③螺栓接头。

为简化接头的现场施工,可采用螺栓接头,见图 5-3-32c)。预埋钢板同焊接钢板接头,钢盖板不是用电焊,而是用螺栓与预埋钢板联结起来,然后用水泥砂浆封闭。为此,钢板上要预留螺栓孔。

（2）翼缘板的联结

为改善翼缘板的受力状态,翼缘板之间也要进行横向联结。另外,无横隔梁的装配式 T 梁桥,主梁是通过相邻翼缘板之间的横向联结连成整体的。

翼缘板之间通常做成企口铰接式的联结。由主梁翼缘板内伸出联结钢筋,横向联结施工时,将此钢筋交叉弯制,并在接缝处再安放局部的钢筋网,然后将它们浇筑在桥面混凝土铺装层内,见图 5-3-33a）。也可将主梁翼缘板内的顶层钢筋伸出,联结施工时将其弯转并套在一根纵向通长的钢筋上,形成纵向铰,然后浇筑在桥面铺装混凝土中。接缝处的桥面铺装层内应安放单层钢筋网,计算时,不考虑铺装层受力,由于这种联结结构的连接钢筋较多,给施工增加了一些困难,见图 5-3-33b）。

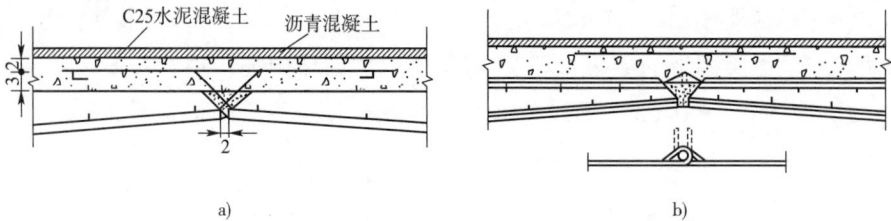

图 5-3-33　主梁翼板联结构造（尺寸单位:cm）

学习情境 3. 5　悬臂施工

悬臂施工法也称为分段施工法。就是从已建桥墩开始,对称逐段地向两边延伸施工,并通过张拉预应力筋将新建节段与已有节段联结成为整体。悬臂施工过程中不需满设支架,为了承受施工荷载产生的不平衡弯矩,需首先将墩和梁临时固结,施工时先形成两端带悬臂的 T 形刚架,待合龙后才成为连续梁,因此施工过程中存在体系转换。

悬臂施工方法可分为悬臂浇筑（简称悬浇,见图 5-3-34）和悬臂拼装（简称悬拼,见图 5-3-35）两类。悬臂浇筑是在桥墩两侧利用挂篮对称浇筑混凝土,待混凝土达到张拉强度后,张拉预应力筋,而后移动挂篮继续下一段的浇筑。悬臂拼装是利用吊机将预制块在桥墩两侧对称吊装,张拉预应力筋后使悬臂不断接长。

图 5-3-34　悬臂浇筑施工

图 5-3-35　悬臂拼装施工

现代的悬臂施工法,最早主要用于修建预应力混凝土 T 形刚构桥,后又被推广应用于修建预应力混凝土悬臂梁桥、连续梁桥、斜拉桥等。根据资料统计,国内外 1952 年以来 100m 以上大跨径混凝土桥梁中,采用悬臂浇筑施工的占 80% 左右,采用悬臂拼装的占 7% 左右。这里主要介绍悬臂浇筑施工。

3.5.1　悬臂施工法特点

(1)预应力混凝土连续梁及悬臂梁桥采用悬臂施工时需进行体系转换,即在悬臂施工时,梁墩采取临时固结,结构为 T 形刚构,合龙前,撤销梁墩临时固结,结构呈悬臂梁受力状态,待结构合龙后形成连续梁体系。设计时应对施工状态进行配束验算。

(2)桥跨间不需搭设支架,施工不影响桥下通航或行车。施工过程中,施工机具和人员等重力均全部由已建梁段承受,随着施工的进展,悬臂逐渐延伸,机具设备也逐步移至梁端,无须用支架作支撑。所以悬臂施工法可应用于通航河流及跨线立交大跨径桥梁。

(3)多孔桥跨结构可同时施工,以加快施工进度。

(4)悬臂施工法充分利用预应力混凝土承受负弯矩能力强的特点,将跨中正弯矩转移为支点负弯矩,使桥梁跨越能力提高,并适合变截面桥梁的施工。

(5)悬臂施工用的悬拼吊机或挂篮设备可重复使用,施工费用较省,可降低工程造价。

3.5.2　悬臂浇筑施工

1)悬臂浇筑施工程序

悬臂浇筑施工利用悬吊式的活动脚手架(或称挂篮)在墩柱两侧对称平衡地浇筑梁段混凝土(每段长 2～5m),每浇筑完一对梁段,待达到规定强度后就张拉预应力筋并锚固,然后向前移动挂篮,进行下一梁段的施工,直到悬臂端为止。但梁体部分不能与墩柱平行施工,施工周期较长,而且悬臂浇筑的混凝土加载龄期短,混凝土收缩和徐变影响较大。

梁体一般要分为四部分浇筑,如图 5-3-36 所示。A 为墩顶梁段(又称 0 号块),B 为由 0 号块两侧对称分段悬臂浇筑部分,C 为边孔在支架上浇筑部分,D 为主梁在跨中合龙段。主梁各部分的长度视主梁形式和跨径、挂篮的形式及施工周期而定。0 号块一般为 5～10m,悬臂浇筑分段一般为 3～5m,支架现浇段一般为 2～3 个悬臂浇筑分段长度,合龙段一般为 1～3m。

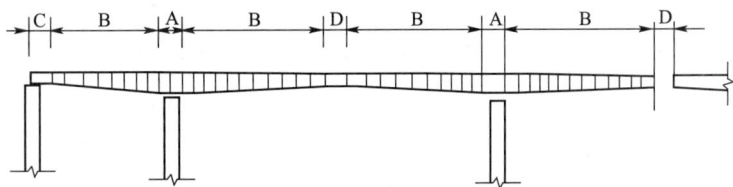

图 5-3-36　悬臂浇筑分段示意图

悬臂浇筑中各独立 T 构的梁体处于负弯矩受力状态,随着各 T 构的依次合龙,梁体也依次转化为成桥状态的正负弯矩交替分布形式,这一转化就是连续梁的体系转换。因此,连续梁悬臂浇筑施工的过程就是其应力体系转换的过程,也就是悬臂浇筑时实行支座临时固结、各 T 构的合龙、固结的适时解除、预应力的分配以及分批依次张拉的过程。

2)悬臂梁段 0 号块施工

采用悬臂浇筑法施工时,墩顶 0 号块梁段采用在托架上立模现浇,并在施工过程中设置临时梁墩锚固、使 0 号块梁段能承受两侧悬臂施工时产生的不平衡力矩。

施工托架有扇形、门式等形式,托架可采用万能杆件、贝雷梁、型钢等构件拼装,也可采用钢筋混凝土构件作临时支撑。

托架总长度视拼装挂篮的需要而决定。横桥自托架宽度要考虑箱梁外侧主模的要求。托架顶面应与箱梁底面纵向线形一致。

扇形和门式施工托架如图 5-3-37 所示。

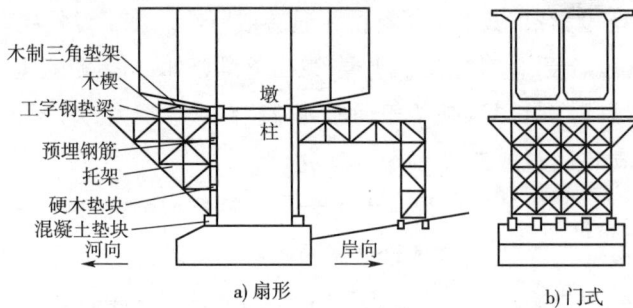

图 5-3-37　扇形和门式施工托架示意图

3)施工挂篮

挂篮是一个能沿梁顶滑动或滚动的承重构架,其锚固悬挂在已施工的前端梁段上,在挂篮上可进行下一梁段的模板、钢筋、管道的安设,混凝土灌注和预应力张拉、压浆诸作业。完成一个节段的循环后,挂篮即可前移并固定,进行下一节段的悬臂浇筑,如此循环,直至悬臂浇筑完成。

挂篮按构造形式可分为桁架式(包括平弦无平衡重式、菱形、弓弦式等,见图 5-3-38)、斜拉式(见图 5-3-39)、型钢式及组合式(见图 5-3-40)四种。

4)悬臂浇筑梁段混凝土

当挂篮就位后,即可在上面进行梁段悬臂浇筑施工的各项作业,其施工工艺流程如图 5-3-41 所示。

挂篮就位后,安装并校正模板吊架,此时应对浇筑预留梁段混凝土进行抛高,以使施工完成的桥梁符合设计高程。抛高值包括施工期结构挠度,因挂篮重力和临时支承释放时支座产生的压缩变形等。

模板安装应核准中心位置及高程,模板与前一段混凝土面应平整密贴。如上一节段施工后出现中线或高程误差需要调整时,应在模板安装时予以调整。

安装预应力预留管道时,应与前一段预留管道接头严密对准,并用胶布包贴,防止灰浆渗入管道。管道四周应布置足够定位钢筋,确保预留管道位置正确、线形和顺。

浇筑混凝土时,可以从前端开始,应尽量对称平衡浇筑。浇筑时应加强振捣,并注意对预应力预留管道的保护。

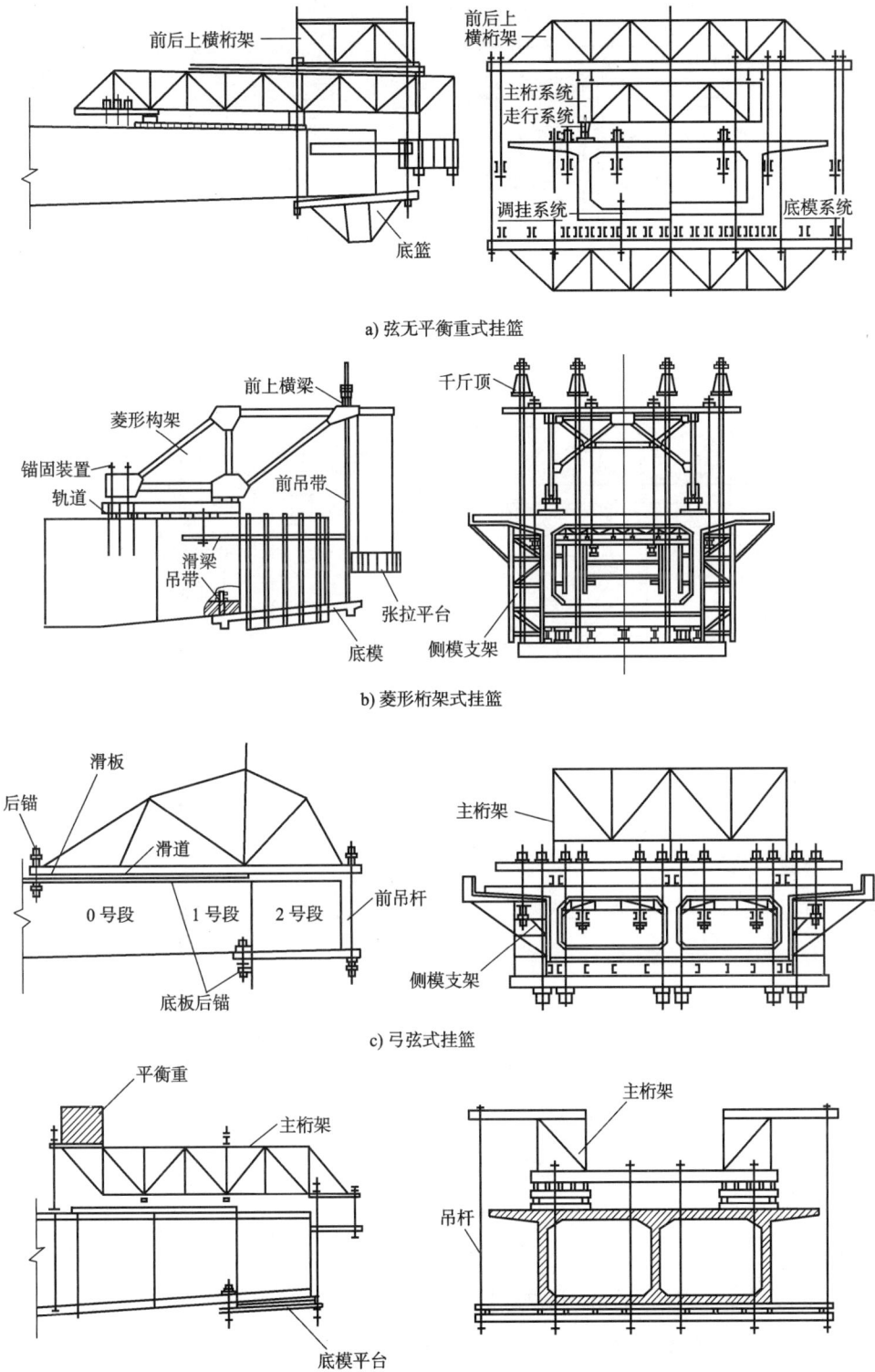

a) 弦无平衡重式挂篮

b) 菱形桁架式挂篮

c) 弓弦式挂篮

d) 平行桁架式挂篮

图 5-3-38　桁架式挂篮

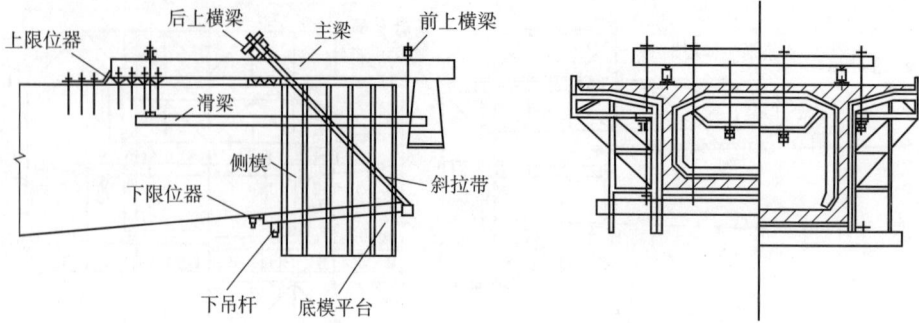

图 5-3-39　斜拉式挂篮

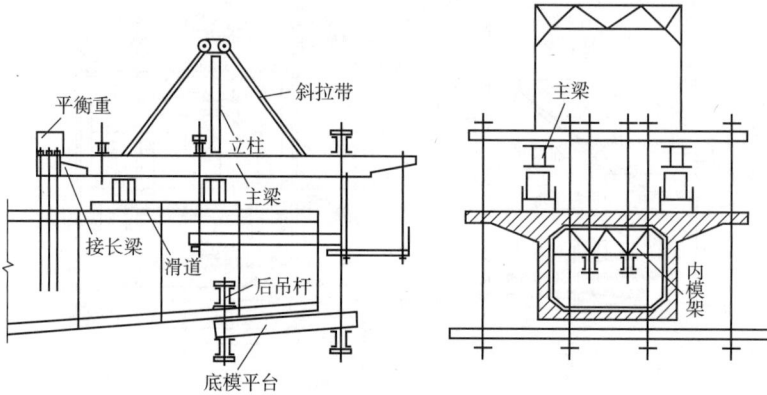

图 5-3-40　三角形组合梁式篮

为提高混凝土早期强度,以加快施工速度,在设计混凝土配合比时,一般加入早强剂或减水剂。混凝土梁段浇筑一般 5~7 天为一个周期。为防止混凝土出现过大的收缩、徐变,应在配合比设计时按规范要求控制水泥用量。

梁段拆模后,应对梁端的混凝土表面进行凿毛处理,以加强接头混凝土的连接。

5)合龙段施工

合龙段施工时通常由两个挂篮向一个挂篮过渡,所以先拆除一个挂篮,用另一个挂篮走行跨过合龙段至另一端悬臂施工梁段上,形成合龙段施工支架。也可采用吊架的形式形成支架。

在合龙段施工过程中,由于昼夜温差影响,现浇混凝土的早期收缩、水化热影响,已完成梁段混凝土的收缩、徐变影响,结构体系的转换及施工荷载等因素影响,因此,需采取必要措施,以保证合龙段的质量。

(1)合龙段长度选择。合龙段长度在满足施工操作要求的前提下,应尽量缩短,一般采用1.5~2.0m。

(2)合龙段混凝土选择。混凝土中宜加入减水剂、早强剂,以便及早达到设计要求强度,及时张拉预应力束筋,防止合龙段混凝土出现裂缝。

(3)合龙温度选择。一般宜在低温合龙,遇夏季应在晚上合龙,并用草袋等覆盖,并加强接头混凝土养护,使混凝土早期结硬过程中处于升温受压状态。

（4）合龙段采用临时锁定措施,采用劲性型钢或预制的混凝土柱安装在合龙段上下部作支撑,然后张拉部分预应力束筋,待合龙段混凝土达到要求强度后,张拉其余预应力束筋,最后再拆除临时锁定装置。

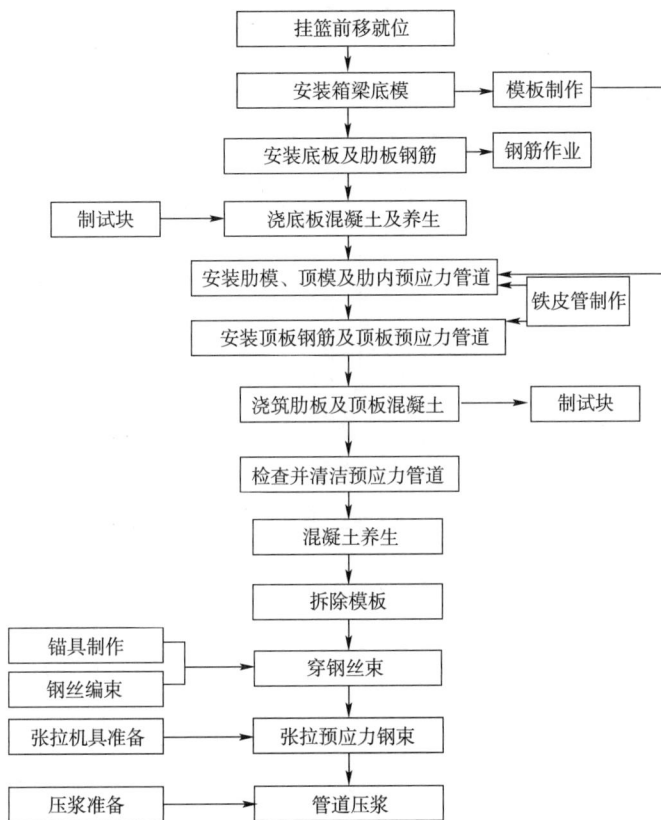

图 5-3-41 悬臂浇筑施工工艺流程图

为方便施工,也可将劲性骨架作预应力束筋的预留管道打入合龙混凝土内,将劲性钢管安装在截面顶板和底板管道位置,钢管长度可用螺纹套管调节,两端支承在梁段混凝土端面上,并在部分管道内张拉预应力筋,待合龙段混凝土达强度要求后,再张拉其余预应力束筋。也可在合龙段配置加强钢筋或劲性管架。

学习情境 3.6 桥面系及附属工程施工

桥面系包括桥面铺装层、伸缩缝装置、桥面连续、泄水管、桥面防水、桥面防护设施(防撞护栏或人行道栏杆、灯柱)、桥台搭板等。桥面是桥梁服务车辆、行人、实现其功能的最直接部分,其施工质量不仅影响桥梁的外形美观,而且关系到桥梁的使用寿命、行车安全及舒适性,因而必须引起足够的重视。

桥面系施工工艺流程为梁间接缝施工(装配式梁桥)→安装泄水管→防撞墙施工→防水层铺设→桥面铺装施工→伸缩缝安装→预制与安装栏杆→预制与铺设人行道板。

桥面施工

235

3.6.1 梁间接缝施工

装配式简支梁桥的梁间接缝,是保证桥梁上部形成整体结构、满足设计受力模式、实现荷载横向分布的重要构造,施工要按设计及规范要求进行,保证工程质量。

1)简支板桥铰接缝施工

简支板桥纵向铰接缝如图 5-3-42 所示,企口铰接形状由空心板预制时形成,相邻两块板底部紧密接触,形成铰接缝混凝土底模,铰接缝钢筋 N10 和 N11 在梁板预制时紧贴着模板向上竖起,浇筑混凝土前将其扳平,焊接或绑扎牢固。用水将缝内冲洗干净并使其充分湿润。

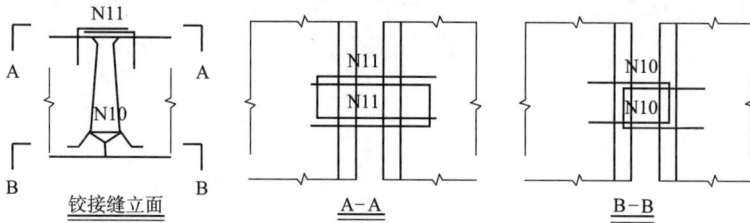

图 5-3-42　简支板桥纵向铰接缝构造

拌制混凝土时,应严格控制集料粒径和拌和物的和易性,浇筑中用人工插捣器捣实。此项混凝土施工一般与桥面混凝土铺装层同时进行。

2)简支梁桥梁间接缝施工

常用简支梁桥有 T 形梁和箱形梁,T 形梁的梁间接缝按梁体设计不同有干接缝和湿接缝两种,箱形梁梁间接缝通常采用湿接缝。

(1)湿接缝

湿接缝就是通过现浇接缝混凝土将各梁连成整体。无论是 T 形梁还是箱梁,其构造均相同,都是把翼板和横隔板用现浇相连。

图 5-3-43　湿接缝施工示意图

翼板接缝混凝土施工的方法为先分段吊装模板,再现浇混凝土。如图 5-3-43 所示,吊装模板时,由底梁支撑着模板,其重力靠连接螺杆传递给支承横木,而横木支承在两边的翼缘板上。施工时先用螺杆把底梁与支承横木相连,再在底梁上钉设模板,钉好后上紧连接螺杆上的螺栓,使模板固定牢靠。拆模时松开连接螺杆上的螺栓,用绳子将底梁和模板徐徐放至桥下,以便回收利用。若为高空作业,桥下水流湍急,也可使用一次性模板,不再重复使用。

横隔板湿接缝施工难度较大,应在翼板接缝之前施工。端横隔板的施工较简单,工人可以站在墩台帽上立模浇筑接缝混凝土。中横隔板接缝施工则较为困难,若条件允许可在桥下设临时支架或用高空作业车将工人送至预定高度立模浇筑。若桥下有水,则应设法从桥面向下悬吊施工,不仅模板要有悬吊设施,人员也要系安全带从桥面悬吊下去施工,要特别注意施工安全。

桥梁横向连接

（2）干接缝

干接缝用钢板或螺栓连接将相邻两片梁翼板和横隔板焊接起来形成横向连系的方法。

3）先简支后连续梁桥的梁端接缝施工

先简支后连续的连续梁桥，在墩顶处的连续有单支座和双支座两种方法，施工工艺和体系转换方法有所不同。

（1）单排支座先简支后连续梁桥

这种连续梁桥建成后，在墩顶连续处只有一排支座，内力分布效果好，负弯矩峰值较高，能大幅削减跨中正弯矩，使内力分布均衡，但施工方法较为麻烦，且连续处要设置顶部预应力钢筋，施工示意如图5-3-44所示。

简支变连续施工

预制顶梁时，在梁端顶板上预留预应力孔道，并预设齿板，预留工作人孔，凡连续一端均不做封锚端，将顶板、底板、腹板普通钢筋伸出梁端，架梁时先设置两排临时支座，使梁呈简支状态。临时支座用硫黄和电热丝制作，既要保证强度，又能在通电加热后熔化。

梁架好后，在墩顶设计位置安放永久性支座及垫石，布置模板，将设计要求的普通钢筋焊接相连，并布设箍筋。在顶部布设与原梁体预留孔道相对应的预应力筋孔道，现浇连接混凝土养生至强度达到90%后拆除模板，自顶板入孔进入穿丝张拉预应力钢筋，并予以锚固。然后给临时支座通电使其受热软化，从而使永久支座发挥作用，实现体系转化。拆除临时支座，现浇混凝土封闭入孔即完成连续化施工。

（2）双排支座先简支后连续梁桥

该类连续梁受力接近于简支梁，但由于施工简单，体系转化方便，被广泛采用。施工示意如图5-3-45所示。

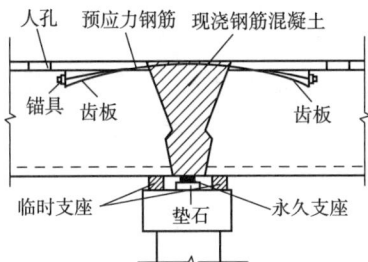

图5-3-44　单支座先简支后连续梁桥施工示意图　　　图5-3-45　双支座先简支后连续梁桥施工示意图

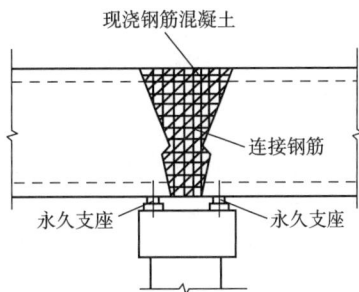

预制梁时，连续一端的梁端不进行封端处理，将顶板、腹板、底板普通钢筋外伸，架梁前一次性将两排永久性支座安放牢固，梁架设就位后在梁端底部和两边梁外侧安放模板，中间以端横梁为模，将两梁端外留钢筋焊接相连，注意使搭接长度和位置满足规范要求，然后现浇与梁体相同强度等级的混凝土，养生达到要求后即实现体系转化，完成连续化施工。

这种方法不用更换支座，也不在梁顶施加预应力，故简单实用。但应注意，由于连接处墩顶有负弯矩，又没有施加预应力，必然会产生正常裂缝，为防止桥面水从缝中渗入锈蚀钢筋，需在梁顶前后各4m范围内设置防水层。

4)桥面连续施工

(1)桥面连续的优点

为了减少桥面伸缩缝数量,保证行车安全平顺,目前简支梁桥多采用"简支梁桥桥面连续"的做法,即在相邻两跨简支梁桥之间不设置专门的伸缩装置,而是将桥面铺装连为一体,既保留了原简支梁的特点,又能保证行车的平稳、舒适,发挥连续梁桥的优越性。

(2)桥面连续的做法

对于简支板桥面而言,桥面连续是在桥面铺装混凝土中设置连续钢筋网,钢筋网跨越相邻两梁板端接缝一定距离,并在接缝处垫铺塑料膜和设置假缝,将桥面混凝土铺装层在一定范围内与板端隔开,使梁端处的变形由这一整段铺装层来承担,从而减少混凝土铺装层中的拉应力。

对于肋板式简支梁桥而言,首先是把梁端头处的桥面板用钢筋连起来,连接钢筋在一定长度范围内用玻璃丝布和聚乙烯胶等包裹,使其与现浇混凝土隔开,达到"无黏结"的目的,梁端之间的变形由这段范围内的分布钢筋来承担,另外在桥面铺装混凝土中设置钢筋网,使整个桥面铺装形成连续构造。

桥面连续的道数及联跨长度根据当地气温和桥梁跨径由设计部门计算确定。

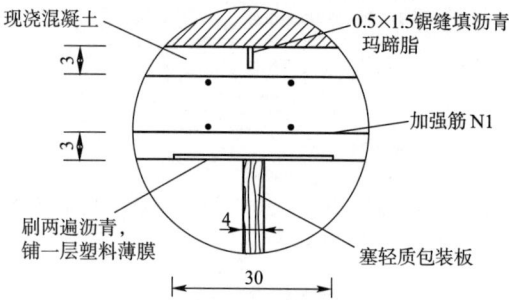

图 5-3-46 某简支梁桥桥面连续大样示意图
(尺寸单位:cm)

图 5-3-46 为某简支梁桥桥面连续大样示意图。

该桥面连续与桥面铺装层混凝土同时施工,按交通部有关规定,桥面钢筋网采用 $\phi12$ 钢筋,间距 15cm×15cm,靠顶层布设,至混凝土顶面净保护层 1.5cm。桥面连续处为保证梁体伸缩应力能通过连续部位传递,在桥面铺装层顶层部位增加一层纵向连接钢筋,一般选用 $\phi8$ 钢筋,间距 5cm,在底层还要增设分布钢筋和连接筋,同样为 $\phi8$ 钢筋,间距 5cm。浇筑混凝土之前用轻质包装板将梁端缝隙填塞密实,既保证上部现浇混凝土不致落下,又能使梁自由伸缩。混凝土强度形成后在连续顶部梁间接缝正中心位置锯以 1.5cm 深的假缝,用沥青玛蹄脂填实,保证桥面在温度下降时不产生任意裂缝。

3.6.2 防水层施工

防水层施工有防水卷材和防水涂料两种做法。

1)防水卷材防水层的施工

防水卷材防水层的施工,包括垫层、隔水层及保护层三部分。

(1)垫层

垫层根据桥面横坡做成三角形。当厚度超过 5cm 时,宜用小石料混凝土铺筑;厚度在 5cm 以下时,可用 1:3 或 1:4 水泥砂浆抹平。水泥砂浆厚度不宜小于 2cm,垫层表面须抹平、压实,不得有毛刺。

（2）隔水层

隔水层可采用1～2层防水卷材及1～3层胶黏剂（防水卷材可用石油沥青油毡、玻璃纤维防水布或无纺布，见图5-3-47），在混凝土垫层养护6～8天后，使混凝土表面干燥即可涂刷胶黏剂。涂刷胶黏剂时，应在不低于5℃下进行，各种卷材接头搭接不少于10cm。

（3）保护层

在防水卷材上面，铺筑一层混凝土或钢筋混凝土，以作为隔水层的保护层，该层铺筑时，应与桥梁高程及横纵坡的设计要求相符，表面必须平整、毛糙。

2）防水涂料防水层的施工

面层混凝土养护达到设计要求强度后，用钢丝刷将表面浮浆及油污刷去，再用高压水冲洗桥面，待桥面干燥后，于面层上刷一层防水涂料，以此作为桥面。见图5-3-48。

图5-3-47　桥面防水卷材铺设

图5-3-48　桥面防水涂料施工

（1）防水涂料应在气温10℃以上配制，须使涂料有合适的稠度与黏结强度。

（2）防水涂料组成按使用要求配制，搅拌时不得加水，并采用机械方法搅拌。

（3）防水涂料要随配随用，配好的涂料在45min内用完，并在使用过程中不断搅拌以防沉淀。

（4）防水涂料涂刷均匀，不得漏刷，一边涂刷一边铺贴防水卷材，防水涂料涂刷厚度为2mm。

3.6.3　桥面铺装层施工

桥面铺装层的作用是实现桥梁的整体化，使各片主梁共同受力，同时为行车提供平整舒适的行车道面。高等级公路及二、三级公路的桥面铺装层一般为两层，上层为4～8cm沥青混凝土，下层为8～10cm钢筋混凝土。钢筋混凝土增加桥梁的整体性，沥青混凝土提高行车的舒适性，同时能减轻车辆对桥梁的冲击和振动。四级公路或个别三级公路为减少工程造价，直接采用水泥混凝土桥面，也有三级公路在水泥混凝土桥面上铺设一层沥青碎石或沥青表处的做法，所以其结构形式应根据公路等级、交通量大小和荷载等级设计确定，现就钢筋混凝土和沥青混凝土铺装层分别介绍。

1）钢筋混凝土铺装层施工

（1）梁顶高程的测定和调整

预应力混凝土空心板或梁在预制后存梁期间由于预应力的作用，往往会产生反拱，如果反拱过大就会影响到桥面铺装层的施工,因此设计中对存梁时间、存梁方法都做了一定要求。

如果架梁前已发现反拱过大,则应采取降低墩顶高程、减少垫石厚度等方法,保证铺装层厚度。架梁后对梁顶高程进行测量,测定各跨中线、边线的跨中和墩顶处的高程,分析评价其是否满足规范要求,若偏差过大,则应采取调整桥面高程、改变引线纵坡等方法,以保证铺装层厚度,使桥梁上部结构形成整体。

(2)梁顶处理

为了使现浇混凝土铺装层与梁、板结合成整体,预制梁板时对其顶面进行拉毛处理,有些设计中要求梁顶每隔50cm设一条1～1.5cm深齿槽。浇筑前要用清水冲洗梁顶,不能留有灰尘、油渍、污渍等,并使板顶充分湿润。

(3)绑扎布设桥面钢筋网

按设计文件要求,下料制作钢筋网,用混凝土垫块将钢筋网垫起。满足钢筋设计位置及混凝土净保护层的要求,若为低等级公路桥梁,用铺装层厚度调整桥面横坡,横向分布钢筋要做相应弯折,与桥面横坡一致。在两跨连接处,若为桥面连续,应同时布设桥面连续的构造钢筋,若为伸缩缝,要注意做好伸缩缝的预埋钢筋。

(4)混凝土浇筑

对板顶处理情况、钢筋网布设进行检查,满足设计和规范要求后,即可浇筑混凝土,若设计为防水混凝土,其配合比及施工工艺应满足规范要求。浇筑时由桥一端向另一端推进,连续施工,防止产生施工缝,用平板式振动器振捣,确保振捣密实。施工结束后注意养护,高温季节应采用草帘覆盖,并定时洒水养生,在桥两端设置隔离设施,防止施工或地方车辆通行,影响混凝土强度。待混凝土强度形成后,方能开放交通或铺筑上层沥青混凝土。

2)沥青混凝土铺装层施工

桥面沥青混凝土与同等级公路沥青混凝土路面的材料、工艺、施工方法相同,一般与路面同时施工。采用拌和厂集中拌和,现场机械摊铺,沥青材料及混合料的各项指标应符合设计和施工规范要求。沥青混合料每日应做抽提试验(包括马歇尔稳定度试验),严格控制各种矿料和沥青用量及各种材料和沥青混合料的加热温度,用压路机进行碾压成形,碾压温度要符合要求。

沥青混凝土桥面铺装前应对桥面进行检查,桥面应平整、粗糙、干燥、整洁。

沥青混凝土的配合比设计、铺筑、碾压等施工程序,应符合现行公路、铁路沥青路面施工技术规范的有关规定。

为防止沥青混凝土中的石子损坏隔水层,宜在隔水层上先铺一层沥青砂作保护层。

桥面沥青铺装宜采用双层式,底层采用高温稳定性较好的中粒式、热拌密实型沥青混合料,表层采用防滑面层,总厚度宜在6～10cm,表层厚度不宜小于2.5cm。

沥青混凝土桥面施工宜采用轮胎压路机(见图5-3-49)和钢轮压路机(见图5-3-50)配合作业。

注意铺装后桥面泄水孔的进水口应略低于桥面面层,保证排水顺畅。

图 5-3-49　轮胎压路机

图 5-3-50　钢轮压路机

3.6.4　伸缩缝安装

常规伸缩缝装置的安装形式示意如图 5-3-51 所示。

图 5-3-52 为暗缝式伸缩缝装置结构示意图,该装置一般用于伸缩量较小的小桥,其上结构多为板式结构,在板上面还设有约 10cm 厚的整体化桥面混凝土。

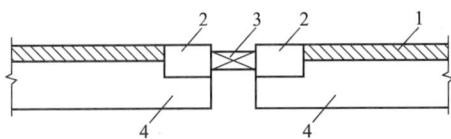

图 5-3-51　常规伸缩缝装置的安装形式示意图

1-桥面铺装;2-伸缩缝装置的锚固系统;3-伸缩缝装置的伸缩体;4-梁(板)体

图 5-3-52　暗缝式伸缩缝结构示意图

1-桥面铺装;2-桥面整体化混凝土;3-伸缩体;

4-梁(板)体;5-锯缝

用砂袋填充梁板预留槽

连续铺筑桥面铺装

用切割机切除桥面铺装

清除桥面铺装及砂袋

清理预留槽并整理预埋钢筋

将伸缩缝装置整体放入预留槽内并用定位支架控制好高程

将伸缩缝装置的锚固钢筋与梁体内的预埋钢筋牢固焊接在一起

浇筑伸缩缝装置连接部分的混凝土

待连接部分的混凝土初凝后拆除定位支架

结束

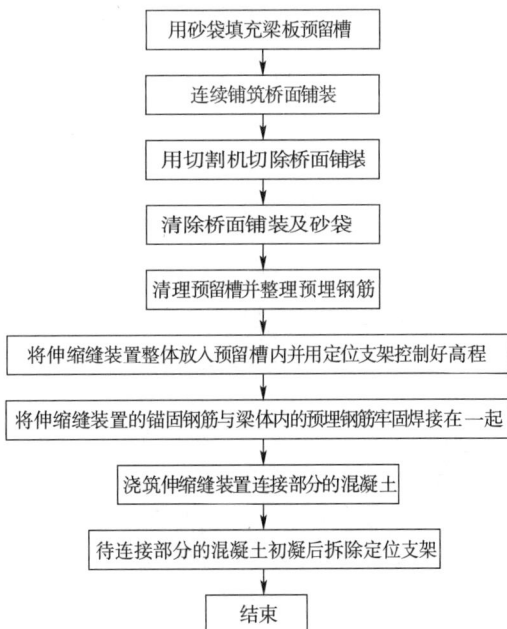

图 5-3-53　常规伸缩缝装置施工框图

根据调查,桥梁伸缩缝装置破坏的原因多数与锚固系统有关,锚固系统薄弱,本身就容易破坏;锚固系统范围内的高程控制不严,容易造成跳车;车辆的反复冲击,会导致伸缩缝装置过早破坏。因此,除了严格按照伸缩缝装置安装的施工程序和方法施工,还应严格把握伸缩缝锚固系统的施工质量。

常规伸缩缝装置施工框图如图 5-3-53 所示。图 5-3-54 为伸缩缝施工现场。暗缝式伸缩缝装置施工框图如图 5-3-55 所示。

图 5-3-54　伸缩缝施工现场

```
        ┌─────────────────────────────────────────────────┐
        │ 在接缝缝隙处放置适当厚度的聚乙烯塑料泡沫板        │
        └─────────────────────────────────────────────────┘
    混凝土桥面                          │
    ┌───────────────────────────┐      ▼
    │                     ┌──────────────────────┐
    │                     │  浇筑桥面整体化混凝土  │
    │                     └──────────────────────┘
┌─────────────────────────────────┐
│ 同时浇筑桥面整体化混凝土及桥面铺装混凝土 │
└─────────────────────────────────┘
    │                                  │
    │                                  ▼
    │        ┌─────────────────────────────────────────┐
    └────────│ 根据需要将接缝缝隙处的塑料泡沫板切除一定的深度 │
             └─────────────────────────────────────────┘
                              │
                              ▼
                  ┌──────────────────────┐
                  │  安装伸缩缝装置的伸缩体  │
                  └──────────────────────┘
     混凝土桥面              │
    ┌──────────────┐        ▼
    │          ┌──────────────────────┐
    │          │  铺筑沥青混凝土桥面铺装  │
    │          └──────────────────────┘
    │                    │
    │                    ▼
    │               ┌──────────┐
    │               │   切缝    │
    │               └──────────┘
    │                    │
    │                    ▼
    │               ┌──────────┐
    └───────────────│   结束    │
                    └──────────┘
```

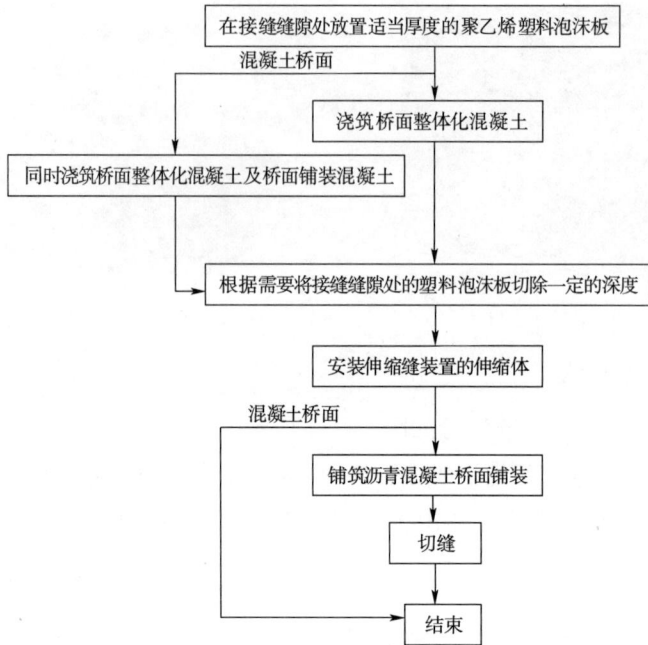

图 5-3-55　暗缝式伸缩缝装置施工框图

小　　结

　　混凝土简支梁桥跨径较小时采用钢筋混凝土梁或板的形式,跨径较大时采用预应力混凝土。其施工方法有两类:一类是整体就地浇筑;另一类是在预制工厂或工地的预制场采用先张法或后张法预制,再运至现场安装就位。

　　所谓整体就地浇筑施工,就是在桥孔位置搭设支架,并在支架上安装模板,绑扎及安装钢筋骨架,并在现场浇筑混凝土和施加预应力的施工方法。

　　先张法的施工工艺是在浇筑混凝土前张拉预应力筋,将其临时锚固在张拉台座上,然后立模浇筑混凝土,待混凝土达到规定强度和弹性模量(不得低于设计值得80%)时,逐渐将预应力筋放松,这样就因预应力筋的弹性回缩通过其与混凝土之间的黏结作用,使混凝土获得预压应力。

　　后张法的施工工艺是先浇筑留有预应力筋孔道的梁体,待混凝土达到规定强度后,再在孔道内穿入预应力筋进行张拉(有时预留孔道内已事先埋束,待梁体混凝土达到规定强度后,再进行预应力筋张拉锚固),最后进行孔道压浆并浇筑梁端封锚混凝土。

　　预制混凝土简支梁的安装,包括起吊、纵移、横移、落梁等工序。可根据梁的质量和跨度采用自行式吊机、跨墩龙门架、架桥机等方式架设。

　　混凝土连续梁桥可以采用就地浇筑施工、悬臂施工、逐孔施工、顶推施工等方法。

　　无论简支梁桥还是连续梁桥,上部结构主体完成后,都要进行桥面系及附属工程施工。

【知识拓展】真空辅助压浆工艺

　　真空辅助压浆工艺是近几年发展起来的一种预应力孔道压浆新技术,并很快在桥梁工程中广泛采用。适合线形复杂的长预应力束孔道压浆。

1. 概念

真空辅助压浆是指将预应力孔道密封,一端用真空机将孔道内 80% 的空气抽出,并保证孔道真空度维持在 80% 左右,同时在另一端压入专用水泥浆,当水泥浆从抽真空端流出且稠度与压浆端基本相同,再经两端排气(排水及微沫浆)、保压程序,从而保证孔道内水泥浆体饱满。

2. 优点

真空辅助压浆工艺能有效地保证灌浆的密实度,提高压浆饱满度,加强混凝土与预应力筋的黏结,从而有效地防止预应力筋的腐蚀,提高结构的耐久性。

3. 操作步骤

(1)按图 5-3-56 组装好真空设备及压浆设备,清除孔道内的水和杂物。

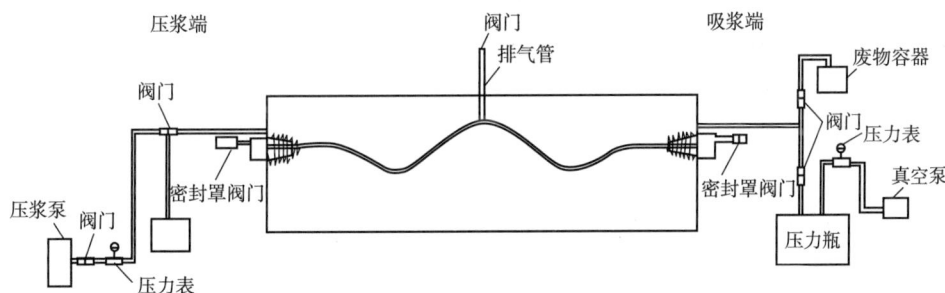

图 5-3-56　真空辅助压浆系统装置示意图

(2)打开真空泵阀门,关闭其他阀门,开启真空泵孔道内空气,使孔道内真空度降至 −0.08MPa 以下。

(3)在负压力下,打开压浆端阀门,压浆泵将浆体压入孔道(压浆管内的水和空气已提前排除),直到从真空端观察到浆体流出。此时,关闭真空泵的阀门,打开废物阀门,直到排浆管出浓浆后,即可关闭废物容器阀门。

(4)打开密封罩阀门,继续压浆,直至密封罩处流浓浆,然后关闭密封罩阀门。

(5)打开排气孔,继续压浆至排气孔冒浓浆,关闭排气孔阀门。

(6)压浆泵加压至 0.5MPa 并稳压 2min,然后关闭进浆口阀门。

4. 特殊要求

(1)水泥浆中应添加专用外加剂,水灰比、泌水率均较低,缓凝性能好,自由膨胀率低。

(2)应采用专用的制浆设备,如高速灰浆搅拌机。

(3)采用密封罩封锚,如图 5-3-57 所示,而不是普通的水泥砂浆封锚。密封罩作为工具罩使用,在浆体初凝后拆除。

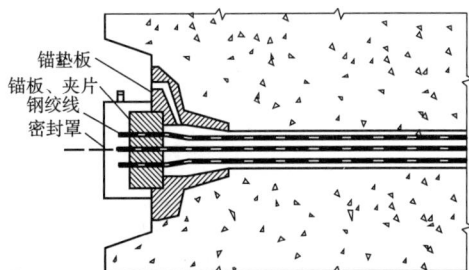

图 5-3-57　密封罩封锚示意图

【学习效果评价】

综合题

1. 就地浇筑施工的特点是什么?

2. 就地浇筑施工常用的支架类型有哪些?

3. 模板和支架在拆除时有哪些注意事项?

4. 简述先张法预应力混凝土梁的施工工艺流程。

5. 简述先张法预应力混凝土梁的张拉程序。

6. 出现滑丝或断丝时,应采取哪些措施?

7. 简述孔道压浆的目的、压浆工艺。

8. 桥面系施工包括哪些内容?

9. 装配式混凝土简支梁的架设方法有哪些?

10. 装配式混凝土简支梁、板横向联结方式有哪几种?

单元6 拱 桥

摘要:本单元主要介绍拱桥的构造与施工相关基本知识,使学生掌握拱桥基本特征和构造特点,熟悉其常用施工方法。

素质目标:通过典型拱桥施工案例,引导学生在桥梁建设过程中(工作中)要有勇于探索的科技创新精神;引导学生将个人梦融入中国梦,刻苦读书、认真做事,将来报效祖国、奉献社会,勇于投身国家基础设施建设的一线,以拼搏奉献成就出彩人生。

学习项目1 拱 桥 构 造

学习目标:熟悉拱桥的各种结构形式,掌握简单体系拱桥的构造组成。

能力目标:能够正确分析拱桥的组成,判断结构类型。

学习指导:学习中应认真研读、深入理解教材,与梁式桥对比学习拱桥构造;生活中注意观察,积累经验。

引言

拱桥在我国公路上使用很广泛。地基条件好的山区,可就地取材,因地制宜发挥拱桥自身优势,城市和风景区有时侧重美学要求而选用拱桥,在 80～200m 较大跨径桥梁的竞争方案中,拱桥方案也是颇有竞争力的。

拱桥与梁桥的区别,不仅在于外形不同,更重要的是两者受力性能有差别。梁式结构在竖向荷载作用下,支承处仅仅产生竖向支承反力,而拱式结构在竖向荷载作用下,支承处不仅产生竖向反力,而且还产生水平推力。由于这个水平推力的存在,拱的弯矩将比相同跨径的梁的弯矩小很多,从而使整个拱主要承受压力。

拱桥不仅可以利用钢、钢筋混凝土等材料来修建,而且还可以根据拱的受力特点,充分利用抗压性能较好而抗拉性能较差的圬工材料(如石料、混凝土等)来修建。这种由圬工材料修建的拱桥又称为圬工拱桥。

古代的赵州桥(见图1-1-3),当代的上海卢浦大桥、重庆万州长江大桥(见图1-1-15)等都是我国著名的拱桥。

学习情境1.1 拱桥组成及建筑类型

1.1.1 拱桥的组成

拱桥同其他桥梁一样,也是由上部结构 (桥跨结构)及下部结构两大部分组成。

图 6-1-1 为拱桥的主要组成。

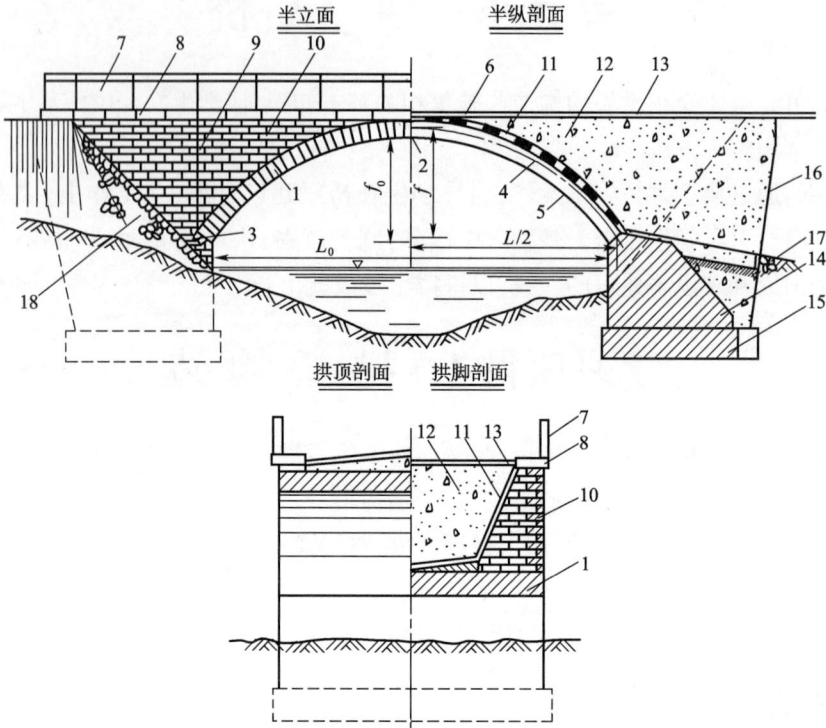

图 6-1-1 拱桥的主要组成

1-拱圈;2-拱顶;3-拱脚;4-拱轴线;5-拱腹;6-拱背;7-栏杆;8-路缘石;9-变形缝;10-拱上侧墙;11-防水层;12-拱腔填料;13-桥面防水层;14-桥墩;15-基础;16-侧墙;17-盲沟;18-锥坡;f-计算矢高;f_0-净矢高;L-计算跨径;L_0-净跨径

拱桥的桥跨结构是由拱圈及其上面的拱上建筑所构成。拱圈是拱桥的主要承重结构。由于拱圈是曲线形,一般情况下车辆都无法直接在弧面上行驶,所以在桥面系与拱圈之间需要有传递压力的构件或填充物,以使车辆能在平顺的桥道上行驶。桥面系和这些传力构件或填充物统称为拱上结构或拱上建筑。桥面系包括行车道、人行道及两侧的栏杆或砌筑的矮墙(又称雉墙)等构造。

拱桥的下部结构由桥墩、桥台及基础等组成,用以支承桥跨结构,将桥跨结构的荷载传至地基,并与两岸路堤相连接。对于拱脚处设铰的有铰拱桥,主拱圈与墩(台)帽间还设置了能传递荷载又允许结构变形的拱铰(图 6-1-1 中未示出)。

1.1.2 拱桥的主要类型

可以按照不同的方式将拱桥分为各种类型。

1)按照建桥材料分类

按照建桥材料(主要是针对主拱圈使用的材料)可以分为圬工拱桥(如赵州桥)、钢筋混凝土拱桥及钢拱桥等。

主跨达 552m 的重庆朝天门大桥(见图 6-1-2),是世界上最大跨径的钢拱桥。

2）按照拱上结构的形式分类

按照拱上结构的形式可以分为实腹式拱桥（见图 6-1-3）与空腹式拱桥（见图 1-1-3）。

图 6-1-2 重庆朝天门大桥

图 6-1-3 实腹式拱桥

3）按照主拱圈所采用的拱轴线形式分类

按照主拱圈所采用的各种拱轴线的形式，可将拱桥分为圆弧拱桥、抛物线拱桥或悬链线拱桥等。

4）按结构受力图式分类

按照主拱圈与行车系结构之间相互作用的性质和影响程度，可以把拱桥分为简单体系拱桥及组合体系拱桥两大类（见图 6-1-4）。

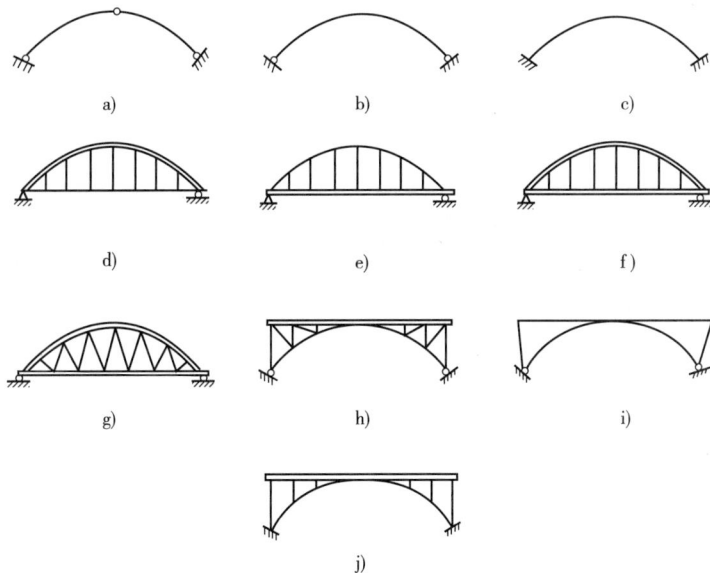

图 6-1-4 拱桥按结构受力图式的分类形式

（1）简单体系拱桥

在简单体系拱桥中，行车系结构（拱上结构或拱下悬吊结构）不参与主拱一起受力，主拱以裸拱的形式作为主要承重结构。

按照不同的静力图式，主拱圈又可以做成三铰拱、两铰拱或无铰拱。

三铰拱(见图6-1-4a)常常用来作为空腹式拱上建筑的腹拱。

两铰拱(见图6-1-4b)由于取消了跨中铰,使结构整体刚度较三铰拱大。在因地基条件较差而不宜修建无铰拱时,可考虑采用两铰拱。

无铰拱(见图6-1-4c)在实际中使用最广泛。无铰拱一般希望修建在地基良好的条件下。但随着跨径的增大,附加力的影响也相对地减小,因此钢筋混凝土无铰拱仍是大跨径桥梁的主要桥型之一。

(2)组合体系拱桥

组合式体系拱桥是将行车系结构与主拱按不同的构造方式构成一个整体,以共同承受荷载。

根据不同的组合方式和受力特点,组合式拱桥又分为无推力的和有推力的。

通常无推力拱使用较广泛,其常用形式根据拱肋和系杆的尺寸大小(吊杆仅受节点荷载,尺寸较小,只承受拉力)及布置形式可分为柔性系杆刚性拱(简称系杆拱,见图6-1-4d)、刚性系杆柔性拱(见图6-1-4e)、刚性系杆刚性拱(见图6-1-4f)及有斜吊杆的柔性系杆刚性拱桥(见图6-1-4g)。

有推力组合体系拱桥常用的形式有桁架拱(见图6-1-4h)、拱片桥(见图6-1-4i)及有刚性梁的柔性拱(见图6-1-4j)等。其中拱片桥是把桥梁所有部分组合起来构成一个整体拱片,下面是曲线形,上面是水平的,它的特点是没有其他形式拱桥那样明确的理论拱轴线,而且仅能用于上承式桥梁。由于各类组合式拱桥在经济上、施工上、使用上各具特点,故已得到广泛应用。

5)按主拱圈截面形式分类

拱桥的主拱圈,沿拱轴线可以做成等截面或变截面的形式。

所谓等截面拱,就是在沿桥跨方向主拱圈的横截面尺寸是相同的(见图6-1-5a)。等截面拱的构造简单,施工方便。

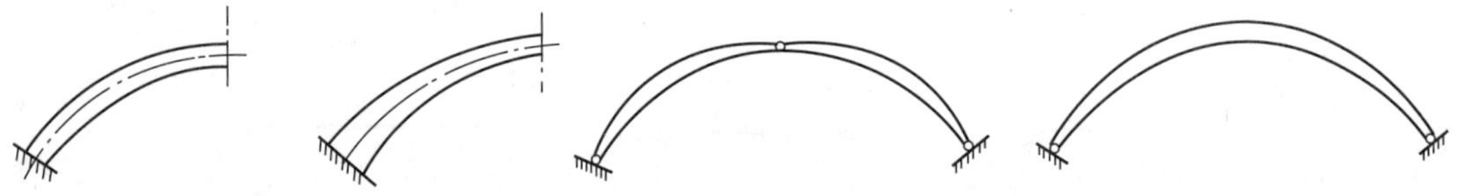

a)   b)   c)   d)

图6-1-5 主拱圈截面变化形式

变截面拱的主拱圈横截面,从拱顶到拱脚是逐渐变化的。如对于无铰拱,通常是采用由拱顶向拱脚逐渐增大的形式,见图6-1-5b)。

在三铰拱或两铰拱中,由于最大内力的截面位置分别在1/4跨径或跨中处,因此常采用图6-1-5c)或图6-1-5d)(又称镰刀形)的截面变化形式。

主拱圈横截面的形式是多种多样的,通常可采用下面几种基本类型(见图6-1-6)。

(1)板拱桥

板拱桥(见图6-1-6a)的主拱圈采用矩形实体截面,是圬工拱桥的基本形式。构造简单、施工方便,通常只在地基条件较好的中、小跨径圬工拱桥中采用。

(2)肋拱桥

在板拱桥的基础上,将板拱划分成两条(或多条),形成分离的、高度较大的拱肋,肋与肋间由横系梁相连。因此多用于较大跨径的拱桥(见图6-1-6b)。

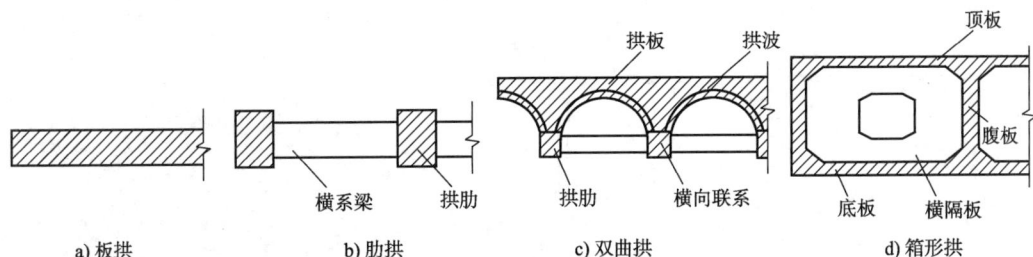

a)板拱   b)肋拱   c)双曲拱   d)箱形拱

图6-1-6 主拱圈横截面形式

拱肋可以采用混凝土、钢筋混凝土或钢材等建造,在盛产石料地区,也可以用石料修建拱肋。

(3)双曲拱桥

这种拱桥(见图6-1-6c)的主拱圈横截面是曲线形,是由一个或数个小拱组成的,由于主拱圈在纵向及横向均呈曲线,故称为双曲拱桥。

双曲拱桥在继承石拱桥传统的基础上,吸取了装配式钢筋混凝土结构的优点,由于这种截面的截面抵抗矩较相同材料用量的板拱大,因而可以节省材料。它的最主要特点是,将主拱圈以"化整为零"的方法按先后顺序进行施工,再以"集零为整"的方式组合成承重的整体结构。

双曲拱桥是20世纪六七十年代公路桥梁的主要桥型,但由于其整体性较弱,承载能力差,使用寿命短等原因目前已逐步被淘汰。

(4)箱形拱

箱形截面拱圈的拱桥(见图6-1-6d),外形与板拱相似,由于截面挖空,使箱形拱的截面抵抗矩较相同材料用量的板拱大很多,所以能节省材料,对于大跨径桥则效果更为显著。又由于它是闭口箱形截面,截面抗扭刚度大,横向整体性和结构稳定性均较双曲拱好,所以特别适用于无支架施工。但箱形截面施工制作较复杂,一般情况下,跨径在50m以上的拱桥采用箱形截面才是合适的。它是国内外大跨径钢筋混凝土拱桥主拱圈截面的基本形式。

学习情境1.2 主拱圈构造

板拱为矩形实体截面,构造简单,我们这里主要介绍肋拱圈和箱型拱圈构造。

1.2.1 肋拱

肋拱桥是由两条或多条分离的平行拱肋,以及在拱肋上设置的立柱和横梁支承的行车道部分组成(见图6-1-7)。

拱肋是肋拱桥的主要承重结构,通常是由混凝土或钢筋混凝土做成。拱肋的数目和间距以及拱肋的截面形式等,均应根据使用要求(跨径、桥宽等)、所用材料和经济性等条件综合比较选定。为了简化构造,宜选用较少的拱肋数量。同时,与其他形式拱桥一样,为了保证肋拱桥的横向整体稳定性,肋拱桥两侧的拱肋最外缘间的距离,一般也不应小于跨径的1/20。

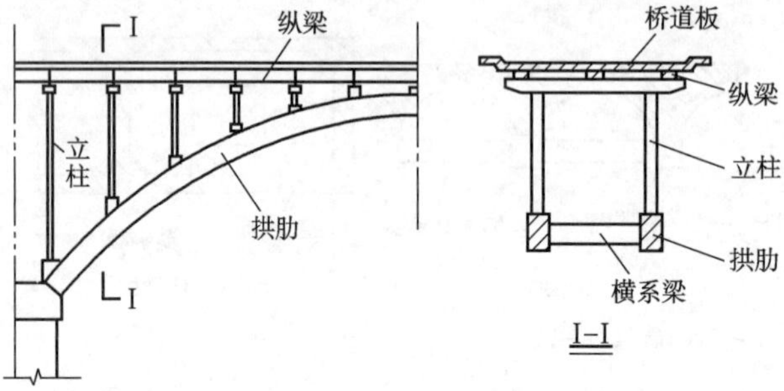

a)肋拱桥组成图 　　　　　　　　　　　　b)某肋拱桥

图 6-1-7　肋拱桥

拱肋的截面,在小跨径的肋拱桥中多采用矩形,见图 6-1-8a)。在较大跨径中,拱肋常做成工字形截面,见图 6-1-8b)。当肋拱桥的跨径大、桥面宽时,拱肋还可以采用箱形截面,这就可以减少更多的圬工体积。

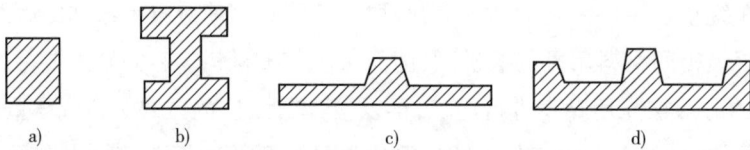

a)　　　　　b)　　　　　c)　　　　　　d)

图 6-1-8　肋拱桥的拱肋截面形式

在分离的拱肋间,需设置横系梁,以增强肋拱桥的横向整体稳定性。拱肋的钢筋配置按计算确定。横系梁一般可按构造要求配置钢筋,但不得少于四根(沿四周放置),并用箍筋连接。

钢筋混凝土肋拱桥与板拱桥相比,优点在于能较多地节省混凝土用量,减小拱体质量。相应的,桥墩、桥台的工程量也减少。同时随着恒载对拱肋内力的影响减小,活载影响相应增大,钢筋可以较好地承受拉应力,这样就能充分发挥建筑材料的作用。而且跨越能力也较大。它的缺点是比混凝土板拱用的钢筋数量多,施工较复杂。

肋拱桥的拱肋除一般采用钢筋混凝土结构以外,也能因地制宜、就地取材地采用石料砌筑拱肋。常用石肋拱截面形式有两种:一种是如图 6-1-8c)、d)所示的板肋组合形式,俗称板肋拱,它是在石板拱的基础上稍作改进而成的,不仅能增大截面抵抗矩,减小自重,节省圬工量,而且保持了石板拱施工简便的优点,适合于中小跨径石拱桥采用;另一种是分离式肋拱。

1.2.2　箱形拱

大跨径拱桥的主拱圈可以采用箱形截面。根据已建成的箱形拱桥的资料,箱形截面挖空率可达全截面的50%~70%。因此,与板拱相比,可以大量地减少圬工体积,减小质量,节省上、下部结构的造价。与双曲拱桥相比,在相同的截面积下,可增大截面抵抗矩,且抗扭刚度更大,因而截面经济、横向整体性强、稳定性好。而且它对于正负弯矩有几乎相等的截面抵抗矩,能够较好地适应拱桥不同截面正负弯矩变化的要求,充分利用材料。同时在无支架施工中,由于是薄壁箱形截面,吊装时构件的刚度大、稳定性好,操作安全。跨径在 50m 以上的大跨径拱桥宜采用箱形拱。

箱形拱的拱圈,可以由一个闭合箱(单室箱)或由几个闭合箱(多室箱)组成。每一个闭合箱又由箱壁(侧板)、顶板(盖板)、底板及横隔板组成(见图 6-1-9)。单室箱可以采用矩形(见图 6-1-10a)或工字箱形(见图 6-1-10b)等,它的构造简单,施工较方便,但一般只适宜于现浇的窄桥或作为肋拱桥的箱形拱肋。如我国已建成的箱肋单波拱(见图 6-1-10c),净跨径为 75m,矢跨比为 1/6,两条单室箱肋的净距为 5.10m。国内外的大跨径箱形拱或肋拱桥,主拱圈一般均采用多室箱(见图 6-1-10d)。

图 6-1-9 箱形拱闭合箱的构造

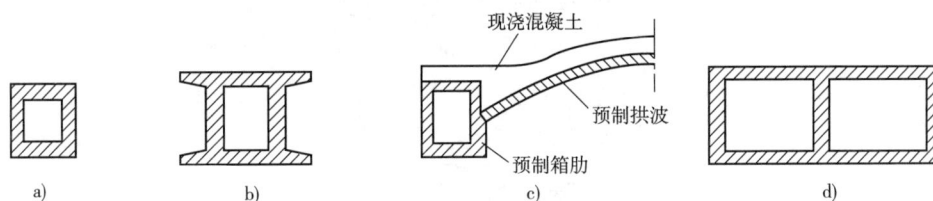

图 6-1-10 箱形拱的截面形式

箱形拱的构造与施工方法有密切的联系。修建箱形拱,可以采用预制拱箱无支架吊装或有支架现场浇筑等施工方法。若采用无支架施工时,拱箱可分段预制。当吊装能力很大时,可以采用封闭式拱箱,这样可以增加拱箱在施工过程中的整体稳定性,减少施工步骤。为了减小吊装质量或方便操作,拱箱往往不是一次预制成形,而是采用装配—整体式结构形式,分阶段施工,最后组拼成一个整体。

近年来,随着我国吊装能力的增大和施工水平的提高,在预制拱箱时可以进一步减薄腹板厚度,使中腹板减至 3~5cm,从而又减小了吊装质量,于是在大跨径箱形拱桥中又开始广泛采用封闭式拱箱,其施工步骤与上述装配—整体式拱箱结构相似,只是在施工预制场上将"凵"形开口箱与预制顶板组装成一个完整的闭合箱后再整体吊装,这对减少高空作业、加快施工进度、节省投资等都是有利的。

学习情境1.3 拱上建筑构造

拱上建筑可分为实腹式和空腹式两种。

由于实腹式拱上建筑的构造简单,施工方便,而填料的数量较多,恒载较重,一般情况下,小跨径拱桥多采用实腹式。大、中跨径拱桥多采用空腹式,以利于减小恒载,并使桥梁显得轻巧美观。

1.3.1 实腹式拱上建筑

实腹式拱上建筑由侧墙、拱腹填料、护拱以及变形缝、防水层、泄水管和桥面等部分组成(见图6-1-11)。

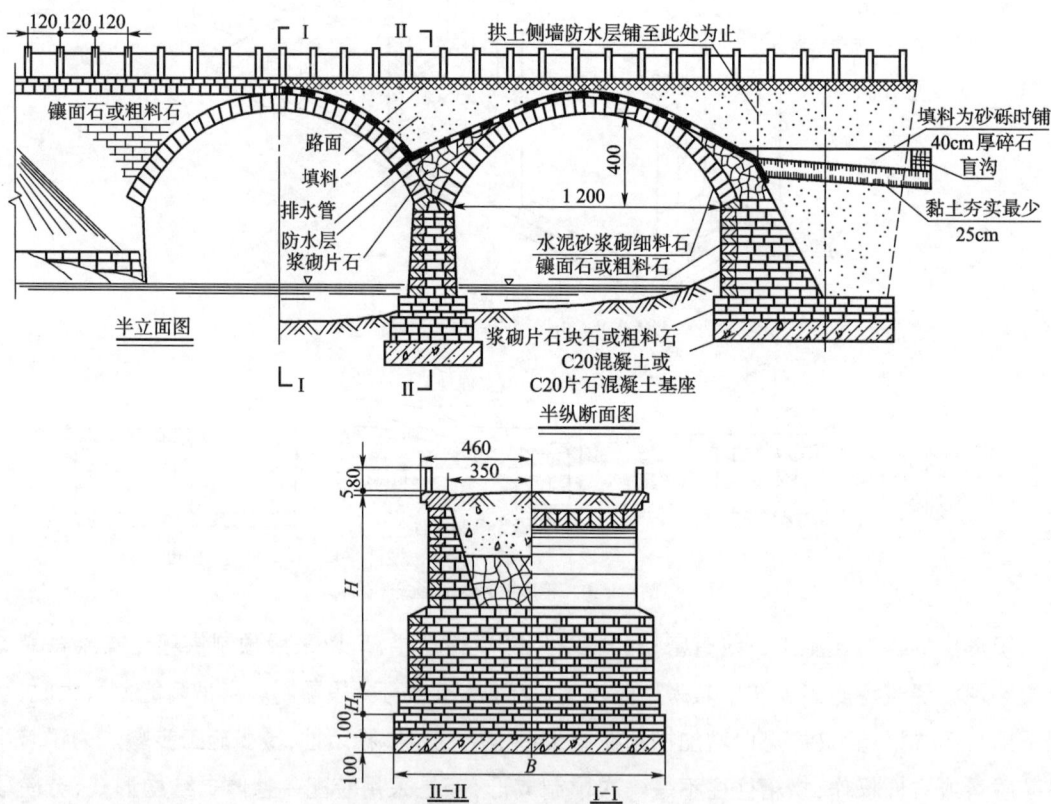

图6-1-11 实腹式拱桥构造图(尺寸单位:cm)

拱腹填料的做法可分为填充和砌筑两种方式。

填充的方式是在拱圈两侧砌筑侧墙,以承受拱腹填料及车辆荷载所产生的侧压力(推力)。

侧墙一般用块石或片石砌筑。为了美观,可用粗料石或细料石镶面。侧墙厚度一般按构造要求确定,其顶面宽 0.50 ~ 0.70m,向下逐渐增厚,墙脚厚度可以采用侧墙高度的 2/5。

特殊情况下,侧墙厚度应由计算确定。填充用的材料尽量做到就地取材,通常采用砾石、碎石、粗砂或卵石夹黏土并加以夯实。这些材料的透水性较好,成本较低,而且还能减小对侧墙的推力。在地质条件较差的地区,为了减小拱上建筑的质量,可以采用其他轻质材料(如炉渣、石灰、黏土等混合料)作填料。

当填充材料不易取得时,可改用砌筑的方式,也就是采用干砌圬工或浇筑贫混凝土作为拱腹填料。当用贫混凝土时,往往可以不另设侧墙,而在外露混凝土表面用砂浆饰面或设置镶面。

在多孔拱桥中,为了便于敷设防水层和排出积水,又设置了护拱。护拱一般用现浇混凝土或砌筑块片石修筑。如图 6-1-11 中用浆砌片石做的护拱,还起着加强拱圈的作用。

1.3.2 空腹式拱上建筑

大、中跨径的拱桥,特别是当矢高较大时,实腹式拱上建筑的填料用量多、质量大,因而以采用空腹式拱上建筑为宜。空腹式拱上建筑除具有实腹式拱上建筑相同的构造外,还具有腹孔和腹孔墩。

1)腹孔

腹孔的形式和跨径的选择,在因地制宜、就地取材的原则下,应考虑既能尽量减小拱上建筑的质量,又不致因荷载过分集中于腹孔墩处,给主拱圈受力状况造成不利影响。在改善主拱受力性能和便于施工的同时,还要使拱桥外形更加协调和美观。

腹孔的形式大致可以分为两类:一类是拱形腹孔(赵州桥的腹孔即为此种);另一类是梁或板式腹孔。在圬工拱桥中,为了节省钢材,大多采用拱形腹孔。腹孔通常对称地布置在主拱圈两侧结构高度所容许的范围内。拱形腹孔(腹拱)一般在每半跨内不超过主拱跨径的 1/3 ~ 1/4,其腹拱跨径一般可选用 2.5 ~ 5.5m,也不宜大于主拱圈跨径的 1/8 ~ 1/15,比值随主拱圈跨径的增大而减小。腹拱宜做成等跨的,以利于腹拱墩的受力和方便施工。

腹拱的拱圈可以采用石砌、混凝土预制或现浇的圆弧形板拱,矢跨比一般为 1/2 ~ 1/6。为了减小质量,也可以采用双曲拱、微弯板和扁壳等各种形式的轻型腹拱。

腹拱圈的厚度与它的构造形式和跨径大小等有关。腹拱的跨径为 1 ~ 4m 时,可采用厚度不小于 0.30m 的石板拱或厚度不小于 0.15m 的混凝土板拱。也可以采用厚度为 0.14m(其中预制厚 0.06m、现浇 0.08m)的微弯板。当腹拱跨径为 4 ~ 6m 时,可采用双曲拱,其拱圈高度一般为 0.30 ~ 0.40m。当采用钢筋混凝土拱时,拱圈厚度可进一步减薄,如跨径在 5.5m 时,拱圈厚度仅为 0.20m。

紧靠桥墩(台)的第一个腹拱,目前较多的做法是将腹拱的拱脚直接支承在墩(台)上,见图 6-1-12a)、b),或跨越桥墩,使桥墩两侧的腹拱圈相连,见图 6-1-12c)。

在大跨径钢筋混凝土拱或无支架施工的拱桥中,为了进一步减小质量,改善拱圈在施工过程中的受力状况,通常采用钢筋混凝土梁或板式结构的腹孔形式,见图 6-1-13a)。腹孔的布置与上述腹拱的要求基本相同。特殊情况下（如腹孔跨径很大）还可采用预应力混凝土的梁或板作腹孔。

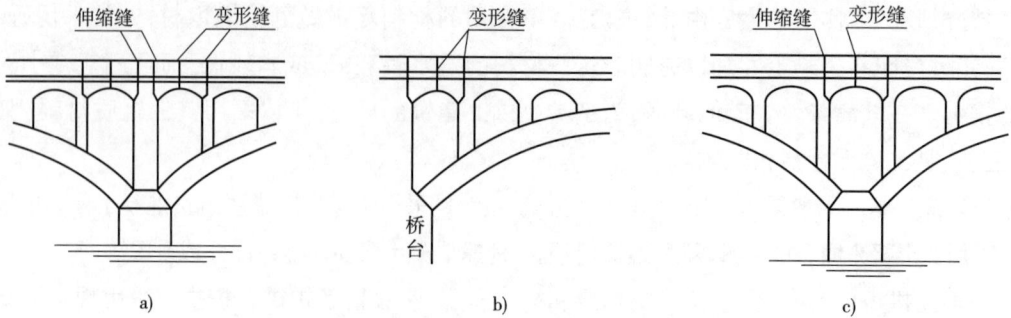

图 6-1-12　桥墩(台)上腹拱的布置方式

　　采用连续布设奇数腹拱的全空腹式拱上建筑(即无拱顶实腹段)的形式(见图 6-1-13b)，使整个主拱圈全部暴露在大气中，能够避免骤变温差加剧主拱顶下缘开裂的可能性，并且能减轻结构质量，有利于拱桥施工。但由于拱顶用腹拱跨越，增大了桥梁高程，这对城市或平原区的拱桥是不合适的。

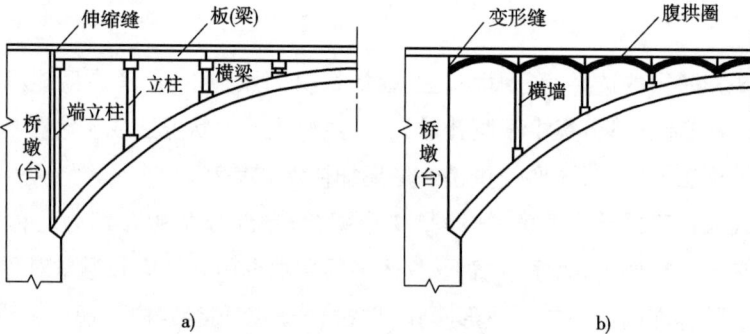

图 6-1-13　梁(板)式及全空腹孔的拱上建筑

　　2)腹孔墩

　　腹孔墩可分为横墙(立墙)式和立柱式两种。

　　横墙式腹孔墩通常用石料、混凝土预制块砌筑，或现浇混凝土做成实体墙。有时为了节省圬工、减小质量或便于检修人员在拱上建筑内通行，也可在横墙上挖孔，见图 6-1-14a)。这种横墙式腹孔墩，自重大但可以不用钢材，故多用于石拱桥中。腹孔墩的厚度，用浆砌片石、块石时，不宜小于 0.60m；用混凝土浇筑时，一般应大于腹拱圈厚度的一倍。

　　立柱式腹拱墩(见图 6-1-14b)是由立柱和盖梁组成的钢筋混凝土排架结构。为了使立柱传递给主拱圈的压力不致过集中，通常在立柱下面设置底梁。

　　立柱及盖梁常采用矩形截面。底梁可以与拱圈一起施工完成。在河流有漂流物或流水时，如果拱圈会被部分淹没，就不宜采用立柱式腹孔墩。

　　腹孔墩的侧面一般做成竖直的，以利施工。如果采用斜坡式，则以不超过 30:1 的坡度为宜。

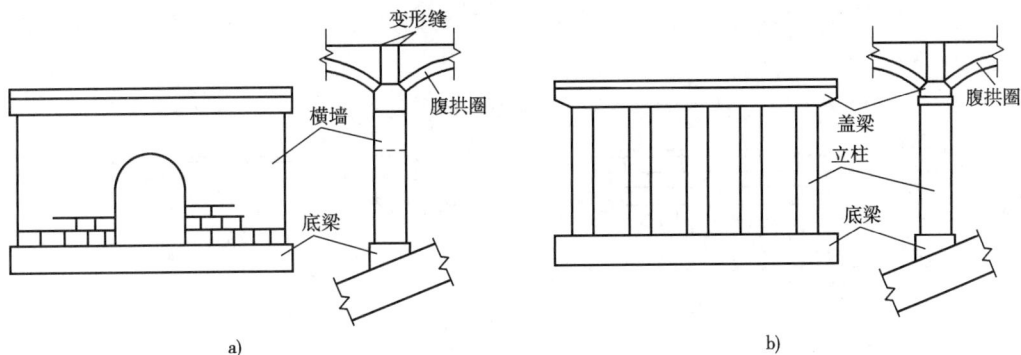

图 6-1-14 腹拱墩构造形式

1.3.3 拱桥的其他细部构造

1）拱上填料、桥面及人行道

拱上建筑中的填料，一方面能起扩大车辆荷载分布面积的作用，同时还能够减小车辆荷载的冲击作用。但也增加了拱桥的恒载质量。一般情况下，无论是实腹式与空腹式拱桥（除无拱上填料的轻型拱桥），还是主拱圈及腹拱圈的拱顶处，填料厚度（包括路面厚度）均不宜小于0.30m。根据《公路桥涵设计通用规范》（JTG 3362—2018）规定，填料厚度（包括路面厚度）等于或大于0.50m 的拱桥，设计时均不计汽车荷载的冲击力。

在大跨径钢筋混凝土拱桥或在地基条件很差的情况下，为了进一步减小拱上建筑质量，可以减薄填料厚度，甚至可以不用填料，直接在拱顶上修建混凝土路面。这时，除要采取措施保证主拱圈的横向整体性外，计算时还应计入汽车荷载的冲击力。

拱桥行车道和人行道的桥面铺装要求与梁桥的基本相同。目前一般公路拱桥行车道采用较多的是碎（砾）石路面和沥青混凝土路面，钢筋混凝土轻型拱桥多采用混凝土路面。人行道的铺装视具体情况选用，常用混凝土预制块铺砌。

2）伸缩缝与变形缝

为了避免拱上建筑不规则地开裂，以保证结构的安全使用和耐久性，除在设计计算上应作充分的考虑外，还需在构造上采取必要的措施。通常是在相对变形（位移或转角）较大的位置设置伸缩缝，而在相对变形较小处设置变形缝。

实腹式拱桥的伸缩缝通常设在两拱脚的上方，并需在横桥方向贯通全宽和侧墙的全高及至人行道构造。目前多将伸缩缝做成直线形（见图6-1-15），以使构造简单，施工方便。

拱式拱上结构的空腹式拱桥，一般将紧靠桥墩（台）的第一个腹拱圈做成三铰拱，并在靠墩台的拱铰上方的侧墙上，也相应地设置伸缩缝，在其余两铰上方的侧墙，可设变形缝（见图6-1-16及图6-1-12）。在大跨径拱桥中，根据温度变化情况和跨径长度，必要时还需将靠近拱顶的腹拱圈或其他腹拱也做成两铰拱或三铰拱。拱铰上面的侧墙也需相应的设置变形缝，以便使拱上建筑更好地适应主拱圈的变形。

对于梁式或板式拱上结构，宜在主拱圈两端的拱脚上设置腹孔墩或采取其他措施与桥墩

(台)设缝分开(见图6-1-13),梁或板与腹孔墩的支承连接宜采用铰接,以适应主拱圈的变形。

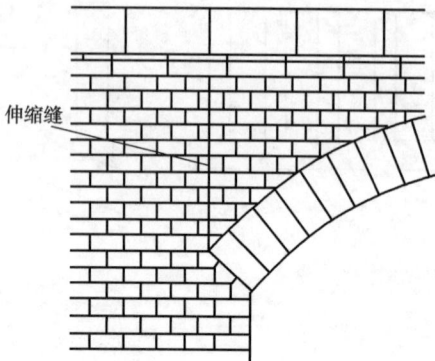

图 6-1-15　实腹式拱桥伸缩缝的布置

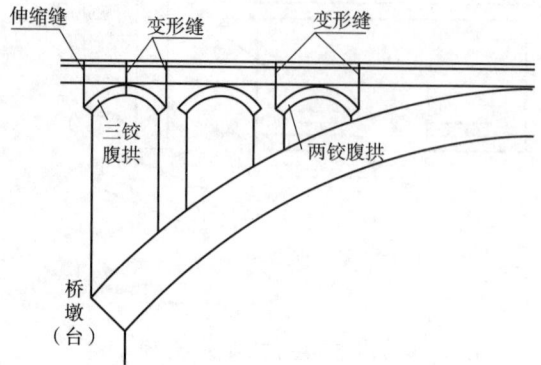

图 6-1-16　空腹式拱桥伸缩缝及变形缝的布置

伸缩缝的宽度一般为 $0.02 \sim 0.03\mathrm{m}$。通常是在施工时将用锯木屑与沥青按1:1比例配合压制成的预制板嵌入砌体或埋入现浇混凝土中即可。变形缝则不留缝宽,可用于砌或油毛毡隔开即可。

人行道、栏杆、路缘石和混凝土桥面,在腹拱铰的上方或侧墙有变形缝处,均应设置贯通全桥宽度的伸缩缝或变形缝,以适应主拱圈的变形。

3)排水及防水层

修建在大自然中的拱桥、雨、雪水等自然因素对拱桥的耐久性、美观等均有较大影响,因此对于拱桥,不仅要求能够及时排除桥面的雨、雪水,而且要求将透过桥面铺装渗入到拱腹内的雨水也能及时排除,因为这些渗水不及时排出,会增大拱腹填料的含水率,降低承载能力,影响路面层的强度,使路面更易开裂破坏。并且渗水会沿着拱上结构的一些缝隙(如变形缝或裂缝等)渗透,在冬季冰冻时使结构产生冻胀损坏。

关于桥面雨水的排除,除桥梁设置纵坡和桥面设横坡外,一般还沿桥面两侧路缘石边缘设置泄水管,其布置见图6-1-17。

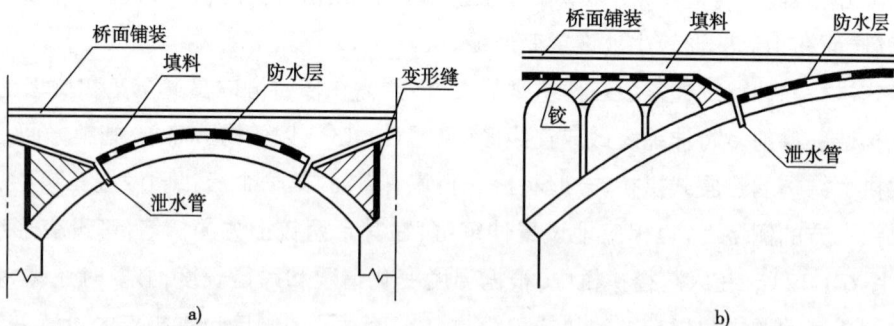

图 6-1-17　防水层与拱腹泄水管的布置

透过桥面铺装渗入到拱腹内的雨水,应由防水层汇集于预埋在拱腹内的泄水管排出。

小　结

　　拱桥同其他桥梁一样,也是由上部结构(桥跨结构)及下部结构两大部分组成。

　　本学习项目主要介绍简单体系拱桥,其主要承重结构是拱圈,在竖向荷载作用下,支承处不仅产生竖向反力,而且还产生水平推力。由于这个水平推力的存在,拱的弯矩将比相同跨径的梁的弯矩小很多,而使整个拱主要承受压力。在桥面系与拱圈之间需要有传递压力的拱上结构(或称拱上建筑。)拱上结构的形式有实腹式与空腹式两种,主拱圈的截面形式有板拱、肋拱、箱型拱和双曲拱。

【知识拓展】赵州桥

　　举世闻名的河北省赵县赵州桥(见图1-1-3)是我国古代石拱桥的杰出代表,又称安济桥(宋哲宗赐名,意为"安渡济民")。该桥在隋大业初年(公元605年左右)为李春所创建,是当今世界上现存最早、保存最完善的古代敞肩石拱桥,其净跨37.02m,宽9m,拱矢高度7.23m,在拱圈两肩各设有两个跨度不等的腹拱,这样既能减轻桥身自重,节省材料,又便于排洪、增加美观。

　　赵州桥的设计构思和工艺的精巧,不仅在我国古代桥梁中首屈一指,据世界桥梁的考证,像这样的敞肩拱桥,欧洲到19世纪中期才出现,比我国晚了1 200多年。赵州桥的雕刻艺术,包括栏板、望柱和锁口石等,其上狮象龙兽形态逼真,雕琢精致秀丽,不愧为文物宝库中的艺术珍品。

　　赵州桥的创新之处有三:

　　第一,赵州桥创造性地采用了圆弧拱,而非半圆拱形式,实现了低桥面和大跨度的双重目的,桥面过渡平稳,车辆行人非常方便。

　　第二,赵州桥创造性地采用了敞肩,即空腹式。大拱两端各设两个小拱,靠近大拱脚的小拱净跨为3.8m,另一拱的净跨为2.8m。这种大拱加小拱的敞肩拱具有优异的技术性能,既可以增加泄洪能力,又节省大量土石材料,减轻桥身的自重,还增加了造型的美感,四个小拱均衡对称,大拱与小拱构成一幅完整的图画,显得更加轻巧秀丽,体现建筑和艺术的完整统一,这种敞肩形式符合现代结构力学理论,可以减少主拱圈的变形,提高桥梁的承载力和稳定性。

　　第三,单孔。按照中国古代传统建筑方法,一般比较长的桥梁往往采用多孔形式,这样每孔的跨度小、坡度平缓,便于修建。但是多孔桥梁墩多,既不利于舟船航行,也妨碍洪水宣泄,桥墩长期受水流冲击、侵蚀,天长日久容易塌毁。因此,李春在设计大桥的时候,采取了单孔长跨的形式,河心不立桥墩,使石拱跨径长达37m之多。这是中国桥梁史上的空前创举。

　　1991年美国土木工程师学会选定赵州桥为世界"国际土木工程历史古迹",并在桥北端东侧建造了"国际历史土木工程古迹"铜牌纪念碑。1961年赵州桥被国务院列为第一批全国重点文物保护单位。

【学习效果评价】

综合题

1. 拱桥的受力特点是什么？
2. 拱桥由几部分构造组成？
3. 主拱圈截面形式有几种？
4. 简述空腹式拱上建筑的构造组成。

学习项目2　拱桥施工

学习目标：熟悉常用拱架的形式、构造和适用性；掌握有支架就地浇筑施工的程序及要求；熟悉转体施工和钢管混凝土拱桥的施工程序。

能力目标：初步具备拱桥施工的基本能力。

学习指导：大跨度拱桥工序复杂、施工难度大，学习中应多结合现场参观、网络自学等手段，深入理解。

⟳ 引言

○○○○○○○

拱桥是一种能充分发挥圬工及钢筋混凝土材料抗压性能且外形美观、维修费用相对低廉的合理桥型。那么，拱桥是如何施工的呢？

拱桥传统的施工方法是搭设拱架，在拱架上现浇或组拼拱圈。近年来，拱桥架设方法和机具设备取得了很大的发展，大大提高了拱桥在大跨度桥梁中的竞争力。

当桥下净空、工期允许或无足够吊装能力的情况下，目前一般仍采用有支架就地浇筑施工方法修建拱桥；为了节省拱架用材，使上、下部结构同时施工，缩短工期，也可采用无支架预制装配施工的方法。

当桥梁跨越深谷、水深流急的河道，或在城市建造跨越交通繁忙主干道的立交桥，以及河道不允许断航等情况下，采用转体施工能收到良好的技术和经济效益。目前，我国已将转体施工方法广泛应用于拱桥、梁桥、斜拉桥、斜腿刚架桥等桥型上部结构的施工中。

自20世纪90年代初，在四川省建成我国第一座钢管混凝土拱桥以来，由于钢管拱肋吊装质量轻，钢管油漆后非常美观，并且解决了拱桥高强度材料应用和施工两大难题，近年来钢管混凝土拱桥在国内发展非常迅速。

本章将对拱桥就地浇筑施工、钢管混凝土拱桥施工及转体施工做重点介绍。

学习情境 2.1 就地浇筑施工

2.1.1 拱桥有支架就地浇筑施工

拱桥有支架就地浇筑施工主要用于跨度不大的现浇混凝土拱桥(见图6-2-1),有时也用于大跨度钢筋混凝土拱桥施工。其施工工序主要有材料准备、拱圈放样、拱架制作和安装、拱圈及拱上结构浇筑(或砌筑)等。

拱桥有支架施工常用满布式拱架、墩架式拱架、拱式拱架等。其特点是比较简单,但占用大量器材。

1)拱架的形式

拱架是有支架施工必不可少的辅助结构,在拱桥建造期间,用以支承全部或部分主拱及拱上结构的质量,并保证主拱圈的形状符合设计要求,要求拱架既要有足够的强度、刚度和稳定性,又要求构造简单,制作容易,节省材料,并能重复使用,以加快施工进度,减少施工费用。

图6-2-1 拱桥有支架就地浇筑施工

拱架的形式随拱桥跨度的大小、材料供应情况、机具设备条件和桥址环境的不同,可采用不同的结构形式。

(1)满布式拱架

满布式拱架一般由拱架(拱架上部,即拱盔)、支架(拱架下部,包括基础)和拱架卸落设备组成,如图6-2-2所示。

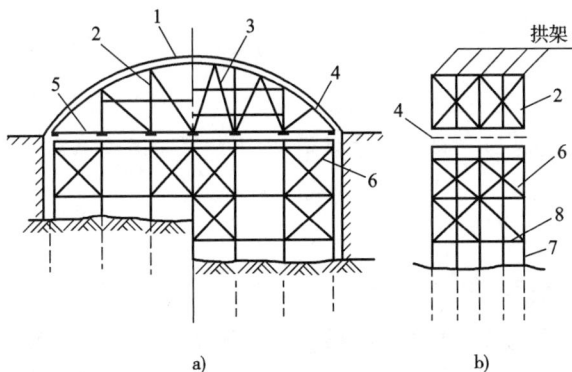

图6-2-2 满布式拱架构造

1-弓形木;2-立柱;3-斜撑;4-落拱设备;5-水平拉杆;6-斜夹木;7-桩木;8-水平夹木

①组成。

拱架是直接支撑拱圈质量的部分,在其顶部用弓形垫木形成拱圈底部曲线;支架是支撑拱架的部分,其构造同一般脚手架。在拱架与支架间,应设置卸落设备,以便施工完毕后拱架卸载拆除。

②种类。

拱架种类繁多,按材料分有木拱架、钢管拱架和"土牛拱胎"等形式。

木拱架制作简单,架设方便,但耗用木材较多。

钢管拱架则多为常备式构件,一次投资较大,但能多次重复使用,对大中跨度拱桥,可采用碗扣式、扣件式钢管拱架。用这些钢管作拱架,一般不再分支架和拱盔部分,而是将两者形成一体。

在钢材、木材缺乏地区,当拱桥跨度较小,条件许可时可采用简单经济的"土牛拱胎"代替拱架,即在桥下用土或砂、卵石等填筑一个土胎(俗称"土牛"),然后在其上砌筑拱圈,砌成之后将填土清除即可。

(2)墩架式拱架(亦称撑架式拱架)

这种拱架的上部与满布式拱架相同,其下部是用少数框架式支架加斜撑来代替数目众多的立柱,既能减少支架材料,又能在桥下留出适当的空间以方便交通。图6-2-3为适合中等跨度拱桥施工的墩架式拱架构造。采用工字梁时跨度可达12~15m,采用军用梁或贝雷梁时跨度更大。墩架可用制式器材做成,制式器材包括钢管支架(如门式支架、碗扣式支架和扣件式支架)、万能杆件和军用墩等。图6-2-4是军用梁和碗扣式脚手架配合搭设的拱架。

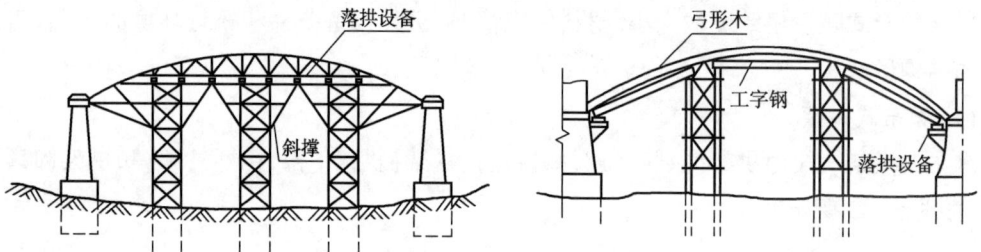

图6-2-3 墩架式拱架的构造

(3)钢拱架

我国现有常备式钢拱架有工字梁拱式拱架和桁架拱式拱架两种。另外,还可以用其他制式构件组拼拱式拱架。

①工字梁拱式拱架。

工字梁是指工字形断面的钢梁。

该拱架由基本节、楔形插节、拱顶铰和拱脚铰等基本构件组成。用选配不同的基本节段及相互间插入1~2个楔形插节的方法,可使拱架适用于多种拱度和跨度的拱桥施工,如图6-2-5所示。这种拱架可用于建造跨度40m以下的石拱桥。

工字梁拱式拱架可做成三铰拱或两铰拱。落架设备可置于拱顶或拱脚。若置于拱顶,则拱顶铰改用落架设备。

②桁架拱式拱架。

图 6-2-4　军用梁和碗扣式脚手架配合搭设的拱架

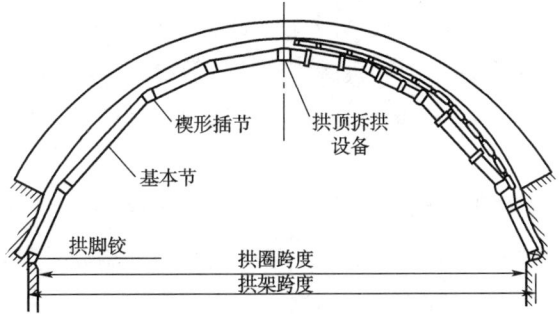

图 6-2-5　工字梁拱式拱架的构造

桁架是具有三角形单元的平面或空间结构。

在跨度较大时,桁架可比实腹梁节省材料,减轻自重和增大刚度,故适用于较大跨度的承重结构。

常备拼装桁架拱式拱架,由多榀拱形桁架构成;榀与榀之间的距离可为 0.4m 或 1.9m,桁架榀数视桥跨宽度和质量而定。拱架一般采用三铰拱。拱架由标准节、拱顶节、拱脚节和联结杆等组成,如图 6-2-6 所示,以钢销或螺栓联结而成,可用变换联结杆长度的方法调整拱架的曲度和跨度。当拟建拱桥跨度很大(例如大于 180m)时,可用两层拱架。

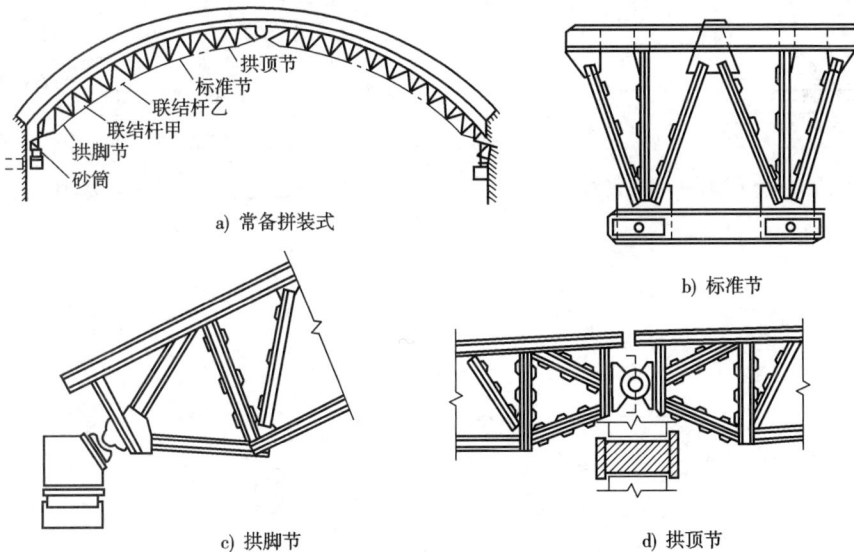

图 6-2-6　桁架拱式拱架的构造

此外,尚有贝雷梁拼装式拱架、铁路军用梁拼装式拱架和万能杆件拼装式拱架等不同结构类型,但其构造原理基本相同。

2) 拱架的制作、安装与卸落

（1）制作、安装

为使拱架具有准确的外形和尺寸,在制作拱架前,一般要在样台上按拱圈内弧线放出拱架大样。放大样时应计入预拱度。拱架与拱圈内弧线间,一般需留出 30～50mm 的间隙,以便放置横梁、弓形木和模板等构件。放出大样后,便可制作杆件样板,以便按样板加工制作。

杆件加工完后,一般需先试拼。根据试拼情况,对构件作局部修改后,即可在桥孔中进行安装。

满布式拱架一般在桥孔逐杆进行安装。工字梁拱式拱架由于质量较轻,多采用半孔吊装的方法安装;常备钢桁拱架一般采用悬臂法逐节拼装(见图 6-2-7)、旋转法安装(见图 6-2-8)和缆索吊装(见图 6-2-9)。

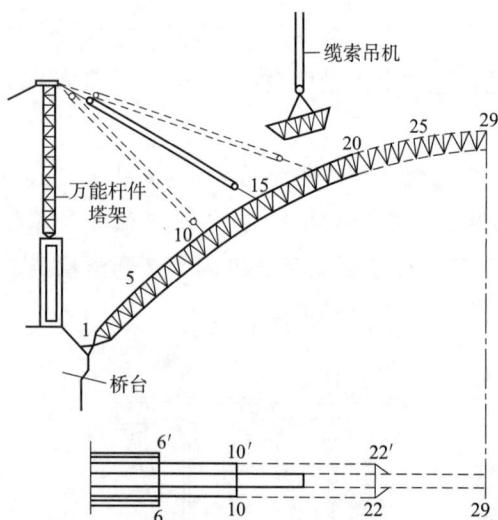

图 6-2-7　悬臂法逐节拼装拱架

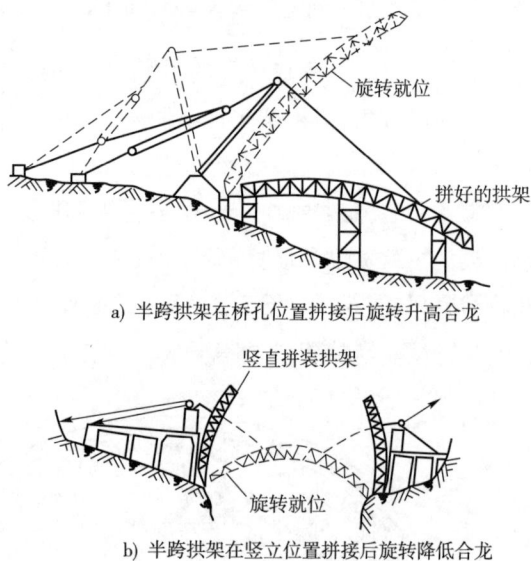

a) 半跨拱架在桥孔位置拼接后旋转升高合龙

b) 半跨拱架在竖立位置拼接后旋转降低合龙

图 6-2-8　半拱旋转法安装拱架

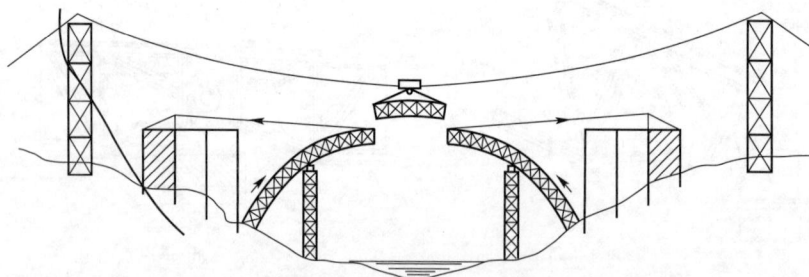

图 6-2-9　缆索吊装拱架

各类拱架安装时,都应及时进行测量,以保证设计尺寸的准确。同时应注意施工安全,在风力较大地区,拱架需设置风缆索,以增强稳定性。

拱架安装好后,其轴线偏离应符合设计要求,拱架上用于拼装或灌注拱圈(肋)的垫木或底模的顶面高程误差不应超过 +20mm 或 -10mm,而纵轴的平面位置不应大于跨径的 ±1/100,也不应超过 ±30mm。

(2)卸落

拱架在圬工灌砌期间支承拱圈的全部质量,待圬工达到设计强度后方可拆除拱架。为使拱架所支承的质量逐渐转移到由拱自身来承受,切忌将拱架突然拆除,或仅将其某一部分拆除。为此,在安装拱架时,必须预先将落架设备安放在适当位置。如在立柱斜撑式拱架中,可安放在拱盔立柱下面;在带梁的拱架中可安放在梁的支点;在拱式拱架中则可安放在拱铰的位置上。

①落架次序。

当落架设备松降时,拱因逐渐承受荷载而产生下降,但拱架却因卸除荷载恢复弹性变形而相对上升,因此落架设备需要松降多少才能使拱架脱离拱圈,必须预先计算准确,并应在落架设备上画好每次卸落量的标记。

为了保证拱在落架时不受损坏,拱架应缓慢均匀而平顺地降落,以便使拱架所支撑的桥跨质量逐渐转移给拱圈自身来承担,因此应设计好落架的次序。

一般的落架程序:对于满布式拱架的中小跨径拱桥,可从拱顶开始,逐渐向拱脚对称卸落;对于大跨径拱圈,为了避免拱圈发生 M 形的变形,可从两边 $L/4$ 处逐次对称地向拱脚和拱顶均匀地卸落。

落架时宜在白天气温较高时进行,这样的条件对卸落拱架工作较方便。卸落量开始宜小,以后逐渐增大。纵向应对称均衡卸落,横向应同时卸落。

②落架设备。

落架设备可用木楔、砂筒及千斤顶等。

a. 木楔。

分简单木楔和组合木楔两种形式。

简单木楔(见图 6-2-10a)由两块带 1:6 ~ 1:10 的斜面楔块组成,构造简单,但松降时须用小锤敲击,故降落不均匀;常用于跨径小于 10m 的拱架。

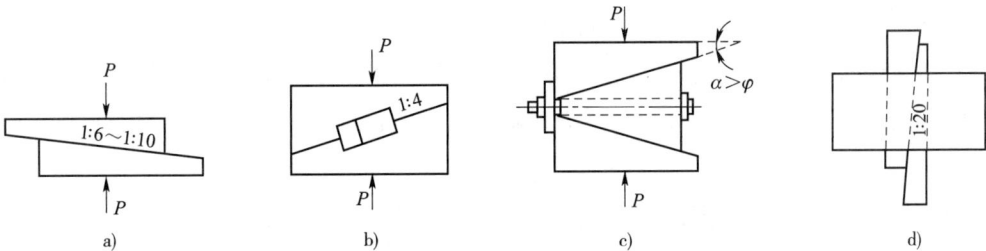

图 6-2-10 木楔

注:φ-砂的内摩擦角;d)图是 b)图的俯视图。

图 6-2-10b)为双向木楔,大木楔分上下两块,滑动斜面为 1:4;在大木楔斜面正交方向装

有小木楔两片(滑动斜面为1∶20),以控制楔块向下滑动,其优点是不用铁件,卸落方便,承载能力较简单木楔大,曾用于跨径30m的满布式拱架。

组合木楔(见图6-2-10c)由三块楔木与螺栓组成,构造简单而完善,可用于较大跨径的满布式拱架和拱式拱架。拧松螺栓后,拱架即均匀卸落。

b. 砂筒。

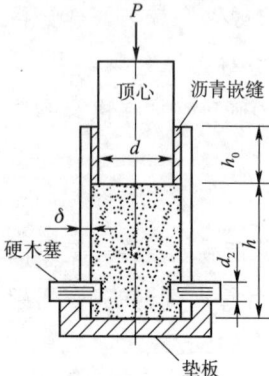

图6-2-11 砂筒

砂筒(见图6-2-11)是一种较完善的落架设备,降落均匀,构造简单且承载能力较强;可用于50m以上的满布式拱架和30m以上的拱式拱架。

砂筒一般用钢板制造,筒内装以烘干的砂(粒径不大于2mm),上部插入顶心,在顶心和筒壁间应填以沥青防潮。拔出筒底泄砂孔木塞,砂即流出。根据流出的砂子的数量,即可测定拱架降落高度。

c. 千斤顶。

采用千斤顶卸落拱架常与调整内力同时进行。其方法是在两半拱的拱顶部预留安放千斤顶的壁龛形缺口,待拱圈混凝土达到强度后,在缺口上安好千斤顶;当千斤顶供油时,则对两半拱施加推力,使两半拱既分开又抬高,随后进行封顶合龙。由于千斤顶施力时,拱被抬升而脱离拱架,因而拱架很容易拆除。

3)拱圈及拱上结构的施工

(1)拱圈施工

拱圈施工一般可根据跨度的大小、构造形式等分别采用不同繁简程序的施工方法,以便在灌(砌)筑过程中,拱架受力对称、均匀、变形量小,不使已筑圬工产生裂缝,并且施工过程尽可能简单。

①连续灌注法。

在拱的跨度较小时,按拱圈的全宽和全厚,自两端拱脚向拱顶对称地连续灌注,并且在拱脚处混凝土初凝前全部完成;否则,需在拱脚处预留间隔缝,并最后灌注间隔缝混凝土。

②分段灌注法。

一般当拱的跨度大于16m时,为避免因拱架不均匀变形而导致拱圈产生裂缝;以及为减小混凝土的收缩应力,应利用分段灌注法施工。分段的长度为6～15m,视灌注能力、拱架结构和跨度大小而定。分段位置应使拱架受力对称均匀,一般分段点应设在拱架支点、节点处或拱顶、拱脚处。

一般在分段点处设间隔缝,其宽度为50～100cm,以利施工操作和钢筋连接。为缩短拱圈合龙和拱架拆除的时间,间隔缝内填充的混凝土的强度等级,可采用比拱圈高一个等级的半干硬混凝土。

填充间隔缝混凝土,应在拱圈分段混凝土强度达到70%设计强度后进行,且应由两拱脚向拱顶对称进行,最后填充拱顶和两拱脚间隔缝。封拱合龙温度一般宜接近当地的年平均温度。

③分环灌注法。

为减轻拱架的负担,箱形截面拱圈一般采用分环的灌注方法施工。待底板分段灌注合龙后,再灌注上面一环(腹板和顶板,或仅为腹板和隔板),此时可以考虑合龙后的底板与拱架共同受力。其灌注顺序如图6-2-12所示(图中数字代表灌注顺序)。

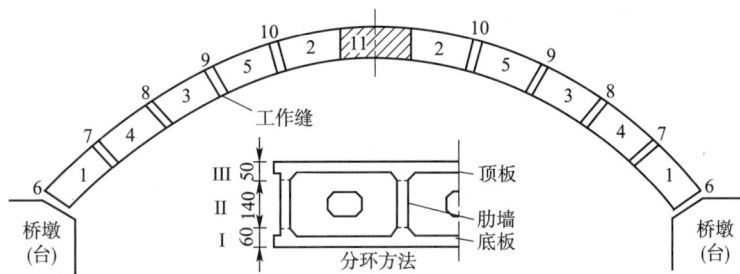

图6-2-12　拱圈灌注顺序(尺寸单位:cm)

对有些大跨径的拱桥,也采用分段和分环综合的方法。

对于大跨度拱桥,为控制拱圈灌注过程中的拱架变形,应通过设计计算确定合理的拱圈灌注顺序。

(2)拱上结构施工

拱上结构的施工应对称均衡地进行,避免使主拱圈产生过大的不均匀变形。

在支架上浇筑的上承式拱桥,其拱上结构的施工,应在拱圈及间隔缝混凝土浇筑完毕,且封拱间隔缝混凝土强度达到设计要求强度后进行,如设计无规定,可按达到混凝土设计强度的30%以上控制。如封拱前需在拱顶施加预应力,应达到设计强度的75%以上。

实腹式拱上结构,应由拱脚向拱顶对称灌注。当侧墙灌注好后,再填筑拱腹填料。空腹式拱桥一般是在横墙(或立柱)灌注完后卸落拱架,然后再对称均衡地安砌腹拱圈,以免由于主拱圈不均匀下沉而使腹拱圈开裂。

在支架上浇筑的下承式和中承式拱桥,其悬吊桥面系混凝土应在拱架松落后进行浇筑,其吊杆混凝土应在桥面系完成后进行。

在多跨连续拱桥中,当桥墩不是按单向推力墩设计时,应注意相邻跨间的对称均衡施工,避免桥墩承受过大的单向推力。

2.1.2　拱桥无支架就地浇筑施工

当拱桥位于深水、深谷、通航河道或限于工期必须在汛期进行拱肋施工时,宜采用无支架的施工方法。

在拱桥的无支架就地浇筑施工中,常用的方法主要有劲性骨架施工法和悬臂施工法两种,这里讲述悬臂施工法。

1) 塔架斜拉索法

塔架斜拉索法是国外采用最早、最多的大跨径钢筋混凝土拱桥无支架施工的方法。

塔架斜拉索法的要点:在拱脚墩、台处安装临时的钢塔架或钢筋混凝土塔架,用斜拉索(或斜拉粗钢筋)将拱圈(或拱肋)用挂篮浇筑一段系吊一段,从拱脚开始,逐段向拱顶悬臂浇筑,直至拱顶合龙。塔架的高度和受力应按拱的跨径、矢跨比等确定。斜拉索可用预应力钢筋或钢束,其面积及长度由所系吊的拱段长度和位置确定。用设在已浇完的拱段上的悬臂挂篮逐段悬臂浇筑拱圈(或拱肋)混凝土,整个拱圈混凝土的浇筑工作应从两拱脚开始,对称地进行,最后在拱顶合龙。塔架斜拉索法,一般采用悬浇法施工,也可用悬拼法施工,但后者用得较少。图6-2-13为塔架、斜拉索及挂篮浇筑拱圈施工示意图。

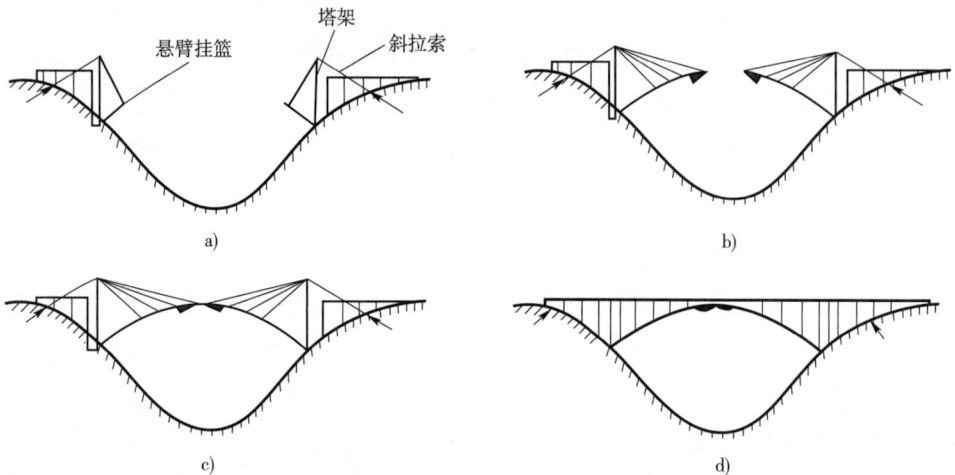

图6-2-13 塔架、斜拉索及挂篮浇筑拱圈施工示意图

2) 斜吊式悬臂浇筑法

斜吊式悬臂浇筑法是借助于专用挂篮,结合使用斜吊钢筋将拱圈、拱上立柱和预应力混凝土桥面板等齐头并进、边浇筑边构成桁架的悬臂浇筑方法。施工时,用预应力钢筋临时作为桁架的斜吊杆和桥面板的临时拉杆,将桁架锚固在后面的桥台(桥墩)上。施工过程中作用于斜吊杆的力是通过布置在桥面板上的临时拉杆传至岸边的地锚上(也可利用岸边桥墩作地锚)。其施工步骤如图6-2-14所示。

学习情境 2.2 钢管混凝土拱桥施工

钢管混凝土拱桥是以钢管为拱圈外壁,在钢管内浇筑混凝土,使其形成由钢管和混凝土组成的拱圈结构。

由于管壁内填满混凝土,提高了钢管壁受压的稳定性;钢管内的混凝土受钢管的约束,提高了混凝土的抗压承载力和延性。在施工上,由于钢管的质量轻,刚度大,吊装方便,钢管本身就是模板,这些优点给大跨度拱桥施工创造了十分有利的条件。钢管混凝土拱桥断面尺寸较小,使结构感到很轻巧,钢管外壁涂以色彩美丽的油漆,使拱桥建筑造型极佳。

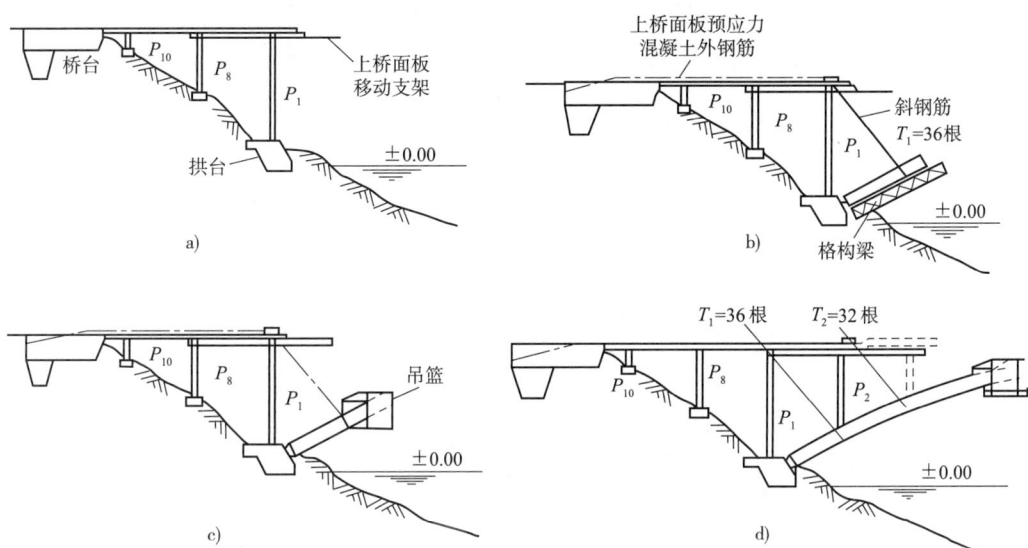

图 6-2-14 斜吊式现浇法的主要施工步骤(a、b、c、d 为施工顺序)

由于具有上述优点,钢管混凝土拱桥在全国各地很快得到推广应用。近年来大跨度钢筋混凝土拱桥施工中常采用钢管混凝土结构作为拱圈施工的劲性骨架,即先在钢管内灌注混凝土成钢管混凝土后,再挂模板外包混凝土形成断面。如广西邕宁邕江大桥(主跨 350m)、重庆万州长江大桥(原名万县长江大桥,见图 1-1-15,主跨 420m)、广州丫髻沙大桥(见图 6-2-15,主跨 360m)等。

图 6-2-15 广州丫髻沙大桥

2.2.1 钢管混凝土拱桥构造特点

钢管混凝土拱桥由钢管混凝土拱肋、立柱或吊杆、横撑、行车道系、下部构造等组成。钢管混凝土拱肋是主要承重结构,它承受桥上的全部荷载,并将荷载传递给墩台基础。

1) 结构形式

近几年,随着钢管混凝土拱桥在全国各地的发展,已修建了各种结构形式的钢管混凝土拱桥。

中承式肋拱桥是目前钢管混凝土拱桥中应用最多的一种。由于桥面位置在拱的中部穿过,可以随引桥两端接线所需的高度上下调整,所以适应性强。当地质条件较好时,一般均采用有推力的中承式拱桥。当地质条件较差,桥墩不能承受较大水平推力时,或受地形条件限制,可以采用中承式带两个半跨的自锚结构形式。

当地质条件较差,或受城市道路接线高度的限制,往往采用下承式系杆拱结构形式,拱脚的推力由系杆承受。目前下承式钢管混凝土系杆拱桥的系杆形式分为两种:一种是上下部结构采用刚性联结,系杆仅用体外预应力钢束组成的柔性系杆形式;另一种是上部结构简支形式支承于桥墩的刚性系杆形式。柔性系杆形式结构简单,施工方便,可节省一根尺寸较大的系梁。

2)截面形式

目前的钢管混凝土拱桥,基本上采用圆形钢管。当跨度较小时,可以采用单管;跨度在150m以内,一般采用两根圆形钢管上下叠置的哑铃形截面,这是已建成拱桥中采用最多的截面形式;当跨径超过150m以后,以采用桁式截面较合理。在劲性骨架的钢筋混凝土拱桥中多采用桁式截面,常用截面形式如图6-2-16所示。

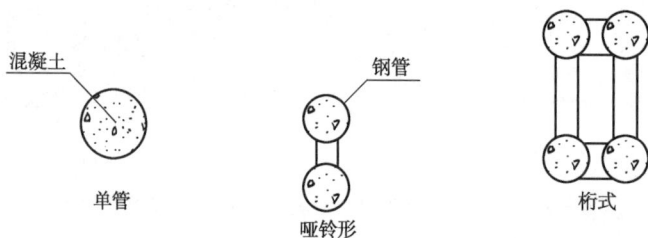

a) 截面形式示意图

b) 哑铃形截面

c) 桁形截面

图 6-2-16 截面形式

3)横撑(风撑)

横撑主要设置在拱顶、拱脚、拱肋与桥面系交接处,横撑的主要作用是将钢管混凝土拱肋联结成整体,确保结构稳定。

钢管混凝土拱肋的横撑多采用钢管桁架,钢管可以是空心的,也可以内填混凝土,做成钢管混凝土横撑。

横撑在拱脚段多做成桁式 K 形撑或 X 形撑(见图 6-2-17),以获得更好的稳定性,在桥面系以上则多采用直撑(见图 6-2-18)、K 形撑或 H 形撑。

图 6-2-17 桁式拱肋、X 形撑

图 6-2-18 单管拱肋、直撑

2.2.2 中承式、下承式钢管混凝土拱桥

1) 施工程序及要点

(1) 施工程序

首先,分段制作钢管及加工腹杆、横撑等,接着,在样台上拼接钢管拱肋,应先端段、后顶段逐段进行;其次,吊装钢管拱肋就位合龙,从拱顶向拱脚对称施焊,封拱脚使钢管拱肋转为无铰拱,同时,从拱顶向拱脚对称安装肋间横撑;再次,可按设计程序浇筑钢管内混凝土;最后,安装吊杆、拱上立柱及纵横梁和桥面板,浇筑桥面混凝土。

(2) 施工要点

①用钢板制作钢管时,下料要准确,成管直径误差应控制在 ±2mm 范围内。

②拱肋拼接应在 1:1 大样的样台上进行,焊接时应采取措施减少焊接变形,并严格保证焊接质量。

③由于钢管直径大,一次浇筑混凝土数量多,为避免浇筑过程中钢管混凝土出现过大的拉应力及保证管内混凝土的浇筑质量,每根钢管混凝土的浇筑应连续进行,上下钢管、相邻钢管内混凝土按一定程序或设计要求进行。

④为保证空间桁架拱肋在施工中的纵横向稳定性,拱肋间应设置横撑、八字浪风索,调整管内混凝土的浇筑程序等措施。

⑤钢管的防锈和柔性吊杆的防护和更换应有可靠的措施。

⑥必须在钢管混凝土达到设计强度后才能进行桥面系的安装。

2) 拱肋安装和拱肋混凝土浇筑

(1) 拱肋安装

钢管拱肋的安装,可采用转体施工或缆索吊装。转体施工方法将在本单元学习情境 2.3 详细叙述。

缆索吊装跨越能力大,水平和垂直运输机动灵活,适应性广,施工比较稳妥,是大跨径拱桥施工中广泛使用的方案,施工时,可先将两根拱肋分别吊装合龙,随后进行横撑安装、混凝土浇筑,最后进行桥面施工。图 6-2-19 为某桥拱肋缆索吊装施工图。

a) 单肋吊装,单肋合龙(拱肋分三大段吊装)

b) 吊装另一根拱肋,合龙

c) 横撑吊装

d) 混凝土浇筑

图 6-2-19　某桥拱肋缆索吊装施工图

　　缆索吊装设备包括主索、起重索、牵引索、扣索、浪风索、塔架和索鞍等。图 6-2-20 为缆索吊装施工布置图。

　　主索亦称为承重索或运输天线。它横跨桥渡,支承在两侧塔架的索鞍上,两端锚固于地锚,吊运构件的行车支承在主索上。

　　起重索用来控制吊物的升降(即垂直运输)。

　　牵引索用来牵引行车在主索上沿桥跨方向移动(即水平运输)。

缆索吊装施工

　　扣索用于当拱肋分段吊装时,悬挂端肋及调整端肋接头处高程。扣索的一端系在拱肋接头附近的扣环上,另一端通过扣索排架或塔架固定于地锚上。

　　浪风索亦称缆风索,用来保证塔架、扣索排架等的纵、横向稳定及拱肋安装就位后的横向稳定。

　　塔架是用来提高主索的临空高度及支承各种受力钢缆的重要结构。

　　索鞍是供悬索或拉索通过塔顶的支撑结构。

　　(2)拱肋混凝土浇筑

　　管内混凝土应采用泵送顶升压注施工。这种方法适用于桁架式钢管拱肋内混凝土的浇

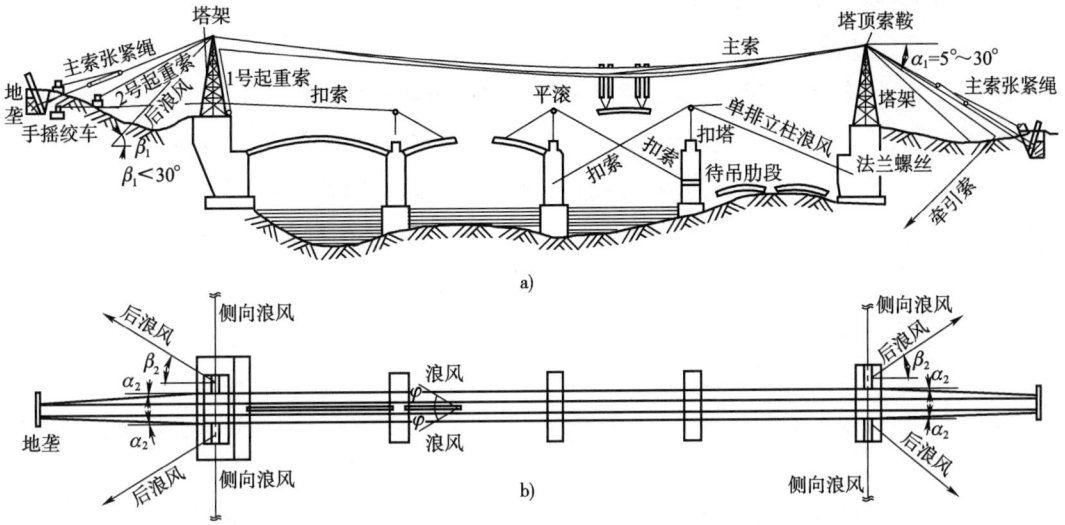

图 6-2-20 缆索吊装施工布置图

筑,也可用于单管、哑铃形等实体形拱肋截面的混凝土浇筑。一般输送泵设于两岸拱脚,对称均衡地一次压注混凝土完成。泵送混凝土之前,应先用压力水冲洗钢管内壁,再用水泥砂浆通过,然后连续泵送混凝土。直至钢管顶端排气孔排出合格的混凝土时停止。用泵送顶升法浇筑管内混凝土,一般应按设计规定的浇筑顺序进行。宜采用先钢管后腹箱的程序。如设计无规定,应以有利于拱肋受力和稳定性为原则进行浇筑,并严格控制拱肋变位。

图 6-2-21 为重庆万州长江大桥钢管混凝土泵送示意图(图中阿拉伯数字为浇筑顺序)。

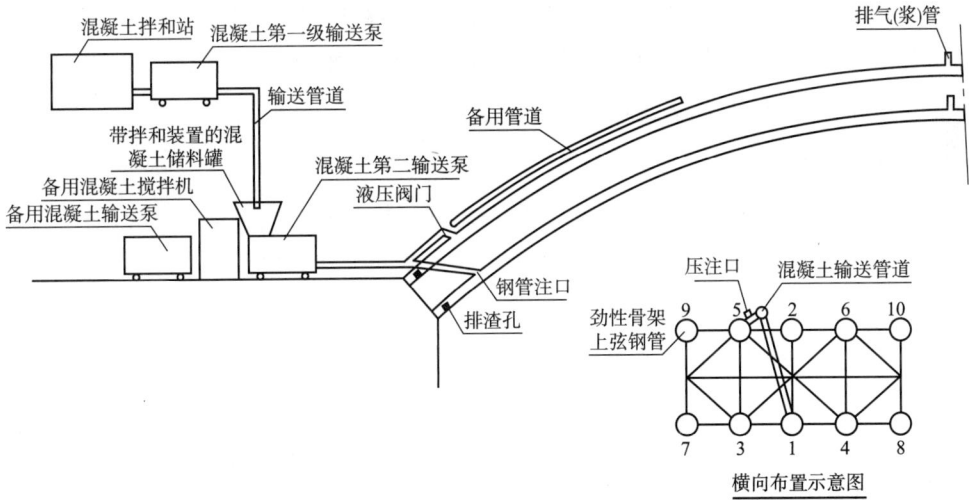

图 6-2-21 重庆万州长江大桥钢管混凝土泵送示意图

钢管混凝土应具有低气泡、大流动性、收缩补偿、延后初凝和早强的工程性能,灌注混凝土的配合比除满足强度指标外,尚应注意混凝土坍落度选择,坍落度值一般为 12 ~ 18cm,水灰比应小于 0.35,为满足上述坍落度的要求,应掺入适量减水剂,宜选择 FDN 型。为减少收缩量,可掺入适量的混凝土微膨胀剂,宜选择钙矾石、UEA 等。

(3)浇筑混凝土注意事项

钢管混凝土填充的密实度是保证钢管混凝土拱桥承载能力的关键。

钢管内混凝土是否灌满,混凝土收缩后与钢管壁形成空隙往往是问题所在。质量检测方法以超声波检测为主,人工敲击为辅。当然,采用小铁锤敲击钢管听声音的方法是十分简单和有效的。通过检测,有空隙部位必须进行钻孔压浆补强。施工中除应按设计要求进行外,还应注意以下几点:

①每根钢管的混凝土须由拱脚至拱顶一次连续浇筑完成,不得中断,且浇筑完成时间不得超过第一盘入管混凝土的初凝时间。

②浇筑入口应设在浇筑段根部,应从两拱脚向拱顶对称浇筑。用顶升法浇筑时,严禁从中部或顶部抛灌。

③浇筑混凝土的前进方向,应每隔 30m 左右设一个排气孔,有助于排出空气,提高管内混凝土的密实度。

④浇筑时环境气温应大于 5℃。当环境气温高于 40℃,钢管温度高于 60℃ 时,应采取措施降低钢管温度。

⑤可在钢管上固定附着式振动器,边灌边振,这样有助于排出管内空气,加强密实度,采用免振混凝土则无须振捣。

⑥管内混凝土的配合比及外掺剂等,应通过设计、试验来确定,施工中须严格管理,以确保钢管混凝土的质量。

大跨径钢管混凝土拱桥,混凝土可以分环或分段浇筑,灌注时应从拱脚向拱顶对称进行。大跨径拱肋灌注混凝土时应对拱肋变形和应力进行观测,并在拱顶附近配置压重,以保证施工安全。

2.2.3 中承式和下承式拱桥系杆施工

1)系杆的作用和组成

无水平推力的钢管混凝土拱桥均有系杆,下承式系杆预应力钢束锚于拱脚,一般常采用单跨形式。中承式系杆拱一般为三跨,两边跨为半跨形式的上承式拱桥,系杆预应力钢束锚于边跨拱肋端部。

下承式系杆拱一般采用两种形式:一种采用大尺寸的预应力梁组成的系杆,属于刚性拱和刚性系杆体系;另一种采用仅用体外预应力钢束组成的柔性系杆。

采用刚性拱和刚性系杆组成的下承式拱桥,系杆的施工方法与前面就地浇筑下承式钢筋混凝土拱桥基本相同,因此不再叙述。

柔性系杆一般由预应力钢绞线组成,钢绞线防护采用 PE 套。系杆钢束要穿过钢管拱肋,因此拱肋在系杆钢束穿过处需开孔,并在钢束穿过拱肋处留有预留孔道,一般预留孔道做成一只封闭的钢箱。中承式预应力钢束需穿入边孔端部拱肋钢管,钢束直接锚于钢管端部断面。下承式预应力钢束锚于拱脚后面的钢筋混凝土锚固块上。由于下承式柔性系杆在拱肋拱脚处与桥墩刚性连接,桥墩需承受弯矩,为加强系杆锚固块的强度,在锚固块的垂直方向应加预应力钢筋。

柔性系杆的拱桥,结构受力类似于带拉杆的刚架,结构自身的抗推能力很小,这就要求施工中加载的数量和系杆预应力钢束的张拉力基本平衡。因此柔性系杆拱桥的施工加载和系杆预应力钢束张拉及锚固块垂直预应力钢筋张拉必须严格按计算要求进行,以保证结构施工安全。根据施工加载各阶段,系杆的预应力钢束和锚固块垂直预应力钢筋也分阶段、分批张拉。系杆钢束全部张拉完成后,将拱肋和锚固块预留孔压浆封闭。

2)施工程序及要点

(1)施工程序

①搭设拱架浇筑两边跨半拱。

②拱肋制作、吊装。

③系杆安装。拱肋合龙后安装横撑,穿系杆钢绞线,安装张拉设备,张拉部分系杆,以平衡钢管拱肋产生的水平推力。

④浇筑拱肋钢管内混凝土,安装桥面系(吊杆、横梁、纵梁及桥面板)并同步张拉系杆,要求按设计程序浇筑管内混凝土,同时按增加的水平推力张拉系杆,以达到推力平衡。按一定的加载程序安装横梁、桥面板、吊杆及桥面系其他部分,同步张拉系杆,最后封固系杆,形成系杆拱桥。

⑤拆除边跨支架,安装边跨支座。

(2)施工时注意事项

①钢管拱肋合龙时,系杆因无法马上张拉,因此主墩必须能承受空钢管拱肋产生的水平推力或采取临时措施使主墩能承受此水平推力;如为单跨系杆拱桥,则在钢管拱肋吊装合龙且安装好横撑后,在封拱脚同时,浇筑拱脚两端的系杆锚墩,完成主拱拱脚固结。

②对拱肋加载应与系杆张拉同步进行,施工中应严格控制主墩(或锚墩)的水平位移以确保施工安全。

③桥面系施工、吊杆安装程序等应按设计程序对称、均衡施工。

④加载程序为先灌注拱肋钢管内混凝土,然后施工桥面系,张拉竖向吊杆及水平系杆钢束。

⑤钢管内混凝土可通过压浆、微膨胀混凝土、泵送连续浇筑等措施保证管内混凝土的密实性及与管壁的紧密结合,完成后,要检查其质量及密实度。

⑥应采取措施使吊杆与后浇筑的系杆混凝土隔离。

2.2.4 钢管混凝土劲性骨架

钢管混凝土结构,由于钢管吊装质量轻,钢管内灌注混凝土后刚度大,钢管对混凝土的约束作用等提高了混凝土的强度和变形能力。以上这些突出的优点使钢管混凝土结构适宜作为大跨径钢筋混凝土拱桥的施工劲性骨架,这已成为一个发展趋势。

此法采用不同形状的钢管(如单管形、哑铃形、矩形、三角形或集束形),或者以无缝钢管作弦杆;以槽钢、角钢等作为腹杆组成空间桁架结构,先分段制作成钢骨架,然后吊装合龙成拱,再利用钢骨架作支架,浇筑钢管内混凝土,待钢管内混凝土达到一定强度后,形成钢管混凝土劲性骨架,然后在其上悬挂模板,按一定的浇筑程序分环(层)分段浇筑拱圈混凝土,直至形成设计拱圈截面。先浇的混凝土凝结成型后可作为承重结构的一部分与劲性骨架共同承受后浇各部分混凝土的重力;同时,钢管中混凝土也参与钢骨架共同承受钢骨架外包混凝土的重力,从而降低了钢骨架的用钢量,减少了钢骨架的变形。这些突出的优点使钢管混凝土结构适宜作为大跨径钢筋混凝土拱桥的施工劲性骨架。

【知识拓展】重庆万州长江大桥

重庆万州长江大桥,原名万县长江大桥,位于重庆万州区(原四川万县市),是318国道(成都—上海)跨越长江的一座特大公路桥梁。1994年5月1日大桥正式动工,1997年完工。该桥为劲性骨架钢管混凝土上承式拱桥,桥长814m,宽24m(双向四车道),桥拱净跨420m,桥面距江面140m。单孔跨江,无水下基础,跨度雄居世界同类桥梁首位。主拱圈为钢管混凝土劲性骨架三室箱形混凝土结构,采用缆索吊装和悬臂扣挂的方法施工。拱上立柱为双柱式变截面箱形薄壁钢筋混凝土结构,立柱最高60m。该桥桥孔布置见图6-2-22。

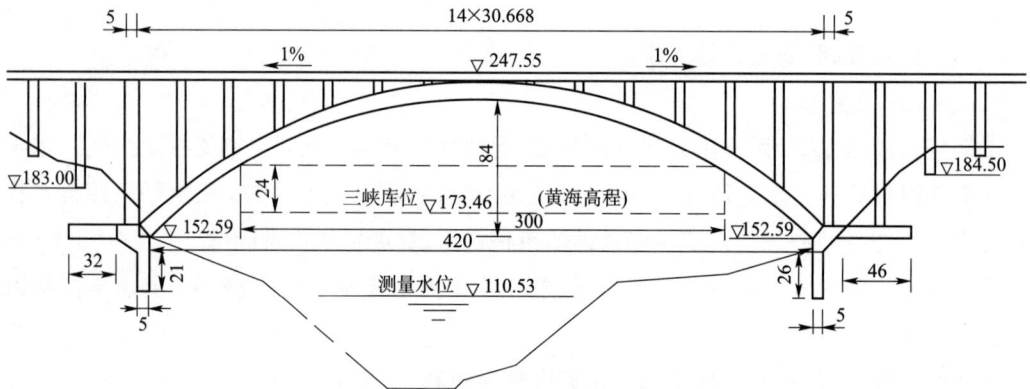

图6-2-22 重庆万州长江大桥桥孔布置图(尺寸单位:m)

该桥由重庆交通大学土木建筑学院顾安邦教授主研完成,设计施工技术的研究成果获国家科技进步一等奖。该桥的建成,使我国的拱桥建筑水平处于世界领先地位。

该桥主拱圈拱轴线形采用悬链线,主拱圈高7.0m,宽16.0m,拱圈采用五个桁片组成的钢管混凝土劲性骨架。每桁片的上下弦采用钢管,腹杆和桁片之间的上下平联采用角钢组合的H形断面。劲性骨架用缆索吊装系统吊装,合龙后用泵送混凝土灌注劲性骨架上下弦杆钢管内的混凝土,形成钢管混凝土劲性骨架,而后挂模板,分环分段浇筑拱圈混凝土。

劲性拱桁横向由5片组成,其中1、2、4、5片对应于拱圈箱肋位置,第3片仅为加劲用。拱桁上、下共两层横向联结系,拱桁呈空间桁架结构,上、下弦杆采用16Mn ϕ400×16钢管,腹杆由角钢组合而成。每片拱桁由多节桁段经法兰盘连接后加焊接而成,节点处采用节点板连接。劲性拱桁安装合龙并调整高程及拱轴线位置后,立即封好拱脚双铰,然后在钢管弦杆内压注C60混凝土,达到一定强度后就形成钢管混凝土劲性骨架,然后以劲性骨架为施工支架,悬挂模板按照图6-2-23b)中①~⑧所示浇筑程序分环、分段浇筑底板、顶板及箱肋板C60混凝土,直至形成设计的单箱三室截面的主拱圈。

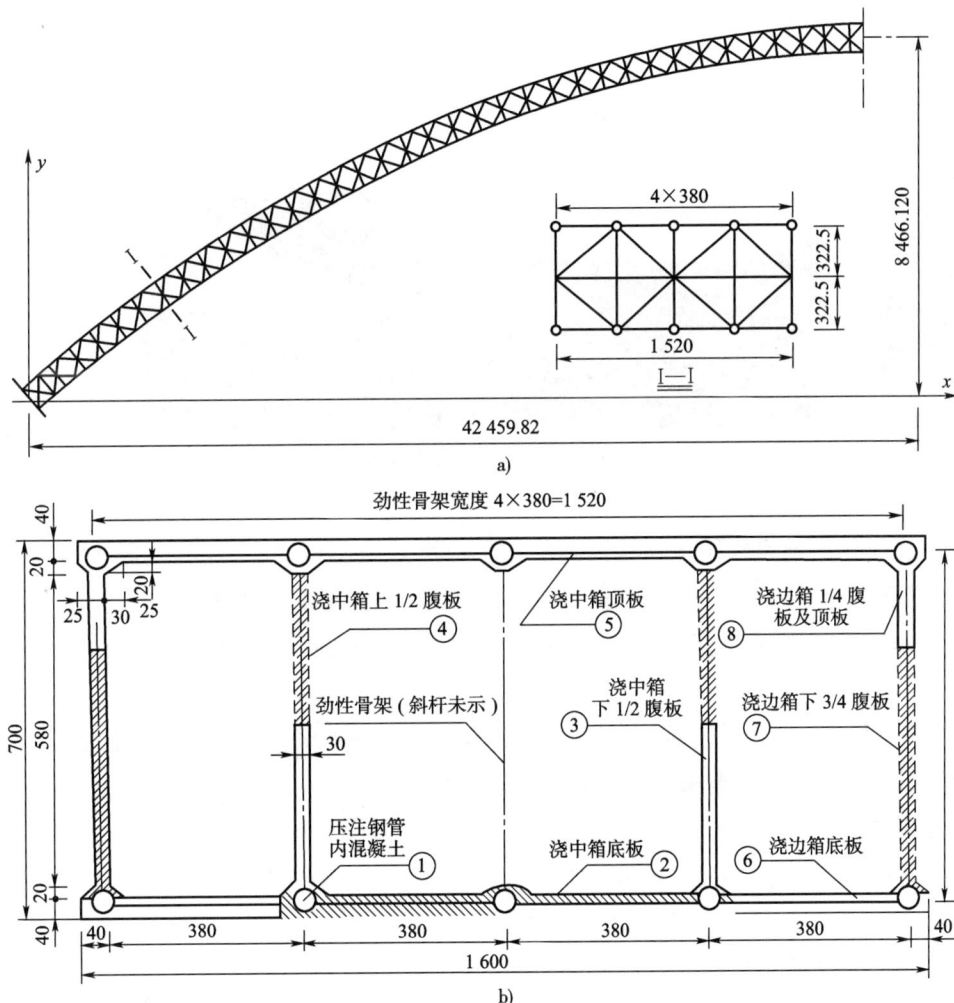

图6-2-23 重庆万州长江大桥钢管混凝土劲性骨架构造及浇筑顺序图(尺寸单位:cm)

学习情境2.3 转体施工

2.3.1 概述

转体施工法,一般适用于单孔或三孔拱桥的施工。其基本原理是:将拱圈或整个上部结构分为两个半跨,分别在河流两岸利用地形或简单支架现浇或预制装配半拱,然后利用一些机具设备和动力装置将其两半跨拱体转动至桥轴线位置(或设计高程)合龙成拱。

采用转体法施工拱桥的特点:结构合理,受力明确;节省施工用材;减少安装架设工序,变复杂的、技术性强的水上高空作业为岸边陆上作业;施工速度快;不但施工安全、质量可靠,而且在通航河道或车辆频繁的跨线立交桥的施工中可不干扰交通;减少对环境的损害;减少施工费用和机具设备,是具有良好的技术经济效益和社会效益的施工方法之一。

转体的方法可以采用平面转体、竖向转体或平竖结合转体,目前已应用在拱桥、梁桥(见图6-2-24)、斜拉桥、斜腿刚架桥等不同桥型上部结构的施工中。

转体装置

图6-2-24　转体施工应用于梁桥

1)平面转体

平面转体施工就是按照拱桥设计高程先在两岸边预制半拱,当结构混凝土达到设计强度后,借助设置于桥台底部的转动设备和动力装置,在水平面内将其转动至桥位中线处合龙成拱。由于是平面转动,因此,半拱的预制高程要准确,而且需要在岸边适当位置先做模架。

本法适用于深谷、河岸较陡峭、预制场地狭窄或无法采用现浇或吊装的施工现场。

平面转体可分为有平衡重转体和无平衡重转体。

2)竖向转体

竖向转体施工一般是将拱圈从跨中分为两个半拱,在桥轴线上利用地形搭设简单支架,在支架上组拼或现浇拱肋。在拱脚安装转动铰,利用扣索的牵引将结构竖向转至设计高程,跨中合龙完成结构的安装。

当桥位处地形较缓、河谷不深、水深较浅、搭设支架不困难时,可以将拱肋在桥位处组拼或浇筑成半跨,由下向上竖转至设计高程。

当桥位处地形陡峭、搭设支架困难时,常利用桥台结构竖向搭设组拼拱架的脚手架,拱肋由上向下竖转至设计高程。

3)平竖结合转体

由于受到河岸地形条件的限制,拱桥采用转体施工时,可能遇到既不能按设计高程处预制,也不可能在桥位竖平面内预制半拱的情况(如在平原区的中承式拱桥)。此时,拱体只能在适当位置预制后,既需平转又需竖转才能就位。这种平竖结合转体基本方法与前述相似,但转轴构造较为复杂。当地形、施工条件适合时,混凝土肋拱、刚架拱、钢管混凝土拱可选用此法施工。

2.3.2 有平衡重平面转体施工

有平衡重转体一般以桥台背墙作为平衡重,并作为桥体上部结构转体用拉杆的锚碇反力墙,用以稳定转动体系和调整重心位置。为此,平衡重部分不仅在桥体转动时作为平衡质量,而且也要承受桥梁转体质量的锚固力。

有平衡重转体施工的特点是转体质量大,施工的关键是转体。要把数百吨重的转动体系顺利、稳妥地转到设计位置,主要依靠以下措施实现:正确的转体设计;制作灵活可靠的转体装置,并布设牵引驱动系统。

1) 转体装置分类

目前,国内使用的转体装置有两种:第一种是以四氟乙烯作为滑板的环道平面承重转体,见图6-2-25a);第二种是以球面转轴及辅以滚轮的轴心承重转体,见图6-2-25b)。

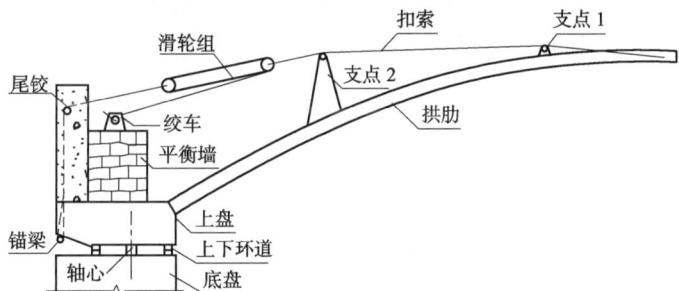

a) 四氟滑板环道转体

转体施工

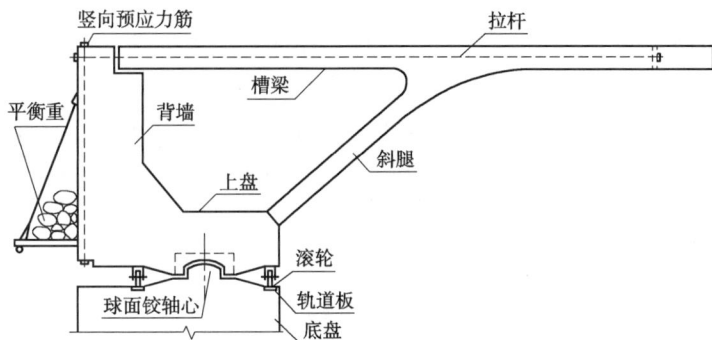

b) 球面转轴辅以滚轮转体

图6-2-25 转动体系的一般构造

第一种转体装置是利用了四氟材料摩擦系数特别小的物理特性,使转体成为可能。根据试验资料,四氟板之间的静摩擦系数为0.035~0.055,动摩擦系数为0.025~0.032,四氟板与不锈钢板或镀铬钢板之间的摩擦系数比四氟板间的摩擦系数要小,一般静摩擦系数为0.032~0.051,动摩擦系数为0.021~0.032,而且随着正压力的增大而减小。

第二种转体装置是用混凝土球面铰作为轴心承受转动体系重力,四周设保险滚轮,转体设计时要求转动体系的重心落在轴心上。这种装置一方面由于铰顶面涂了二硫化钼润滑剂,减小了牵引阻力;另一方面由于牵引转盘直径比球铰的直径大许多倍,而且又用了牵引增力滑轮组,因而转体也是十分方便可靠的。

2) 牵引驱动系统

牵引驱动系统通常由卷扬机(绞车)、倒链、滑轮组、普通千斤顶等机具组成。近年又出现了采用自动连续顶推系统作为转体动力设备的实例,其特点是转体能连续同步、匀速、平稳、一次到位、结构紧凑、占地少、施工方便。转体动力装置布置见图6-2-26。

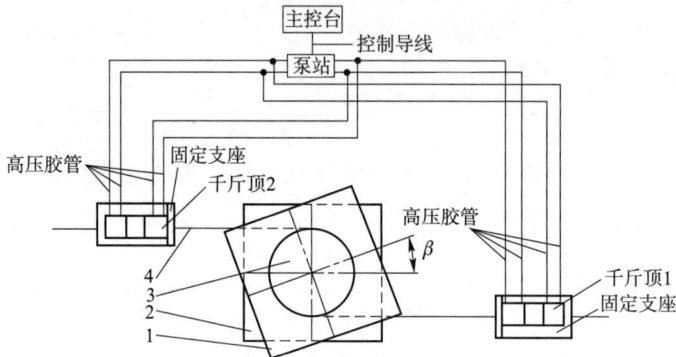

图6-2-26 转体动力装置布置图
1-上转盘;2-底盘;3-球铰;4-钢绞线

3) 转动体系的构造

转动体系最关键的部位是转体装置,它是由固定的底盘和能旋转的上转盘构成。

从图6-2-25 中可知,转动体系主要由底盘、上盘、背墙、桥体上部构造、拉杆(或拉索)组成。

底盘和上盘都是桥台基础的一部分,底盘和上盘之间设有能使其相互间灵活转动的转体装置。

背墙一般就是桥台的前墙,它不但是转动体系的平衡重,而且还是转体阶段桥体上部拉杆的锚碇反力墙。拉杆一般就是拱桥的上弦杆(桁架拱、刚架拱),或是临时设置的体外拉杆钢筋(或扣索钢丝绳)。

(1)聚四氟乙烯滑板环道

这是一种平面承重转体装置,它由设在底盘和上转盘间的轴心和环形滑道组成,具体构造见图6-2-27。图6-2-27a) 为环形滑道构造;图6-2-27b) 为轴心构造,其间由扇形板联结。

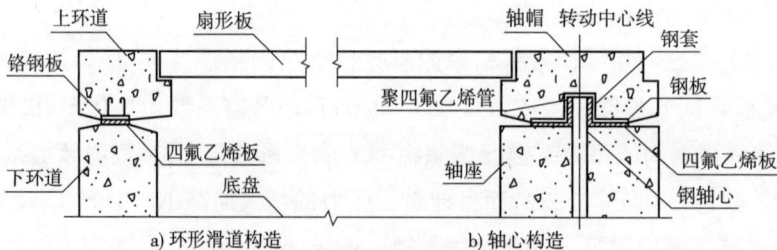

a) 环形滑道构造   b) 轴心构造

图6-2-27 聚四氟乙烯滑板环道构造

①环形滑道(见图6-2-28)。

图6-2-28 施工中的环形滑道

这是一个以轴心为圆心,直径7~8m的圆环形混凝土滑道,宽0.5m,上、下滑道高度约0.5m。下环道混凝土表面要既平整又粗糙,以利铺放80mm宽的环形四氟板。上环道底面嵌设宽100mm的镀铬钢板。最后用扇形预制板把轴帽和上环道连成一体,并浇上转盘混凝土,这就形成了一个可以在转轴和环道上灵活转动的上转盘。

这种装置平稳、可靠,承受转体质量大,转动体系的重心与下转盘轴心允许有一定数量的偏心值。

②转盘轴心。

由混凝土轴座、钢轴心和轴帽等组成。轴座是一个直径1.0m左右的C25钢筋混凝土矮墩,它不但对固定钢轴心起着定位作用,而且支承上转盘部分质量。合金钢轴心直径0.1m,长0.8m,下端0.6m固定在混凝土轴座内,上端露出0.2m车光镀铬,外套10mm厚的聚四氟乙烯管,然后在轴座顶面铺四氟板。在四氟板上放置直径为0.6m的不锈钢板,再套上外钢套。钢套顶端封固,下缘与钢板焊牢,浇筑混凝土轴帽,凝固脱模后轴帽即可绕钢轴心旋转自如。

(2)球面铰辅以轨道板和钢滚轮

这是一种以铰为轴心承重的转动装置。它的特点是整个转动体系的重心必须落在轴心铰上,球面铰既起定位作用,又承受全部转体重力,钢滚轮只起稳定保险作用。

球面铰可以分为半球形钢筋混凝土铰、球面形钢筋混凝土铰、球面形钢铰。前两种由于直径较大,故能承受较大的转体重力。

各种球面铰、轨道板及滚轮的构造见图6-2-29。

4)施工程序

有平衡重平面转体拱桥的主要施工程序为:制作底盘→制作上转盘→试转上转盘到预制轴线位置→浇筑背墙→浇筑主拱圈上部结构→张拉拉杆,使上部结构脱离支架,并且和上转盘、背墙形成一个转动体系,通过配重基本把重心调到磨心处→牵引转动体系,使半拱平面转动合龙→封上下盘,夯填桥台背土,封拱顶,松拉杆,实现体系转换。

279

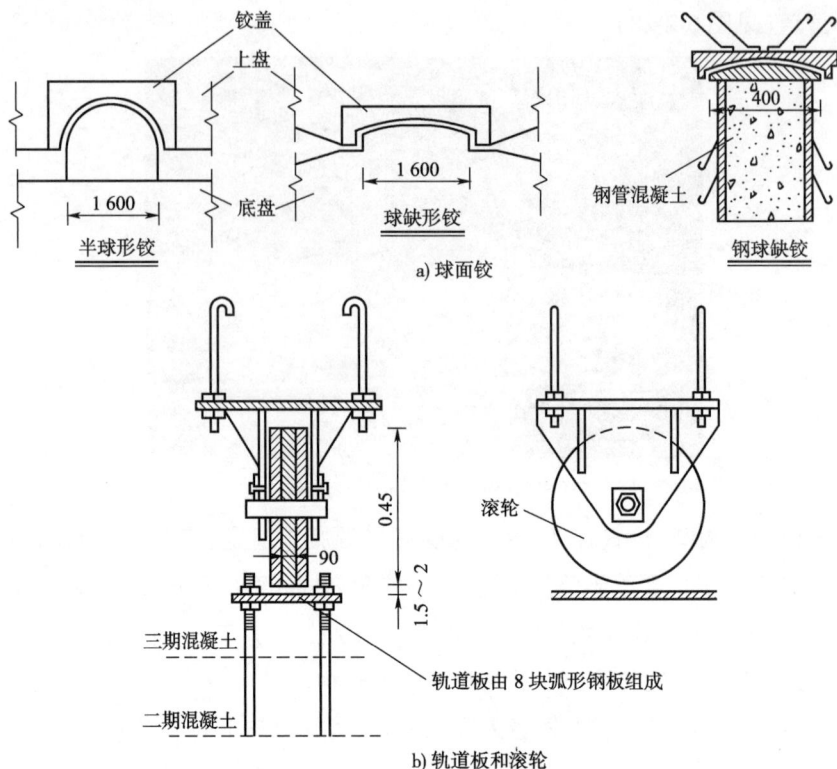

图 6-2-29 球面铰、轨道板及滚轮的构造(尺寸单位:mm)

(1) 制作底盘(以钢球面铰为例)

底盘设有轴心(磨心)和环形轨道板,轴心起定位和承重作用。磨心顶面上的球面形钢铰上盖要加工精细,使接触面达 70% 以上。钢铰与钢管焊接时,焊缝要交错间断并辅以降温,防止变形。轴心定位要反复核对,轨道板要求高差 ±1mm。注意板底与混凝土接触密实,不能有空隙。

(2) 制作上转盘

在轨道板上按设计位置放好承重滚轮,滚轮下面垫有 2~3mm 厚的小薄铁片,此铁片当上盘转动后即可取出,这样便可在滚轮与轨道板间形成一个 2~3mm 的间隙。这个间隙是保证转动体系的重力压在磨心上而不压在滚轮上的一个重要措施。它还可用来判断滚轮与轨道板接触松紧程度,调整重心。

滚轮通过小木盒保护定位后,可用砂模或木模作底模,在滚轮支架顶板面涂以黄油,在钢球面铰上涂以二硫化钼作润滑剂,盖好上铰盖并焊上锚筋,绑扎上盘钢筋,预留灌封盘混凝土的孔洞,即可浇上盘混凝土。

(3) 布置牵引系统的锚碇及滑轮,试转上盘

要求主牵引索基本在一个平面内。上转盘混凝土强度达到设计要求后,在上转盘前方或后方配临时平衡重,把上盘重心调到轴心处,最后牵引上转盘到预制拼装上部构造的轴线位置。这是一次试转,一方面它可检查、试验整个转动牵引系统,另一方面也是正式开始预制拼

装上部结构前的一道工序。为了使牵引系统能够供正式转体时使用,布置转向轮时应使其连线通过轴心且与轴心距离相等,这样求得正式转体时牵引力也是一对平行力偶。

（4）浇筑背墙

上转盘试转到上部构造预制轴线位置后即可准备浇筑背墙。背墙往往是一个质量很大的实体,为了使新浇筑背墙与原来的上转盘形成一个整体,必须有一个坚固的背墙模板支架。为了保证墙上部截面的抗剪强度（主要指台帽处背墙的横截面）,应尽量避免在此处留施工缝。如一定要留,也应使所留斜面往外倾斜。也可另用竖向预应力来确保该截面的抗剪安全。

（5）浇筑主拱圈上部结构

可利用两岸地形作支架土模,也可采用扣件式钢管作为满堂支架,以求节约木材。扣件式钢管能方便地形成所需的拱底弧形,不必截断钢管,可以重复周转使用。为防止混凝土收缩和支架不均匀沉降产生的裂缝,浇半跨主拱圈时应按规范留施工缝。

主拱圈也可采用简易支架,用预制构件组装的方法形成。

（6）张拉脱架

当主拱圈混凝土达到设计强度后,即可进行安装拉杆钢筋、张拉脱架等工序。为了确保拉杆的安全可靠,要求每根拉杆钢筋都进行超荷载50%试拉。正式张拉前,应先张拉背墙的竖向预应力筋,再张拉拉杆。在实际操作中,应反复张拉2~3次,使各根钢筋受力均匀。为了防止横向失稳,要求两台千斤顶的张拉合力应在拱桥轴线位置,不得有偏心。

通过张拉,要求把支承在支架、滚轮、支墩上的上部结构与上转盘、背墙全部联结成一个转动体系,最后脱离其支承,形成一个悬空的平衡体系支承的轴心铰上。这是一个十分重要的工序,它将检验转体阶段的设计和施工质量。当拱圈全部脱离支架悬空后,上转盘背墙下的支承钢木楔也陆续松脱,根据楔子与滚轮的松紧程度加片石调整重心,或以千斤顶辅助拆除全部支承楔子,让转动体系悬空静置一天,观测各部变形有无异常,并检查牵引体系等均确认无误后,即可开始转体。

（7）转体合龙

把第一次试转时的牵引绳按相反的方向重新穿索、收紧,即可开始正式转体。为方便其平稳转体,控制角速度为 0.5rad/min。当快合龙时,为防止转体超过轴线位置,采用简易的反向收紧绳索系统,用手拉葫芦拉紧后慢慢放松,并在滚轮前微量松动木楔的方法徐徐就位。

轴线对中以后,接着进行拱顶高程调整,在上下转盘之间用千斤顶能很方便地实现拱顶升降,只是应把前后方向的滚轮先拆除,并在上下转盘四周用混凝土预制块楔紧、楔稳,以保证轴线位置不再变化。拱顶最后的合龙高程应该考虑桥面荷载以及混凝土收缩、徐变等因素产生的挠度,并留够预拱度。轴线与高程调整符合要求后,即可先将拱顶钢筋用帮条焊接,以增加稳定性。

（8）封上下盘、封拱顶、松拉杆

封盘混凝土的坍落度宜选用 17~20cm,要求灌注的混凝土应从四周溢流,上下盘间密实。

281

封盘后接着浇筑桥台后座,当后座达到设计要求强度后,即可选择夜间气温较低时浇封拱顶接头混凝土,待其达到设计要求后,拆除拉杆,实现桥梁体系的转化,完成主拱圈的施工。主拱圈完成后,即可进行常规的拱上建筑施工和桥面铺装。

2.3.3 无平衡重平面转体施工

采用有平衡重转体施工修建拱桥,转动体系中的平衡重一般选用桥台背墙,但随着桥梁跨径的增大,需要的平衡质量急剧增加,不但桥台不需如此巨大圬工,而且转体质量太大也增加了转体困难。

无平衡重转体不需要有一个作为平衡重的结构,而是以两岸山体岩土锚洞作为锚碇来锚固半跨桥梁悬臂状态时产生的拉力,并在立柱上端做转轴,下端设转盘,通过转动体系进行平面转体。主要适用于刚构桥、斜拉桥、钢筋混凝土拱桥及钢管混凝土拱桥。

与有平衡重转体相比,无平衡重转体施工是把有平衡重转体施工中的拱圈扣索拉力锚在两岸岩体中,从而节省了庞大的平衡重。锚碇拉力是由尾索预加应力传给引桥桥面板(或平撑、斜撑),以压力的形式储备。桥面板的压力随着拱箱转体的角度变化而变化,当转体到位时达到最小。这样一来,不仅可使质量大大减轻,而且设备简单,施工工艺得到简化;虽施工所需钢材略有增加,但全桥圬工数量大为减少。

无平衡重转体施工需要有一个强大牢固的锚碇,因此宜在山区地质条件好或跨越深谷急流处建造大跨桥梁时选用。

根据桥位两岸的地形,无平衡重转体可以把半跨拱圈分为上、下游两个部件,同步对称转体;或在上、下游分别在不对称的位置上预制,转体时先转到对称位置,再对称同步转体,以使扣索产生的横向力互相平衡;或直接做成半跨拱体(桥全宽),一次转体合龙。

1)无平衡重转体一般构造

拱桥无平衡重转体施工是采用锚固体系代替平衡重平转法施工,利用了锚固、转动、位控三大体系构成平衡的转体系统,其一般构造如图6-2-30所示。

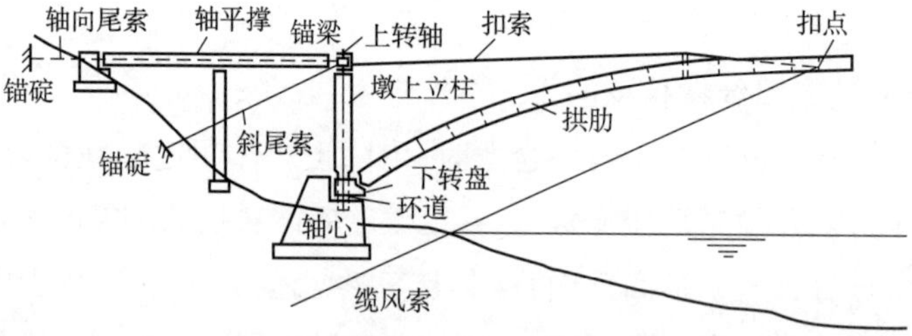

图6-2-30 拱桥无平衡重转体一般构造

(1)锚固体系

锚固体系由锚碇、尾索、平撑、锚梁(或锚块)及立柱组成。锚碇设在引道或边坡岩石中,锚梁(或锚块)支承于立柱上,两个方向的平撑及尾索形成三角形稳定体,稳定锚块和立柱顶部的上转轴使其为一确定的固定点。拱体转至任意角度,由锚固体系平衡拱体扣索力。当拱设计为双肋,并采取对称同步平转施工时,非桥轴向(斜向)支撑可省去。

（2）转动体系

转动体系由上转动构造、下转动构造、拱体及扣索等组成。如图 6-2-31 所示转体中的拱肋。

图 6-2-31 转体中的拱肋

上转动构造由埋入锚梁（或锚块）中的轴套、转轴和环套组成，扣索一端与环套连接，另一端与拱体顶端连接。转轴在轴套与环套间均可转动，见图 6-2-32。

下转动构造由下转盘、下环道与下转轴等结构组成。拱体通过拱座铰支承在转盘上，马蹄形的转盘中部卡套在下转轴上，并支承在下环道上，转盘下安装了许多聚四氟乙烯蘑菇头（千岛走板），转盘的走板可在下环道上沿下转轴做弧形滑动，转盘与转轴的接触面涂有黄油四氟粉，以使拱体转动，见图 6-2-33。

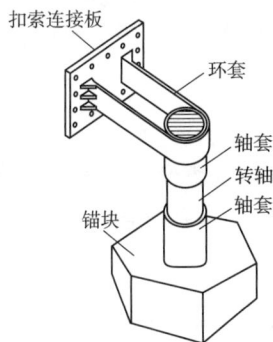

图 6-2-32 上转轴的一般构造示意图

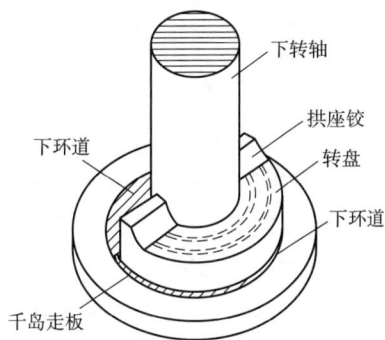

图 6-2-33 下转盘的一般构造示意图

扣索常采用 Ⅳ 级 $\phi 32$ 精轧螺纹钢筋，扣索将拱箱顶部与上转轴联结，从而构成转动体系。在拱箱顶端张拉扣索，拱箱即可离架转动。

（3）位控体系

位控体系由系在拱体顶端扣点的缆风索与转盘牵引系统（包括无级调速自控卷扬机、光电测角装置、控制台）组成，用以控制在转动过程中转动体的转动速度和位置。

2）无平衡重转体施工

拱桥无平衡重转体施工的主要内容和工艺有以下各项：

(1)转动体系施工

①安装下转轴、转盘及浇筑下环道;

②浇筑转盘混凝土;

③安装拱脚铰、浇筑铰脚混凝土;

④拼装拱体;

⑤设必要的支架、模板,设置立柱;

⑥安装扣索;

⑦安装锚梁、上转轴、轴套、环套。

这一部分的施工主要保证转轴、转盘、轴套、环套的制作安装精度及环道的水平高差的精度。转轴与轴套应转动灵活,其配合误差应控制在 0.6~1.0mm,环道上的滑道采用固定式,其平整度应控制在 ±1cm 以内;并要做好安装完毕到转体前的防护工作。

(2)锚碇系统施工

①制作桥轴线上的开口地锚;

②设置斜向洞锚;

③安装轴向、斜向平撑;

④尾索张拉;

⑤扣索张拉。

这一部分的施工对锚碇部分应绝对可靠,以确保安全。尾索张拉是在锚块端进行,扣索张拉在拱顶段拱箱内进行。张拉时,要按设计张拉力分级、对称、均衡加力,要密切注意锚碇和拱箱的变形、位移和裂缝,发现异常现象应仔细分析研究,处理后再转入下一工序,直至拱箱张拉脱架。

(3)转体施工

正式转体前应再次对桥体各部分进行系统、全面地检查,检查通过后方可转体。拱箱的转体是靠上、下转轴事先预留的偏心值形成的转动力矩来实现。启动时放松外缆风索,转到距桥轴线约60°时开始收紧内缆风索,索力逐渐增大,但应控制在 20kN 以下,如转不动则应以千斤顶在桥台上顶推马蹄形下转盘。为了使缆风索受力角度合理,可设置两个转向滑轮。缆风索走速,启动时宜选用 0.5~0.6m/min,一般行走时宜选用 0.8~1.0m/min。

(4)合龙卸扣施工

拱顶合龙后的高差,通过张紧扣索提升拱顶、放松扣索降低拱顶来调整到设计位置。封拱宜选择低温时进行。先用 8 对钢楔楔紧拱顶,焊接主筋、预埋铁件,然后先封桥台拱座混凝土,再浇封拱顶接头混凝土。当混凝土达到 70% 设计强度后,即可卸扣,卸索应对称、均衡、分级进行。

2.3.4 拱桥竖向转体施工

根据河道情况、桥位地形和自然环境等方面的条件和要求,竖向转体施工有以下两种

方式:

(1)竖直向上预制半拱,然后向下转动成拱。见图6-2-34。

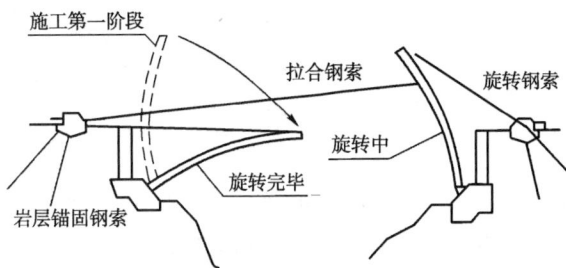

a)示意图   b)竖转施工

图6-2-34 向上预制,向下转动

这种施工方法的特点是施工占地少,预制可采用滑模施工,工期短,造价低。

需注意的是,在预制过程中应尽量保持半拱轴线垂直,以减小新浇混凝土重力对未凝结混凝土产生的弯矩,并在浇筑一定高度后加设水平拉杆,以避免因拱形曲率影响而产生较大的弯矩和变形。

(2)在桥面以下俯卧预制半拱,然后向上转动成拱。

竖向转体的转动体系由转动铰、提升体系(动、定滑车组,牵引绳等)、锚固体系(锚索、锚碇等)等组成,见图6-2-35。

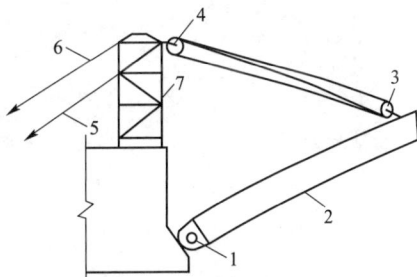

图6-2-35 竖转施工转动体系示意图
1-转动铰;2-桥体;3-动滑车;4-定滑车;5-牵引车(接卷扬机);6-锚索(接锚碇);7-塔架

【知识拓展】

1. 广州丫髻沙大桥

广州丫髻沙大桥(见图6-2-15)是广州市东南西环高速公路上跨越珠江的一座标志性特大桥,全桥共长1 084m。

主桥为76m+360m+76m的三跨连续自锚中承式钢管混凝土系杆拱桥,主跨为360m的6管桁式钢管混凝土拱肋截面,引桥为40m预应力混凝土T形梁桥。主桥基础均为钻(挖)孔灌注桩,主墩承台为上、下游分离式的群桩布置的刚性承台,墩身为实体式钢筋混凝土拱座。主拱拱肋为中承式钢管混凝土双肋悬链线无铰拱,计算跨径344m,矢高76.45m,矢跨比1/4.5。边拱拱肋为上承式双肋悬链线半拱,采用钢管劲性骨架外包钢筋混凝土的单箱单室等截面。桥面净宽32.4m,总宽36.5m,双向6车道。桥下通航净空为34m×137m。大桥于1998年7月开始施工,至2000年6月26日建成并正式交付运营。

该桥竖转、平转跨度均居当时世界第一位,竖转质量2 058 t,平转质量13 685 t,居世界领先水平。

该工程曾获2001年原建设部优秀工程设计一等奖、2002年全国优秀工程设计银奖、2003年中国公路学会科学技术一等奖。

该桥在中国土木工程学会2004年第16届年会上入选首届"中国十佳桥梁",位列拱桥第二名。

2. 佛山东平大桥

东平大桥位于广东省佛山市,跨越东平河。大桥总长1 427.2m,主跨300m,是一座三拱肋结构的中承式钢拱桥。采用卧拼竖提转体结合平转(即平竖结合)的施工方法,平转质量达14 800 t,于2006年建成通车。图6-2-36为其施工过程。

a) 制作完成半拱

b) 利用提升架竖转

c) 平转180°

d) 合龙后

图6-2-36　佛山东平大桥施工过程

【学习效果评价】

综合题

1. 拱桥的施工方法可以分为哪几大类?

2. 拱桥有支架就地浇筑施工拱架的形式有哪些?

3. 拱架的卸落设备有哪些?

4. 拱架的架设和卸落顺序有何不同(是从拱脚到拱顶,还是从拱顶到拱脚)?

5. 拱圈施工的常见方法有哪些?

6. 拱桥的无支架施工常用方法有哪些?

7. 简述转体施工的常见方法以及各种方法的适用条件。

8. 简述钢管混凝土拱桥的优缺点。

9. 钢管混凝土拱肋的截面形式有哪些?

10. 简述钢管混凝土拱桥施工要点。

单元 7 涵 洞

摘要: 涵洞在公路工程中占较大比例,是公路工程的重要组成部分。随着公路行业的发展,涵洞工程的地位举足轻重。本单元重点介绍常见涵洞的构造、涵洞施工图的识读方法,以及不同类型涵洞的施工方法、质量标准。

素质目标: 通过典型涵洞施工案例,教育学生从事涵洞施工工作应遵循公路桥涵施工相关规范要求,精心组织;引导学生深刻理解并自觉实践行业的职业精神,增强职业责任感和使命感,树立正确价值观,坚守职业道德底线。

学习项目 1 涵 洞 构 造

学习目标: 了解涵洞与桥梁的区别,掌握涵洞的特点;熟悉涵洞的类型及其组成;掌握涵洞构造。

能力目标: 能够准确判断涵洞的类型,正确分析涵洞的各组成部分,具有正确识读一般涵洞施工图的能力。

学习指导: 涵洞的构造不复杂,学习中多观察,多结合工程实例,将能很好地理解和掌握涵洞的构造形式。

💧 引言
○○○○○○○○

涵洞(见图7-1-1)是横穿路基的结构物,公路跨越沟谷、溪流、人工渠道以及排除路基内侧边沟水流时,常常需要修建涵洞。涵洞的设计与该公路的等级、使用任务、性质和将来的发展需要相适应。

图 7-1-1 涵洞

涵洞一般由洞身及洞口建筑组成,其作用与桥梁类似,但一般孔径较小,形状有管形、箱形及拱形等。涵洞在公路工程中占较大比例,是公路工程的重要组成部分,主要表现在工程数量和工程造价上。据有关资料介绍:涵洞工程数量占桥涵总数的60%~70%,平原地区,每公里有 1~3 座;山岭重丘区,每公里平均有 4~6 座。涵洞工程造价占桥涵总额的 40% 左右。

学习情境 1.1　涵洞概述

1.1.1　涵洞与桥梁的区别

在技术上,桥梁与涵洞是以跨径为划分标准的。根据《公路工程技术标准》(JTG B01—2014)规定,一般单孔跨径小于 5m(不含)称为涵洞。但管涵和箱涵不论孔径大小、跨数多少,均称为涵洞。

在外观上,桥梁与涵洞的主要区别在于其上方是否有填土,一般涵洞上有填土,而桥上无填土,直接设桥面系。从侧面看,涵洞就像在路基上挖的"孔",但路基在桥梁处是断开的。

1.1.2　涵洞的特点

由于涵洞是处于大自然环境(风、霜、雨、雪、冰冻、高温、水流冲击)和行车荷载的作用下,因此要求涵洞必须具备以下特点:

(1)满足排泄洪水能力,顺利快捷地排泄洪水。

(2)具有足够的整体强度和稳定性,保证在设计荷载的作用下,构件不产生位移和变形。

(3)具有较高的可靠性和耐久性,保证在自然环境中,长期完好,不发生破损。

1.1.3　涵洞分类

1)按功能划分

按照涵洞的功能,将涵洞分为过水涵、交通涵和灌溉涵。

2)按建筑材料划分

按照建筑材料,涵洞分为石涵、混凝土涵、钢筋混凝土涵及波形钢涵洞(见图 7-1-2)等。

3)按填土高度划分

按照填土高度,涵洞分为明涵和暗涵。

(1)明涵

洞顶无填土或填土高度 $H \leqslant 0.5m$,适用于低路堤及挖方路段。

(2)暗涵

洞顶有填土,且最小的填土厚度 $H > 0.5m$,适用于高路堤及深沟渠处。

图 7-1-2　波形钢涵洞

4)按水力性能划分

按照水力性能,涵洞分为无压力式涵洞、半压力式涵洞、有压力式涵洞,宜设计成无压力式。

(1)无压力式涵洞

无压力涵洞指的是入口处水流的水位低于洞口上缘,洞身全长范围内水面不接触洞顶的涵洞。

（2）半压力式涵洞

半压力式涵洞指的是入口处水流的水位高于洞口上缘，部分洞顶承受水头压力的涵洞。

（3）有压力式涵洞

有压力式涵洞进、出口都被水流淹没，涵洞全长范围内全断面过水且洞内顶部承受水头压力。

5）按构造形式划分

按构造形式，涵洞分为管涵、拱涵、盖板涵、箱涵、倒虹吸管等。常见的涵洞适用跨径应符合表 7-1-1 的规定。

各类涵洞适用跨径（单位：m） 表 7-1-1

构造形式	适用跨径	构造形式	适用跨径
钢筋混凝土管涵	0.75、1.00、1.25、1.50、2.00	石盖板涵	0.75、1.00、1.25
钢筋混凝土盖板涵	1.50、2.00、2.50、3.00、4.00、5.00	倒虹吸管	0.75、1.00、1.25、1.50
拱涵	1.50、2.00、2.50、3.00、4.00、5.00	钢波纹管涵	0.75、1.00、1.25、1.50
钢筋混凝土箱涵	1.50、2.00、2.50、3.00、4.00、5.00		

（1）管涵

管涵（见图 7-1-3）是洞身为管形的涵洞。适用于缺少石料地区且有足够填土高度的小跨径暗涵，一般采用单孔形式，多孔时不宜超过 3 孔。管涵由洞身及洞口两部分组成。洞身是过水孔道的主体，主要由管身、基础、接缝组成。洞口是洞身、路基和水流三者的连接部位，主要有八字墙和一字墙两种洞口形式。

管涵的管身通常由钢筋混凝土构成，管径一般有 0.75m、1.00m、1.25m、1.50m 和2.00m 等五种，管径的大小根据排水要求选择，多采用预制安装，预制长度通常为 2m。当采用 0.5m 或 0.75m 管径时用单层钢筋，而孔径在 1m 及 1m 以上时采用双层钢筋。0.5m 管径时其管壁厚度不小于6mm，0.75m 管径时管壁厚度不小于 8mm，1m 管径时管壁厚度不小于 10mm，1.25m 及 1.5m 管径时管壁厚度不小于12mm。

（2）拱涵

拱涵（见图 7-1-4）是指洞身顶部呈拱形的涵洞，一般超载潜力较大，砌筑技术容易掌握，便于群众修建。适用于跨越深沟或高路堤。

<table>
<tr><td>图 7-1-3　管涵</td><td>图 7-1-4　拱涵</td></tr>
</table>

（3）盖板涵

盖板涵（见图 7-1-5）是洞身以钢筋混凝土板、石板等作为顶盖的涵洞。钢筋混凝土盖板涵适用于无石料地区且过水面积较大的明涵或暗涵；石盖板涵适用于石料丰富且过水流量较小的小型涵洞。盖板涵主要由盖板、涵台及基础等部分组成，它受力明确，构造简单，施工方便。盖板涵与单跨简支板梁桥的结构形式基本相同，只是盖板涵的跨径较小。

（4）箱涵

箱涵不是盖板涵，箱涵的盖板及涵身、基础是用钢筋混凝土浇筑起来的一个整体，可用来排水、过人及车辆通过（见图 7-1-6）。箱涵适用于软土地基，但造价就会高些。

图 7-1-5　盖板涵　　　　　　　　　　图 7-1-6　箱涵

（5）倒虹吸管

路基两侧水流都高于涵洞进、出水口，且靠水流压力通过形似倒虹吸的涵洞（见图 7-1-7）。适用于路堑挖方高度不能满足设置渡槽的净空要求时的灌溉渠道，不适用于排洪河沟。

图 7-1-7　倒虹吸管

学习情境 1.2　涵洞构造

涵洞设于路基下方，通常由洞身、洞口建筑、进出水口沟床加固及防护三大部分组成（见图 7-1-8）。

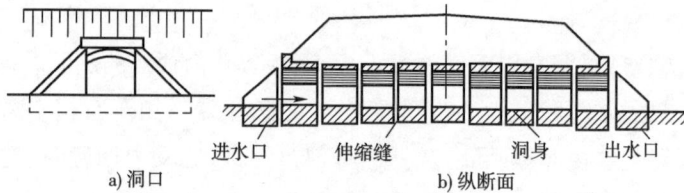

a) 洞口   b) 纵断面

图 7-1-8 涵洞组成

1.2.1 洞身构造

洞身是形成过水孔道的主体,它应具有保证设计流量通过的必要孔径,同时又要求本身坚固而稳定。

洞身的作用,一方面是保证水流通过,另一方面也直接承受荷载压力和填土压力,并将其传递给地基。

洞身通常由承重结构(如拱圈、盖板等)、涵台、基础以及防水层、伸缩缝等部分组成。钢筋混凝土箱涵及管涵为封闭结构,涵台、盖板、基础连成整体,其涵身断面由箱节或管节组成,为了便于排水,涵洞涵身还应有适当的纵坡,其最小坡度为0.4%。

洞身截面形式主要有圆形、拱形、矩形等。

1)管涵

管涵主要由管身、基础、接缝及防水层等构成(见图7-1-9)。

(1)管身宜由钢筋混凝土构成,应配双层钢筋。

(2)基础形式应视地基条件而定。当在较软弱地基上时,可采用混凝土或浆砌片石基础;当在砂砾、卵石、碎石及密实均匀的黏土或砂土地基上时,可采用砂砾石垫层基础;当在岩石地基上时,可采用垫层混凝土。

(3)接口宜为平接,可分为刚性、半刚性、柔性接口等,根据受力条件、施工方法及水文地质情况来选用接口形式。当为柔性接口时,宜采用承插式钢筋混凝土管涵,其接口处应设O型橡胶圈。

(4)管身周围应设防水层,以防渗水侵蚀,可采用沥青或厚200mm的塑性黏土等。

(5)当管涵较长设计有沉降缝时,沉降缝应贯穿整个洞身断面,其方向应与洞身轴线垂直。

2)盖板涵

盖板涵主要由盖板、涵台、洞身铺底、伸缩缝、防水层等构成(见图7-1-10)。

(1)盖板分石盖板、钢筋混凝土盖板。盖板两端应与涵台顶紧,并设锚栓连接,采用C20小石子混凝土填满捣实空隙。

(2)涵台基础及支撑梁由浆砌块(片)石或混凝土构成。涵底铺砌宜为水泥砂浆砌片石。

(3)沿涵身长度方向应每隔4~6m设一道沉降缝,具体位置应根据地基土变化情况和填土高度而定。在地基土质发生变化、基础埋深不同或地基压力发生较大变化以及填挖交界处,均应设置沉降缝。当采用填石抬高基础时,其沉降缝间距不宜大于4m。沉降缝应贯穿整个洞身断面,其方向应与板的跨径方向一致。

图 7-1-9　圆管涵

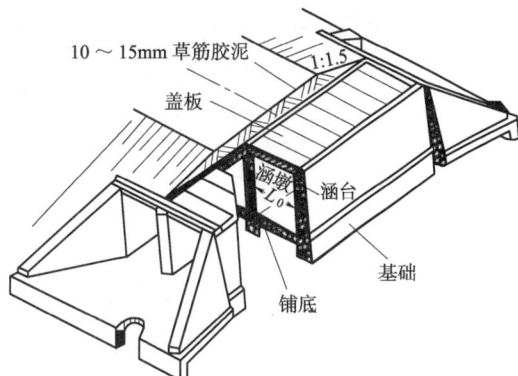

图 7-1-10　盖板涵

(4)在各式钢筋混凝土涵洞的洞身及端墙、基础顶面以上等部位,凡被土掩埋部分的表面均应设防水层。

3)箱涵

箱涵为整体闭合式钢筋混凝土框架结构,所以具有良好的整体性及抗震性能。主要由钢筋混凝土涵身、翼墙、基础、变形缝等组成。

(1)涵身宜采用钢筋混凝土整体闭合式框架结构,其横截面可为长方形或正方形。内壁在角隅处设倒角并配防劈裂钢筋。

(2)翼墙采用一字式钢筋混凝土薄壁结构时,应与洞身连成整体;采用八字式翼墙时,翼墙与洞身间应设沉降缝。

(3)涵身底部宜为混凝土和砂砾垫层上下两层。在洞口两端 2m 范围内应将基底埋入冰冻线以下不小于 0.25m。

(4)在涵身中部应设置沉降缝一道。当涵身长度超过20m 时,可视具体情况每隔6m 左右再设沉降缝。

4)拱涵

拱涵主要由拱圈、护拱、涵台、基础、铺底、沉降缝及排水设施组成(见图7-1-11)。

(1)拱圈由石料、混凝土等构成。拱圈宜采用等截面圆弧拱。

(2)护拱由石灰砂浆或水泥砂浆砌片石构成。

(3)拱上侧墙和涵底铺砌可用水泥砂浆砌片石构成。

(4)涵台宜为圬工结构,视地基土情况,采用整体式或分离式基础。

(5)拱背及台背宜设防水层,通过泄水孔或盲沟等排水设施导出积水。沉降缝的设置同盖板涵,其方向应与洞身轴线垂直。

5)倒虹吸管

(1)倒虹吸管主要由进口段、水平段和出口段组成。进口段由进水河沟、沉淀池、进水井等组成。水平段是倒虹吸的主体,由基础、管身、接缝等组成。出口段由出水井、出水河沟等组成。

（2）管身宜为钢筋混凝土圆管，管身基础由级配砂石垫层和混凝土基础构成。管身接缝宜为钢丝网抹带接口或环带接口。

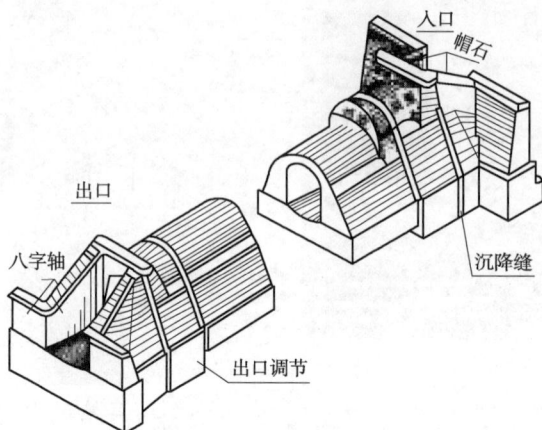

图 7-1-11　拱涵

（3）进出水井宜由混凝土构成，也可由水泥砂浆砌片石构成。竖井上设置活动的钢筋混凝土顶盖。沉淀池由浆砌块、片石构成。基础由混凝土和砂砾垫层构成。进出口河沟一定范围内做铺砌加固。

6）钢波纹管涵

（1）管身由薄钢板压成波纹后，卷制成管节构成。整体式波纹管采用法兰连接；分片拼装式波纹管采用钢板搭接，并用高强螺栓连接。

（2）钢波纹管涵地基或基础要求均匀坚固，其地基或基础的最小厚度与宽度应符合设计规范规定。

（3）钢波纹管管节内外面和紧固连接螺栓或铆钉，进行热镀锌防腐处理。

（4）管身楔形部分要求采用砾类土、砂类土回填。管顶填土应在管两侧保持对称均匀、分层摊铺、逐层压实，层厚宜为 150～250mm，其压实度不小于 96%。

图 7-1-12 为某钢波纹管涵施工图。

1.2.2　洞口建筑

洞口是洞身、路基、河道三者的连接构造物。洞口建筑由进水口、出水口和沟床加固三部分组成。洞口的作用：一方面使涵洞与河道顺接，使水流进出顺畅；另一方面确保路基边坡稳定，使之免受水流冲刷。沟床加固包括进出口调治构造物，减冲防冲设施等。洞口常见形式有八字式（见图 7-1-13）、一字墙式（见图 7-1-14）、平头式（见图 7-1-15）、扭坡式、走廊式、流线型及跌水井式。

1）八字式洞口

敞开斜置，两边八字形翼墙墙身高度随路堤的边坡变化。其特点是工程量小，水力性能好，施工简单，造价低，是最常用洞口形式。

（1）正八字式洞口由敞开斜置八字墙构成（见图 7-1-13a），敞开角宜采用 30°，且左右翼墙对称；适用于河沟平坦顺直，无明显沟槽，且沟底与涵底高差变化不大的情况。当八字墙与路中线垂直时,称直墙式洞口(见图7-1-13b);适用于涵洞跨径与沟宽基本一致,无须集纳和扩散水流或仅为疏通两侧农田灌溉时的情况。八字墙墙身宜由块(片)石砌筑,有条件时可做料石或混凝土预制块镶面。

a) 运至现场的片状拼装板

b) 拼装中的波形钢涵洞

c) 拼装已完成

图 7-1-12　某钢波纹管涵施工图

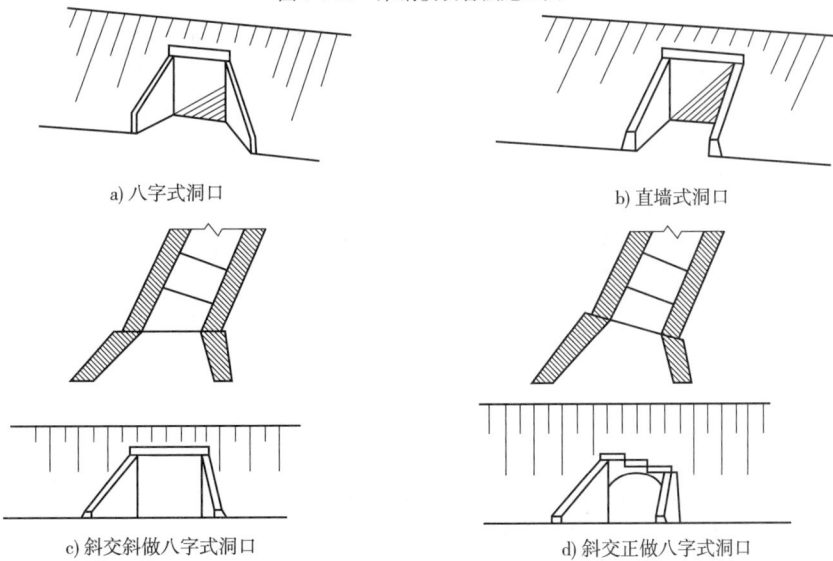

a) 八字式洞口

b) 直墙式洞口

c) 斜交斜做八字式洞口

d) 斜交正做八字式洞口

图 7-1-13　八字式洞口

（2）当地形和水流条件要求涵洞与路线斜交时,应做斜八字式洞口,有斜交斜做或斜交正做两种做法,见图7-1-13c）、d）。

2）一字墙式（也称端墙式）洞口

（1）一字墙式洞口采用涵台两侧垂直涵洞轴线部分挡住路堤边坡的矮墙（端墙）,墙外侧可用砌石椭圆锥、天然土坡、砌石护坡或挡土墙与天然沟槽、渠道和路基相连接,构成多种形式的一字墙式洞,见图7-1-14a）～c）;适用于沟床稳定、土质坚实的河沟以及流速较小的人工渠道或不易受冲刷的岩石河沟。

（2）当涵洞与路线斜交时,锥坡洞口宜采用斜交正做洞口（见图7-1-14d）,其端墙可做成斜坡式或台阶式。

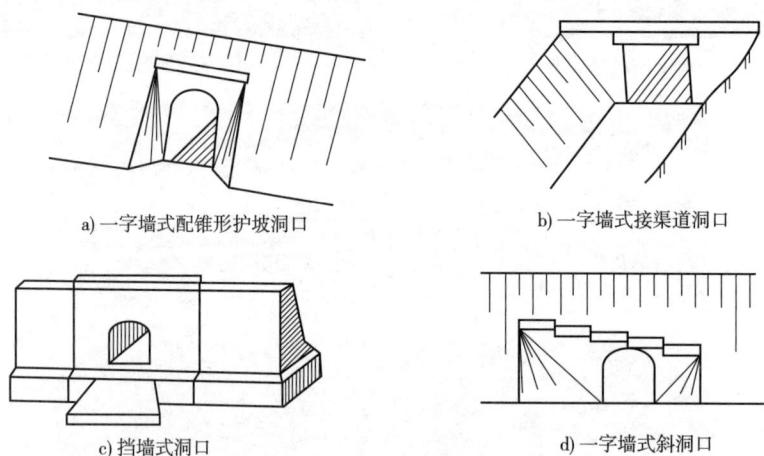

a) 一字墙式配锥形护坡洞口
b) 一字墙式接渠道洞口
c) 挡墙式洞口
d) 一字墙式斜洞口

图 7-1-14　一字墙式洞口

3）平头式洞口

平头式洞口（见图7-1-15）常用于钢筋混凝土管涵和钢波纹管涵,需制作特殊的洞口管节;适用于水流通过涵洞流速较小的情况。

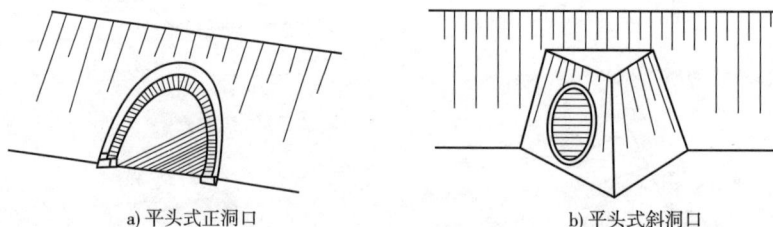

a) 平头式正洞口
b) 平头式斜洞口

图 7-1-15　平头式洞口

4）扭坡式洞口

扭坡式洞口与渠道之间由一段变化坡度的过渡段构成（见图7-1-16）,适用于盖板涵、箱涵、拱涵洞身与人工灌溉渠道的连接。进口收缩过渡段长度宜为渠道水深的4～6倍,出口扩散段还应适当增长。

5）走廊式洞口

走廊式洞口由两道平行翼墙在前端展开成八字形或圆曲线形构成（见图7-1-17），可使涵前的壅水（壅水是指水流受阻而产生的水位升高现象）水位在洞口部分提前收缩跌落，降低无压力式涵洞的计算高度或提高涵内计算水深，增大涵洞的宣泄能力；适用于高路堤。

6）流线型洞口

流线型洞口由进水口端节在立面上升高形成流线型构成（见图7-1-18），平面也可做成流线型，使涵长方向涵洞净空符合水流进洞收缩的实际情况。流线型洞口应用于压力式涵洞时，可使洞内满流；应用于无压力式涵洞时，可增大涵前水深，提高涵洞的宣泄能力。其适用于高路堤或路幅较宽、涵身较长的涵洞。

图7-1-16　扭坡式洞口　　　　　图7-1-17　走廊式洞口　　　　　图7-1-18　流线型洞口

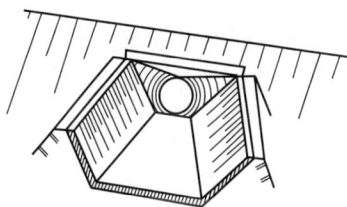

7）跌水井式洞口

跌水井式洞口主要有边沟跌水井洞口（见图7-1-19）与一字墙式跌水井洞口（见图7-1-20）两种。边沟跌水井用于内侧有挖方边沟涵洞的洞口，一字墙式跌水井用于陡坡沟槽跌水。跌水井式洞口适用于河沟纵坡大于50%或路基不能满足涵洞建筑高度要求、涵洞进口开挖大以及天然沟槽与洞口高差大时，以解决路基边沟或天然沟槽与涵洞进口的连接。

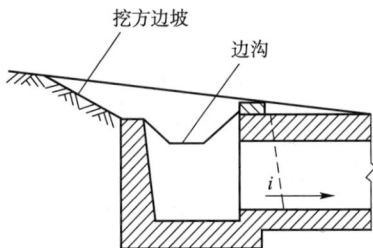

图7-1-19　边沟跌水井洞口　　　　　　　图7-1-20　一字墙式跌水井洞口

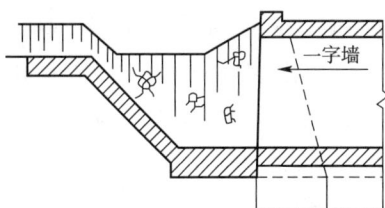

1.2.3　进出水口河床加固及防护

在涵洞上、下游河沟和路基边坡一定范围内，宜采取冲刷防护措施。当沟底纵坡≤15%时，可铺砌到上、下游翼墙端部，并在上、下游铺砌端部设置截水墙。其埋置深度不小于台身或翼墙基础深度。

1）进水口沟床加固及防护

（1）当河沟纵坡小于10%，河沟顺直且土质和流速许可时，可对进口采用干砌片石铺砌加固。

(2)当河沟纵坡为 10% ~50% 时,除岩石沟槽外,沟底和沟槽侧向边坡以及路基边沟均须采取人工铺砌加固。加固类型由水流流速确定。当采用缓坡涵进口时,涵前沟底纵坡较陡,涵身纵坡较缓,应在进口段设置缓坡段,其长度为 1~2 倍的涵洞孔径。

(3)当采用陡坡涵进口时,涵身纵坡较大,水流呈急流状态,涵底坡度与涵前沟底纵坡基本平顺衔接,可不设缓坡段,只做人工铺砌加固。

(4)当河沟纵坡大于 50% 时,流速很大,进口处宜设置跌水井,可采用急流槽与天然河沟连接。急流槽底每隔 1.5~2.0m 设一防滑墙。为减缓槽内流速,在槽底增设人工加糙设施。

2)出水洞口沟床加固及防护

(1)在河沟纵坡小于 3% 的缓坡涵洞中,当出水流速小于土壤的允许冲刷流速时,下游洞口河床可不做处理;当出水口流速大于或等于土壤的允许冲刷流速时,下游洞口沟床应铺砌片石进行加固或设置挑坎防护。

(2)在河沟纵坡小于或等于 15% 的缓坡涵洞中,当出水口流速较小时,可对下游河床进行一般的铺砌加固,并在铺砌末端设置截水墙。其埋置深度不小于洞身或翼墙基础深度。截水墙外做干砌片石加固。当出口流速较大时,采用延长铺砌石块或混凝土块,同时设深埋的截水墙。其深度应大于铺砌末端冲刷深度 0.1~0.25m。

(3)在河沟纵坡大于 15% 的陡坡涵洞中,其洞口末端视河沟的地质、地形和水力条件,采用出口阶梯、急流槽、导流槽、跌水、消力池、消力槛、人工加糙等特殊加固消能设施。

小　结

涵洞是设于路基下的排水孔道,主要由洞身、洞口建筑、进出水口沟床加固及防护三大部分组成。

本项目重点介绍涵洞的分类、特点,洞身构造,洞口建筑形式、适用条件,应重点理解涵洞与桥梁的区别,掌握常见的管涵、盖板涵、箱涵构造,正确区分盖板涵和箱涵,熟悉常见洞口形式。

按构造形式,涵洞分为管涵、拱涵、盖板涵、箱涵、倒虹吸管等。管涵通常用钢筋混凝土预制而成,多采用预制安装法,现在钢波纹管涵应用也越来越多。拱涵是洞身顶部呈拱形的涵洞,多为圬工材料现浇或砌筑而成。盖板涵是以钢筋混凝土或石板作为顶盖的矩形涵洞,箱涵的盖板、涵身、基础是浇筑起来的一个整体闭合式箱型结构。

【知识拓展】山坡涵洞的洞身构造特点

山区地形险峻,沟壑纵横,要修建公路必然是"高填深挖、逢沟架桥、遇山钻洞"。因此涵洞数量众多,而且山坡涵洞的洞底坡度比较大,一般为 10% ~30% 或更大一些。涵底的纵坡主要由进水口和出水口的沟底高程决定。洞身的布置根据底坡的大小不同有以下三种形式。

（1）跌水式底槽(适用于底坡小于12.5%)。底槽的总坡度等于河槽或山坡的总坡度。洞身由垂直缝分开的管节组成，每节有各自独立的底面水平的基础，后一节比前一节垂直沉降一定高度，使涵洞得到稳定。为了防止因管节错台在拱圈或盖板间产生缝隙，错台厚度不得大于拱圈或盖板厚度的3/4(见图7-1-21)。

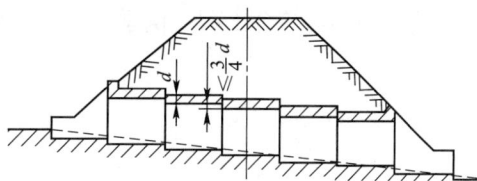

图7-1-21　跌水式底槽的涵洞纵断面

（2）急流坡式底槽(适用于底坡大于12.5%)。跌水式底槽每一管节的跌水高度太大，不能适应台阶高度的要求，因此，应建造带有急流坡的底槽。急流坡式底槽总坡度应等于或接近天然坡度(见图7-1-22)。涵洞的稳定性主要靠加深管节基础深度来保证，其形式一般为齿形或台阶形。

（3）小坡度底槽。如果地质情况不好，不允许修建坡度较大的涵洞时，应采用小坡度底槽，在进出水口设置消能设施(见图7-1-23)。常用消能设施有跌水、急流槽和消力池。

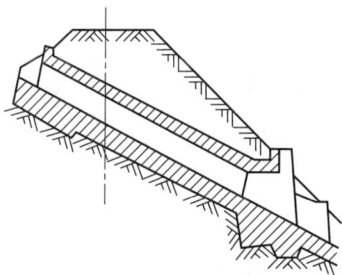

图7-1-22　急流坡式底槽的涵洞纵断面

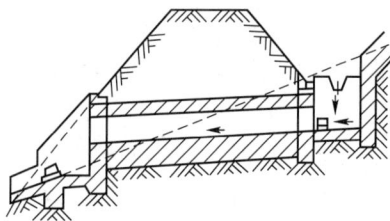

图7-1-23　小坡度底槽的涵洞纵断面

【学习效果评价】

综合题

1. 简述涵洞的分类和各类涵洞的特点。
2. 涵洞按洞身截面形式划分为哪几类？
3. 洞口建筑形式有哪些？各自适用于什么情况？
4. 简述进水洞口沟床加固及防护条件。
5. 简述出水洞口沟床加固及防护条件。

学习项目2　涵洞施工图识读

学习目标：了解涵洞施工图的常用比例、内容；掌握识图方法，熟悉识图步骤；掌握工程量核算方法。

能力目标：能够正确识读涵洞施工图，会根据图纸核算工程量。

学习指导:结合工程实例学习识图步骤与方法,加强练习。

⦿ 引言
○○○○○○○

涵洞施工图相对于桥梁施工图而言,比较简单,在熟悉和了解涵洞构造的基础上,结合工程制图基本知识,识读涵洞施工图的难度并不大。

学习情境2.1　基本知识

公路涵洞一般用总图的形式来表达,主要有涵洞中心立面图、平面图、出入洞口正面图、钢筋构造图。为了使平面图表达清楚,画图时不考虑洞项的覆土,如进、出水口形状不一样时,需要把进、出水口的正面图分别绘制。

涵洞施工图的比例常采用1:100或1:150。

现以常用的管涵、盖板涵和箱涵为例,说明涵洞施工图的识读方法及步骤:

(1)阅读标题栏、附注和主要工程数量表,了解涵洞的类型、孔径、比例、尺寸单位、材料等。

(2)看清所采用的视图及其相互关系。

(3)按照涵洞的各组成部分,看懂它们的结构形式,明确其尺寸大小。

①洞身。涵洞的类型、孔径,涵洞的总长度、节数、每节长度、沉降缝宽度;洞身节的形状和尺寸,以及基础、边墙、拱圈等。

②出口和入口。出入口的形状和尺寸,包括基础、翼墙、雉墙、端墙、帽石各部位形状尺寸。

③锥体护坡和沟床铺砌。锥体护坡的形状,桥台锥体护坡填土坡度规定,锥体护坡填土材料要求等;沟床铺砌砌体材料的选择,厚度和长度的相应规定。

④路堤与涵洞的关系、回填材料土层厚度规定。

(4)通过上述分析,想象出涵洞的整体形状和各部分尺寸大小。

学习情境2.2　涵洞施工图识读

2.2.1　公路钢筋混凝土圆管涵

图7-2-1为某钢筋混凝土圆管涵布置图。

从平面图中可知,洞口是一字墙式,正交涵洞。从立面图中可知,涵管长度为800cm,两边洞口铺砌长度各为195cm,涵洞总长为1 190cm,4个管节,每节长度2m;从涵身横断图中可

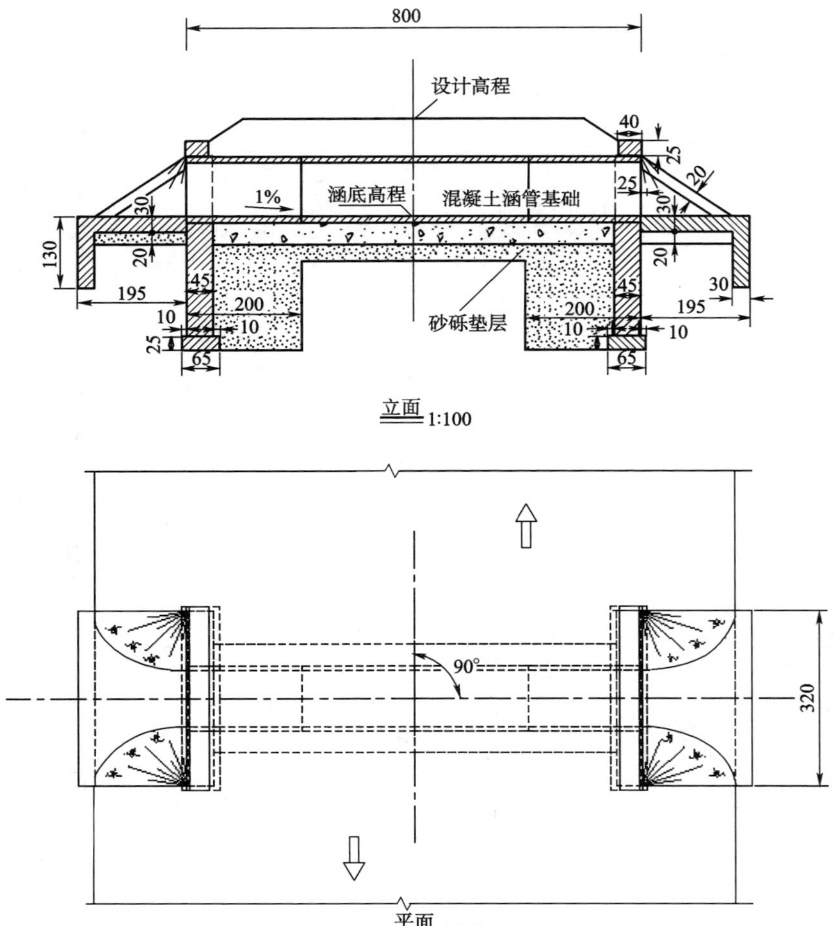

注：1. 本图尺寸均以"cm"为单位。
2. 涵管基础选用C10混凝土，沉降缝间距为4m。
3. 帽石采用C20混凝土，端墙及洞口铺砌、截水墙采用C15混凝土，锥坡采用M7.5砂浆片石。片石强度≥Ⅲ级。

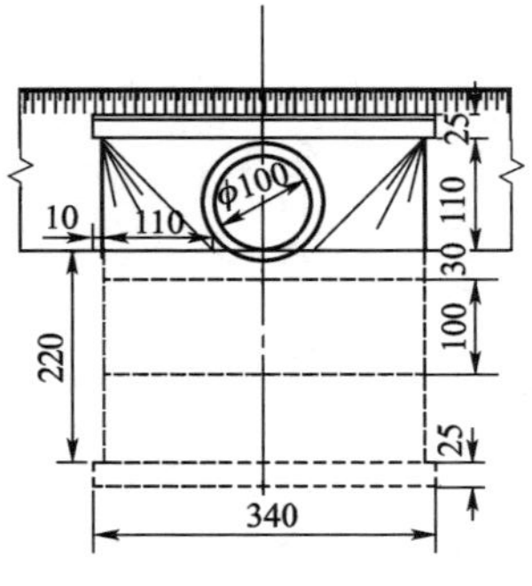

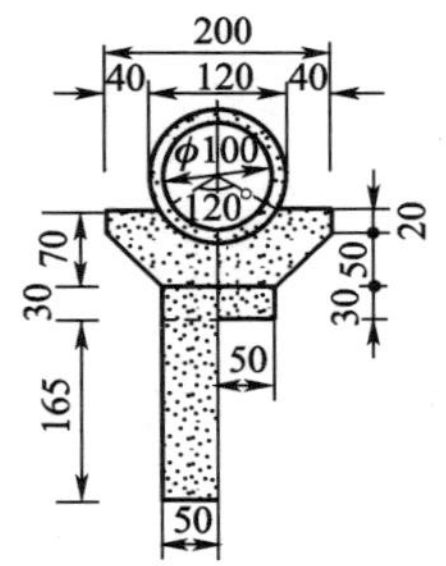

侧面（洞口） 1:100

涵身横断面 1:100

设计高程

涵底高程

混凝土涵管基础

砂砾垫层

1%

立面 1:100

90°

平面 1:100

图7-2-1 某钢筋混凝土圆管涵布置图

知,管节内径为100cm,管壁厚10cm。立面图中示出涵底纵坡1%,涵底高程和涵顶填土设计高程单位以"m"计。

将立面图与涵身横断面图结合起来读图,能够读出涵身基础构造。由于进、出水口一致,结构对称,故采用半中部半端部剖面。从端部剖面可知,圆涵端部管座厚70cm,管座上宽200cm,下宽100cm,管座下设1:1的抹角;管座下是(30+165)cm砂砾垫层,砂砾垫层宽100cm。中部剖面图中管座下设30cm砂垫层,其余尺寸同端部。帽石宽40cm,长340cm,厚25cm,设有1:1抹面。

从附注中可知,该涵管基础选用C10混凝土,沉降缝间距为4m。帽石采用C20混凝土,端墙及洞口铺砌、截水墙采用C15混凝土,锥坡采用M7.5砂浆片石。

2.2.2 公路钢筋混凝土盖板涵

图7-2-2为钢筋混凝土盖板涵布置图。

因其结构对称,所以采用的是中心纵剖面图、平面图、入口洞口正面图、中心洞身断面及洞身端部侧面图、八字墙端部侧面图来表达。

1)I-I截面(中心纵剖面图)

从图7-2-2a)中的中心纵剖面图可知,该涵洞的总节数为12节,每节长度1m;涵洞的流水坡度为1.5%,涵底进水口高程为132.522m,涵底中心高程为132.504m,出水口涵底高程为132.486m;涵顶填土进、出水口高程均为134.912m,中心高程为134.994m,路基封顶设有1.5%的双向横坡排水,填土厚度可根据各部位高程及盖板厚度和流水净空的高度推算;涵洞内流水净空160cm;此图还给出了地质柱状图及相应的地基承载力;涵台台身与基础设沉降缝一道,缝宽2cm。

2)A大样图

图7-2-2a)中的A大样图给出了帽石尺寸及形状,比例采用1:50。帽石厚20cm,宽35cm,长295.2cm,设有5cm抹面,坡度1:1。

3)平面图

平面图见图7-2-2b),比例尺同立面图,为1:100。可以看出此涵为正交涵洞,图中示出涵洞的墙身宽度、八字墙的位置、涵洞长度、洞口的形状和尺寸。为把八字墙表达清楚,作II-II、III-III截面图。从II-II截面图中可知八字墙进、出水口端部各部形状和尺寸,如八字墙基础底宽(20.2+106.9+21.3)cm,厚60cm;八字墙底宽106.9cm,顶宽42.6cm,高195cm;40cm厚M10砂浆砌MU30片石,下设20cm厚的砂垫层。从III-III截面图中可知八字墙同洞身相接处的各部形状和尺寸,读图方法同II-II截面。

4)中心洞身断面图

从图7-2-2b)中的中心洞身断面图可知,涵洞基础采用一阶扩大基础,宽度340cm,长度1202cm,高度100cm;涵墙高度349cm,宽60cm,长度同基础;盖板长240cm,中心厚25cm,宽99cm;涵内净高160cm,净跨200cm。

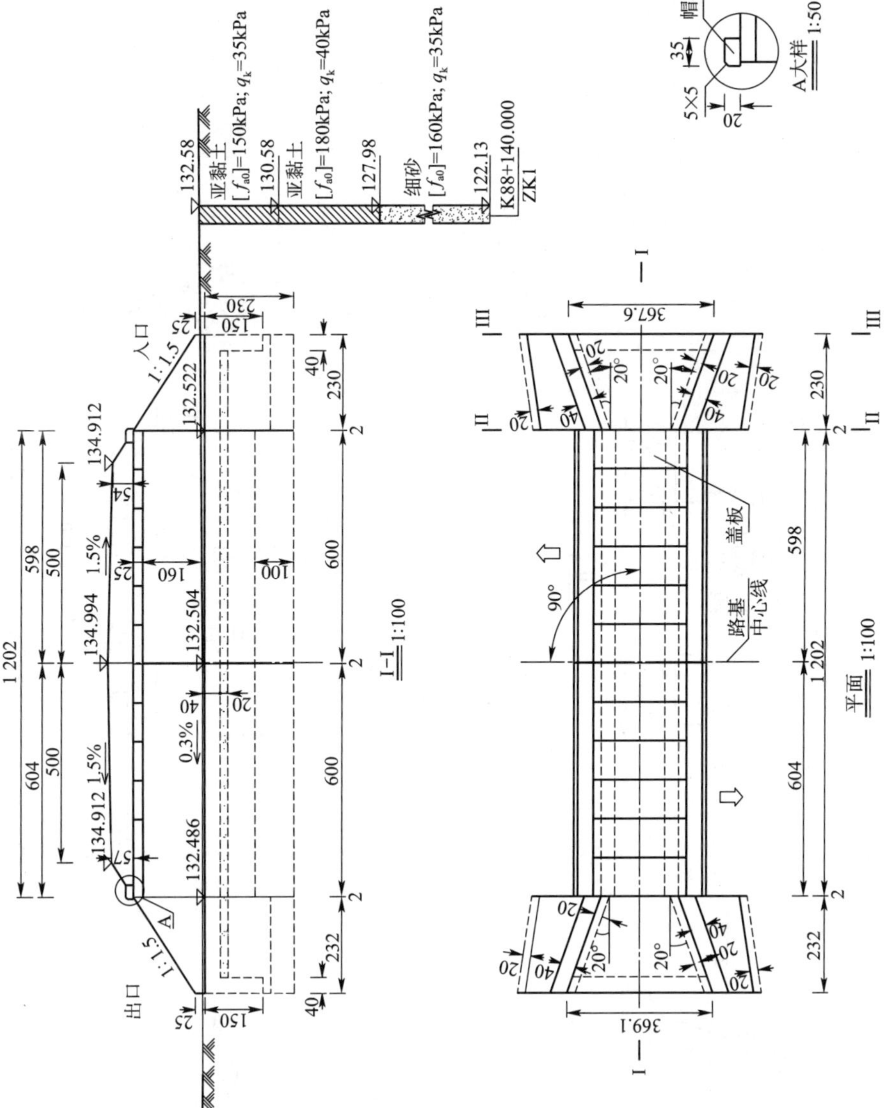

图7-2-2a) K88+140.000钢筋混凝土盖板涵布置图（一）

主要工程数量表

工程项目			单位	数量
主体工程	盖板	C35混凝土	m³	6.27
		HRB335钢筋	kg	922.52
	洞身	台身 C30混凝土	m³	44.96
		基础 C30混凝土	m³	40.80
		洞身 M10浆砌片石	m³	9.62
		铺砌 砂垫层	m³	4.81
	帽石	C30混凝土	m³	0.41
	防水层	三油 沥青油毡	m²	4.67
		二毡 涂沥青	m²	7.00
	沉降缝	沥青麻絮填塞	m²	0.47
	挖基	土方	m³	578
附属工程	八字墙	墙身 C30混凝土	m³	22.26
		基础 C30混凝土	m³	9.80
	洞口 铺砌	M10浆砌片石	m³	4.12
		砂垫层	m³	2.06
	截水墙	M10浆砌片石	m³	4.24
	回填	土方	m³	53

注: 1. 本图尺寸除里程、标高以"m"计及注明者外, 余均以"cm"计。
   2. 本涵出入口均采用八字墙, 过水部分出入口以外顺接路基边沟。
   3. 本涵基底设计应力应为140kPa。
   4. 涵台身及基础设沉降缝一道, 缝宽2cm, 外侧用沥青麻絮填塞, 深度为5cm, 顺沉降缝外侧设置三油二毡防水层, 缝间填满砂浆。
   5. 铺砌层采用M10砂浆砌双层MU30片石, 缝间填满砂浆, 防止冲刷。

II—II 1:100

III—III 1:100

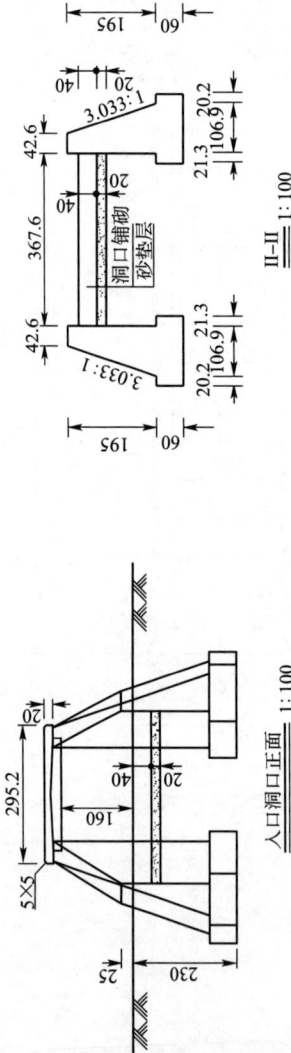

入口洞口正面 1:100

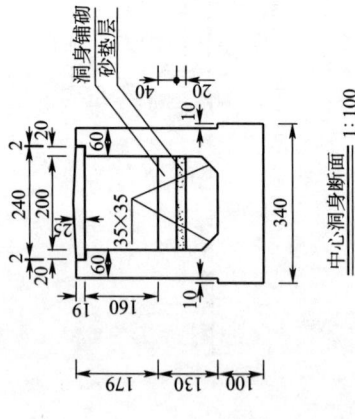

中心洞身断面 1:100

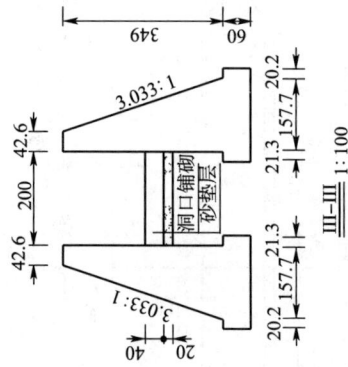

图7-2-2b) K88+140.000钢筋混凝土盖板涵布置图 (二)

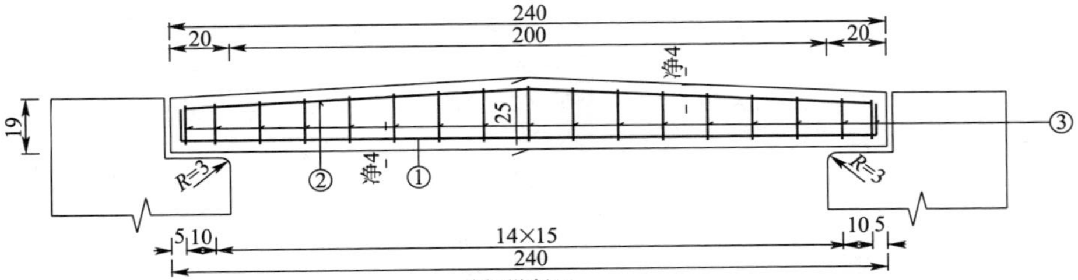

盖板横断面 1:15

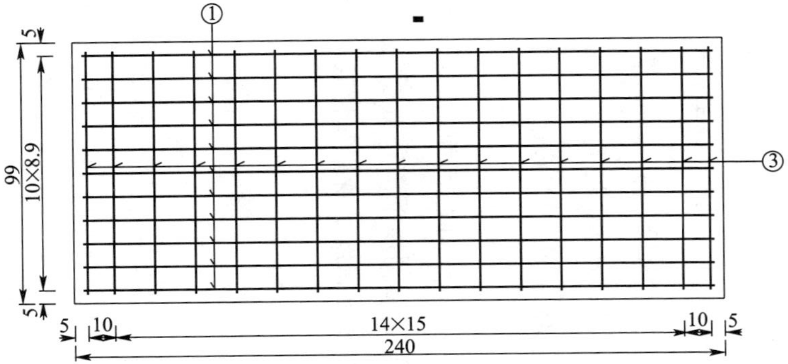

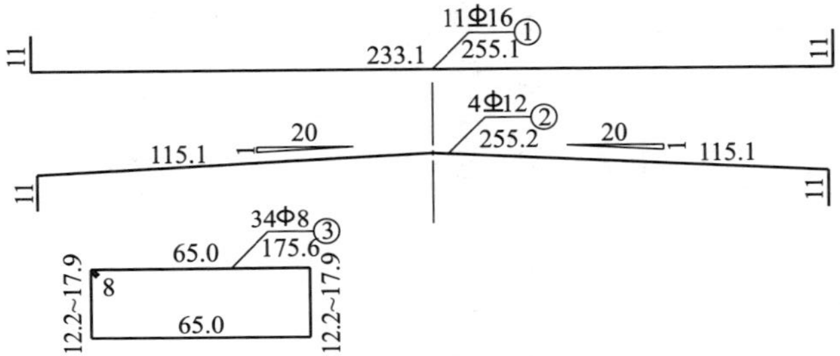

一个盖板钢筋明细表

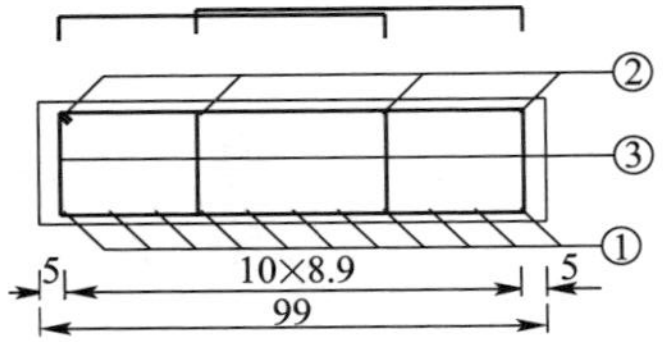

编号	规格(mm)	长度(cm)	根数	共长(m)
1	Φ16	255.1	11	28.06
2	Φ12	252.2	4	10.09
3	Φ8	175.6	34	59.70

全涵盖板工程数量表(12块)

规格(mm)	总长(m)	单位重(kg/m)	共重(kg)	合计(kg)	C35混凝土(m)
Φ16	336.72	1.58	532.02	922.52	6.27
Φ12	121.08	0.888	107.52		
Φ8	716.40	0.395	282.98		

注：1. 图中尺寸除钢筋直径以"mm"计外，余均以"cm"计。
2. 预制盖板必须在混凝土强度达到设计强度的70%后才能脱模，移动和堆放，堆放时应在块件端部用两点搁支，不得把上下面倒置。

盖板纵断面 1:15

盖板平面 1:15

11Φ16① 255.1

4Φ12② 255.2

34Φ8③ 175.6

图7-2-2c)　K88+140.000 钢筋混凝土板盖板涵盖板钢筋构造

305

5)盖板钢筋构造图

盖板钢筋构造图见图 7-2-2c),由盖板纵断面、盖板平面、盖板横断面及盖板钢筋明细表组成,比例 1:15。从图中可知,盖板长、宽、厚,不同部位水泥保护层厚度,钢筋的规格、长度,筋与筋之间的间距、位置等。图注中另给出施工要求。

2.2.3 箱涵

图 7-2-3 为某公路新建箱涵全套施工图。

1)平面图

从平面图中(见图 7-2-3a)可知,该涵洞为斜交涵,斜交角为 10°,净跨 400cm,涵墙厚 32cm;入口采用一字墙洞口接锥体形式,一字墙长 1 188cm,宽 36cm。

2)涵洞纵断面图

从涵洞纵断面图中(见图 7-2-3a)可知,涵主体轴长 3 679cm,涵顶填土设有双向排水横坡;每隔 600cm 设一道沉降缝,缝宽 2cm;在纵断面图中给定涵洞进出口、中心、出水口的涵顶填土和箱涵底面高程,涵底设有 0.3% 的纵坡,基础和砂垫层长度 3 679cm;涵洞洞口处采用40cm 厚 M7.5 砂浆砌片石,并下设 10cm 厚砂砾垫层。

3)洞身断面图

从洞身断面图中(见图 7-2-3b)可知,涵身顶板混凝土和涵身底板混凝土厚均为 34cm,涵墙厚 32cm,净跨 400cm,净高 300cm,箱涵内设 5cm × 5cm 倒角;端部洞身和中部洞身底设10cm C15 混凝土基础,混凝土基础下设砂砾垫层,洞身端部和中部垫层厚分别为 80cm 和50cm,基础和砂垫层宽度为(20 + 32 + 400 + 32 + 20)cm。

4)箱身钢筋布置图

钢筋布置图比例为 1:50(见图 7-2-3c)。I-I 断面为箱涵涵身横断面钢筋布置图,II-II 断面为箱涵顶板钢筋布置图,III-III 断面为箱涵侧墙钢筋布置图,把这几个断面结合起来,再配以钢筋大样图识读,找出其中关系,可以读出箱涵涵身配筋骨架详图和数量。

─ ─ ─ ─ ─ ─ ─ ─ ─ ─ ─ ─ ─ ─ ─ **小 结** ─ ─ ─ ─ ─ ─ ─ ─ ─ ─ ─ ─ ─ ─

涵洞工程图识读,其目的是培养学生阅读工程图样的能力和空间想象能力,为学生将来走向工作岗位打好坚实的基础,在路基路面、桥梁、涵洞等的施工中,施工人员在读懂构件及构造物相关图样的基础上,才能完成其施工及监督生产作业。本项目重点介绍了管涵和盖板涵施工图的识读方法与步骤。

【知识拓展】图 7-2-3 箱涵涵洞图纸设计说明

1. 设计依据

设计依据为交通部部颁《公路工程技术标准》(JTG B01—2014),《公路桥涵设计通用规范》

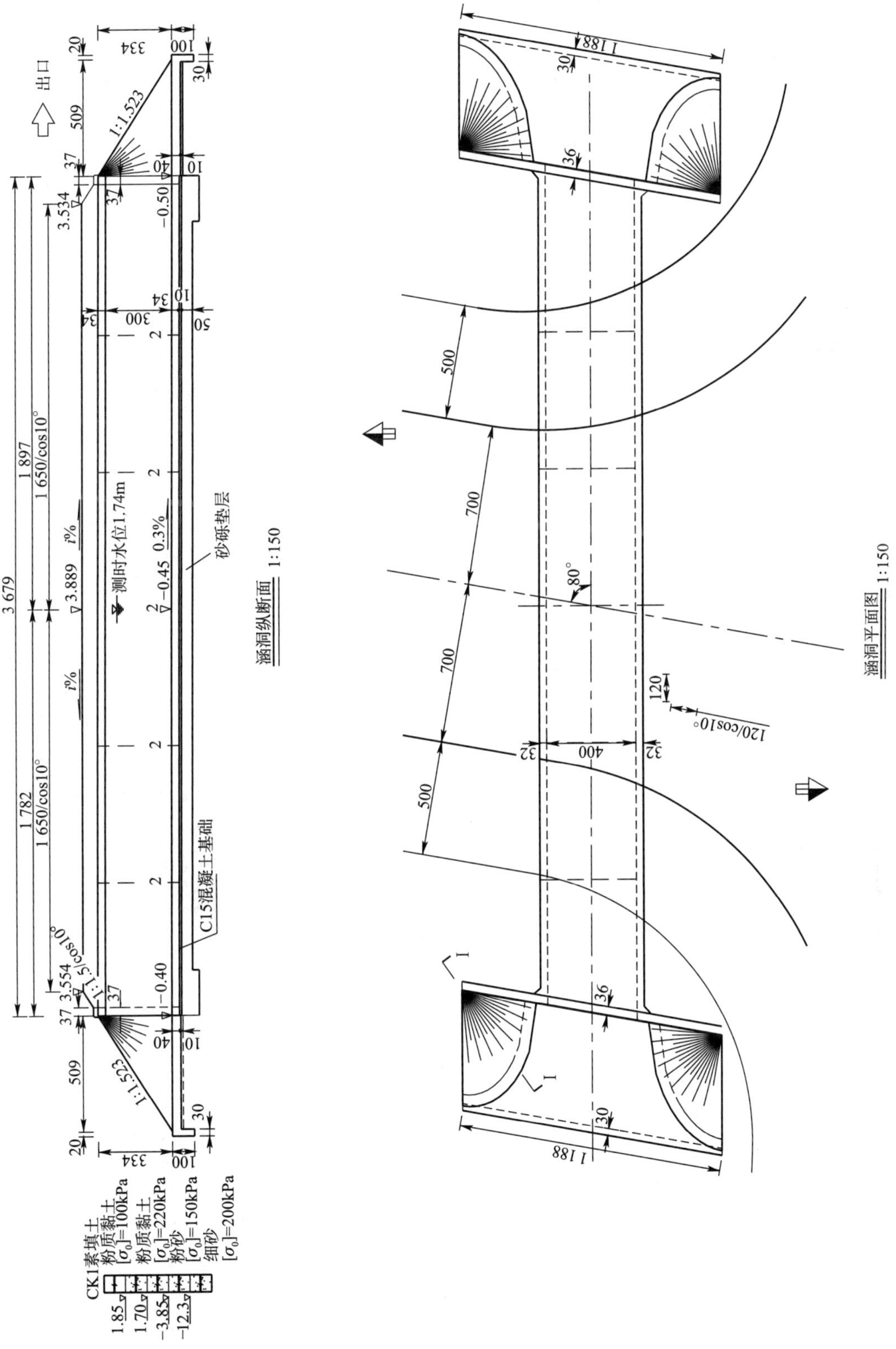

涵洞纵断面 1:150

涵洞平面图 1:150

涵洞一般布置图（一）

图 7-2-3a）箱涵

主要工程数量表

工程项目		单位	数量
主体工程	箱身 C30混凝土	m³	202.1
	翼墙顶铺 钢筋 HPB235钢筋 HRB335钢筋	kg	24 938.4
	基础 C15混凝土	m³	18.5
	砂砾垫层	m³	107
	帽石块 C15混凝土	m³	
	挡块 C15混凝土	m³	441.5
	防水层 涂热沥青两层	m³	12.0
	沉降缝 沥青麻筋沥青填塞	m³	0/90
	基础换填 1:2砂石	m³	
	挖土(无水/有水冲<3m)	m³	
	挖石(无水/有水冲<3m)	m³	
	挖石(无水/有水冲<3m)	m³	
附属工程	洞口 一字墙 墙身 M7.5砂浆砌片石	m³	28.5
	基础 M7.5砂浆砌片石	m³	7.1
	勾缝 M10水泥砂浆	m²	7.1
	抹面 M10水泥砂浆	m²	21.8
	锥坡及基础 M7.5砂浆砌片石	m³	4.1
	内填土	m³	43.0
	挖基 挖石(无水/有水)	m³	0/210
	挖沟 挖石(无水/有水)	m³	
	湿喷桩	m/根	9 900/660

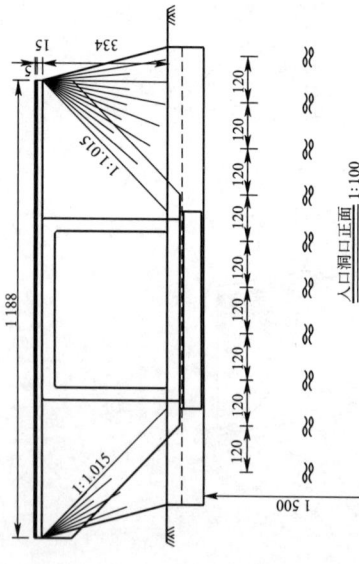

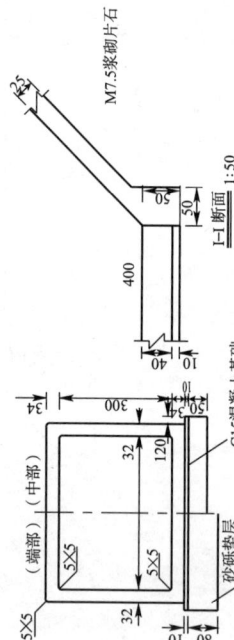

入口洞口正面 1:100

洞身正面

I-I断面 1:50

M7.5浆砌片石

洞身断面 1:100

(端部) (中部)

砂砾垫层

C15混凝土基础

变形缝构造

三层沥青两层油毛毡

沥青麻絮

浸沥青木板

通道四壁

注：
1. 本图尺寸除里程、标高以"m"计及注明者外，其余均以"cm"计。
2. 设计荷载：城-B级。
3. 地震动峰加速度为0.05g。
4. 本箱位于一字墙直线上，与线路斜交10°。
5. 本箱入口采用的沥青麻絮和一字墙接缝体，出入口以外顺接原沟。
6. 本箱涵口尺寸宽出多余部分，应做适当美化处理。结合现场实际进行。出口采用一字墙接锥体，出口处多余B×H=4.0×3.0。
7. 本箱涵进口5m栏杆+5m人行道+14m行车道+5m人行道布置，人行道按+0.5m栏杆布置。
8. 路面由0.5m栏杆进入5m栏杆+14m行车道+0.5m栏杆，梅花形布置，每延米喷粉量55~60kg。
9. 湿喷桩桩径为50cm，湿喷桩桩径50cm。

10. 湿喷桩施工前，应将原地面整平至设计高程，施工完毕后，应将箱形构造物下表层未喷浆的50cm挖除，然后重新按标高进行整平，端涵基础底板应予预留。
11. 变形缝一般要求≥6m设一道，端部适当调节，但需保证斜涵口结构构度；变形缝的麻絮应使用加防腐缝材料严密，用有纤维的麻絮青或其他填缝材料封缝。
12. 变形缝的槽口设在右顶、底板的上面，侧端的外面，箱涵底板变形缝的顶面可不设油毛毡，而在缝处贴热沥青即可。
13. 湿喷桩桩长按控制原则：a.设计桩长；b.地勘报告中的土层情况；c.在进时电流突变，一般应当电流突变处后下钻50cm为止。
14. 本图比例1:150。

图7-2-3b) 箱涵一般布置图(二)

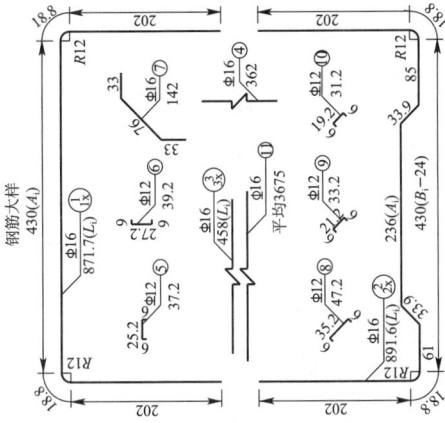

箱身钢筋工程数量表

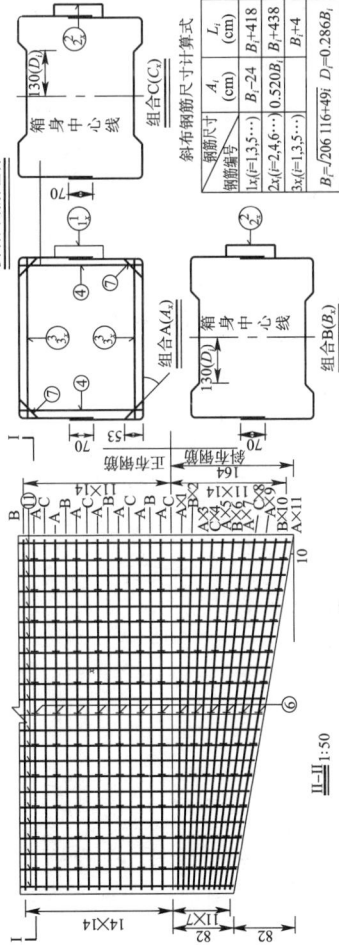

编号	直径(mm)	每根长(cm)	根数(根)	共长(m)	每米重(kg/m)	共重(kg)
1	Φ16	871.7	246	2 144.38	1.578	3 384.55
2	Φ16	891.6	246	2 193.29	1.578	3 461.75
3	Φ16	458.0	246	1 126.68	1.578	1 778.28
4	Φ16	362.0	270	977.40	1.578	1 542.67
5	Φ12	37.2	2430	903.96	0.888	802.55
6	Φ16	39.2	2970	1 164.24	1.578	1 033.63
7	Φ16	142.0	540	766.80	1.578	1 210.27
8	Φ12	47.2	540	254.88	0.888	226.29
9	Φ12	33.2	540	179.28	0.888	159.17
10	Φ12	31.2	540	168.48	0.888	149.58
11	Φ16	平均3 675.0	152	5 586.00	1.578	8 816.59
1x	Φ16	平均875.2	20	210.05	1.578	331.53
2x	Φ16	平均895.1	20	179.02	1.578	282.55
3x	Φ16	平均461.5	24	110.76	1.578	174.82
合计	C30混凝土186.51m³				HRB335钢筋23 354.2kg	

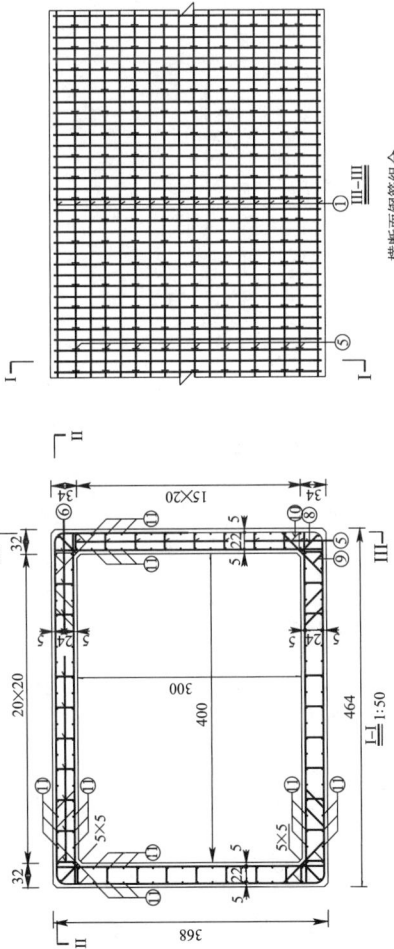

斜布钢筋尺寸计算式

钢筋编号	A_i (cm)	L_i (cm)
1x(i=1,3,5···)	$B-24$	$B+418$
2x(i=2,4,6···)	$0.520B_i$	$B+4$
3x(i=1,3,5···)		

$B_i=$206 116+49i　$D_i=0.286B_i$

组合尺寸计算式

注:
1. 图中尺寸除钢筋直径以"mm"计及注明者外，余均以"cm"计。
2. 钢筋组合A、B、C钢筋，A、B、C表示正布钢筋，A、B、C表示斜布钢筋。
3. 图中斜布钢筋的D，和C，中斜布钢筋的D，在正布钢筋方向的投影均为130cm。
4. 图中组合B，和C，中斜布钢筋仍保持其i尺寸及45°倾角不变。
5. 任何组合B，组合C，中的斜布钢筋，其斜角部分的斜布钢筋，施工时按钢筋参数表中的公式计算。
6. 钢筋大样中A及L，为斜布钢筋的长度值，施工时应按每个涵节长度制作。
7. 图中①号钢筋按全涵长度给出，施工时应按每个涵节长度给出。

图7-2-3c)　箱涵一般布置图(三)

一个翼墙钢筋数量表

编号	直径(mm)	每根长(cm)	根数(根)	共长(m)	每米重(kg/m)	共重(kg)
1	Φ16	1184.0	6	71.04	1.578	112.12
2	Φ12	526.0	2	10.52	0.888	9.34
3	Φ16	412.0	3	12.36	1.578	19.51
4	Φ16	平均262.0	9	23.58	1.578	37.22
5	Φ12	187.0	12	22.44	1.578	35.42
6	Φ12	407.0	3	12.21	0.888	10.84
7	Φ16	平均257.0	9	23.13	1.578	20.54
8	Φ16	401.0	3	12.03	1.578	18.99
9	Φ16	平均251.0	9	22.59	1.578	35.65
10	Φ16	176.0	12	21.12	1.578	33.33
11	Φ16	406.0	3	12.18	0.888	10.81
12	Φ12	平均255.0	9	22.95	0.888	20.38
13	Φ12	384.0	16	61.44	0.888	54.55
14	Φ16	平均225.0	40	90.00	0.888	79.90
15	Φ16	274.0	24	65.76	1.578	103.79
16	Φ16	256.0	24	61.44	1.578	96.97
17	Φ12	163.8	16	26.21	0.888	23.27
18	Φ12	502.7	4	20.11	0.888	17.85
19	Φ12	37.4	28	10.47	0.888	9.30
20	Φ12	40.4	118	47.67	0.888	42.32
合计			C30混凝土:7.75m³		HRB335钢筋:792.1kg	

注:
1. 图中尺寸除钢筋直径以"mm"计及注明者外，余均以"cm"计。
2. 翼墙角隅处②号钢筋均未在立面及有关断面中绘出，其竖向排列位置分别与③④⑤或⑧⑩⑪号钢筋一致，锚干绑扎在这些钢筋位置。
3. 当⑫号钢筋与其他钢筋相碰撞时，应适当移动⑫号钢筋。

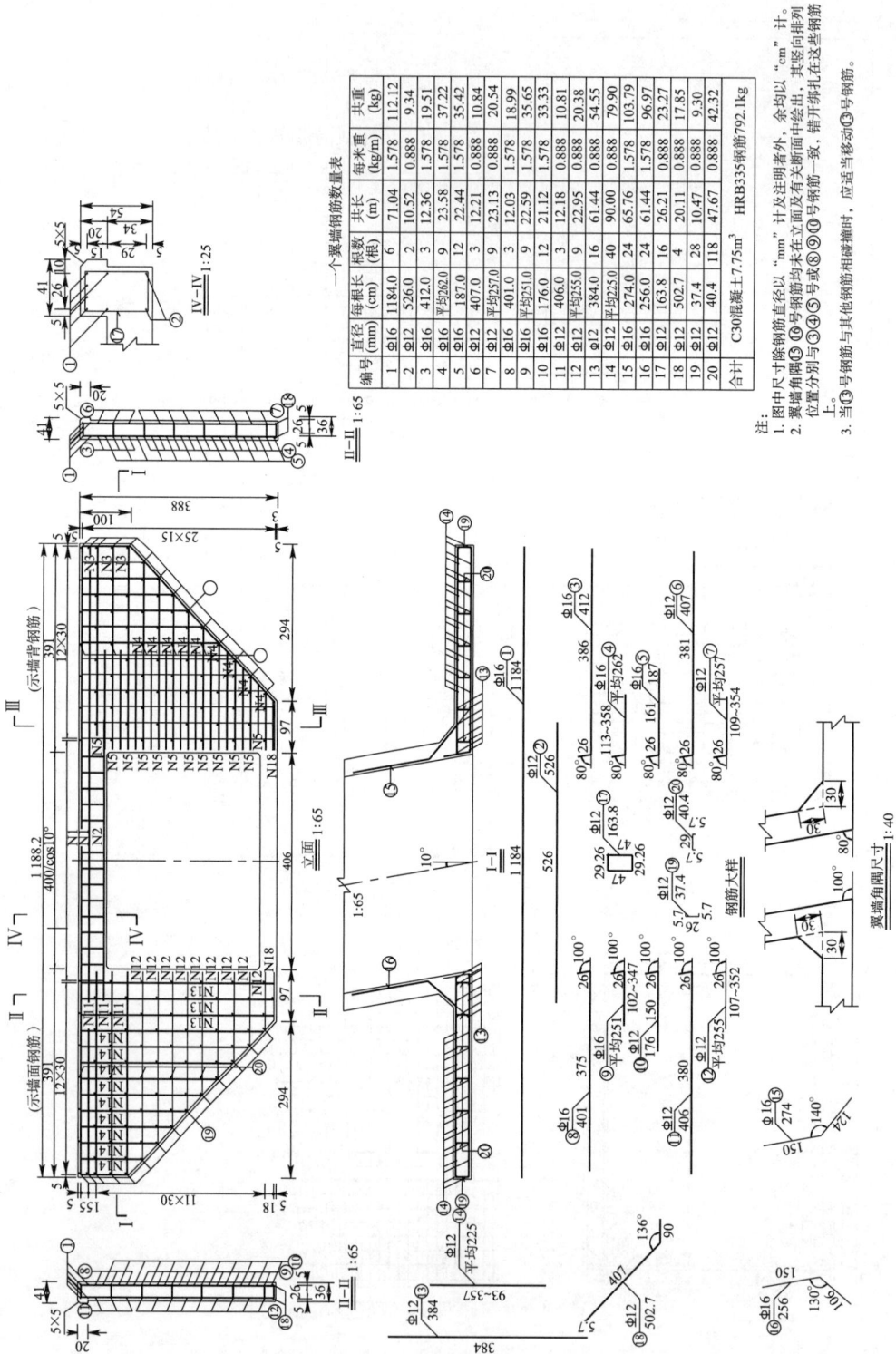

图7-2-3(d) 翼墙钢筋布置图(四)

(JTG D60—2015),《公路钢筋混凝土及预应力混凝土桥涵设计规范》(JTG 3362—2018),《公路圬工桥涵设计规范》(JTG D61—2005),《公路桥涵地基与基础设计规范》(JTG D63—2007)。

2. 技术标准

涵洞标准	箱涵	净宽×净高(m)	4.0×3.0
填土高度(m)	0.09～1.50	斜交角度(度)	10
地基容许应力(kPa)	100～130	荷载标准	公路Ⅱ级

3. 主要材料

部位/名称	材料
箱身,洞口翼墙身、端墙身	C30 混凝土
箱基,洞口翼墙基、端墙基	C15 混凝土
钢筋	HPB235、HRB335
浆砌片石	M7.5 砂浆

4. 设计要点

(1)箱身按闭合箱形截面,取1m 箱长进行内力计算。顶、底板按压弯或拉弯构件配筋,侧墙按压弯构件配筋。

(2)箱身荷载。箱身所受恒载包括箱身自重、箱身侧面及顶面土压力,而不计箱内底板上面的铺装、车辆(含流水)等荷载。箱身所受活载,当箱顶填高度等于或大于0.5m 时按30°角扩散车轮荷载,不计冲击力。活载通过填土引起的侧压力,按箱身全长范围内的箱后填土破坏棱体上的活载换算成等代均布土层厚度计算。填土重度18kN/m³,内摩擦角为35°。

(3)未考虑地震的影响。

(4)温度应力。顶板按±10℃考虑,并计入了底板、侧墙与顶板分期浇筑时混凝土的收缩影响,此项按降温10℃考虑。

(5)斜涵两端各取一个梯形的斜布钢筋区,在此区段内的钢筋间距,呈锐角一边的主钢筋间距与箱身中部相同,呈钝角一边的钢筋间距则缩小一半。

(6)箱涵基础采用湿喷桩处理。

5. 施工要求

(1)箱涵施工采用就地浇筑工艺,全箱分两次浇筑,第一次浇筑至底板内壁以上的30cm,待混凝土终凝达到一定强度后继续进行第二次剩余部分浇筑,两次浇筑的接缝处应保证有良好的结合面。各类钢筋搭接处一律以铁丝绑扎。

(2)翼墙及箱身两侧墙背后填土,应在箱身混凝土强度达到100%设计强度时方可进行。要求分层对称夯实,每层厚度不超过30cm,密度不小于90%。在夯实质量不易保证的范围内,宜填筑砂砾、碎石等材料。

(3)洞口翼墙浇筑时,宜分两部分进行。帽石以下随箱身混凝土一起浇筑,帽石宜根据设计平面、纵面情况进行调整,以增加美观,同时应按交通工程要求设置预埋件。

(4)每座箱涵至少应在箱身中部及左右相距 7~9cm(均为正设)各设置变形缝(连同基础)一道,并须保证满足梯形斜布钢筋区结构长度要求,并按图7-2-3中所示处理方法做好防水措施。

(5)施工过程中,对填土高度大于 0.5m 的箱涵,在箱顶覆土厚度小于 0.5m 时,严禁任何重型机械和车辆通过。

【学习效果评价】

综合题

1. 详读图 7-2-2 盖板涵施工图,核算工程量。
2. 详读图 7-2-3 箱涵施工图,核算工程量。

学习项目3 涵洞施工

学习目标:了解涵洞施工相关规定和施工准备内容;熟悉各种涵洞施工方法;掌握各类涵洞施工质量控制标准、相应技术要求及涵洞附属工程的施工方法。

能力目标:熟悉各种涵洞施工质量控制标准及相应规定,能够依照施工图正确施工。

学习指导:相对于桥梁施工而言,涵洞施工比较简单,熟悉了涵洞构造,具备了识图能力,多结合工程实例,掌握好涵洞的施工方法。

○ 引言

涵洞虽然构造简单、规模较小,但它作为公路的基本构筑物,对交通运输、排洪灌溉起到十分重要的作用,其施工质量的好坏,直接影响到线路整体质量、使用性能,以及周围农田的灌溉、排水等问题。涵洞的损坏将对公路的正常安全通行造成严重威胁,甚至会给社会经济和人民生命财产造成重大危害。为此,必须对涵洞施工给予足够重视。

钢筋混凝土管涵、钢波纹管涵一般在工厂预制,运至现场后就位安装;盖板涵、箱涵、拱涵可以现场预制安装,亦可就地浇筑。

学习情境3.1 涵洞施工准备

3.1.1 相关规定

(1)涵洞在开工前根据设计文件进行现场核对,当设计文件与现场的实际情况差别较大,确需变更时,应及时办理设计变更手续。对地形复杂处、斜交、平曲线和纵坡上的涵洞应先绘出定位详图,再依图放样施工。

（2）除设置在岩石地基上的涵洞外，涵洞的洞身及基础根据地基土的情况，按设计要求设置沉降缝，且沉降缝处两端面应竖直、平整、上下不得交错。填缝料应具有弹性和不透水性，并应填塞紧密。预制管涵的沉降缝设在管节接缝处，预制盖板涵的沉降缝应设在盖板的接缝处，沉降缝贯穿整个洞身断面；波形钢管涵可不设沉降缝。

（3）涵洞完成后，砌体砂浆或混凝土强度达到设计强度的 85% 时，方可进行涵洞洞身两侧的回填。涵洞两侧紧靠涵台部分的回填土不宜采用大型机械进行压实施工，宜采用人工配合小型机械的方法夯填密实。填土的每侧长度均应符合设计规定；设计未规定时，应不小于洞身填土高度的 1 倍，填筑应在两侧同时对称、均匀地分层进行，填筑的压实度应不小于 96%。涵洞顶部的填土厚度必须大于 0.5m 方可通行车辆的筑路机械。

（4）涵洞进出水口的沟床应整理顺直，与上下游导流、排水设施的连接应圆顺、稳固，保证流水顺畅。

3.1.2 施工准备

（1）按照设计进行基底处理；平整场地，准备料场、砂浆和混凝土的拌和场及盖板预制场。

（2）精确放样、测量挖基的位置、尺寸、高程及涵洞两侧原地面高程，定出基坑开挖范围，将轴线控制线延长至坑外适当位置加以固定并妥善保护。

（3）根据天气情况结合基坑四周地形条件，做好地表防排水措施。

（4）根据设计要求和不同的材料来源进行砂浆和混凝土的施工配合比设计。

学习情境 3.2 管涵施工

公路工程中的管涵有混凝土管涵、钢筋混凝土管涵和波形钢管涵，目前我国公路工程中多采用钢筋混凝土管涵和波形钢管涵。涵管一般为外购，然后运往现场安装，钢筋混凝土管涵每节长度多为 1m；波形钢管涵长度 1~12m。

3.2.1 钢筋混凝土管涵

1）管节要求

管节端面应平整并与其轴线垂直。斜交管涵进出水口管节的外端面，应按斜交角度进行处理。钢筋混凝土圆管管节成品质量符合表 7-3-1 规定。

钢筋混凝土圆管管节成品允许偏差 表 7-3-1

项 次	检 查 项 目	规定值或允许偏差
1	混凝土强度（MPa）	在合格标准内
2	内径（mm）	不小于设计
3	壁厚（mm）	正值不限，-3
4	顺直度	矢度不大于 0.2% 管节长
5	长度（mm）	+5，-0

2) 管节运输、装卸规定

管节运输、装卸过程中,应采取防止管节碰撞、损坏的措施。一般在运输途中每个管节底面宜铺以稻草,用木块圆木楔紧,并用绳索捆绑固定,防止管节滚动、相互碰撞破坏。管节运输固定方法见图7-3-1。管节安装时应对接缝进行防水、防裂处置。

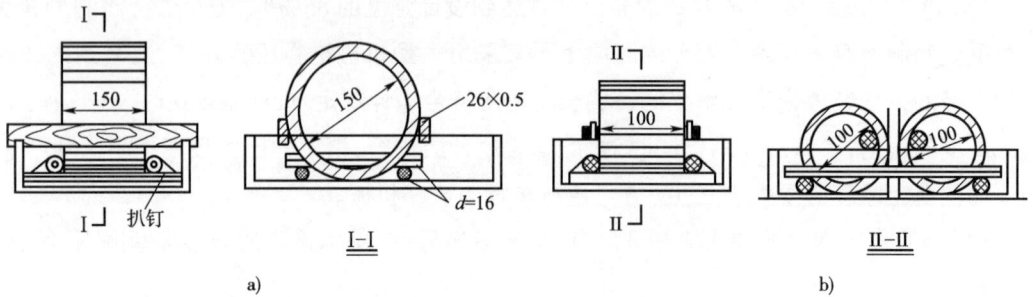

图 7-3-1 管节运输固定方法(尺寸单位:cm)

3) 管节的安装施工规定

(1) 管涵基础的顶面应设置混凝土管座,管座的弧形面应与管身紧密贴合,使管节受力均匀。当管节直接放置在天然地基上时,应按照设计要求将管底的土层夯压密实或设置砂垫层,并做成与管身弧度密贴的弧形管座。管节应按表7-3-1的规定经检验合格后方可使用。

(2) 各管节顺水流方向安装平顺。当管壁厚度不一致时,调整高度,使下部内壁齐平,管节应垫稳坐实,安装完成后管内不得遗留泥土等杂物。

(3) 插口管安装时,其接口应平直,环形间隙应均匀,并应安装特制的胶圈或用沥青、麻絮等防水材料填塞;平接管安装的接缝宽度宜为 10 ~ 20mm,其接口表面应平整,并应采用有弹性的不透水材料嵌塞密实,不得采用加大接缝宽度的方式满足涵洞长度要求。管节的接缝不得有间断、裂缝、空鼓和漏水等现象。

4) 管涵施工质量

管涵施工质量应符合表7-3-2规定。

管涵施工质量标准   表 7-3-2

项次	检查项目		规定值或允许偏差
1	轴线偏位(mm)		50
2	流水面高程(mm)		±20
3	涵管长度(mm)		+100,-50
4	管座或垫层混凝土强度(MPa)		在合格标准内
5	管座或垫层宽度、厚度		不小于设计值
6	相邻管节底面错台(mm)	管径≤1m	3
		管径>1m	5

5) 管涵的施工程序

管涵可分为单孔、双孔,有坞工基础和无坞工基础。各自的施工程序如下:

（1）单孔有坞工基础管涵施工程序

①挖基坑并准备修筑管涵基础的材料。

②砌筑坞工基础或浇筑混凝土基础。

③安装涵洞管节，修筑涵管出入口端墙、翼墙及涵底（端墙外涵底铺装）。

④铺设管涵防水层及修整。

⑤铺设管涵顶部防水黏土（设计需要时），填筑涵洞缺口填土及修建加固工程。

（2）单孔无坞工基础管涵洞身施工程序（见图7-3-2）

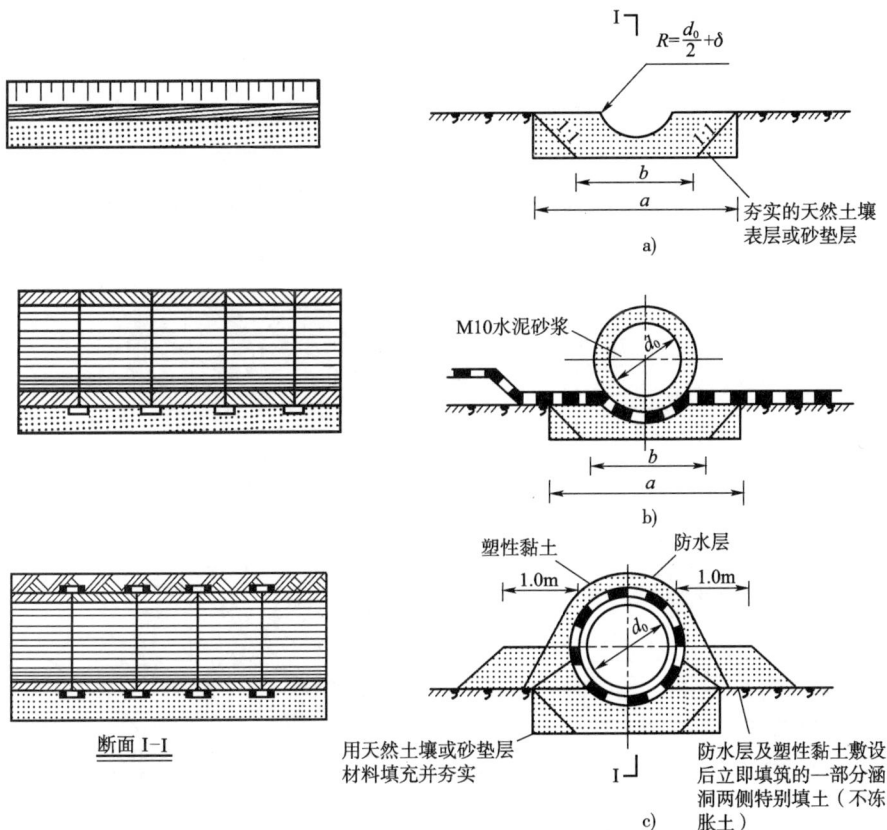

图7-3-2　单孔无坞工基础管涵洞身施工程序

注：砂垫层底宽，非严重冰冻地区为b，严重冰冻地区为a，上下同宽

①挖基与备料。

②在捣固夯实的天然土表层或砂垫层上，修筑截面为圆弧状的管座，其深度等于管壁的厚度。

③在圆弧管座上铺设垫层的防水层，然后安装管节，缝中填防水材料。

④在管节的下侧再用天然土或砂砾垫层材料作填料，捣实至设计高程（见图7-3-2），并切实保证填料与管节密贴。再将防水层向上包裹管节，防水层外再铺设黏质土，水平直径线以下的部分，应立即填筑，以免管节下面的砂垫层松散，并保证其与管节密贴。在严寒地区，这部分特别填土必须填筑不冻胀土料。

⑤修筑管涵出入口端墙、翼墙及两端涵底并进行整修工作。

（3）双孔无垧工基础管涵洞身施工程序

①与前述（2）项中的①②⑤同。

②按图 7-3-3 的程序，先安装右边管并铺设防水层，在左边一孔管节未安装前，在砂垫层上先铺设垫底的防水层，然后按同样的方法安装管节。管节间接缝尽量靠紧，管节内外接缝均以 M10 水泥砂浆填塞。

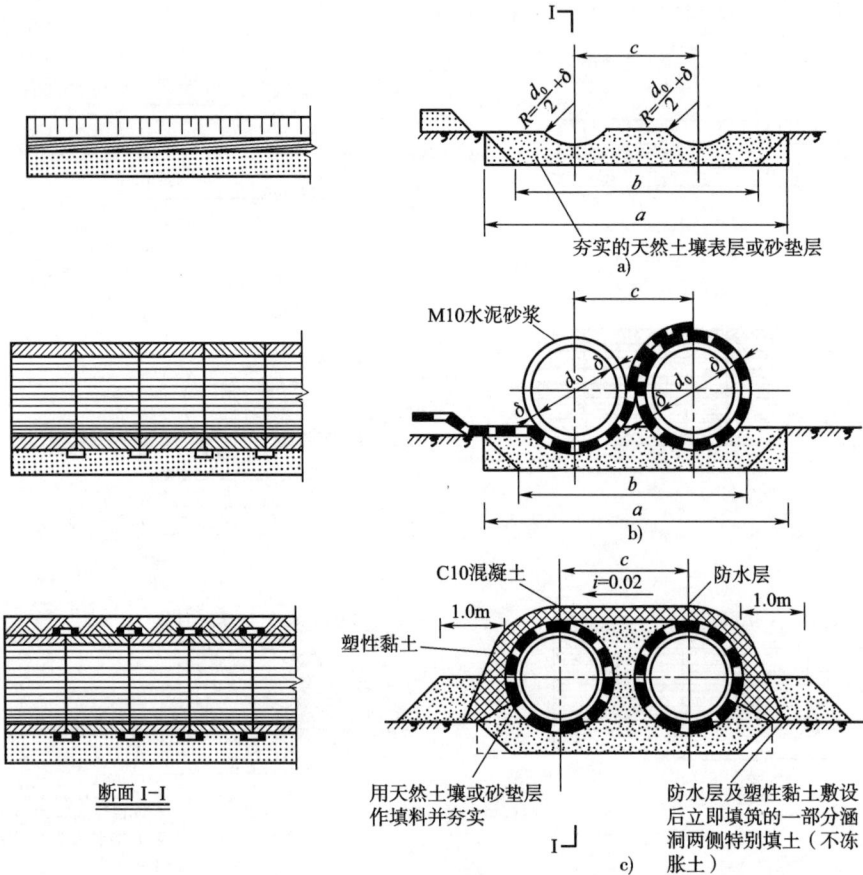

图 7-3-3　双孔无垧工基础管涵洞身施工程序

③在管节下侧用天然土或砂垫层材料作填料，夯实至设计高程处（见图 7-3-3），并切实保证与管节密贴。左侧防水层铺设完后，用贫混凝土填充管节间的上部空腔，再铺设软塑状黏土。

防水层及黏土铺设后，涵管两侧水平直径线以下的一部分填土应立即填筑，以免管节下面砂垫层松散。在严寒地区此部分填土必须填筑不冻胀土料。

（4）涵底陡坡台阶式基础管涵

沟底纵坡很陡时，为防止涵洞基础和管节向下滑移，可采用管节为台阶式的管涵，每段长度一般为 3～5m，台阶高差一般不超过相邻涵节最小壁厚的 3/4。如坡度较大，可按 2～3m 分段或加大台阶高度,但不应大于0.7m,且台阶处的净空高度不应小于1.0m。此时在低处的涵顶上应设挡墙,以掩盖可能产生的缝隙,如图7-3-4所示。

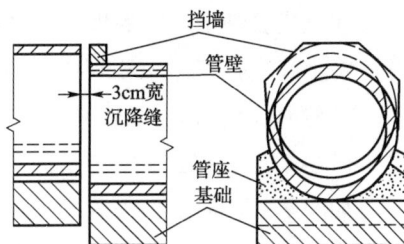

图7-3-4　陡坡台阶管涵

无坞工基础的陡坡管涵,只可采用管节斜置的办法,斜置的坡度不得大于5%。

6)管涵的基础修筑

(1)不同地基土管涵基础修筑方法见表7-3-3。

管涵基础修筑方法　　　　　　　　　　表7-3-3

地基土种类	处　理　方　法
岩石	管节下采用无坞工基础。将管节下的风化层或软岩层挖除后,填筑0.4m厚砂垫层;出入口两端墙、翼墙下,在岩石层上用C15混凝土做基础,埋置深度至风化层以下0.15~0.25m,且最小等于管壁厚度加5cm。风化层过深时,可改用片石坞工,最深不大于1m。管节下为硬岩时,可用混凝土抹成与管节密贴的垫层
砾石土、卵石土或砂砾、粗砂、中砂、细砂或匀质黏性土	此时管节下一般采用无坞工基础。对砾、卵石土先用砂填充地基土空隙并夯实,然后填筑0.4m厚砂垫层;对粗、中、细砂地基土表层应夯实;对匀质黏性地基应做砂垫层。 出入口两端端墙、翼墙的坞工基础埋置深度,设计无规定时为1.0m;对于匀质黏性土,负温时的地下水位在冻结深度以上时,出入口两端端墙、翼墙坞工基础埋置深度为1.0~1.5m;当冻结土深度不深时,基础埋深宜等于冻结深度的7/10;当此值大于1.5m时,可采用砂夹卵石在坞工基础下换填至冻结深度的7/10
黏性土	管节下应采用0.5m厚的坞工基础。出入口两端端墙、翼墙基础埋置深度为1.0~0.5m;当地下水冻结深度不深时,埋深应等于冻结深度;当冻结深度大于1.5m时,可在坞工基础下用砂夹卵石换填至冻结深度
软土地区	管涵地基土如遇到软土,应按软土层厚度分别进行处理。当软土层厚度小于2.0m时,可采取换填土法处理,即将软土层全部挖除,换填当地碎石、卵石、砂夹石、土夹石、砾石、粗砂、中砂等材料并碾压密实,压实度要求94%~97%。如采用灰土(石灰土、粉煤灰土)换填,压实度要求93%~95%,换填土的干密度宜用重型击实试验法确定。碎石或卵石的干密度可取2.2~2.4t/m³。换填层上面再砌筑0.5m厚的坞工基础。 当软土层超过2m时,应按软土层厚度、路堤高度、软土性质作特殊设计处理

(2)下列情况之一,必须采用有坞工基础的管涵:

①管顶填土高度超过5m;

②最大洪水流量时,涵前壅水高度超过2.5m;

③河沟经常流水;

④沼泽地区深度在2.0m以内;

⑤沼泽地区淤积物、泥炭等厚度超过2.0m时,应按特别设计的基础施工。

(3)严寒地区的管涵基础施工

常年最冷月份平均气温低于(-15℃的地区称严寒地区)应注意:

①匀质黏性土和一般黏性土的基础均须采用坞工基础。

②出入口两端端墙、翼墙基础应埋置在冻结线以下0.25m。

③一般黏性土地区的地下水位在冻结深度以上时,管节下埋置深度应为 $H/8$(H 为涵底至路面填土高度),但不小于 $0.5\mathrm{m}$,也不得超过 $1.5\mathrm{m}$ 。

7)管节安装

(1)滚动安装法

如图 7-3-5 所示,管节在垫板上滚动至安装位置前,转动 $90°$ 使其与涵管方向一致,略偏一侧。在管节后端用木撬棍拨动至设计位置,然后将管节向侧面推开,取出垫板再滚回原位。

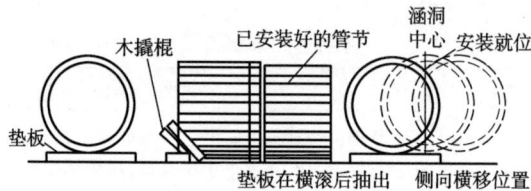

图 7-3-5 涵管滚动安装法

(2)滚木安装法

如图 7-3-6 所示,先将管节沿基础滚至安装位置前1m 处,旋转 $90°$,使与涵管方向一致,见图 7-3-6a)、b)。把薄铁板放在管节前的基础上,摆上圆滚木 6 根,在管节两端放入半圆形承托木架,把杉木杆插入管内,用力将前端撬起,垫入圆滚木,见图 7-3-6c)~e),再滚动管节至安装位置将管节侧向推开,取出滚木及铁板,再滚回来并以撬棍(用硬木护木承垫)仔细调整。

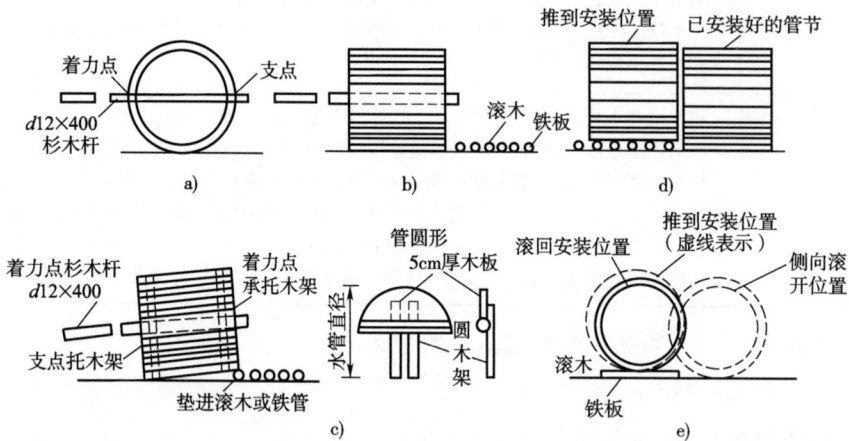

图 7-3-6 涵管滚木安装法

(3)压绳下管法

当涵洞基坑较深,需沿基坑边坡侧向将涵管滚入基坑时,可采用压绳下管法,如图 7-3-7所示。压绳下管法是侧向下管的方法之一。下管前,应在涵管基坑外 3~5m 处埋设缠绳木桩,木桩直径不小于 $25\mathrm{cm}$,长 $2.5\mathrm{m}$,埋深最少 $1\mathrm{m}$ 。在管两端各套一根长绳,绳一端紧固于桩上,另一端在桩上缠两圈后,绳端分别用两组人或两盘绞车拉紧。下管时由专人指挥,两端徐徐松绳,管渐渐由边坡滚入基坑内。大绳用优质麻制成,直径 $50\mathrm{mm}$,绳长应满足下管要求。

下管前应检查管质量及绳子、绳扣是否牢固,下管时基坑内严禁站人。管节滚入基坑后,再用滚动安装法或滚木安装法将管节准确安装于设计位置。

(4) 龙门架安装法

如图 7-3-8 所示,这种方法适用于孔径较大管节的安装,移动龙门架时,可在柱脚下放 3 根滚托用撬棒拔移。

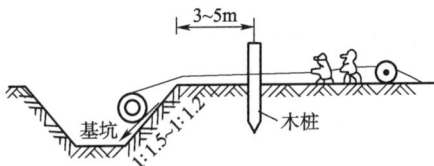

图 7-3-7 管涵压绳下管法

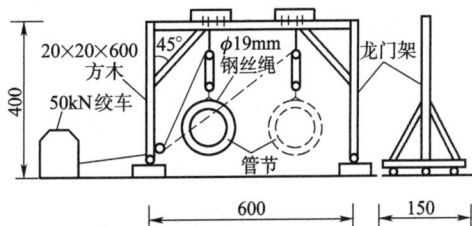

图 7-3-8 管涵龙门架安装法(尺寸单位:cm)

8) 管涵施工注意事项

有圬工基础的管座混凝土浇筑时应与管座紧密相贴,浆砌块石基础应加做一层混凝土管座,使圆管受力均匀;无圬工基础的圆管基底应夯填密实,并做好弧形管座。

无企口的管节接头采用顶头接缝,应尽量顶紧,缝宽不得大于 1cm,严禁因涵身长度不够而将所有接缝宽度加大的方法来凑合涵身长度。管身周围无防水层设计的接缝,需用沥青麻絮或其他具有弹性的不透水材料从内、外侧仔细填塞。

长度较大的管涵,设计有沉降缝的,管身沉降缝应与圬工基础的沉降缝位置一致。缝宽为 2~3cm,应用沥青麻絮或其他具有弹性的不透水材料从内、外侧仔细填塞。

长度较大、填土较高的管涵应设预拱度。预拱度大小应按设计规定设置。各管节设预拱度后,管内底面应成平顺圆滑曲线,不得有逆坡。相邻管节如因管壁厚度不一致(在允许偏差内)产生台阶时,应凿平后用水泥环氧砂浆抹补。

3.2.2 钢波纹管涵

1) 波形钢管节、块件及连接螺栓相关规定

(1) 波形钢管节、块件及连接螺栓宜采用定型产品。其管节和块件不仅满足强度要求,尚应具有足够的刚度,在运输和安装过程中应具备抵抗冲击的能力,以及在安装就位后填土夯实时仍可保持不产生较大变形的能力。

(2) 波形钢管节、块件和连接螺栓均需做防腐处理。

2) 钢波纹管涵运输、装卸以及堆放时的要求

钢波纹管涵运输、装卸以及堆放时应采取措施防止其损坏,不得对管节和块件进行敲打或碰撞硬物。管节在搬运、安装时不得滚动;块件在运输、堆放时相互间宜设置适宜的材料予以隔离。对在施工中损坏的防腐涂层,应涂刷防锈漆进行修补。

3) 钢波纹管涵施工注意事项

(1) 钢波纹管涵的轴线与路线中线正交时,对进出水口处的端节,其外端面应与管涵轴线

垂直且平整。管涵轴线与路线中线斜交,当斜交角度小于或等于20°时,可将端节波形钢管的外端面切割成与路线中线平行的斜面,但斜切坡度不宜超过2∶1,并应将端节采用螺栓锚固于端墙或路堤斜坡上;斜交角度大于20°时,管涵的设置方式应符合设计规定。

(2)管节的地基应予压实,并应做成与管身弧度密贴的弧形管座,管座所采用的材料应匀质且无大石块等硬物。波形钢管不得直接置于岩石地基或混凝土基座上,应在管节和地基之间设置砂砾垫层或其他适宜材料;对于软土地基,应先对其进行处理后,再填筑一层厚度不小于200mm的砂砾垫层并夯实紧密,方可安装管节,在寒冷地区,应对换填深度以及砂砾垫层材料的最大粒径和粉黏粒含量进行控制。

(3)对拱式结构的钢波纹管涵,其拱座基础应为钢筋混凝土或圬工结构,且波形钢块件的拱脚应置于拱座的预留槽中,或牢固地与预埋金属拱座相连。拱座支承面的宽度应不小于波形钢板的波幅尺寸。

4)钢波纹管涵的安装施工相关规定

(1)管节的形式、规格、直径和管壁厚度应符合设计规定。

(2)拼装管节时,上游管节的端头应置于下游管节的内侧,不得反置;采用法兰盘或管箍环向拼接时,应将螺栓孔的位置对准,并应按产品设计规定的扭矩值进行螺栓的施拧。

(3)管节或块件之间的接缝应采用不透水的弹性材料进行嵌塞,宽度宜为2~5mm;接缝嵌塞材料应连续,不得有漏水现象。

(4)各管节应顺水流方向安装平顺,垫稳坐实,安装完成后管内不得遗留泥土等杂物。

(5)钢波纹管涵宜设置预拱度,其大小应根据地基可能产生的下沉量、涵底纵坡和填土高度等因素综合确定,但管涵中心的高程应不高于进水口的高程。

(6)在涵洞的进出水口处,当波形钢管节的管端与涵洞刚性端墙相连时,宜采用直径不小于20mm的螺栓,按不大于500mm的间距,将管节与端墙墙体予以锚固。

5)钢波纹管涵安装后的填土施工相关规定

(1)填土的材料宜采用砾类土、砂类土,或砾、卵石与细粒土的混合料;当细粒土的成分为黏性土或粉土时,所掺入的石料体积应占总体积的2/3以上。

(2)在距波形钢管0.3m范围内的填土中,不得含有尺寸超过80mm的石块、混凝土块、冻土块、高塑性黏土块或其他有害腐蚀材料。

(3)管涵两侧的填土应对称、均衡地进行,水平分层的压实厚度宜为150~200mm。

(4)管顶填土前,对直径1.25m及以上的钢波纹管涵,宜在管内设置一排竖向临时支撑;对直径大于2.0m的钢波纹管涵,宜在管内设置竖向和横向十字临时支撑,防止其在填土过程中产生变形。管内的临时支撑应在填土不再下沉后方可拆除。

(5)管顶填土的最小厚度应在符合规范规定后,方可允许车辆通行。

6)钢波纹管涵施工质量相关规定

钢波纹管涵施工的质量应符合表7-3-2的规定。

学习情境 3.3　拱涵、盖板涵、箱涵施工

钢筋混凝土拱涵、盖板涵、箱涵的施工,其钢筋、模板支架、混凝土、砌体等施工需符合规范规定。施工方法分为现场浇筑和在工地预制安装两大类。

3.3.1　就地浇筑拱涵和盖板涵施工

1) 支架和拱架

就地浇筑的拱涵和盖板涵,宜采用钢模板或胶合板模板。采用土胎就地现浇时,应有保证质量的可靠措施。

2) 基础及涵墙、拱圈、盖板

(1) 基础

常见的有坞工基础与砂垫层基础。

无论是坞工基础还是砂垫层基础,施工前必须先对下卧层地基土进行检查验收,地基土承载力或密实度符合设计要求时,才可进行基础施工。对于软土地基应按照设计规定进行加固处理,符合要求后,才可进行基础施工。

对孔径较宽的拱涵、盖板涵兼作行人和车辆通道时,其底面应按照设计用坞工加固,以承受行人和车辆荷载及磨损。

(2) 涵墙

施工前检查钢筋加工及安装情况,验模合格后浇筑涵墙混凝土,注意设好沉降缝。

(3) 拱圈和盖板

拱圈和端墙的施工,应由两侧拱脚向拱顶同时对称进行;拱圈和盖板混凝土的现场浇筑施工,应在涵长方向宜连续进行。当涵身较长不能一次性连续完成时,可沿长度方向分段进行浇筑。施工缝应设在涵身的沉降缝处。现浇混凝土拱涵时,应沿拱轴线对称浇筑,最后浇筑拱顶,或在拱顶预留合龙段最后浇筑并合龙。

3) 拱架拆除和拱顶填土相关规定

(1) 先拆除拱架再进行拱顶填土时,拱圈和护拱砌筑砂浆或混凝土的强度应符合设计规定,设计未规定时,应达到设计强度的 85% 后,方可拆除拱架,且在拱架拆除时应先完成拱脚以下部分的回填土填筑;达到设计强度的 100% 后,方可进行拱顶填土。

(2) 在拱架未拆除的情况下进行拱顶填土时,拱圈和护拱砌筑砂浆或混凝土的强度应符合设计规定,设计未规定时,应达到设计强度的 85% 后,方可进行拱顶填土;拱架应在拱圈强度达到设计强度的 100% 后,方可拆除。

3.3.2　就地浇筑箱涵施工

箱涵又称矩形涵,它与盖板涵的区别如下:盖板涵的台身与盖板是分开浇筑的,台身还可以采用砌石坞工,成为简支结构。而箱涵是上下顶板、底板与左、右墙身是连续浇筑的,成为刚性结构。

1)箱涵基础

涵身基础分为有坞工基础和无坞工基础两种,两种基础的构造及尺寸见图7-3-9。

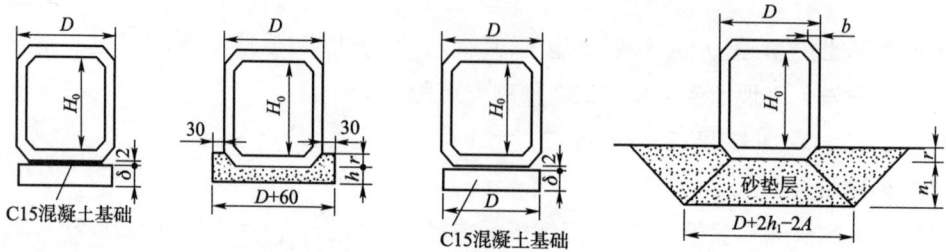

a)出入口涵节有坞工基础　b)洞身涵节无坞工基础　c)洞身涵节有坞工基础　　　　d)出入口涵节无坞工基础

图7-3-9　箱型涵洞基础类型(尺寸单位:cm)

2)箱涵身和底板混凝土的浇筑

箱涵身的支架、模板可参照现浇混凝土拱涵和盖板涵的支架、模板制造安装。浇筑混凝土时的注意事项与浇筑拱涵和盖板涵相同。

3.3.3　装配式拱涵、盖板涵、箱涵施工

1)预制构件结构的要求

拱圈、盖板、箱涵节等构件预制长度,应根据起重设备和运输能力决定,但应保证结构的稳定性和刚性,一般不小于1m,但也不宜过长。

拱圈构件上应设吊装孔,以便起吊。吊孔应考虑平吊和立吊两种,安装后可用砂浆将吊孔填塞。

箱涵节、盖板和半环节(无涵台身的各种曲线的拱涵)等构件,可设吊孔,也可于顶面设立吊环。吊环位置、孔径大小和制环用钢筋应符合设计要求,并要求吊钩伸入吊环内和吊装时吊环筋不断裂。预制构件的混凝土强度应达到设计强度的85%后,方可搬运安装,设计有规定时应从其规定。安装完毕,吊环筋应锯掉或割掉。

若采用钢丝绳捆绑起吊可不设吊孔或吊环。

2)预制构件的模板

预制构件的模板尽量采用钢模或胶合板模板。保证足够的强度和刚度,尤其是有预埋件时,应采取措施,确保预埋件的正确位置。

构件必须在达到设计强度后,经过检查质量和大小符合要求,才能进行搬运。

3)施工和安装

(1)基础。与就地浇筑的涵洞基础施工方法相同。

(2)拱涵和盖板涵的涵台身。涵台身大都采用浇筑或砌筑结构。

①安装前,检查构件及拱座、涵台的尺寸和涵台间距离,并核对其高程,调整构件大小位置,使之与沉降缝重合。

②拱座接触面及拱圈两边均应凿毛(沉降缝处除外),并浇水湿润,用灰浆砌筑;灰浆坍落度宜小一些,以免流失。

③构件砌缝宽度一般为1cm,拼装每段的砌缝应与设计沉降缝重合。

④安装后,拱圈和盖板上的吊装孔,应以砂浆填塞密实。

⑤拱座与拱圈、拱圈与拱圈的拼装接触面,应先拉毛或凿毛(沉降缝处除外),安装前应浇水湿润,再以M10水泥砂浆砌筑。

3.3.4　施工质量要求

拱涵、盖板涵、箱涵施工质量应分别符合表7-3-4~表7-3-6规定。

拱涵施工质量标准　　表7-3-4

项　次	检查项目		规定值或允许偏差
1	轴线偏位(mm)		50
2	流水面高程(mm)		±20
3	涵底铺砌厚度(mm)		+40,-10
4	涵长(mm)		+100,-50
5	孔径(mm)		±20
6	净高(mm)		±50
7	混凝土或砂浆强度(MPa)		在合格范围内
8	涵台断面尺寸(mm)	石料	±20
		混凝土	±15
9	垂直度或斜度(mm)		0.3%台高
10	顶面高程(mm)		±10
11	拱圈厚度(mm)	石料	±20
		混凝土	±15
12	内弧线偏离设计弧线(mm)		±20

盖板涵施工质量标准　　表7-3-5

项　次	检查项目		规定值或允许偏差
1	轴线偏位(mm)		明涵20,暗涵50
2	流水面高程(mm)		±20
3	涵底铺砌厚度(mm)		+40,-10
4	涵长(mm)		+100,-50
5	孔径(mm)		±20
6	净高(mm)		明涵±20,暗涵±50
7	混凝土或砂浆强度(MPa)		在合格范围内
8	涵台断面尺寸(mm)	石料	±20
		混凝土	±15
9	垂直度或斜度(mm)		0.3%台高
10	涵台顶面高程(mm)		±10
11	盖板高度(mm)	明涵	+10,-0
		暗涵	不小于设计值

项　次	检 查 项 目		规定值或允许偏差
12	盖板宽度(mm)	明涵	±20
		暗涵	±10
13	盖板长度(mm)		+20,−10
14	支承面中心偏位(mm)		10
15	相邻板最大高差(mm)		10

箱涵施工质量标准　　　　　　　　　　　表 7-3-6

项　次	检 查 项 目		规定值或允许偏差
1	轴线偏位(mm)		明涵 20,暗涵 50
2	流水面高程(mm)		±20
3	涵长(mm)		+100,−50
4	混凝土强度(MPa)		在合格标准内
5	高度(mm)		+5,−10
6	宽度(mm)		±30
7	顶板厚(mm)	明涵	+10,−0
		暗涵	不小于设计值
8	侧墙和底板厚度(mm)		不小于设计值
9	平整度(mm)		5

学习情境3.4　涵洞附属工程施工

3.4.1　防水层

涵洞的钢筋混凝土结构设置防水层的作用是防止水分侵入混凝土内,使钢筋锈蚀,缩短结构寿命。严寒地区的素混凝土结构也需要设置防水层,防止侵入混凝土内的水分冻胀造成结构破坏。

防水层的材料多种多样。公路涵洞使用的主要防水材料是沥青,有些部位可使用黏土,以节省工料费用。

1)防水层的设置部位

(1)钢筋混凝土管涵的防水层可按图 7-3-2 或图 7-3-3 所示敷设。

管节接头采用平头对接,接缝中用麻絮浸以热沥青塞满,管节上半部从外往内填塞,下半部从管内向外填塞。管外靠接缝处裹以热沥青浸透的防水纸 8 层,宽度 15～20cm。包裹方法为在现场用热沥青逐层黏合在管外壁上接缝处,再于管外沿全长裹以塑性黏土。

(2)混凝土及石砌涵洞的洞身、端墙和翼墙的被土掩埋部分,只需将坭工表面凿平,无凹入存水部分,可不设防水层。但北方严寒地区的混凝土结构仍需设防水层。

(3)其他各式钢筋混凝土涵洞(不含管涵)的洞身及端墙在基础以上被土掩埋的部分,均须涂以热沥青两道,每道厚 1～1.5mm,不另抹砂浆。

(4) 钢筋混凝土盖板明涵的盖板部分,表面可先涂抹热沥青两次,再于其上设 2cm 厚的防水水泥砂浆或 4～6cm 厚的防水混凝土,其上可按照设计铺设路面。

2) 沥青的敷设

沥青可用容器以火熬制,或使用电热设备。

熬制处设在工地下风方向,与一般工作人员、料堆、房屋等保持一定距离,锅内沥青不得超过锅容积的 2/3。熔化后的沥青继续加温至 175℃(不得超过 190℃)。熬好的沥青盛在小铁桶中送至工点使用。

使用时的热沥青温度宜低于 150℃。涂敷热沥青的圬工表面应先用刷子扫净,消除粉屑污泥。涂敷工作宜在干燥温暖(温度不低于 5℃)的天气进行。

3) 沥青麻絮、油毡、防水纸的浸制方法和质量要求

沥青麻絮(沥青麻布)采用工厂浸制的成品或在工地用麻絮以热沥青浸制。表面呈淡黑色,无孔眼、无破裂和叠皱,撕裂断面上呈黑色,不应有显示未浸透的布层。

油毡是将一种特制的纸胎(或其他纤维胎)用软化点低的沥青浸透制成,浸渍石油沥青的称石油毡,浸渍焦油沥青的称焦油沥青油毡。为了防止在储存过程中相互黏着,油毡表面应撒一层云母粉、滑石粉或石棉粉。

防水纸(油纸)是用低软化点的沥青材料浸透原纸做成的,除沥青层较薄,没有撒防黏层外,其他性质与油毡相同。

铺设油毡和防水纸所用粘贴沥青应和油毡、防水纸有同样的性能。煤沥青油毡和防水纸必须用煤沥青粘贴。同样,石油沥青油毡及防水纸,也一定要用石油沥青来粘贴。否则,过一段时间油毡和防水纸就会分离。

3.4.2 沉降缝

1) 沉降缝设置的目的

结构物设置沉降缝的目的是避免结构物因荷载或地基承载力不均匀而发生不均匀沉陷,产生不规则的多处裂缝,而使结构物破坏。

设置沉降缝后,可限定结构物发生整齐、位置固定的裂缝,并可事先对沉降缝处予以处理;如有不均匀沉降,则将其限制在沉降缝处,有利于结构物的安全、稳定和防渗。

2) 沉降缝设置的位置和方向

涵洞洞身、洞身与端墙、翼墙、进出水口急流槽交接处必须设置沉降缝,但无圬工基础的管涵仅于交接处设置沉降缝,洞身范围不设。具体设置位置视结构物和地基土的情况而定。

洞身沉降缝一般每隔 4～6m 设置一处,但无基础涵洞仅在洞身涵节与出入口涵节间设置,缝宽一般 3cm。两端与附属工程连接处也各设置一处。

其他沉降缝。凡地基土质发生变化,基础埋置深度不一,基础对地基的荷载发生较大变化处,基础填挖交界处,采用填石垫高基础交界处,均应设置沉降缝。

岩石地基上的涵洞。凡置于岩石地基上的涵洞,不设沉降缝。

斜交涵洞。斜交涵洞洞口正做的,其沉降缝应与涵洞中心线垂直;斜交涵洞洞口斜做的,沉降缝与路基中心线平行;拱涵与管涵的沉降缝,一律与涵洞轴线垂直。

3)沉降缝的施工方法

沉降缝的施工,要求做到使缝两边的构造物能自由沉降,又能严密防止水分渗漏,故沉降缝必须贯穿整个断面(包括基础)。沉降缝具体施工方法如下。

(1)基础部分

可将原基础施工时嵌入的沥青木板或沥青砂板留下,作为防水之用。如基础施工时不用木板,也可用黏土填入捣实,并在流水面边缘以1:3的水泥砂浆填塞,深度约为15cm。

(2)涵身部分

缝外侧以热沥青浸制的麻筋填塞,深度约为5cm,内侧以1:3水泥砂浆填塞,深度约为15cm,视沉降缝处圬工的厚薄而定。缝内可以用沥青麻筋与水泥砂浆填满;如太厚,亦可将中间部分先填以黏土。

(3)沉降缝的施工质量要求

沉降缝端面应整齐、方正,基础和涵身上下不得交错,应贯通,嵌塞物应紧密填实。

(4)保护层

各式有圬工基础涵洞的基础襟边以上,均顺沉降缝周围设置黏土保护层,厚约20cm,顶宽约20cm。对无圬工基础涵洞,保护层宜使用沥青混凝土或沥青胶砂,厚度10~20cm。

3.4.3 涵洞进出水口

涵洞进出水口工程是指涵洞端墙、翼墙(包括八字墙、锥坡、平行廊墙)以外的部分,如沟底铺砌和其他进出水口处理工程。

1)平原区的处理工程

涵洞出入口的沟床应整理顺直,与上、下排水系统(天沟、路基边沟、排水沟取土坑等)的连接应圆顺、稳固,保证流水顺畅,避免排水损害路堤、村舍、农田、道路等。

2)山丘区的处理工程

在山丘区的涵洞底纵坡超过5%时,除进行上述整理外,还应对沟床进行干砌或浆砌片石防护。翼墙以外的沟床当坡度较大时,也应铺砌防护。防护长度、砌石宽度、厚度、形状等,应按设计图纸施工。

3.4.4 涵洞缺口填土

(1)建成的涵管、圬工达到设计要求的强度后,应及时回填。回填土严格按照施工规定和设计要求办理。

(2)填土路堤在涵洞每侧不小于2倍孔径的宽度及高出洞顶1m范围内,应采用非膨胀的土从两侧分层仔细夯实,每层厚度10~20cm,如图7-3-10所示。特殊情况亦可用与路堤填料相同的土填筑。

管节两侧夯填土的密实度标准按设计达到要求。管节顶部宽度等于管节外径的中间部分填土,其密实度要求与该处路基相同。如为填石路堤,则在管顶以上1.0m的范围内应分3层填筑:下层为20cm厚的黏土,中层为50cm厚的砂卵石,上层为30cm厚的小片石或碎石。在两端的上述范围及两侧每侧宽度不小于孔径的2倍范围内,码填片石。

对于其他各类涵洞的特别填土要求,应分别按照有关的设计要求办理。

(3)用机械填筑涵洞缺口时,须待涵洞坞工达到容许强度后,涵身两侧用人工或小型机具对称夯填,高出涵顶至少1m,然后再用机械填筑。不得从单侧偏推、偏填,使涵洞承受偏压。

(4)回填缺口时,将已成路堤土方挖出台阶。

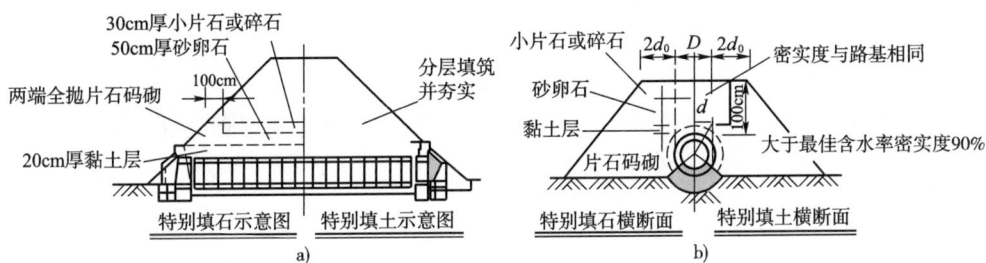

图7-3-10　涵洞缺口填土(石)

小　结

本学习项目主要介绍各种常见涵洞的施工方法。管涵一般为外购涵管,现场安装;拱涵、盖板涵、箱涵可以现场浇筑或者工地预制安装;涵洞的防水层、沉降缝、进出水口、缺口填土,看似简单,但决不能马虎,因为它们都将影响涵洞的使用性能和寿命。

【知识拓展】盖板涵施工

一、工程概况

某钢筋混凝土盖板涵,桩号为K88+140.000(见图7-2-2),涵洞轴线与路中线法向交角为90°,涵长16.64m。采用C30混凝土基础,C35混凝土盖板,C30混凝土台身,M10浆砌片石洞口,进出水口为八字墙。要求基底地基土容许承载力$\sigma_0 \geq 155$ kPa。

二、盖板涵施工

(一)施工顺序

施工准备→挖基坑→地基处理→基础施工→墙身施工→台帽施工→盖板预制→吊装盖板、安装盖板→八字墙施工→涵背回填→洞口铺砌。

(二)施工具体过程

1. 施工准备

(1)试验准备。C30、C35混凝土配合比设计已经完成,所用砂、碎石、水泥及钢筋等原材料已检验完成并且合格。

(2)测量准备。项目部测量人员已完成全线导线点及水准点加密复核测量工作,通过仔细查看核对图纸,基础、台身、盖板放样所需测量数据已计算复核完毕,可随时进行各部位的测量放样工作。

(3)技术准备。项目部技术人员已经对作业队人员进行技术交底,包括钢筋绑扎、混凝土浇筑等方面内容,人员及机械配备能够满足施工现场要求。

(4)原材料准备。所需用的砂、碎石、水泥已进场,根据施工用料情况随时采购合格材料。

(5)"三通一平"工作已完成。

2. 基坑开挖

按照基坑施工要求,清除地面堆土及妨碍基坑开挖的障碍物,对受开挖影响的架空线和地下管线,采取迁改或保护措施。基坑开挖前做好防水、排水工作,在基坑顶部边缘外四周挖好防水、排水沟以拦截雨水。根据地质柱状图,确定放坡开挖,坡度为1:0.75。开挖前准确放出涵洞中线及边桩位置,进行精确的位置、高程控制。采用机械开挖,并在开挖过程中,随时检查开挖尺寸、位置,严密注意地质情况变化,随时修正基坑尺寸和开挖坡度。挖至基底时,保留不小于30cm厚度的土层,改为人工开挖,避免机械施工时扰动基底土层。基坑一次开挖的深度不宜大于2m。

3. 地基处理

地基处理的范围至少宽出基础0.5m,基底处理方法视基底土质而异。根据地质柱状图,该基坑基底土质为亚黏土层,处理时铲平基坑底,不得扰动土壤天然结构,必要时,加砌一层10cm厚的夯填碎石,但碎石面不得高出基底设计高程。对基坑各项指标进行检验,合格后进行下一道工序施工。

4. 基础施工

在基坑检查合格后,立即进行基础模板安装,模板安装必须按设计图纸测量放样,安装完毕验模合格后方可进行混凝土施工。混凝土采用拌和站集中拌制,混凝土罐车运输,泵送混凝土。基础混凝土分块浇筑,设置2cm的沉降缝。插入式振捣棒振捣,分层浇筑厚度不超过30cm,浇筑上层混凝土时,振动器与孔壁应保持5~10cm的距离,插入下层混凝土5~10cm。对每一振动部位,必须振动到该部位混凝土不再下沉、冒气泡,表面呈现出平坦、泛浆。振动器移动间距不应超过振动器的1.5倍作用半径。在墙身位置处设置好预埋钢筋。

根据设计要求、气温和混凝土强度增长情况确定基础拆模时间。对非承重模板,混凝土强度应达到2.5MPa以上,其表面和棱角不因拆模而损坏方可拆除。

质量标准:①混凝土强度满足设计;②混凝土表面平整,无蜂窝、麻面;③基础尺寸、高程满足《公路工程质量检验评定标准 第一册 土建工程》(JTG F80/1—2017)要求。

5. 墙身施工

(1)待基础混凝土强度达到设计强度的80%后,方可对涵洞墙身进行施工。

(2)涵身施工时,涵身沉降缝要与基础沉降缝设在同一断面上,保持垂直,并对墙身位置进行放样,定出准确位置,保证涵洞净跨径。

(3)涵洞墙身施工时掉线施工,确保墙身垂直度。

(4)涵洞墙身模板必须采用每块至少 $2m^2$ 的钢模板支立。钢模板外必须设立支撑加固结构,并对穿拉杆加固。

(5)模板拼装前要涂抹脱模剂,模板立好后,要进行校正,保证结构尺寸大小和线形顺直、美观。

(6)模板拼装完毕后,对模板整体稳定性、模板间错台及表面光洁度进行检查,并测设出顶面控制高程,便于混凝土施工时的控制。

(7)在混凝土浇筑过程中,派专人对模板进行巡视检查,检查模板是否变形以及时纠偏。

(8)混凝土墙身采用 C30 混凝土浇筑,施工时采用插入式振捣棒振捣,振捣时快速插入混凝土,慢慢提起,振捣时间以表面泛浆及没有大气泡冒出为准。混凝土施工完毕后,要及时覆盖洒水养生,保证混凝土强度。

6. 台帽施工

台帽采用整体定型钢模。

(1)定型钢模的制作按盖板模板的标准要求,确保棱角线的顺直。模板制作长度按同类型台帽最长的控制,以消除接缝。

(2)加强模板支撑与加固。台帽正面模板加固采用对撑顶托,背面采用拉杆。顶托用钢管支撑架固定,拉杆焊接在墙身预留接茬钢筋上。

(3)涵洞墙身顶面应进行凿毛处理,使墙身混凝土与台帽混凝土便于连接。台帽钢筋按照设计要求布置好后,经报检合格后方可进行混凝土施工。

(4)由于台帽结构尺寸较小,因此,在施工过程中,不得振捣时间过长,防止出现跑模、漏浆等现象,影响混凝土施工质量。

7. 盖板预制

(1)盖板底模制作。制作混凝土底座,底座要求必须抹面,并在混凝土面上铺设一层塑料。要求底模平整,不得有凹凸、斜坡等缺陷。

(2)钢筋在场地内进行加工和绑扎,制作成钢筋骨架。将钢筋骨架放置在侧模内,并在钢筋骨架下加垫块,以保证混凝土保护层厚度。垫块不要放在同一截面上,而要交错铺垫。

(3)混凝土搅拌采用机械搅拌。用人工使用铁锹进行混凝土浇筑,不得使用运输工具直接进行倾倒。使用插入式振动器振捣密实,然后用砂抹进行清除多余混凝土和填补不足。

(4)在混凝土浇筑后 10~20min,混凝土表面进行压光处理,12h 内覆盖和洒水,直至规定的养护时间。

(5)在混凝土强度达到要求后,进行拆模。在拆模过程中,不得使用钎棍等硬器接触混凝土,防止混凝土被破坏。在侧模拆除后,如有掉角现象应立即修补,如有毛边即进行处理。

(6)工程数量、几何尺寸、钢筋布置及数量见盖板钢筋布置图。

8. 吊运、安装盖板

（1）预制的盖板在脱底模、移运、堆放、吊装时,混凝土的强度不低于设计所要求的吊装强度,设计无要求时,混凝土强度不得小于设计强度的75%。

（2）采用一台5t吊车,两端同时吊装,用拖挂车运输,安装时注意盖板位置摆放准确。安装构件时,支承结构的强度符合设计要求。支承结构和预埋件的尺寸、高程及平面位置符合设计要求。

（3）盖板安装前,检查其外形和预埋件尺寸和位置,其允许偏差不超过设计规定或有关规范规定。

（4）盖板安装就位完毕并经过检查校正符合要求后,才允许固定盖板。

9. 八字墙施工

（1）考虑到八字墙的不规则性,模板采用刚度、强度符合要求的胶合板进行设计、加工制作。如采用钢模板,内侧外露面要贴不锈钢或PVC板;如采用普通的竹胶板,内侧外露面要贴PVC板。

（2）八字墙上顶斜面施工时,上口每隔1m放横向钢管,顶住一块宽度约为40cm方木板,避免斜面混凝土流落,便于振捣收面。同时在模板上画出坡面线,有专人收面使坡面线形流畅,坡面坡度与路基坡度一致。由于坡面混凝土斜度大,刚浇筑完的混凝土要多次收面才能保证混凝土外观质量。

（3）振捣时下料每层不超过30cm,采用二次振捣尽量杜绝气泡。

10. 涵背回填

用于回填的全部材料,符合技术规范的要求,填料既要能被充分压实,且具备良好的透水性。回填分层填筑,根据压实机型,控制在每层填厚不大于20mm,分层填筑尽量保证摊铺厚度均匀、平顺。回填遵照两边对称原则,防止不均匀回填造成对构造物的损坏。回填前,先与断面上划分回填层次,确定检测频率,填写检测记录。

11. 涵底铺砌

涵底铺砌施工采用40cm厚M10浆砌片石,下设20cm砂垫层。洞口铺砌顶面要保证表面平整度,使流水顺畅,不得积水。

【学习效果评价】

综合题

1. 涵洞施工的准备工作内容有哪些?

2. 管涵施工注意事项是什么?

3. 钢波纹管涵的安装施工应符合哪些规定?

4. 盖板涵施工实测项目内容是什么?

5. 箱涵与盖板涵的区别是什么?

6. 涵洞防水层的设置部位在哪里?

7. 简述沉降缝设置的目的及其施工方法。

8. 简述涵洞缺口填土的处理方法。

单元8 斜拉桥与悬索桥

摘要:梁式桥的跨越能力非常有限,拱式桥的跨越能力稍大,但刚拱桥最大跨度也只能做到500多米,现代交通的发展对桥梁的跨越能力提出了新的要求,要实现更大跨度,就必须采用斜拉桥或悬索桥。大跨径悬索桥与斜拉桥代表了当今世界桥梁建筑业的最高水平。斜拉桥与悬索桥无论设计还是施工都是非常复杂的,本章仅对斜拉桥与悬索桥的结构组成与施工要点做简单介绍。

素质目标:通过典型斜拉桥、悬索桥施工案例,让学生真真切切感受制造强国、创新强国的重要性,激发学生爱国之心和对专业知识的学习兴趣。引导学生意识到应具有终身学习和自我成长的能力,培育学生建设交通强国的使命担当,鼓励学生为早日实现中华民族伟大复兴贡献自己的力量。

学习项目1 斜拉桥构造与施工

学习目标:掌握斜拉桥的构造组成,了解其施工过程。

能力目标:能够正确认识斜拉桥特点并了解其施工方法。

学习指导:斜拉桥构造复杂,施工工序多、技术复杂,理论性较强,学习难度大,除教材学习之外,还应通过网络等手段搜集国内外著名斜拉桥的资料,多看图片、视频等资料,以帮助学习。

💧 引言

20世纪50年代中期,瑞典建成第一座现代斜拉桥。历经半个世纪,斜拉桥技术在世界范围内得到空前发展。尤其20世纪90年代以后,世界上建成的著名斜拉桥有法国诺曼底斜拉桥(主跨856m),日本的多多罗大桥(主跨890m)。

我国20世纪70年代中期开始修建混凝土斜拉桥,改革开放后,我国斜拉桥的建造数量一直呈上升趋势。近年来修建了上百座斜拉桥,其中大跨径混凝土斜拉桥的数量已居世界第一。我国一直以发展混凝土斜拉桥为主,近几年我国开始修建钢与混凝土的混合式斜拉桥。斜拉桥是我国大跨径桥梁设计的主要选择类型,是我国未来桥梁研究与发展的主要方向。我国于2008年建成通车的苏通长江公路大桥(见图1-1-12)主跨为1 088m,是当时世界跨径最大的斜拉桥。2009年建成的香港昂船洲大桥主跨1 018m,是当时世界第二大跨径斜拉桥。

斜拉桥施工技术含量高、难度大、工期长,需要各方面技术成熟、经验丰富的施工队伍来完成。

学习情境1.1 斜拉桥构造

1.1.1 斜拉桥的定义及结构特点

斜拉桥是组合体系桥的一种,是悬索结构和梁式结构的组合,又称斜张桥,它是将主梁用许多拉索直接拉住的一种桥梁,由承压的塔、受拉的索和承弯的梁组合而成,可看作拉索代替支墩的多跨弹性支承连续梁。图8-1-1为常见的双塔三跨式斜拉桥的构造组成示意图。

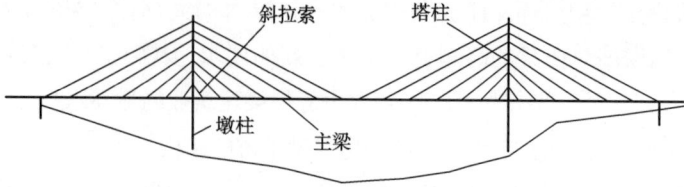

图 8-1-1　双塔三跨式斜拉桥的构造组成示意图

斜拉桥的主要特点是:利用桥塔引出的斜拉索作为梁跨的弹性中间支撑,借以降低梁跨的截面弯矩,减轻梁重,提高梁的跨越能力。斜拉索对梁的这种弹性支撑作用,只有在斜拉索始终处于拉紧状态才能得到充分的发挥。因此必须在承受荷载前对斜拉索进行预拉。这样的预拉还可以减小斜拉索的应力变化幅度,提高拉索刚度,从而改善结构的受力状况,此外,斜拉索的水平分力对主梁的轴向预施压力可以增强主梁的抗裂性能,节约高强度钢材的用量。

1.1.2　斜拉桥的构造组成

斜拉桥由桥塔、斜拉索与主梁三部分组成。其基础常见形式是沉井基础和群桩基础。

1)斜拉索

(1)斜拉索的组成

斜拉索需选用抗拉强度高、弹性模量大且抗疲劳性能好的钢材。如平行高强钢丝束、平行钢绞线束等。斜拉索在构造上可分为刚性索和柔性索两大类,在现代斜拉桥发展中,为了实现大跨径,密索薄梁是发展方向,从而使柔性索得以大量采用。

每根拉索都包括钢索和锚具两部分,钢索受力,设置在两端的锚具用来传力。锚具分为拉锚式锚具和夹片式群锚两种体系。

拉索与锚具共同组成拉索系统,经过数十年的不断创新和淘汰,目前我国常用的拉索系统已集中到两种:一种是用热挤PE防腐的平行钢丝索配以环氧冷铸墩头锚系统;另一种是用热挤PE防腐的单股钢绞线组成平行的绞线索,两端用特殊的夹片锚形成群锚系统。

热挤PE防腐的平行钢丝索首创于日本,我国在修建山东东营黄河桥时,首次从日本进口了这种拉索。1988年在自主建设上海南浦大桥时,上海市科委决策支持成立浦江缆索厂,生产这种拉索系统获得成功。十年来已从400t索力逐步增大,突破了千吨,彩色索也首次用于杨浦大桥,并经过不断改进,克服了初期存在的问题。20世纪最大跨度斜拉桥主跨890m的多多罗大桥就是用394根直径7mm(索力900余吨)的平行钢丝索。

热挤PE防腐的平行绞线索首创于法国。钢绞线的最主要优点是可以十分方便地进行单根钢绞线安装,最后再用小行程的千斤顶进行调整。为了防腐的要求,需要采用镀锌钢绞线,而且锚头区的防腐处理要在工地条件下完成,工艺上必须十分严格,以确保质量。平行绞线索的技术关键是在工地制作的锚头区域的锚固问题和防腐问题。20世纪居第二位的法国诺曼底桥(主跨856m)成功地采用了平行绞线索系统。我国汕头宕石大桥也采用了OVM250绞线群锚体系。但改用夹片和环氧砂浆的混合方式,使锚固更为可靠。

总之,两种拉索体系各有优缺点,拉索吨位较小时,平行钢丝索是方便的,吨位较大的拉索,可考虑采用平行铰线索。

(2)斜拉索的布置

斜拉索在横桥方向的布置有单面索和双面索之分,见图8-1-2。其中单面索只用于公路桥,双面索又分为竖直双面拉索和倾斜双面拉索,前者是斜拉桥中最通用的一种,后者抗扭刚度大,适合大跨度斜拉桥。

斜拉桥顺桥方向的布置,常用的有辐射形、扇形、平行形和星形四种(见图8-1-3)。

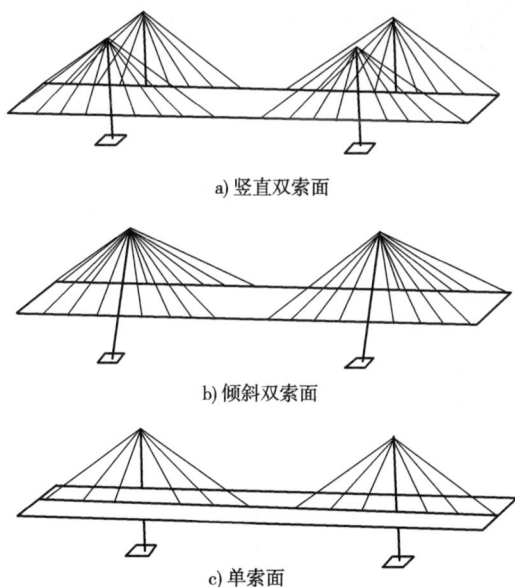

a) 竖直双索面

b) 倾斜双索面

c) 单索面

图8-1-2 斜拉索在横桥方向的布置形式

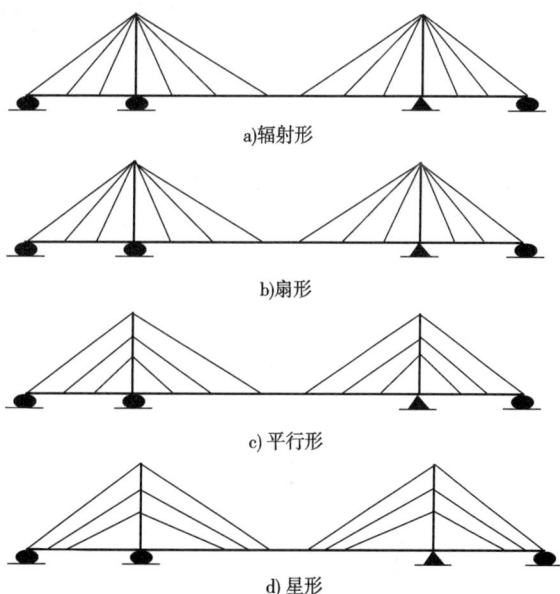

a)辐射形

b)扇形

c)平行形

d) 星形

图8-1-3 斜拉索在顺桥方向的布置形式

斜拉索的间距,直接影响主梁的内力。早期由于计算手段的限制,多采用节间大的稀索体系。随着电算技术的发展和大跨度斜拉桥的出现,斜拉索的间距由稀趋密,间距在10m以下的密索体系由于使主梁内力分布更合理、施工更方便而被广泛采用。

2)主梁

主梁按材料又可分为钢梁、钢筋混凝土梁、结合梁、混合梁。结合梁是在钢梁上加设混凝土桥面板。混合梁是在桥跨结构的不同位置分别采用钢梁与混凝土梁。

大跨径斜拉桥需采用强度高,自重小,便于施工安装的钢箱梁。钢实腹梁在初期多采用工字或多工字梁,但抗扭刚度小,所以目前大跨径斜拉桥多采用流线型扁平钢箱梁,见图8-1-4,可以单箱或多箱。

在大跨度斜拉桥与悬索桥中,钢箱主梁的跨度可达几百米甚至上千米,一般分为若干梁段制造和安装,其横截面具有宽幅和扁平的外形特点,高宽比达到1:10左右。钢箱梁一般由顶板、底板、腹板、横隔板、纵隔板及加劲肋等通过全焊接的方式连接而成。

图 8-1-4　钢箱梁

3) 桥塔

斜拉桥的桥塔有混凝土桥塔和钢塔两种,国内主要以混凝土桥塔为主,桥塔一般为空心断面,根据需要也可采用预应力混凝土结构。如果桥塔较高一般会在上部辅以钢节段。

斜拉桥的桥塔高度与桥跨长度成正比,苏通大桥主塔就达到300m高。

桥塔的结构形式应根据斜拉索的布置、桥面宽度以及主梁跨度等因素决定。在横桥方向主要有单柱、双柱、门形、斜腿门形、倒V形或倒Y形等,见图8-1-5。当梁体高出桥塔基础很多时,桥塔形式见图8-1-6。在顺桥方向布置形式有单柱形、倒V形、倒Y形,见图8-1-7。

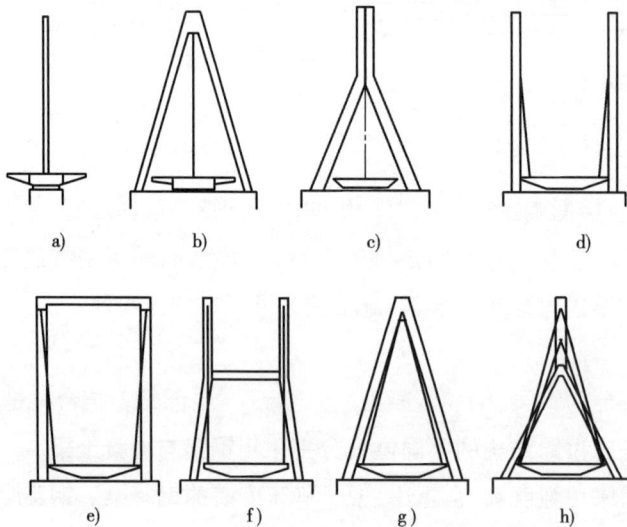

a)　　　　　b)　　　　　c)　　　　　d)

e)　　　　　f)　　　　　g)　　　　　h)

图 8-1-5　桥塔横桥向布置形式

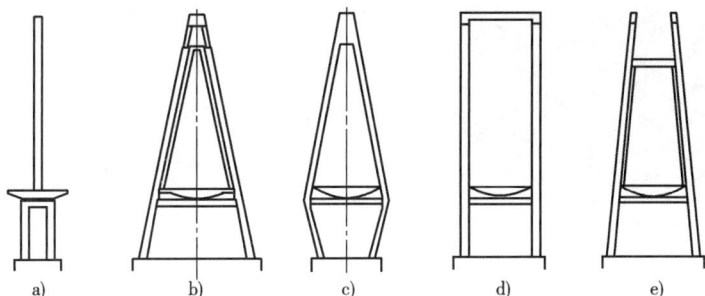

图 8-1-6　梁体高出塔基很多时的桥塔形式

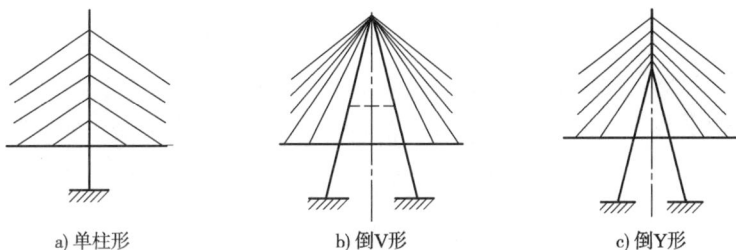

a) 单柱形　　　　b) 倒V形　　　　c) 倒Y形

图 8-1-7　桥塔顺桥向布置形式

学习情境1.2　斜拉桥施工

斜拉桥的施工一般可分为基础、墩塔、梁、索四部分。其中基础的施工与其他类型的桥梁方法相同,桥塔的施工与悬索桥相同,主梁的施工以悬臂浇筑和拼装为主,只有索的施工有其特殊性。但是作为一个整体,斜拉桥的塔、梁、索的施工必须互相配合,本节主要介绍桥塔、主梁和拉索的施工要点。

1.2.1　桥塔施工

斜拉桥主塔分为下塔柱、中塔柱、上塔柱三个区。下塔柱通常采用倒模结合平衡架施工工艺,中上塔柱采用爬模施工工艺。钢筋混凝土索塔的施工方法大致有预制吊装、滑升模板浇筑和搭架现浇等几种。索塔施工中,对索塔的尺寸和轴线位置的准确性应有一定的要求。一般说来,预制吊装和滑模浇筑的尺寸精度较高,而立模现浇的则较差。

索塔施工属于高空作业,工作面狭小,其施工工期影响着全桥总工期,在制订索塔施工方案时,起重设备的选择与布置是索塔施工的关键。起重设备的选择视索塔的结构形式、规模、桥位地形等条件而定。必须满足索塔施工的垂直运输、起吊荷载、吊装高度、起吊范围的要求,且操作安装简单、安全可靠,并需综合考虑经济效益等因素。

目前一般采用塔吊辅以人货两用电梯的施工方法。索塔铅直时,可采用爬升式起重机,在规模不大的直塔结构中,也可以采用万能杆件或贝雷架等通用杆件配备卷扬机、电动葫芦装配的提升吊机,或采用满堂支架配备卷扬机、摇头扒杆等起重方法。图 8-1-8 为索塔施工中最常

335

采用的附着式自升塔吊,起重力可达 100kN 以上,起重高度可达 100m 以上。

斜拉桥塔柱的模板按结构形式不同可分为提升模与滑模。提升模按吊点不同可分为依靠外部吊点的单节整体模板逐段提升、多节模板提升(翻模)及本身带爬架的爬升模板(爬模),而滑模只适用于等截面的垂直塔柱,因此有一定的局限性。利用提升模及滑模均可实现无支架施工。

模板的加工材料有多种,桥塔模板一般采用钢板加工制作。为确保模板结构安全、可靠,模板必须具有足够的强度和刚度。保证在施工中不变形,不错位,不漏浆,且结构简单合理,便于制作、安装、调整定位、拆除与重复使用,加工前对加工平台用水准仪抄平,加工过程中,严格控制几何尺寸和平整度,保证焊

图 8-1-8 附着式自升塔吊

接质量。出厂前要进行整体组装,合格后才能出厂。

由于索塔的建造类型及断面形式各异,故在施工的全过程中,除应保证各部位的倾斜度、铅直度和外形几何尺寸,以及斜拉索锚固箱的精确定位外,还要对索塔进行局部测量系统的控制并与全桥总体测量控制网联网闭合。索塔局部测量系统的控制基准点,应建立在相对稳定的基准点上,如承台基础上。索塔局部测量的方法,常采用三维坐标法,即利用全站仪三维坐标的控制功能,同时测出每个测点的三维坐标,而不另外单独进行水准测量,此法测量精度高,适用性广。对索塔各个部位的相关位置和转折点进行测量控制,应根据实际施工情况及时进行调整,避免误差的累积。由于索塔不断升高和混凝土收缩徐变、沉降、风荷、温度等因素的影响,基准点必然会有少量的变化,故应将相关位置和转折点与全桥总体测量控制网联网闭合,以便进行修正和控制。

1.2.2　主梁施工

斜拉桥主梁施工方法与梁式桥基本相同,大体上可分为顶推法、平转法、支架法和悬臂法。大跨度混凝土斜拉桥的主梁,一般可以采取悬臂浇筑法、悬臂拼装法。选择何种施工方法应根据工期要求、场地情况、施工机具等因素综合考虑。

1)悬臂浇筑法

悬臂浇筑法是在塔柱两侧用挂篮对称逐段浇筑主梁混凝土的施工方法。采用悬臂浇筑法施工,必须配备挂篮。挂篮是实现悬臂浇筑用的移动脚手架和模板支承结构。它一般由承重结构、模板梁及高程调整机构、平衡重及锚碇、行走机构四部分组成。

随着主梁架设或浇筑长度不断增长,主梁结构的高程和线形也在不断变化。为使主梁线形和高程最终符合设计值,施工中应随时对主梁高程进行测量和控制。在控制中,还必须考虑到主梁受体系温差和不均匀温升所引起的高程变化。

悬臂浇筑法是大部分混凝土斜拉桥主梁施工的主要方法。该法不需要大量施工支架,不影响桥下交通,施工不受季节、河道水位的影响,相对于支架法其施工用材少,模板可以周转使用,主梁整体性好,施工较简便,适用于任何跨径的斜拉桥主梁施工,但应严格控制挂篮变形和混凝土收缩、徐变的影响以及混凝土的超重,相对于悬臂拼装法,其施工周期较长。

2)悬臂拼装法

悬臂拼装法是先在塔柱区现浇(对采用钢梁的斜拉桥为安装)一段放置起吊设备的起始梁段,然后用适宜的起吊设备从塔柱两侧依次对称拼装梁体节段,使悬臂不断伸长直到合龙。非塔、梁、墩固结的斜拉桥采用悬臂拼装法施工时,需采取临时固结措施,方法与悬臂浇筑法相同。悬臂拼装法由于主梁是预制的,塔墩与梁可平行施工,因此可以缩短施工周期,加快施工进度,减少高空作业。主梁预制混凝土龄期较长,收缩和徐变影响小,梁段的断面尺寸和浇筑质量容易得到保障。但该法需要配备一定的吊装设备和运输设备,要有适当的预制场地和运输方式,安装精度要求较高。

钢斜拉桥的钢箱梁一般在工厂加工制作,再运至现场吊装就位。钢梁在出厂前需按设计精度进行预拼装,钢梁预制节段长度从方便架设考虑,以布置1~2根斜拉索和2~4根横梁为宜,节段过长会引起架设时需用临时索的麻烦。

3)顶推法

顶推法的特点是施工时需要在跨间设置若干临时支墩,顶推过程中主梁要反复承受正、负弯矩。该法较适用于桥下净空小,修建临时支墩造价较低,支墩不影响桥下通航,能反复承受正、负弯矩的钢斜拉桥主梁的施工。对混凝土斜拉桥而言,一般是在拉索张拉前顶推主梁,临时支墩间距如不能满足主梁负担自重弯矩作用时,为满足施工需要,要在主梁内设置临时预应力束,这在经济上并不合算。

4)平转法

平转法是分别在两岸或一岸顺河流方向的矮支架上现浇主梁,并在岸上完成所有的安装工序,包括落架、张拉、调索,然后以塔墩为圆心,整体旋转到桥位合龙,该法适用于桥址地形平坦、塔身较低和结构体系适合整体转动的中小跨径斜拉桥。

5)支架浇筑法

混凝土斜拉桥主梁在塔柱附近的0号、1号梁段一般需采用支架法现浇施工,其施工工序与一般梁式桥相同。

1.2.3　斜拉索施工

随着现代桥梁建筑技术的发展,对斜拉索材料的要求和制作安装的要求也越来越高,关于拉索的制作安装与防护的施工流程如下。

1)锚头

锚头是将拉索的张拉力传递给主梁和塔架用的。在一定程度上,拉索的材料决定它应该使用的锚头类型。锚头是由专业化工厂制作,后运送到施工现场安装使用。

2) 制索工艺

由于现在斜拉桥跨径越来越大,拉索不仅数量增多,而且长度也增大,为保证拉索质量,不宜在现场施工制作,要求走工厂化或半工厂化的道路。

制作成品拉索的工艺流程如下:钢丝经放线托盘放出粗下料(设计索长 + 施工工作长度)→编束→钢束扭绞成型→下料齐头→分段抽检(成型后的直径误差和扭绞角)→焊接牵引钩→绕缠包带→热挤 PE 护套→水槽冷却→测量护套厚度及偏差→精下料(计算长度 + 墩头长度)→端部入锚部分去除 PE 护套→锚板穿丝→分丝锚头→装冷铸锚→锚头养生固化→出厂检验(预张拉等)→打盘包装待运。

3) 拉索的安装

斜拉索的安装,是将制好的拉索,借助起重工具吊起,与梁、塔上的锚碇结构连接;或穿过塔、梁上的预留孔道后进行张拉并锚固的过程。起吊方法一般有单点吊、多点吊、导索法等。

4) 拉索张拉

穿索后,在索端锚头上安装张拉连杆及张拉千斤顶,并实施张拉。对于单根拉索,张拉工序较简单,是以一次张拉到设计吨位并锚固。对于多根索组成的拉索组,张拉工序就较为复杂,因各索之间互有影响,若按设计吨位来张拉各索,张拉完毕时索力必然小于设计吨位,为此,要进行超张拉。

5) 拉索防护

斜拉索是斜拉桥的承重构件,对于混凝土斜拉桥而言,桥的使用年限几乎完全取决于拉索能够正常工作的年限,因此必须采取完善的防护措施。斜拉桥发展至今,拉索的防护方法很多,其基本共同点是必须具有附着在钢丝表面的防锈层以及为保护这些防锈层而设置的保护层。保护层的做法大致有塑料管外套、铝管外套、钢丝网水泥壳套、玻璃钢防护套、聚乙烯管压注水泥浆防护、直接热挤压聚乙烯材料防护套等。

6) 索力调整及换索施工

广义的索力调整是指拉索在完成初张拉以后的再次张拉,它可以在施工中的某个阶段,也可以在成桥后甚至通车后再进行。根据需要可安排一次乃至几次的索力调整工作。

施工中的索力调整主要是因为设计的必要张拉力与施工的必要张拉力之间的矛盾所致,因而有必要在整个施工过程中对拉索进行分期分批的张拉。从而使施工中各阶段的索力均为理想的值,并且完工后的索力也是符合要求的。

成桥后的索力调整可以用来调整结构的受力状况,或用来调节梁、塔的高程和位移。此外,尽管近年来,拉索的防、锈材料和防护技术有了很大进步,但是还不能说有绝对把握。一旦拉索因锈蚀而无法继续使用时,就不得不进行更换。何况还有外部的机械损伤,如车辆撞坏的可能性等,也会引起拉索更换。因此在设计时必须为拉索更换而准备一些措施,防患于未然。对于由多索组成的拉索组,只要索端锚头没封死,并且钢束管道也没有压浆,那么逐索地更换全部拉索,问题是不大的。而对于由较少索组成甚至单索构成的缆索,释放其中一索,将会引起内力的大幅度变化,甚至造成破坏。这时就不允许将拉索中的一索完全释放以后,再行穿入新索进行张拉。而要求在设计时考虑,事先设置一些预埋件或预留一些管道,以便在拆除损坏了的拉索之前,先将施工用的临时索加以锚固并张拉。再行拆除损坏了的拉索并装上新索,进行张拉,直到各索均更换完毕后,方拆去此施工用的临时索。

小　结

斜拉桥是组合体系桥的一种,是悬索结构和梁式结构的组合,又称斜张桥,它是将主梁用许多拉索直接拉住的一种桥梁,由承压的塔、受拉的索和承弯的梁组合而成。斜拉桥是世界大跨径桥梁设计的主要选择类型之一。

斜拉桥由桥塔、斜拉索与主梁三部分组成。斜拉索需选用抗拉强度高、弹性模量大且抗疲劳性能好的钢材,斜拉索在横桥方向的布置有单面索和双面索之分,顺桥方向的布置,常用的有辐射形、扇形、平行形和星形四种。桥塔的结构形式应根据斜拉索的布置,桥面宽度以及主梁跨度等因素决定,桥塔在桥梁纵横向的布置形式较多。主梁形式有钢梁、钢筋混凝土梁、结合梁、混合梁等,大跨径斜拉桥需采用强度高,自重小,便于施工安装的钢箱梁。

斜拉桥施工技术含量高、难度大、工期长,需要各方面技术成熟、经验丰富的施工队伍来完成。本学习项目仅对斜拉桥施工做简单介绍,了解即可。

【知识拓展】苏通长江公路大桥

苏通长江公路大桥工程起于通启高速公路的小海互通立交,终于苏嘉杭高速公路董浜互通立交。路线全长 32.4 km,主要由北岸接线工程、跨江大桥工程和南岸接线工程三部分组成。其中跨江大桥工程总长 8 206m,主桥采用 100m + 100m + 300m + 1 088m + 300m + 100m + 100m(主桥长约 1 088m)= 2 088m 的双塔双索面钢箱梁斜拉桥。

苏通长江公路大桥(见图1-1-12)全线采用双向6车道高速公路标准,计算行车速度南、北两岸接线为 120 km/h,跨江大桥为 100 km/h,主桥通航净空高 62m,宽 891m,可满足 5 万吨级集装箱货船和 4.8 万 t 船队通航需要。全线共需钢材约 25 万 t,混凝土 140 万 m³,填方 320 万 m³,占用土地 10 000 多亩❶,拆迁建筑物 26 万 m²,工程总投资约 64.5 亿元。

1.苏通大桥创造了四项世界之最

最大主跨(斜拉桥)。苏通大桥跨径为 1 088m,是当今世界跨径最大的斜拉桥。

(1)最深基础。苏通大桥主墩基础由 131 根长约 120m、直径 2.5～2.8m 的群桩组成,承台长 114m、宽 48m,面积有一个足球场大,是在 40m 水深以下厚达 300m 的软土地基上建立起来的,是世界上规模最大、入土最深的群桩基础。

---

❶　1 亩≈0.066 7 公顷。

（2）最高桥塔。原世界上已建成最高桥塔为日本明石海峡大桥 297m 的桥塔,苏通大桥采用 300.4m 的混凝土塔,为世界最高桥塔。

（3）最长拉索。苏通大桥最长拉索长达 577m,比之前排名第一的日本多多罗大桥斜拉索长 100m,为世界上最长的斜拉索。

2.技术难点

1）建设条件方面

苏通大桥建设条件有四大难点,即气象条件差、水文条件差、基岩埋藏深、通航标准高。

2）设计施工技术方面

设计施工技术方面的主桥超大规模深水基础设计与施工、主桥超高索塔的设计与施工、主桥长跨和长索的设计与施工等。

3.结构特点与施工方法

1）主梁

主梁采用封闭式流线扁平箱梁,并在两侧设置风嘴,以提高结构的抗风性能。图 8-1-9 为苏通大桥悬臂拼装箱梁施工。

2）斜拉索

采用 1 770 MPa 平行钢丝斜拉索,单根最大质量为 59t。图 8-1-10 为苏通大桥首根斜拉索的安装。

图 8-1-9　悬臂拼装箱梁施工

图 8-1-10　斜拉索的安装

3）主塔

主塔采用倒 Y 形,并在主梁下方设置横梁一道。主塔总高 300.40m,在桥面以上高度为 230.41m,高跨比为 0.212。塔柱采用空心箱形断面,上塔柱为对称单箱单室,中、下塔柱为不对称单箱单室断面。斜拉索在主塔上的锚固,第 1 ~ 3 对直接锚固在上塔柱的混凝土底座上,其他采用钢锚箱锚固。图 8-1-11 为北主塔的塔身,浇筑高度已达 56m,开始进入桥塔横梁区施工阶段。

4）基础

索塔基础采用 131 根 $\phi280cm/\phi250cm$ 钻孔灌注桩基础。图 8-1-12 为苏通大桥主塔墩 131 根灌注桩基础施工。

图 8-1-11　浇筑主塔

图 8-1-12　灌注桩基础施工

学习项目 2　悬索桥构造与施工

学习目标:掌握悬索桥的构造组成,了解其施工过程。

能力目标:能够正确认识悬索桥特点并了解其施工方法。

学习指导:悬索桥构造和施工技术复杂,理论性较强,学习难度大,除教材学习之外,还应通过网络等手段,搜集图片、视频等资料,以帮助学习。

引言

1938 年,湖南建成一座公路悬索桥,新中国成立后,共建成 70 多座此类桥,但跨径小,宽度窄,荷载标准低,发展大大滞后。20 世纪 90 年代后,中国悬索桥掀开了新的历史篇章。主跨452m 的广东汕头海湾大桥被誉为中国第一座大跨度现代悬索桥,2005 年竣工的江苏润扬长江公路大桥南汊大桥,主跨为 1 490m,为世界第五大跨径悬索桥,2007 年年末竣工的舟山西堠门跨海大桥,主跨 1 650m,位居世界第二。日本明石海峡大桥主跨 1 990m,是世界最大跨度的桥梁。

悬索桥是特大跨径桥梁的主要形式之一,除苏通大桥、香港昂船洲大桥这两座斜拉桥以外,世界上其他跨径超过 1 000m 的桥梁都是悬索桥。如果采用自重轻、强度很大的碳纤维作主缆,理论上其极限跨径可超过 8 000m。

现代大型悬索桥造价高,规模庞大,技术复杂,代表了当今世界桥梁工程的最高成就。

学习情境 2.1　悬索桥构造

2.1.1　悬索桥的定义

悬索桥又名吊桥,是通过桥塔悬挂并锚固于两岸(或桥两端)的缆索(或钢链)作为上部结构主要承重构件的桥梁。其主缆几何形状由力的平衡条件决定,一般接近抛物线。从主缆垂下许多吊索,把桥面吊住,在桥面和吊索之间常设置加劲梁,同主缆形成组合体系,以减小活载所引起的挠度变形。图 8-2-1 为悬索桥构造示意图。

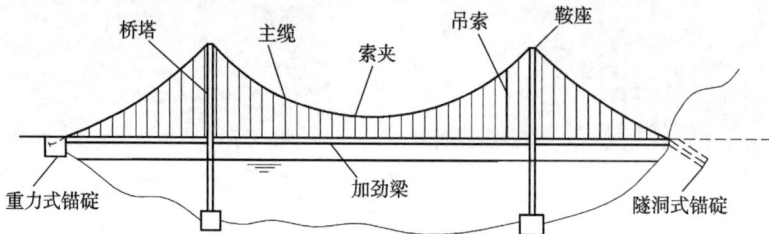

图 8-2-1　悬索桥构造示意图

2.1.2　悬索桥的结构特点

悬索桥是以承受拉力的主缆或链索作为主要承重构件的桥梁,由主缆、桥塔、锚碇、吊杆(索)、加劲梁等部分组成。悬索桥的主要承重构件是主缆,它主要承受拉力,一般用抗拉强度高的钢材(钢丝、钢绞线、钢缆等)制作。由于悬索桥可以充分利用材料的强度,并具有用料省、自重轻的特点,因此悬索桥在各种体系桥梁中的跨越能力最大,跨径可以达到 1 000m 以上。1998 年建成的日本明石海峡大桥的跨径为 1 991m,是目前世界上跨径最大的桥梁。

相对于其他桥梁结构,悬索桥可以使用比较少的材料来跨越比较长的距离。悬索桥可以造得比较高,容许船在下面通过,在造桥时不必在桥中心建立暂时的桥墩,因此悬索桥可以在比较深的或比较急的水流上建造。悬索桥的主要缺点是刚度小,在荷载作用下容易产生较大的挠度和振动,需注意采取相应的措施。同时悬索桥不宜作为重型铁路桥梁。

1)主缆

图 8-2-2　主缆钢丝索

悬索桥的跨越能力也代表了一个国家的造钢业的发达程度,悬索桥的主缆由多股高强钢丝组成,见图 8-2-2。

2)桥塔

悬索桥的桥塔与斜拉桥很相似,从材料上分为钢筋混凝土塔和钢塔两种。较为常见的是钢筋混凝土塔,一般为门式刚架结构,由两个箱型空心塔柱和横系梁组成。钢塔的结构形式较多,常见的有桁架式、刚架式和混合式,钢塔塔柱的截面形式多种多样。

3)锚碇

锚碇是悬索桥的主要承重构件,要抵抗来自主缆的拉力,并传递给地基基础。锚碇按受力形式可分为重力式锚碇和隧道式锚碇。重力式锚碇依靠其巨大的重力抵抗主缆拉力,隧道式锚碇的锚体嵌入基岩内,借助基岩抵抗主缆拉力。隧道式锚碇只适合在基岩坚实完整的地区,其他情况下大多采用重力式锚碇。

4)吊索

吊索的锚固系统主要有框架式锚固和预应力锚固两种,框架式锚固主要是悬索桥早期发展的锚固方法,目前多采用预应力锚固体系,即由预应力钢绞线或者预应力粗钢筋作为吊索的主体,然后辅以防腐材料。大跨径悬索桥吊索主要采用预应力钢绞线,且吊索与斜拉桥的斜拉索一样,安装完毕后需要张拉,实现预应力的作用。

5)加劲梁

悬索桥的加劲梁相对于梁来讲,具有更轻、更薄的特点,由于每段加劲梁只是由它的吊索竖向连接在主缆上,故加劲梁几乎没有弯矩,且每段加劲梁的受力不会传递和影响到其他加劲梁,这样就实现了悬索桥的大跨径。悬索桥的加劲梁以扁平钢箱梁为主。

学习情境2.2　悬索桥施工

悬索桥的基本施工步骤是先修建基础、锚碇、桥塔,然后利用桥塔架设施工便道(称为猫道),利用猫道来架设主缆,随后安装吊索并拼装加劲梁。

悬索桥施工的重点是主缆和加劲梁的架设。

2.2.1　锚碇施工

大跨径悬索桥常见的主缆锚碇方法是重力式锚碇,对于锚碇深大的基坑,可采用机械开挖,也可采用爆破和人工开挖的方法。开挖应采用沿等高线自上而下分层进行。在坑外和坑底分别设排水沟和截水沟,防止地面水流入、积留在坑内而引起塌方或基底土层破坏。在采用机械开挖时,应在基地高程以上预留15~30cm的厚土层用人工清理,以免破坏基底结构。在采用爆破施工时,对于深陡边坡,应使用预裂爆破等方法,以免对边坡造成破坏。隧道开挖应采用小型爆破,防止岩层结构遭到破坏,开挖后应尽快支护并进行锚体灌注,以免岩石受到风化。

对于深大基坑及不良土质,应采用支护措施保证边坡稳定,支护方法有喷射混凝土、喷锚网联合支护、灌注混凝土衬砌支护三种。喷射混凝土厚度一般为50~150mm,必要时可加钢筋网,以增加混凝土层的强度和整体性。这种喷射支护适用于岩层节理不发育,稳定性较好的地层。此外,对于节理发育、有掉块危险、稳定性中等的岩层可采用喷射混凝土加锚杆支护的方法。喷锚网联合支护适用于岩层破碎、稳定性差或坡度大而高的基坑。其中锚杆分为普通锚杆和预应力锚杆两类。它是通过钻孔后把锚杆安放在孔中,然后注浆并编护表面钢筋挂网,再把混凝土喷射到表面并封锚的方法。灌注混凝土衬砌支护结构与喷锚网支护相似,只是以钢筋混凝土格条代替了喷射混凝土。

悬索桥重力式锚碇属于大体积混凝土构件,体积十分庞大。在施工阶段水泥产生大量的水化热,引起体积变形及变形不均,降低混凝土温升主要有以下措施:选用低水化热品种的水泥,降低配合比中水泥的用量,降低混凝土的入仓温度,在混凝土结构中布置散热水管。

大体积、大面积混凝土结构一般都是分块浇筑,根据公路部门的设备和经验,一般采用预留湿接缝法浇筑混凝土。为了在所留槽缝内立模和预埋钢筋接头焊接作业,所留槽缝宽度为$1 \sim 2m$,各大块分别浇筑施工,分别冷却至稳定温度,再将预留槽缝中的钢筋焊接起来,然后在槽缝内浇筑微膨胀混凝土。

2.2.2 桥塔施工

1)混凝土桥塔施工

塔身施工的模板工艺目前主要有滑模、爬模、翻模等三大类。桥塔竖向主钢筋的接长可采用冷压套管连接、电渣焊、气压焊等方法。混凝土的运送方式应考虑设备能力而采用泵送或吊罐浇筑。施工至塔顶时,应注意预埋索鞍钢框架支座螺栓和塔顶吊架、施工猫道的预埋件。由于悬索桥混凝土桥塔施工工艺与斜拉桥桥塔基本相同,具体细节可参阅斜拉桥章节。

2)钢塔施工

国外的悬索桥大多数采用钢塔,而且施工方法也不尽相同。根据桥塔的规模、结构形式、架桥地点的地理环境以及经济性等可选用浮吊、塔吊和爬升式吊机三种有代表性的施工架设方法。

(1)浮吊法

可将桥塔整体一次起吊的大体积架设方法,可显著缩短工期,但对应于浮吊起重能力、起吊高度有限,使用时以$80m$以下高度的桥塔为宜。

(2)塔吊法

在桥塔旁安装与桥塔完全独立的塔吊进行桥塔架设。由于桥塔上不安装施工用的机械设备,因而施工方便,施工精度易于控制,但是塔吊及其基础费用较高。

(3)爬升式吊机法

这是先在已架设部分的桥塔上安装导轨,使用可沿导轨爬升的吊机吊装的架设方法,这种方法虽然由于爬升式吊机支持在桥塔上,桥塔铅垂度的控制需要较高的技术。但吊机本身较轻,又可用于其他桥梁的施工,因此现已成为大跨度悬索桥桥塔架设施工的主要方法。

2.2.3 主缆及吊索施工

锚碇和索塔工程完成以后,即进行主缆施工,这项工程包括主缆架设前的准备工作、主缆架设、防护以及收尾工作。工程难度大,工序繁多。

1)牵引系统

牵引系统是架于两锚碇之间、跨越桥塔的,用于空中拽拉的牵引设备,主要承担猫道架设、主缆架设以及部分牵引吊运工作。

牵引系统的架设是以简单经济,并尽量少占用航道为原则。通常的方法是先将比牵引索细的先导索渡海(江),再利用先导索将牵引索由空中架设。先导索渡海(江)常用到以下几种方法:

(1)水下过渡法

即先导索的前端跨过塔顶由牵引船牵引直接过水的方法,先导索随着牵引船的前进会徐徐落入水中,此过程需要封航。江底地形复杂和潮水迅猛的场合有较大的危险,但施工设备和方法简单。

(2)水面过渡法

即渡海(江)的先导索按适当间距系上浮子,使其呈水上漂浮状态,由牵引船引渡的方法,此法安全可行,但装拆浮子比较麻烦。

(3)空中过渡法

即在不封航的情况下,将先导索由空中牵引过海的方法。根据具体情况有多种选择,如使用气球、直升机法、直接拉渡、浮吊等方法。

2)猫道

猫道是供主缆架设、紧缆、索夹安装、吊索安装以及主缆防护用的空中作业脚手架。即猫道相当于在主缆下形成一个临时的简易缆索桥,供主缆索股牵引和工作人员通行用。猫道的主要承重结构是猫道承重索,一般按三跨分离式设置,边跨的两端分别锚于锚碇与索塔的锚固位置上,中跨两端分别锚于两索塔的锚固位置上。其上有横梁、面层、横向通道、扶手绳、栏杆立柱、安全网灯。为了猫道的抗风稳定,一般设有抗风缆、抗风吊索等抗风构件。

猫道承重索可以采用钢丝绳也可以采用钢绞线制作。承重索架设之前,安装好固定承重索的锚杆、锚梁。承重索一般是按边跨与中跨分别架设,边跨比较简单,中跨可由水下过渡法、直接拖拉法和托架法来实现。水中过渡法同先导索过江法,直接拖拉是猫道承重索前端由牵引系统中的拽拉器牵引,后端由另一牵引卷扬机施加反拉力,在维持通航高度的情况下,牵引过江。托架法是借助牵引系统在事先架好的托架上牵引猫道承重索过江,牵引时通航净空由托架保证。

猫道面层一般是由上下两层粗细钢丝组成。可预先在平地上将两层钢丝及上面的防滑木条按要求位置用铁丝绑扎好,并卷成卷,借助吊机将其安放在塔顶平台上,再逐渐摊开下滑就位。猫道面层架设后,根据设计要求,进行抗风缆架设。抗风缆和其上的吊索都采用钢丝绳,所以要进行预张拉消除非弹性变形,其端部要按设计要求进行加工,抗风缆上还要在安装吊索的位置施加标记。当主缆防护工程完成后,便可进行猫道拆除工作。

3)主缆架设

主缆架设一般有两种方法,即空中送丝法和预制索股法。我国修建几座大桥均采用预制索股法,其目的是使空中架线工作方便简单,两端嵌固热铸锚头在工厂预制,再将卷在卷筒上的索股放在架设地点,把锚头从卷筒上引出,连接在牵引系统上,一边施加反力一边沿设置在猫道上的滚筒向对岸牵引。主缆架设完毕后,进行调丝工作。值得注意的是,由于主缆内各钢丝的位置高度不同,其长度亦不同,因而首先应设置一基准丝,其他各丝乃至整股的长度都是以基准丝来制造的。丝股调整完毕后必须在鞍座内及时锁定。

4) 紧缆

索股架设完成以后,为了把索股群整成圆形而进行紧缆工作,紧缆工作大致分为准备工作、预紧缆和正式紧缆。

5) 索夹安装

索夹的作用是连接主缆和吊索。紧缆完了后,把猫道改吊于主缆上,进行形状计测,根据形状计测的结果,把索夹安装位置在主缆上做出标记。索夹由塔顶吊机向塔顶提升,然后转吊于缆索天车上。索夹就位后,插入索夹螺栓,并按设计要求施加轴力。

6) 吊索架设

吊索由塔顶机提到索塔顶部,在各塔顶用简易缆索天车把吊索从放丝架上一边放出一边吊运到架设地点。在架设地点,预先在猫道上开孔。在开孔部位,把吊索沿导向滚筒设置,吊索锚头从开孔处落下,由缆索天车移动就位(索夹上马鞍形部位)。

2.2.4 钢箱梁施工

在主悬索的标定位置栓紧索夹,以悬挂全桥吊索,与此同时在主悬索上走行吊机机架。安装加劲梁的主要工具是缆载吊机,架设方向可以从主跨跨中开始,向桥塔方向逐段吊装,也可以从桥塔开始向主跨跨中及边跨岸边前进,但正式连接加劲梁工作将在恒载基本布满后从跨中开始。缆载吊机由主梁、端梁及各种运行、提升机构组成。吊机在主缆上运行及工作,由于主缆在桥塔处与水平面的夹角,因此应保证吊机在倾角状态下正常工作及走行,同时吊机运行机构必须能跨越索夹障碍。在倾斜状态下起吊时产生的下滑力由索夹承受,故应设置吊机与索夹相对固定的夹紧机构。因此,缆载吊机是一个比较复杂的起吊运行机构。在架设加劲梁的过程中,当加劲梁重力逐渐作用到主缆上,主缆将产生较大位移,改变原来悬链线形状,因而在吊装过程中上缘顶紧而下缘张开,直至全部吊装完毕后下缘才闭合。悬索桥在恒载作用下的几何形状和内力与施工方法密切相关,同一座桥会因施工方法及顺序的不同而导致成桥时几何形状和内力的不同,因而一个科学细致的工程误差控制就显得特别重要。

--- --- --- --- 小 结 --- --- --- ---

悬索桥又名吊桥,跨越能力最强,是世界大跨径桥梁设计的主要选择类型。它是通过桥塔悬挂并锚固于两岸(或桥两端)的缆索(或钢链)作为上部结构主要承重构件的桥梁。是以承受拉力的主缆或链索作为主要承重构件,其主缆几何形状一般接近抛物线。从主缆垂下许多吊索,把桥面吊住,在桥面和吊索之间常设置加劲梁,同主缆形成组合体系,以减小活载所引起的挠度变形。悬索桥由主缆、桥塔、锚碇、吊杆(索)、加劲梁等部分组成。

悬索桥的基本施工步骤是先修建基础、锚碇、桥塔，然后利用桥塔架设施工便道（称为猫道），利用猫道来架设主缆，随后安装吊索并拼装加劲梁。

悬索桥施工技术含量高、难度大、工期长，需要各方面技术成熟、经验丰富的施工队伍来完成。本学习项目仅对悬索桥施工做简单介绍，了解即可。

【知识拓展】西堠门大桥

西堠门大桥是连接舟山本岛与宁波的舟山连岛工程五座跨海大桥中技术要求最高的特大型跨海桥梁，主桥为两跨连续钢箱梁悬索桥，主跨 1 650m，是目前世界上最大跨度的钢箱梁悬索桥，全长在悬索桥中居世界第二、国内第一。设计通航等级 3 万 t、使用年限 100 年。舟山连岛工程从舟山最靠近宁波的金塘岛开始，到宁波镇海登陆，全桥长 21. 029 km，其中跨海部分长 18. 27 km，西堠门大桥是五座跨海大桥中规模最大的一座，连接宁波市绕城高速公路，是目前世界上在恶劣的外海环境中建造的最大跨度的悬索桥，见图 8-2-3。

图 8-2-3　西堠门大桥

西堠门大桥主桥为两跨连续钢箱梁悬索桥，桥跨布置为 578m + 1 650m + 485m。按四车道高速公路标准建设，计算行车速度 80km/h，路基宽度 24. 5m。两根主缆中心距为 31. 4m。每根长约 2 880m，重约 10 614t，长度和质量均为国内第一。采用预制平行钢丝索股（PPWS），每根主缆中，从北锚碇到南锚碇的通长索股有 169 股，每根索股由 127 根直径 5. 25mm 的高强度镀锌钢丝组成。

1. 西堠门大桥技术突破

（1）西堠门大桥位于受台风影响频繁的海域，桥位处水文、地质、气候条件复杂，而我国尚无在台风区宽阔海面建造特大跨径钢箱梁悬索桥的实践先例。

（2）为保证大桥营运阶段的抗风稳定性，西堠门大桥在国内外大跨度悬索桥中首次采用分离式双箱断面钢箱梁。

（3）西堠门大桥在国内首次采用直升机牵引先导索过海，实现了我国桥梁建设史上首次在未封航条件下架设先导索。

(4)西堠门大桥架梁时采用了自航驳船单船直接动力定位法,这种定位法是国内首次在复杂水文条件海域施工中实施。

2. 西堠门大桥施工步骤

图8-2-4　桩基础与分离式承台

(1)基础与承台

索塔基础采用2.8m的大直径钻孔灌注桩施工,承台为分离式承台,图8-2-4为桩基础与分离式承台。

(2)索塔与锚碇

两索塔均为多层框架门式钢筋混凝土塔,塔高211.286m,塔柱为变壁厚矩形单箱单室结构,设三道横梁。图8-2-5为施工中的北索塔。

北边跨锚碇采用重力式扩大基础锚,南边跨锚碇采用重力式嵌岩锚。南北锚体,其混凝土总方量分别达到7.8万 m³ 和8万 m³,是目前国内最大的两个锚体。图8-2-6为南锚碇施工现场。

图8-2-5　施工中的北索塔

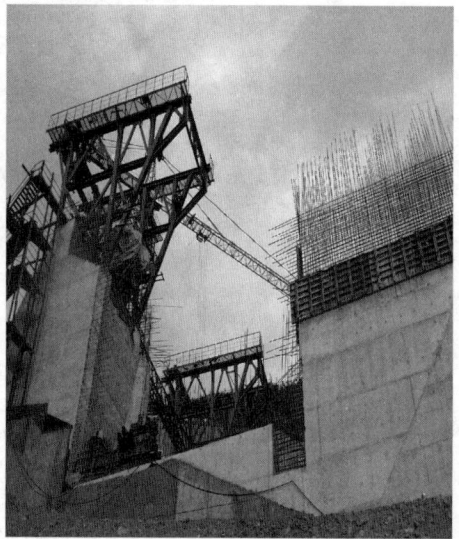

图8-2-6　南锚碇施工现场

(3)直升机牵引先导索

西堠门大桥采用直升机牵引先导索,图8-2-7为直升机在南塔顶悬停,机塔协同挂上先导索。

(4)架设猫道系统

西堠门大桥猫道系统是大桥整个上部结构的施工通道与平台,跨越金塘、老虎岛和册子岛,长2 808m,创造了目前国内猫道长度的新纪录。猫道按南边跨、中跨、北边跨顺序各自单独架设,经主索塔和锚碇,形成三跨连续猫道系统。主要作业任务包括牵引系统及猫道承重绳架设、面层系统安装、制振结构安装和锚固系统调节等。图8-2-8为架设好的猫道。

图 8-2-7 直升机挂先导索

图 8-2-8 猫道

（5）架设主缆

大桥主缆架设于 2006 年 11 月 21 日开始,共架设通长索股 338 根、背索索股 16 根。在主缆架设中采用预制平行钢丝索股(PPWS)法,动用了 4 台 25t 变频卷扬机为动力的双线往复式牵引系统,对牵引时的绳速、位置、张力进行全程跟踪显示和自动控制,并在国内大跨度悬索桥施工中首次大规模使用了水平放索工艺。2007 年 4 月 10 日,大桥主缆架设完成。主缆架设完成以后,紧缆,安装索夹、吊索。图 8-2-9 为紧缆,图 8-2-10 为索夹安装。

图 8-2-9 紧缆

图 8-2-10 索夹安装

（6）安装钢箱梁

西堠门大桥加劲梁的形式为扁平流线型分离式双箱断面,两个封闭钢箱横桥向拉开距离为 6m,用横向连接箱梁和横向连接工字梁加以连接。梁高 3.5m,中跨全宽 36m。图 8-2-11 为防腐涂装后的分离式钢箱梁。

西堠门大桥钢箱梁共分 15 种 126 节吊装节段,标准梁段全桥 115 节,长 18m,吊装质量约为 250t,最大吊装质量 310t。

西堠门大桥钢箱梁施工流程包括加工制作钢箱梁、钢箱梁防腐涂装、运输定位、总拼装。

图 8-2-12 为钢箱梁运往专用驳船码头起吊。图 8-2-13 为运梁船在中跨南 44 号梁起吊海域进行定位。

图 8-2-11　防腐涂装后的分离式钢箱梁

图 8-2-12　钢箱梁运往专用驳船码头起吊

图 8-2-13　定位运输船

当加劲钢箱梁运输定位完成以后,利用主缆索夹(见图 8-2-14)固定好的吊索连接钢箱梁,利用架在主缆上的缆载吊机(见图 8-2-15),起吊钢箱梁完成吊装(见图 8-2-16)。图 8-2-17 为最后一段钢箱梁吊装合龙。

图 8-2-14　主缆上的索夹与吊索

图 8-2-15　架在主缆上的缆载吊机

图 8-2-16　箱梁吊装

图 8-2-17　最后一段箱梁吊装合龙

【学习效果评价】

综合题

1. 简述斜拉桥主梁的施工方法。

2. 悬索桥的锚碇的作用是什么？锚碇有几种形式？其基础分几种？

3. 简述拉索的安装和施工防护流程。

4. 斜拉桥的构造组成包括哪些？

5. 钢塔常见施工方法有哪些？

6. 先导索渡海(江)常用什么方法？

7. 什么是悬索桥的猫道？

8. 简述悬索桥加劲梁如何安装施工。

9. 斜拉索张拉的目的是什么？

10. 斜拉桥与悬索桥的桥塔如何施工？